XIANDAI HANYU

# 现代汉语

JIAOXUE YU ZIXUE CANKAO

# 教学与自学参考

（增订六版）

黄伯荣　廖序东　主编

高等教育出版社·北京

**图书在版编目（CIP）数据**

现代汉语教学与自学参考／黄伯荣,廖序东主编
.--6版（增订本）版. --北京:高等教育出版社,
2019.7（2023.12重印）
ISBN 978-7-04-049498-3

Ⅰ.①现… Ⅱ.①黄…②廖… Ⅲ.①现代汉语-高
等学校-自学参考资料 Ⅳ.①H109.4

中国版本图书馆 CIP 数据核字（2018）第 037227 号

| 策划编辑 | 吴 军 | 责任编辑 | 吴 军 | 封面设计 | 李树龙 |
|---|---|---|---|---|---|
| 版式设计 | 杜微言 | 责任校对 | 刘丽娴 | 责任印制 | 赵 振 |

| 出版发行 | 高等教育出版社 | 网 址 | http://www.hep.edu.cn |
|---|---|---|---|
| 社 址 | 北京市西城区德外大街 4 号 | | http://www.hep.com.cn |
| 邮政编码 | 100120 | 网上订购 | http://www.hepmall.com.cn |
| 印 刷 | 北京鑫海金澳胶印有限公司 | | http://www.hepmall.com |
| 开 本 | 787mm×1092mm 1/32 | | http://www.hepmall.cn |
| 印 张 | 14.375 | 版 次 | 1991 年 1 月第 1 版 |
| 字 数 | 400 千字 | | 2019 年 7 月第 6 版 |
| 购书热线 | 010-58581118 | 印 次 | 2023 年 12 月第 9 次印刷 |
| 咨询电话 | 400-810-0598 | 定 价 | 36.90 元 |

# 目　录

# 壹 现代汉语教学大纲<sup>①</sup>

## 说　明

### 一、教学目的

本课程是高等院校汉语言文学专业的一门基础课。它以辩证唯物主义为指导,以《国家通用语言文字法》和其他政策法规为依据,系统地讲授现代汉民族共同语——普通话——的基础理论和基本知识,训练基本技能,培养和提高学生理解、分析和运用现代汉民族共同语的能力,为他们将来从事各项工作,特别是语言文字教学和科研工作打好基础。

### 二、教学内容和要求

本课程的教学内容包括绪论、语音、文字、词汇、语法、修辞六个部分,各部分的主要内容和要求如下:

绪论部分讲述现代汉语概况,国家语言文字工作的方针、任务,"现代汉语"课程的性质、任务和内容,要求学生对现代汉语有概括的认识,激励学生热爱并学好、用好祖国语言。

语音部分讲述现代汉民族共同语的语音基础知识,使学生熟练地掌握拼音方案和常用的国际音标,掌握分析语音结构规律及朗读的技巧,具备说好普通话和推广普通话的能力。

文字部分讲述汉字的性质和作用,汉字的构造和形体演变,汉字的整理和标准化,正确使用汉字,使学生认识汉字规范化、标准化的必要

---

① 这个"现代汉语教学大纲"是我们根据原国家教委和教育部历次组织拟订的《现代汉语教学大纲》制订的,是编写教材的根据,可供本课程的教师制订教学计划时参考,也可供自学的读者了解课程内容概况和内容重点时参考。

性,提高使用汉字的水平。

词汇部分讲述词汇和词汇单位以及构词法,词义的性质,词义的分解和聚合,语境,词汇的组成,词汇的发展和规范化等,使学生掌握词汇学、语义学基础理论和基本知识,能辨析和解释词义,丰富自己的语汇,提高用词能力。

语法部分讲述现代汉语各类语法单位的结构类型和结构规律,使学生掌握现代汉语的语法规律,具有辨认词性、分析语法单位的结构和类型、分辨句子正误,改正病句、正确运用语法单位的能力。

修辞部分讲述词语和句式的选用,常用的修辞格和语体风格。要求学生注意选词炼句,恰当地运用修辞格,改进文风,使学生对语言的运用逐步达到准确、鲜明、精练、生动的要求。

### 三、教学原则

本课程的教学要注意贯彻下列教学原则:

(一)贯彻国家的语言文字政策和法规　在各部分的教学中,必须阐明国家的有关政策,使学生深刻理解汉语规范化的重要意义,自觉地促进汉语规范化,促进现代汉语健康地发展。

(二)加强理论知识与实际的联系　在各部分的教学中,必须联系学生运用语言的实际、社会上运用语言的实际,有针对性地突出教材的重点,使学生学了现代汉语的理论和知识,真正能够用来指导语言实践。

(三)加强基本技能的训练　要使学生把所学得的知识转化为熟练的技巧,必须加强课内外的练习。练习方式力求多样化,练习时间必须确有保证。

### 四、教时分配

本课程各部分教时分配比例大约为:绪论、语音 30%,文字、词汇 20%,语法 35%,修辞 15%。各地区各类学校可以根据本校学生实际情况适当调整。讲授和课内练习的时间总比例为2:1。语音、语法部分的练习比例可适当提高。

各部分各章节的内容和教学时间可由教师根据专业教学计划和自己的教学经验作适当的安排和改动。

# 教学大纲

## 一、绪论

1. 现代汉语包括现代汉民族的共同语和方言。本课程主要讲共同语。共同语的口语形式与书面语形式。

2. 现代汉民族共同语是以北京语音为标准音,以北方话为基础方言,以典范的现代白话文著作为语法规范的普通话。现代汉民族共同语的形成。

3. 现代汉语的方言:北方方言,吴方言,湘方言,赣方言,客家方言,闽方言,粤方言。方言与共同语的关系。

4. 现代汉语的特点:语音特点,词汇特点,语法特点。

5. 现代汉语的国内地位。现代汉语的国际地位。

6. 国家语言文字政策和法规。现代汉语规范化。

7. 现代汉语课程的性质和任务。现代汉语课程的内容:绪论,语音,文字,词汇,语法,修辞。

## 二、语音

1. 语音的性质:物理性质,生理性质,社会性质。

2. 语音的基本概念:音节和音素、音位,辅音和元音,声母、韵母、声调,辅音与声母的关系,元音与韵母的关系。

3. 汉语拼音方案。国际音标。

4. 声母。依发音方法分类:塞音,擦音,塞擦音,鼻音,边音;清音,浊音;送气音,不送气音。依发音部位分类:双唇音,唇齿音,舌尖前音,舌尖中音,舌尖后音,舌面前音,舌面后音(舌根音)。声母辨正。

5. 韵母。单元音韵母,复元音韵母,鼻音尾韵母。四呼。韵母的结构。押韵和韵辙。难分辨的韵母辨正。

6. 声调。调值和调类。普通话的声调。古今调类比较。四声与平仄。声调辨正。

7. 音节的结构。声母、韵母的配合。拼音。音节的拼写。

8. 音变。变调:上声的变调,去声的变调,"一、七、八、不"的变调。

轻声的性质和作用,轻读的规律。儿化的性质和作用,儿化音变的主要规律。语气词"啊"的音变。

9. 音位。普通话元音音位,辅音音位,声调音位。

10. 语调:停顿,重音,句调。朗读的作用和要求。

11. 语音规范化问题。确立正音标准,推广标准音。

### 三、文字

1. 语言和文字。汉字的产生、特点和作用。

2. 汉字的形体演变:甲骨文、金文、篆书(大篆和小篆)、隶书(秦隶和汉隶)、楷书、草书和行书。汉字形体演变的简化趋势。现行汉字的形体:楷书和行书,印刷体和手写体。

3. 汉字的构造单位:笔画、部件。汉字的书写顺序。汉字的构造方式:象形、指事、会意、形声。汉字构造的音化趋势。

4. 汉字的整理和标准化。笔画的简化。字数的精简。汉字标准化:定量、定形、定音、定序。汉字的信息处理。

5. 掌握整理过的汉字。纠正错别字。

### 四、词汇

1. 词汇。词汇单位:语素、词、固定短语以及缩略词语。

2. 语素。确定语素的方法——替代法。语素的分类。

3. 词和词的构成。词是最小的能够独立运用的语言单位。单纯词和合成词。合成词有复合式、附加式、重叠式三种类型。合成词的结构。生造词。

4. 语素、词和字的关系。

5. 词义是词的内容。词义的概括性。词义的模糊性。词义的民族性。词义的分类。词义的理解与词的运用。

6. 义项。义项的分类及其层次性。单义词和多义词。多义词义项间的关系。同音词。

义素。义素分析的步骤。义素分析的运用。

7. 词义的聚合——语义场。语义场的层次。语义场的种类:类属义场、顺序义场、关系义场、同义义场、反义义场等。

同义义场。同义词之间的差别。同义词辨析。同义词的作用。

反义义场。互补反义义场、极性反义义场。反义词的不平衡现象。反义词的作用。

8. 语境。语境对解释词义的作用。语境使词义单一化。语境使词义具体化。语境增加临时性意义。语境表现出词义的选择性。

9. 现代汉语词汇的组成:基本词汇,一般词汇;基本词汇的特点:稳固性,能产性,全民常用性。古语词,外来词,方言词,行业词语,隐语。古语词的表达作用。

10. 熟语:成语,谚语,惯用语,歇后语。成语的特点:意义的整体性,结构的凝固性,风格的典雅性。成语的来源和构造。成语的作用和运用。成语和惯用语的区别。歇后语:喻意的,谐音的。歇后语的运用。

11. 词汇的发展变化:新词的产生,旧词的逐渐退隐和复出,词义的变化。新词结构的特点。词义的发展变化及其原因。词义变化的途径:词义的扩大,词义的缩小,词义的转移等。

12. 词汇规范化的原则。异形词、异序词的规范,现有词语使用的规范,方言词、外来词、古语词的规范,新词的规范。

13. 常用的词典、字典及其检字法。

14. 词语解释的方法。

### 五、语法

1. 语法和语法体系。语法的性质:抽象性、稳固性、民族性。语法单位:语素,词,短语,句子。句法成分概述。

2. 词类是词的语法性质的分类。分类的根据是词性。词性表现主要是词的语法功能,即词的分布,其次是形态和意义,词的语法功能,指词与词的结合能力,充当句法成分的能力。形态指构形形态和构词形态。词的意义指词法上同类词的概括意义。在划分大类中的小类时,意义显得很重要。实词是能单独充当句法成分的词:名词、动词、形容词、区别词、数词、量词、副词、代词、拟声词、叹词。虚词是不能单独充当句法成分的词:介词、连词、助词、语气词。

3. 实词

(1) 名词的意义种类和语法特征。时间词和方位词。

（2）动词的意义种类和语法特征。判断动词、能愿动词、趋向动词。

（3）形容词的意义种类和语法特征。形容词和动词合称谓词。谓词与名词的区别。动词、形容词的异同。

（4）区别词(非谓形容词)的意义和语法特征。

（5）数词的意义种类和语法特征。数量增减表示法。

（6）量词的意义种类和语法特征。

（7）副词的意义种类和语法特征。副词和形容词、时间名词的区别。

（8）代词的意义种类和语法特征。疑问代词的任指与虚指用法。

（9）拟声词的语法特征。

（10）叹词的语法特征。

4. 虚词

（1）虚词的语法特征。虚词在汉语语法中的重要性。

（2）介词的语法特征。介词短语。介词和动词的区别。

（3）连词的语法特征。连词的种类。"和、跟、同、与、及、以及"的用法。连词与介词的区别。

（4）助词的语法特征。结构助词:的、地、得。"的"字短语。动态助词:着、了、过。比况助词:似的、一样。其他助词:所、被、给、连。

5. 语气词的语法特征。陈述语气,疑问语气,祈使语气,感叹语气。语气词连用。语气词"的"和结构助词"的"的区分。

6. 汉语词类与句法成分之间的关系。词的兼类和活用。词类的误用。

7. 短语

短语的含义。短语组成的语法手段。短语的分类。实词与实词组合的五种基本结构类型。主谓短语,动宾短语,偏正短语,中补短语,联合短语。实词与实词组合的其他结构类型。同位短语,连谓短语,兼语短语,量词短语,方位短语。实词加虚词的组合类型:介词短语,助词短语。短语的功能类型:名词性短语(或体词性短语),动词性短语和形容词性短语(后两者可合称谓词性短语)。多义短语。短语内部结构的分析。短语的扩展和紧缩。

8. 句法成分

（1）主语、谓语的构成材料。主语和话题。主语、谓语的语义类型。动语、宾语的构成材料。宾语的语义类型。动词的分类。

（2）定语的构成材料。限制性定语和描写性定语。定语和助词"的"。多层定语。状语的构成材料。限制性状语和描写性状语。状语的位置。状语和助词"地"。多层状语。补语的构成材料。补语的类型。多层补语。补语和宾语的顺序以及两者的辨别。中心语:定语、状语后面的中心语,补语前面的中心语。

（3）独立语:插入语,称呼语,感叹语,拟声语。

9. 句型和句类

主谓句,非主谓句。主谓句:名词谓语句、动词谓语句、形容词谓语句、主谓谓语句。几种动词谓语句:"把"字句,"被"字句,连谓句,兼语句,双宾句,存现句。动词性非主谓句,形容词性非主谓句,名词性非主谓句,叹词句,拟声词句。

变式句:省略句,倒装句。句子变换。

句类:陈述句,疑问句,祈使句,感叹句。疑问句:是非问,特指问,选择问,正反问。

句子和短语的区别。

10. 常见的句法失误

句法成分搭配不当,残缺或多余,语序不当,句式杂糅。

11. 复句

（1）复句和单句的区分。复句中各分句间关系的表示法。复句中分句的结构。

（2）复句的意义类型。联合复句:并列,顺承,解说,选择,递进。偏正复句:转折,条件,假设,因果,目的。

（3）复句的结构类型:一重复句。多重复句。紧缩复句。分析多重复句的步骤。

（4）复句运用中常见的错误:分句间在意义上缺乏联系;结构混乱,层次不清;关联词语应用错误。

12. 句群

句群同复句、段落的区别。句群的意义类型。句群的结构类型。运用句群常见的错误。

13. 标点符号的作用和种类

点号:句号,问号,叹号,逗号,顿号,分号,冒号。标号:引号,括号,破折号,省略号,书名号,连接号,着重号,间隔号,书名号。标点符号的活用。标点符号的位置。

## 六、修辞

1. 修辞的性质。修辞和语境。修辞同语音、词汇、语法的关系。修辞学与语用学。修辞的作用和学习修辞的目的。

2. 词语的锤炼。意义的锤炼:提高观察、认识事物的能力。力求用词准确贴切;力求配合得当,前后呼应,整体和谐;力求色彩鲜明。声音的锤炼:要讲求音节整齐匀称,声调平仄相间,韵脚和谐,叠音使用自然,双声叠韵配合恰当。

3. 句式的选择。根据不同语境的需要来选择句式。长句和短句。整句和散句。主动句和被动句。肯定句和否定句。口语句式和书面语句式。

4. 辞格的运用。

(1) 比喻:明喻,暗喻,借喻。

(2) 比拟:拟人,拟物。

(3) 借代。借代的五种方式。

(4) 拈连:直接拈连,间接拈连。

(5) 夸张。夸张的方式:扩大,缩小,超前。

(6) 双关:谐音双关,语义双关。

(7) 仿词。音仿,义仿。

(8) 反语。以正当反,以反当正。

(9) 婉曲。婉言,婉语。

(10) 对偶:正对,反对,串对。

(11) 排比。句子排比,句子成分排比。

(12) 层递。递升,递降。

（13）顶真。

（14）回环。

（15）对比。两体对比,一体两面对比。

（16）映衬。正衬,反衬。

（17）反复。连续反复,间隔反复。

（18）设问。

（19）反问。

5. 辞格的综合运用:连用,兼用,套用。

6. 修辞中常出现的问题:韵律配合不协调;词语选用不精当;句子表意不畅达;辞格运用不恰当。

7. 语体:公文语体,科技语体,政论语体,文艺语体。

# 贰 课程说明和教学建议

## 一、课程的总说明

（一）"现代汉语"是高等院校的一门基础课。它以辩证唯物主义理论为指导，以《国家通用语言文字法》和其他政策（法规）为依据，贯彻理论和实际相结合的原则，系统地讲授现代汉民族的共同语——以北京语音为标准音，以北方话为基础方言，以典范的现代白话文著作为语法规范的普通话——的基础理论、基本知识，培养和提高学生理解、分析和运用现代汉语的能力，为他们从事各项工作，特别是语言文字教学和科研工作打下坚实的基础。

（二）各章的教学，都要贯彻国家的语言文字政策，要求学生深刻理解推广普通话，语言文字规范化、标准化的重要意义，树立规范化意识。同时，各章的教学要注意政策性，举例要注意思想性。

（三）各章的教学，应该联系学生及社会上语言运用的实际，精选有典型性、时代性、趣味性的鲜活实例进行教学，有针对性地指导学生的语言实践。

（四）本课程应讲授现代汉语的基础理论、基本知识，训练基本技能；着重基本知识的讲授，基本技能的训练。至于基础理论讲授的深度，在不同类型的学校里，根据不同对象应有所不同。

在教学中不能从教材到教材。由于教材在吸收学科成果方面比较稳重，为了弥补这一不足，教师要以积极而慎重的态度，及时而适度地把前沿性知识引进课堂教学，开阔学生的视野。

还要了解学生在中学学到的汉语知识，从学生的汉语水平和需要出发，对教学的内容进行恰当的取舍。

基础理论知识的范围内，不要涉及教材以外的专题性内容，不要忘记本课程是基础课。

本课程要注意与相关课程(语言学概论、写作、古代汉语等)配合，尽量避免重复和脱节。

如果高年级开汉字学、语法专题、方言学等课程，本课程的有关章节可以略讲或不讲。

本课程的讲授不一定非按教材章节顺序不可，比方语音章先讲声调后讲韵母声母，教师可以灵活掌握。

(五)教学方法应是启发式的，着重培养学生独立思考能力。不可照本宣科，教条式地灌输知识。

(六)应贯彻"少而精"的教学原则，着重给学生讲清重点难点和疑点。要使课堂讲授、练习、辅导、答疑等教学环节很好地配合起来，以提高教学效果。

在讲授各章各节时可以先交代清楚本章本节的目的要求，便于学生学习。

(七)讲授内容和课内外练习应有机结合起来，必须十分注意设计课内外练习的内容和方法，要使学生把课堂所学的知识转化为熟练的技能。练习力求多样化，有时可以以练代讲。练习时间应该有保证(建议讲授和练习时间总比例是 2∶1)。要注意，本教材的练习答案只是参考答案。

(八)要重视直观教学，采用一些能提高教学效果的教具——挂图、录音机、投影机、录像机、幻灯机等，提倡多媒体教学。

(九)应开列适量的参考书，指导学生阅读。要培养学生自学能力，提倡学生自己钻研问题，写读书笔记，写短篇论文。教师可选定一部分文章或书指导学生自学。

# 二、各章节的说明和教学建议

## (一)绪论

绪论部分讲现代汉语的形成、特点、地位。新时期国家语言文字工作的方针和任务，以及现代汉语课程的性质、任务和内容。在绪论以及以后各部分的教学中,都应该激励学生热爱并学好现代汉语,为现代汉语的规范和健康而奋斗。

第一节是现代汉语概述。讲现代汉语的形成和七大方言概况。"现代汉语方言语音主要特点表"不必细讲,可就表中有关当地方音特点讲一下,等到后面讲声母辨正、韵母辨正、声调辨正时,再让学生回过头来看有关部分,使学生对当地方言有一个初步的认识。

讲现代汉语的特点和在国内外的地位时,要激励学生热爱祖国的语言。人们普遍认为,缺乏形态是汉语的特点,这是以印欧语系语言为世界语言中心的观点的反映,好像语言都应该有形态,没有形态就是语言的缺憾,是不够完备,是天生的不足,这样会使人想到没有形态的语言不是高级语言,于是容易产生民族自卑感。我们认为世界五千多种语言所选择的语法手段是多种多样的,各有自己完整的、够用的、有系统的一套语法表现手段,把世界语言可能收集到的语法手段罗列出来比较,必然有的多用这几种,有的少用或不用那几种。正如把动物的移动器官罗列出来,有的用腿,有的用尾巴,有的用其他器官。如果我们拿狗和鱼来比较,能说鱼缺乏腿这一移动器官吗?大量有腿动物移居海洋之后,变成无腿动物,怎能说缺腿是鱼的特点呢?因此我们这次修订放弃了原来的观点,而说汉语不大用形态变化这一语法手段,或者说基本上不用。因为还有表示语法意义的重叠式,可算是构形形态,加"子、头"可算构词形态,但也都是普遍性差、使用面窄的语法手段。

讲推广普通话,促进现代汉语规范化①时,要突出新时期语言文字工作的方针和任务,讲现代汉语的规范化要联系学生的语言实践中或社会上使用语言的不规范现象,联系精神文明建设中语言美的要求,阐明规范化的内容和重要意义。

在绪论里,要使学生分清"现代汉语"、"汉民族共同语"、"普通话"和"汉语方言"几个概念。

**(二)语音**

1. 目的要求

---

① 可参看《当代中国的文字改革》第四、五章(王均主编,当代中国出版社 1995 年版)。

语音这一章,详细讲述现代汉语普通话的语音系统,以及汉语语音的分析方法,语音的规范,朗读的技巧等,要求学生较全面牢固地掌握语音理论知识,具有熟练准确地发音和分析语音的能力。培养学生说普通话的能力,是本章教学的一个重点。切忌只讲语音理论知识,而不要求学生学好普通话。

2. 教学内容和教学建议

(1)要重视基础理论和分析方法的讲授,更要重视拼读、朗读等基本技能的训练,使学生在原有的基础上有所提高。为了细致地描写普通话语音系统和培养学生研究语音的能力,要求学生掌握与汉语有关的国际音标和音位理论知识①,要在讲解普通话声韵调发音的时候,向学生介绍与汉语拼音方案相应的国际音标,并说明掌握国际音标的意义。有条件的学校还可适当介绍与当地方言或本班学生的方言有关的其他国际音标,指导学生用国际音标调查方言。

声母、韵母、声调三节,每节都有一道为练习调查方言整理声韵调系统而设计的练习题。有条件的学生可以在教师的指导下标注汉语方音,作整理方言声母表、韵母表、声调表的练习,借以培养学生调查分析语音的能力。②

(2)要密切联系学生的方音实际,边讲边练,做到发音与听音、辨音、正音相结合,书面练习与口头练习相结合。对不同地区的学生应有不同的要求,可根据当地方音的特点确定教学的难点和重点。一般来说,声调是教学的重点之一。要多做口头发音、说话练习,并可适当分组进行,教师可针对学生的不同情况做具体的指导。应严格要求学生说普通话,在课堂上用普通话回答问题,课外用普通话交谈。语音教学应与 PSC(普通话水平测验)相结合,用它检测学生运用普通话的能力。

(3)本章的练习,可根据学生的情况及当地语音的情况,作必要的

---

① 可参考《普通语音学纲要》(罗常培、王均编著,商务印书馆1981年版),《现代汉语语音概要》(吴宗济主编,华语教学出版社1992年版),《语音学教程》(林焘、王理嘉编著,北京大学出版社1992年版)。

② 方言调查可参考《汉语方言及方言调查》(詹伯慧主编,湖北教育出版社1991年版);也可参考邢福义《现代汉语》(高等师范学校用书)中有关方言的章节。

精简或补充。可以适当设计一些"乡土教材"式的练习,编选一些有针对性的注音读物,供学生练习说普通话及朗读之用。"发音练习",题多量大,对于纠正方音、念准普通话声母、韵母、声调、儿化、轻声很有好处,教师一定要布置学生按照要求练习。

(4)应充分发挥本章各种附图附表的作用。其中声母总表、韵母总表、元音舌位图及各种发音示意图均可制成挂图或电子计算机课件,在讲解声母、韵母的发音时对照着分析练习,可以取得更好的直观效果。有条件的院校,还可以充分利用多媒体教学设备,如电子计算机等,让学生更形象地理解发音原理,反复进行发音和辨音练习。应该要求学生能整体认读音节表中的每一个音节,看到音节能快读,听到音节能快写。《同音字表》用途很多,应指导学生学会使用。

(5)分析和讲授汉语语音系统,可以用我国音韵学的术语和分析方法(见下面甲表与乙表不同的部分),也可以用西方普通语音学的术语和分析方法(见下面乙表)。本教材采用的是中西结合以中为主的分析法。为了帮助学生了解两种分析法和术语的异同和术语的系统性及各术语之间的关系,列出下面甲、乙两表,供学生复习和做练习。(在甲、乙表右边举出例子)

(6)关于清音和浊音。所有现代汉语教材讲声母时都提到清音、浊音,次清、次浊。它们所指是什么?清和浊是指发辅音时声带不颤动与颤动的区别。

我国传统音韵学早期把声母分为清、浊两大类,后来又分为"全清"、"次清"、"全浊"、"次浊"四小类。把声带不颤动的"不带音"叫清音,把声带颤动的"带音"叫浊音。清音分全清(指不送气的、不带音的塞音、塞擦音、擦音)声母(零声母也属于全清)和次清(指送气的、不带音的塞音、塞擦音)声母。浊音分全浊(指带音的塞音、塞擦音、擦音)声母和次浊(指鼻音、边音、半元音等)声母。古代学者用汉字记音,用"帮、滂、並、明"来代表[p、pʰ、b、m]等。现在用中古音声母分类表把清音、浊音及其小类(全清、次清、全浊、次浊)所包括的声母表示出来。每个声母加注国际音标。了解它对在方言调查作古今声母对比时有帮助。

# 中古声母清浊音表

| 发音方法 | 发音部位 | 古代术语 | 清音 | | 浊音 | |
|---|---|---|---|---|---|---|
| | | | 全清 | 次清 | 全浊 | 次浊 |
| 塞音 | 双唇音 | 重唇音 | 帮[p] | 滂[pʰ] | 并[b] | |
| | 唇齿音 | 轻唇音 | 非[f] | 敷[fʰ] | 奉[v] | |
| | 舌尖中音 | 舌头音 | 端[t] | 透[tʰ] | 定[d] | |
| | 舌面前 | 舌上音 | 知[ʈ] | 彻[ʈʰ] | 澄[ɖ] | |
| | 舌面后音 | 牙音 | 见[k] | 溪[kʰ] | 群[g] | |
| 塞擦音 | 舌尖前音 | 齿头音 | 精[ts] | 清[tsʰ] | 从[dz] | |
| | 舌面前音 | 正齿音 | 照[tɕ] | 穿[tɕʰ] | 床[dʐ] | |
| 擦音 | 舌尖前音 | 齿头音 | 心[s] | | 邪[z] | |
| | 舌面前音 | 正齿音 | 审[ɕ] | | 禅[ʑ] | |
| | 舌面后音 | 喉音 | 晓[x] | | 匣[ɣ] | |
| 鼻音 | 双唇音 | 重唇音 | | | | 明[m] |
| | 唇齿音 | 轻唇音 | | | | 微[ɱ] |
| | 舌尖中音 | 舌头音 | | | | 泥[n] |
| | 舌面前 | 舌上音 | | | | 娘[ɳ] |
| | 舌面后音 | 牙音 | | | | 疑[ŋ] |
| | 舌面前音 | 半齿音 | | | | 日[nʑ] |
| 边音 | 舌尖中音 | 半舌音 | | | | 来[l] |
| 半元音 | 舌面中音 | 喉音 | | | | 喻[j] |
| | | 喉音 | 影 Ø | | | |

说明：

一、本表采用《辞海》(1989年版)对三十六字母的拟音。

二、近人对"三十六字母"的拟音,意见不一。有人认为擦音一般没有送气不送气的区别,非、敷的音值都是[f];泥、娘两母,无论从《切韵》系统或方言演变说,只是同一音位[n];敷、娘两母是宋代等韵学家为了使图表整齐而勉强分出来的。也有人把并、定、澄、从、床、群等拟作送气浊音,把影母拟作喉塞音[ʔ]。

（7）声、韵、调三节是语音部分最主要的内容。讲声母时,应使用普通话声母总表。先看竖行,后看横行,对表中每个辅音的发音部位和发音方法做理论上的阐述,同时应边讲边练,并结合方音辨正指导学生准确地发好标准音。讲韵母时,应首先使用舌面元音舌位图,对图中的单元音逐个讲清它的舌位和唇形,同时帮助学生练习好单元音的发音,为学习复韵母和鼻韵母打好基础。在讲解复韵母时,应着重说明其发音过程是由甲元音向乙元音丙元音滑动的,不是跳动的,中间有数不清的过渡元音。中响复元音韵母,有的书叫三合复元音韵母,说由三个元音组成,这是通俗的、不严密的解说。严格地说,它不是由三个元音构成,而是由三个代表元音和中间许多过渡音构成的。前响、后响复元音也不宜解说为各由两个元音构成,而是由两个代表元音和中间一些过渡音构成的。这样才能理解复合元音中间是滑动的,而不是跳动的。

韵母结构分为韵头、韵腹、韵尾三部分,这三部分不是在同一平面组合的。韵腹和韵尾是韵的直接组成成分,它们的组合体叫作韵(韵身),即押韵的韵①;韵和韵头则是韵母的直接组成成分,韵腹和韵尾都只不过是韵母的间接组成成分。没有韵尾的韵母,韵腹就是韵,它是韵腹与零韵尾组合成的。不言而喻,直接成分之间的关系密切,间接成分之间的关系疏远。这一点可以帮助我们理解,为什么我们只发现前响复元音韵母的韵腹元音与韵尾元音之间彼此发生同化作用,而后响复元音的韵腹元音和韵头元音之间却未发生强烈的影响。我们只发现一个例外,即存在于鼻尾韵母[iɛn]之中。我们认为韵母结构组合时是有层次性的(可参看38页句内语言单位层次关系图)。不过为了简便,也可以从宽采用三分法。

声调是音节中音高变化形成的表义格式,北京话基本音高格式只有四种。轻声没有固定的音高格式,是四声的变体。英语音节有音高,如"boy"里有音高,可以升、可以降,但不表示不同的意义,都是"孩子"的意思,公认英语(音节)没有声调。所以说有音高或有音高变化不能说是有声调,只有在音节中有音高表义格式才是声调。不同的方言各有一套(几个)音高格式——声调,而不能说各方言各有一套音高或音高变化。

讲声调时应着重讲清调值和调类的区别。应结合相对音高的理

---

① 有关诗歌押韵问题,欲知其详,请参看林端著《历代诗韵沿革——外一篇》,新疆人民出版社2004年版。

论,运用五度标调法指导学生念好普通话四声调值。应结合古调类和方音调类来讲清普通话的调类。

音节由音素构成,不能说由音素和声调构成。英语、法语许多语言的音节里就没有特定的表示意义的声调,只有由音素构成的音节。因此,就普通语音学而言,不能说音节由音素和声调(音高)构成。

(8)变调、轻声、儿化是普通话几种重要音变现象,应指导学生利用轻声、儿化字表做有关的发音操练。

(9)讲解音位一节时,对普通话的声、韵、调应作细致的描写与归纳,使学生进一步了解普通话语音在实际发音上的细微差异。鉴于多年来音位理论在许多院校普及不够,各校可根据自己的实际情况灵活处理,对这节内容采取或详或略的讲授办法。①

(10)朗读和语调一节,是普通话语音教学的一项重要内容。中小学语文新课本对学生朗读特别重视,在讲解朗读的基础理论、基本知识的同时,应着重指导学生掌握朗读的基本技能。在语音教学的整个阶段都应适当安排时间训练学生朗读。逢节假日还可以跟学生会等组织配合,开展一些生动活泼的课外活动,如拼写比赛、普通话故事会、普通话讲演比赛等,以便学生互相观摩学习,提高学生说普通话和朗读的能力。

(11)规范化这一节主要讲确立语音规范的标准和推广标准音的问题,讲授时,可结合方音辨正进一步提高学生说普通话的能力以及对推广普通话的重要性的认识。② 讲授时注意避免与绪论有关段落重复。

**(三)文字**

1. 目的要求

学习本章,要求掌握汉字的产生、特点、作用、形体、构造、规范化等

---

① 可参考《普通话音位》(吴天惠著,湖北教育出版社1985年版)。
② 《现代汉语规范问题》,罗常培、吕叔湘,《中国语文》1955年12月(见"资料"81页)。

方面的基本理论和基础知识,提高分析和正确运用现行汉字的水平,为将来研究或教学现行汉字打下基础。①

2. 教学内容和教学建议

（1）本章分五节:汉字概述,汉字的形体,汉字的结构,汉字的整理和标准化,使用规范汉字。其中第四、五两节着重讲汉字规范化。教学时,应以后三节为重点,特别要加强最后一节的教学。

（2）第一节包括四个内容:文字的性质,汉字的产生,汉字的特点,汉字的作用。本节的教学重点是汉字的特点。本教材采用通行的说法,认为汉字是表意体系的文字,同表音文字作了对比,并阐述了汉字的超方言性。让学生深刻理解汉字的特点,对本章其他各节的教学有重要作用。

（3）第二节包括两个内容:现行汉字的前身（不必详讲汉字形体的演变）,现行汉字的形体。形体演变是与"古代汉语"课重复的内容,不必过细讲解,但应使学生掌握各种形体的名称、时代、特点等。重视附录中各种字表的学习,要求记住字表中容易读错写错的字的正确读法和写法。记住简化字总表中的简化字和繁体字,教会学生对现行汉字的分析,有很强的实用性。学生不仅要了解有关字形知识,而且要联系实际,能够辨析和运用。

（4）第三节包括三个内容:结构单位、笔顺、造字法,应以后者为重点。汉字的笔画和部件是构字的单位,要求学生掌握有关知识,并能具体分析。汉字的书写顺序,虽然小学、中学就已学过,但有不少字的写法有分歧,应当按照《现代汉语通用字笔顺规范》的规定,统一汉字的笔画数、笔顺和结构。这个问题不能轻视,对有分歧的字要作补充练习。

汉字的构造方式讲象形、指事、会意、形声四种,其中以形声为重点。转注和假借可略讲或不讲。对于古文字的构造,只作简要介绍,便于讲清造字法;应以讲容易写错的现行汉字为主,有的可联系古汉字的

---

① 文字一章各节可参看梁东汉著《文字》、傅东华著《汉字》,以及高更生等编《现代汉语资料分题选编》的文字部分。

形体进行分析,巩固学生学过的知识。特别是形声字,除让学生做本节后面的练习外,还可以增加一些形声字的练习材料,让学生用常见形旁加声旁,或用常见声旁加形旁组成形声字等,以提高学生分析形声字的能力。

(5)第四节包括四个内容:汉字改革问题,汉字的整理,汉字的标准化,汉字的信息处理。汉字改革问题,要让学生初步了解汉字改革的历史,并正确看待汉字的前途,使学生对新时期语言文字工作的方针和任务有一个正确的认识。① 汉字的整理,主要是讲清过去在精简笔画和字数方面取得了哪些成绩。汉字的标准化是本节的重点,要让学生对定量、定形、定音、定序中已取得的成绩和存在的问题,有个较全面的了解,并引导学生对有关问题进行力所能及的学习和研究。汉字的信息处理是要让学生了解计算机和网络飞速发展的社会背景下,我国中文信息处理的发展状况。

《第一批异体字整理表》整理异体字 810 组,淘汰异体字 1 055 个。1956 年 3 月 23 日文化部、文改会恢复"阪、挫"两个字为规范汉字;1986 年 10 月 10 日重新发表的《简化字总表》恢复"䜣、䜩、晔、奢、诃、鳝、绁、划、鲙、诓、雠"11 个字为规范汉字;1988 年 3 月 25 日发布的《现代汉语通用字表》恢复"翦、邱、於(wū、yū)、澹、骼、彷、菰、涠、徼、薰、黏、桉、愣、晖、凋"15 个字为规范汉字;1997 年出版的《语言文字规范手册》恢复"谘"为规范汉字,删去了"梗"的异体字"杭"。经过调整后,实际整理异体字 795 组,淘汰异体字 1 025 个。

(6)第五节包括两个内容:掌握整理过的汉字,纠正错别字。这是本章的重点。要运用前四节讲过的知识,联系实际,把这一节教好。可以组织学生到社会上调查用字的不规范情况,进行整理、总结,推动社会用字的规范化。要求每个学生总结自己写字的实际情况,切实纠正自己写的不规范字。《常见的别字》《容易读错的字》这两个表,要求学生全部掌握,并作为考试的内容。

---

① 可参看《当代中国的文字改革》(王均主编,当代中国出版社 1995 年版),汉字改革的历史可参看《汉字改革概论》(周有光著,文字改革出版社出版)。

（7）汉字作为书法艺术的民族文化传统应该继承和弘扬，对学生可加强这方面的指导。应提倡学生练习写字，包括毛笔字、钢笔字、粉笔字等，提高学生的写字水平，同时让学生了解并掌握计算机汉字信息处理的新成果。

**（四）词汇**

**1. 目的要求**

"词汇"这一章讲述现代汉语词汇和各种词汇单位的含义，语素构成词的方法和类型，词义（词义的性质和构成，义项和义素，语义场，词义和语境的关系），现代汉语词汇的组成，词汇的发展变化和词汇规范化等问题，使学生掌握词汇学、语义学基础理论和基本知识，能够正确地辨析和解释词义，丰富自己的词汇，提高用词的能力。

**2. 教学内容和教学建议**

（1）词汇是一种语言里所有的（或特定范围的）词和固定短语的总和。词汇单位有语素、词、固定短语。固定短语可分为专名和熟语。[①] 简称略语是词汇单位，它的作用相当于词，它的来源则可能是一般短语或固定短语。

（2）语素是语言中最小的音义结合体。确定语素的方法是"替代法"（又叫"同形替代法"）和剩余法，主要是看：能否为已知语素所代替，能否同已知语素相结合。合乎这两条标准而且能保持原义的即为语素。

语素可分成成词语素和不成词语素。

（3）词是最小的能够独立运用的语言单位。"独立运用"指的是单用。成词语素都可以单独成词（多数也可以同别的语素组合成词）。不成词语素要与别的语素组合才能成词。

合成词（复合式）和短语可用"扩展法"来区别，看中间插入别的成分之后，意思还能不能与原义保持一致。不能与原义保持一致，它就是

---

① 本章各节可参看《现代汉语词汇》（增订本）（符淮青著，北京大学出版社 2004 年版）或《现代汉语词汇概要》（修订本）（武占坤、王勤著，内蒙古人民出版社 1983 年版）。《现代汉语语义学》（詹人凤著，商务印书馆 1997 年版）。

一个词;否则就是一个短语。

单纯词中的叠音词跟合成词中重叠式的区别,主要是前者一般不能分开来用,如"猩猩"中的"猩",后者单独拿出来仍是词或语素,如"哥哥"的"哥"。

（4）词义是词的内容,表明词所代表的事物和现象。这里的"事物和现象"应作最广泛的理解,它包括客观世界和主观世界中的一切对象(现实的和想象的)。词义部分研究词义性质和构成。

词义具有概括性、模糊性和民族性。

词义的核心是理性义,在理性义的基础上可以附加种种色彩义。色彩义主要有感情色彩、语体色彩、形象色彩等。一个词可以有一种或一种以上的色彩义,也可以没有明显的色彩义。①

（5）义项是词的理性义的分项说明,是从词所出现的语境中分析概括而得来的。各义项适用的语境不同。义项分基本义(≠原始义)和转义,转义又分引申义和比喻义。

根据义项的多少分为单义词和多义词。单义词只有一个意义。多义词是一词多义,属于同一个词的各个义项互有联系。同音词是语音形式相同而词义没有联系的一组词。

（6）义素(语义成分)是词义构成的最小意义单位,也就是词义的区别特征。区别特征有的具有二重性:对种内事物具有共同性,对种外事物具有区别性;有的则对种内的不同事物具有区别作用。

义素分析②须在语义场内进行,语义场分成不同的层次,范围有大有小。义素分析的内涵也有深浅,视所属的层次而定。一般情况下,语义场内各词都有的特征是共同特征,用来与不属于本语义场的词相区别,其余的特征用于区别语义场内各词,是具有真正区别作用的特征。

---

① 参看《语义学》(徐烈炯著,语文出版社 1990 年版)、《汉语语义学》(贾彦德著,北京大学出版社 1992 年版)、《语义研究》(石安石著,语文出版社 1994 年版)。

② 可参看《语言学概论》(第三章)(石安石、詹人凤著,高等教育出版社 1986 年版)。

（7）语义场①可以分许多种,如类属义场、顺序义场、关系义场、同义义场、反义义场等。为了叙述的方便,也为了突出重点,教材把后二者单独提出来各作为一节,详细讨论。

同义词之间的差别表现在许多方面,但这些差别是辨析同义词之后得出来的,这对于辨析同义词有参考价值。辨析同义词的方法,应是考察语境,设想替换的可能性,然后准确地判断出它们的差别来。这是我们应该注意的。

本书把反义义场分为互补反义与极性反义两类,与传统分类(矛盾关系与反对关系)并无实质不同,但强调了二者之间互相联系、互相转换的辩证关系。反义义场中的两个词往往处于不平衡状态。

（8）语境分语言语境和情景语境,在语言语境制约下确定词语在句中的意义。情景语境则在语用条件制约下,赋予句中词语以实际上的特定理解。二者对词义都有深刻的影响,一般更重视语言语境。语境对词义的作用:根据语境解释词义;语境使词义单一化;语境使词义具体化;语境增加临时性意义;语境表现出词义的选择性。最主要的是第一项。语境是解释词义的根据。

（9）"现代汉语词汇的组成"和"词汇的规范化"两部分可以结合起来讲述,着重讲述词汇的规范化。尽量结合学生运用语言的实际,讲述反对滥用古语词、外来词、方言词的意义和必要性,以提高学生正确地运用语言的自觉性。

（10）熟语是常用的定型化了的固定短语。熟语源远流长,运用普遍,极富表现力。熟语包括成语、谚语、惯用语和歇后语。

成语是词汇中很有表现力的一种特殊单位,也是丰富学生词汇的一个重要内容。应要求学生在了解成语的构成成分意义的基础上掌握它的整体意义和用法。

（11）讲述词汇的变化时,要让学生了解词汇变化的原因及其表现的各方面:新词不断地产生,旧词逐渐地消失,词义也不断地发生变化。

---

① 可参看《语言文字原理》(彭泽润、李葆嘉主编,岳麓书社 1995 年版)或《语言学基础理论》(第五章)(岑运强主编,北京师范大学出版社 2006 年版)。

要求学生注意新词的构词特点,正确理解新词的意义。讲词义的发展变化举例应限于现代的。可结合作业练习要求学生掌握词义变化的原因和途径。

（12）附录《词典和字典》《词语解释》部分,可让学生自学。

**（五）语法**

1. 目的要求

语法这一章,系统地讲述现代汉语的词类划分原则,各类词的特征,短语和句子的结构及其类型,分析句子的方法,标点断句的方法等内容,使学生掌握现代汉语语法体系,掌握用词造句的规律,具有辨别词性、短语和句子的类型,析句、造句以及分辨句子正误的能力,从而更好地理解和运用现代汉语。①

教师应向学生着重说明学习语法不仅是要记住一些术语,尤其要弄懂语法规律,要反复练习,使所学的知识变成自己的技能,并用以指导语言实践。教学语法不但要求学生学会分析规范的句子,而且要学生学会分析病句,找出病句的原因。让学生写短文、短信,互相修改分析,寻找、修改报刊上的病句,以提高学生修改病句的能力,才能牢固地掌握语法基本知识。

2. 教学内容和教学建议

（1）关于语法的定义

教材给语法下的定义是"语法是词、短语、句子等语言单位的结构规律"。为什么不直接说"语法是语言的结构规律"呢?这是因为,语言的结构规律这个概念外延太宽,比如语音也是有结构规律的:音节中什么声母能跟什么韵母相拼,也是有规律的。因此,单说语言的结构规律就不够准确。实际上,语法只是语言结构规律之一,加上"词、短语、句子等语言单位"的限定,就使语法的定义准确些。词、短语、句子这些语言单位都是音义结合体,都是有意义的语言成分。但是,语法的定义如果表述为"语法是语言成分的结构规律"也不妥,因为各人对"语

---

① 语法一章各节都可参看《汉语语法分析问题》(吕叔湘著,商务印书馆 1979 年版),《实用汉语语法》(房玉清著,北京语言学院出版社 1992 年版)。

言成分"有不同的理解,所以本书用"词、短语,句子等语言单位"来代替它,以便于理解和接受。①

语法体系应专指语法学体系的系统性,客观存在的语法事实的系统性应叫语法系统。

20世纪50年代公布了《汉语教学语法暂拟系统》(这里的"系统"应为"体系"),由于受它的影响,语法体系就和语法系统成了等义词,造成了混淆。应该还语法体系专指语法学体系的本来面目。

(2)关于词类

划分词类的根据是词的语法性质即词性,词性表现为词的功能、形态和意义②,功能和形态是语法特征,即语法形式,加上概括的意义,两者是词的语法性质的体现。因此可以认为划分词类的依据是词的语法性质③。本教材过去的版本曾以词的语法特点或语法特征为分类的依据,想完全撇开意义,但在给词类下定义、在划分大类下的小类时又离不开意义。由于功能和形态相同或相近的一些词,意义上也总有共同点,因此各类实词可以从意义上下定义。这样做简明好懂,概括性强,便于理解和接受。再说研究语法必须符合形式和意义相结合的语法研究原则。也要运用句法、语义、语用三结合的研究方法④。过去有人拿意义作为唯一的标准,那也是背离形式和意义相结合的原则的。意义问题比较复杂,离开语法形式容易言人人殊,谁也说服不了谁。因此意义只能作为划分词类的次要标准或参考标准。

至于形态,汉语里少而普遍性又差,也只能作次要标准,但它所起到的区分词类的作用⑤是说一不二的,只可惜形态对区分动词、形容词

---

① 概说一节可参看＊《语法和语法体系》(胡明扬著)。＊号表示出自张志公主编《教学语法丛书》,下同。

② 参看《关于汉语有无词类的问题》(王力,《北京大学学报》1955年第2期),也可参看《词类》(王力,上海教育出版社的《汉语知识讲话》丛书)。

③ 《现代汉语语法讲话》(丁声树等著,商务印书馆1962年版)。

④ 《语法的静态分析和动态分析》(何伟渔,中国人民大学复印报刊资料《语言文字学》1994年第11期)。

⑤ 《关于汉语词类的一些原则性问题》(吕叔湘,《中国语文》1954年第9、10期)。

缺乏普遍性,但不能因形态在汉语里作用不大而撇开它。

词的功能指词的组合能力,它体现一个词的分布特征。功能可分两方面:A. 实词与实词的组合能力,其中主要的一种是词充当句法成分的能力,或称为词的职务,如能充当主语、谓语、状语等,就是能位居主语、谓语、状语等位置。另一种是前后经常出现什么词,如数词经常出现在量词前头,名词可单独与量词短语组合等。B. 虚词与实词的黏合能力,如语气词经常黏附在实词或句子后头表示种种语法意义——语气。助词"的"与实词黏合,常放在若干实词或短语的中间,表示前一实词修饰限制后头实词,即表示修饰限制的语法意义。

功能在划分汉语词类时起的作用最大,但是有人拿它作为分类的唯一标准而撇开作用较小的形态和意义,这不是本教材的主张。汉语许多词是多功能的,因此分类时只能考虑主要功能,即经常的无条件的用法,那些特殊的有条件的用法属于非主要功能。

根据能否单独充当句法成分,汉语的词可以分作实词和虚词两大类。实词是成分词,即能单独充当句法成分的词。它包括名词、动词、形容词、区别词、数词、量词、副词、代词、拟声词①和叹词,共十类。虚词只表示语法意义,不能充当句法成分或不能单独充当句法成分,与实词相对应,可叫非成分词。它包括介词、连词、助词和语气词四类。

教材不列附类。方位词是名词的一个小类。能愿动词、趋向动词、判断动词②分别是动词的小类,三者都具有能正反并列作谓语的动词特征,但各个小类都有各自的语法特征。能愿动词是辅助性动词,这是指它作状语时对动词、形容词起主观评议的辅助作用。它还可单独作谓语,能构成V不V式,这与副词大不相同。不能作谓语,不能构成V不V式的"必须、必、须、须要、得"等划为副词。

动词、形容词有许多共同特征,突出的一点是都可以作谓语,故合

---

① 参看《汉语拟声词》(耿二岭,湖北教育出版社 1986 年版)。

② 《能愿动词 趋向动词 判断动词》(洪心衡,上海教育出版社 1985 年版)。关于判断动词"是"的用法,可参看《现代汉语八百词》(吕叔湘,商务印书馆 1980 年版),该书对虚词的用法有较详细的说明。

称"谓词"。与"谓词"相对的是"体词",但教材没有出现"体词"这一术语,而用"名词性的词"代替,这是为了减少术语。

动词可按宾语性质分类,教材把动词分为名宾动词、谓宾动词、名谓宾动词三类。

A. 名宾动词

名宾动词又称体宾动词,是只能带名词性词语作宾语、不能带谓词性词语(包括复句形式,下同)作宾语的动词。例如"扫"只能带名词性宾语"地、桌子上的灰尘"等,不能带谓词性宾语。这类动词一般是表示具体动作而且只能涉及具体人或事物的动词,数量很多。例如,"敲、按、砍、摇、插、砸、打扫、摔、扔、丢、捉、采、捆、绑、放、收、扬、修理、跳、踢、蹬、疗、耕、种、锄、栽、收割、买、采购"等。

B. 谓宾动词

谓宾动词是只能带谓词性词语作宾语、不能带名词性词语作宾语的动词。谓宾动词按照谓词性宾语的情况可以分成真谓宾动词、准谓宾动词和真准谓宾动词三类。

真谓宾动词是所带的谓词性宾语保留了谓词的全部语法特征的谓宾动词,宾语可以是谓词和动宾、状中、中补、主谓、连谓、兼语等短语,但不能是以谓词为中心的定中短语。例如"值得":"这个经验值得认真地学习。"(状中短语作宾语)但是宾语不能是定中短语,例如"值得认真地学习",不能换成"值得认真的学习"。这类动词数量比较多。例如"打算、估计、计划、乐意、企图、认为、试图、妄想、主张、准备、建议、提议、省得"等。

准谓宾动词是所带的谓词性宾语失去了谓词的部分语法特征的谓宾动词,宾语带有一定的名词性,可以是谓词和谓词为中心的定中短语,而不能是动宾、状中、中补、主谓、连谓、兼语等真谓宾动词才能带的宾语。例如"进行":"我们必须进行调查。"(动词作宾语)"我们必须进行认真的调查。"(动词带形容词定语的定中短语作宾语)但是宾语不能是真谓词性的,例如"进行认真的调查",不能换成"进行认真地调查"。这类动词数量很少,常见的还有"给以、加以、予以、致以"等。

真准谓宾动词是所带的宾语既可以是真谓词性宾语、又可以是准谓词性宾语的谓宾动词。例如"开始",可以带真谓词性宾语:"这种现象开始有了一些变化。"(动宾短语作宾语)也可以带准谓词性宾语:"这种现象开始了新的变化。"(动词为中心的定中短语作宾语)这类动词的数量较少,常见的还有"痛感、意味着、有助于"等。

C. 名谓宾动词

名谓宾动词又称体谓宾动词,是既能带名词性词语作宾语、又能带谓词性词语作宾语的动词。内部可以按照宾语的性质分为名真谓宾动词、名准谓宾动词、名真准谓宾动词三类。

名真谓宾动词是既能带名词和名词性短语作宾语,又能带谓词和真谓词性词语作宾语的名谓宾动词。例如"指出",可以带名词性宾语:"大家指出了他的缺点。"(名词为中心的定中短语作宾语)也可以带真谓词性宾语:"大家指出他有很多缺点。"(主谓短语作宾语)这类动词也较少。常见的还有"看见、看到、说、表明、抱怨、埋怨"等。

名准谓宾动词是既能带名词和名词性词语作宾语、又能带谓词和以谓词为中心的定中短语作宾语的名谓宾动词。例如"得到":"他得到了一些奖品。"(名词为中心的定中短语作宾语)"他得到了大家的帮助。"(动词为中心的定中短语作宾语)这类动词很少。常见的还有"有、作"等。

名真准谓宾动词是既能带名词和名词性短语作宾语,又能带谓词和真谓词性短语作宾语,还能带谓词和准谓词性短语作宾语的名谓宾动词。例如"想象":"大家正在想象将来的美好景象。"(名词为中心的定中短语作宾语)"大家正在想象自己将来会成为有用的人才。"(主谓短语作宾语)"大家正在想象美好的感受。"(动词为中心的定中短语作宾语)这类动词比较多。常见的还有"保证、称赞、担心、顾虑、关心、考虑、同意、忘记、喜欢、赞成、重视、透露、宣布、议论、反对、防备、防止、庆祝、需要、预备、证明"等。

我们不是为分类而分类,分类有助于说明动宾搭配的语法规律,有助于修改病句。词语搭配的错误有语法上的也有词汇上的。有了上述动词小类,对于动宾上出现的语法错误就好说明了。例如:

① 这件事值得大家的重视。

这句仅指出"动宾不配"是不够的,太笼统了。必须进一步说明"值得"是个谓宾动词,不能带名词性短语。必须删去"的"字,让"大家重视"这个谓词性短语充当宾语。又如:

> ② 电影一开始,银幕上出现了在波涛汹涌的大海边,站着一位饱经风霜的老人。

这句也可以认为是句末缺少了名词性宾语"这样一个镜头",实际上是动宾不能配搭,"出现"是个名宾动词,不能带谓语性宾语(主谓短语),应改为带名词性宾语。改成"出现了这样一个镜头:在波涛汹涌的大海边,站着一位饱经风霜的老人。

(3)关于方位词和处所词

传统的方位词的数量很多,与处所词难分清,范围很难确定。不仅意义上与处所词分不清,而且结构上两类词造成短语(即方位短语和处所短语)的时候界限也说不清。现在缩小了方位词的范围,拿"的"作试例,遇到方位词短语和处所词短语分不清的时候,凡是可疑词前面不能出现"的"的,算方位词,能出现"的"的算处所词。例如:

方位词(指下面有着重号的词)　处所词(指下面有着重号的词)

桌子上(方位短语)　　　　　桌子上面(处所短语)

*桌子的上　　　　　　　　　桌子的上面(处所短语)

长江以南(方位短语)　　　　*长江的以南(不是处所短语)

照原来方位词的范围看,"桌子(的)上面"究竟算方位短语还是算偏正短语(处所短语),说不清楚。现在缩小了方位词的范围,单音的只有"上、下、前、后、左、右、里、外、内、东、西、南、北、中"等十几个,双音的有加"以"和加"之"的二十几个。

方位词有定位性和封闭性。它总是出现在词语之后,因而有的语法学者把它称为"后置词"。常与"前置词"(介词)配合使用,如"在出发之前"、"在路上",表示时间、处所。

有封闭性是指能产性差,数量有定。封闭性和定位性是虚词所具有的属性,即有虚词性,有人把方位词算作独立于名词之外的大类,我们把它放在名词里算小类,因它们有名词的用法,如单音方位词在一定条件下可以作主语。例如"上有老、下有小","上有政策、下有对策",

"前无去路,后有追兵"。总是反义成双对举连用,单用一个不能独立成句。还因为它构词力很强,如东面、东头、东边、东方、东部、东郊、东洋、东海、东湖、东侧等,可以造成上百的处所词。凡是能受带"的"的定语修饰的,都算处所名词,都能构成偏正短语,不算方位短语。

(4)关于重叠与重复

重叠有构词重叠、构形重叠和音节重叠之分。构词重叠,如"哥哥",是两个语素(哥)的重叠。构形重叠是词的形态变化,如"看看"、"想想"、"研究研究"、"高高"、"干干净净"等,原式(看)和重叠式(看看)应认为是同一个词的两种形式,不能认为是变成了两个不同的词或不同类的词。重叠式和原式的词汇意义基本相同,只是附加了一些语法意义。词典上也不列为两个词条。

至于单纯词"猩猩"等,不是构词重叠和构形重叠,它不是两个语素,只是有两个音节的一个语素,只能说是音节的重叠,它没有原式和重叠式的区别。

词的重叠与重复不同。重复之后没有语法意义,只有语用意义,即表示引起关注或强调。不仅词可以重复,短语、句子也可以重复,如"很好很好的一个小孩。""你要是不给我买,我就……好,好,我给,我给!"

这些重复,在"修辞"里称为"反复"。至于"刚"和"刚刚","仅"和"仅仅",后者的重叠形式与"妈"和"妈妈"一样,前后是意义基本相同结构不同的两个词。

有人扩大了构形重叠的范围,把"看一看"、"看了看"、"看了一看"、"看他一看"、"摸他几摸"等和"看看"一样看待。把里面的"一"、"了"、"几"和"他"看成中缀,那么"几"、"他"能算中缀吗?其实"一"是数词,"了"是动态助词,把它们算中缀就应在词缀部分说明这些中缀的意义,其实汉语没有真正的中缀,增添一些中缀,徒使汉语语法复杂化,不如还它的本来面目,遇到"看他一看"格式,说它是重叠式里加了一个词,就不如说它是个"动+宾+数量补语"结构好解释。遇到"看一看收多少钱",我们认为后一"看"字是借用动词的临时量词。正如"一船人"中的"船",也是借用的临时量词。

(5) 关于助词"连"

过去许多语法书都把"连"字划归介词,本教材把它分别划归助词①、介词和副词。划归助词有什么根据呢? 最主要的一条是助词"连"往往可以省略,而介词、副词一般是不能省略的。下面句子中的"连"都可以去掉而不影响意义的表达:

① 连我都不知道这件事。

② 这件事我连想都不敢想。

③ 他连这本书都没看过。

"连"总是与"也/都"相呼应,组成"连……也(都)……"结构,其作用在于强调,强调后头的名词、动词性词语,多半出现在否定句里,删去也不影响基本意义和结构,只是口气减弱了。

介词、副词"连"去掉就影响意义和结构,例如:

④ 苹果不用削,连皮吃。(介词)

⑤ 干脆连椅子一起搬上去。(介词)

⑥ 台风起来时,大树都要连根拔。(介词)

⑦ 他这星期连发五封信。(副词)

(6) 关于短语

短语有的书称为词组。"词组"也有过不同的范围,原先只指实词和实词的组合,至于实词和虚词的结合,并不看成词组,而名为"结构"。后来有的书把"结构"放在词组之内,本教材把词组和"结构"两者都看作短语。我们把结构看作结构体。

短语是重要的语法单位,汉语句子的基本结构(指除语气、语调等)一般是由短语(一层套一层)形成的。复杂的短语,其内部还包含各种不同的短语。因此短语使用频率比较高。短语、句子、合成词三者内部的主要结构关系和主要结构方式基本一致,学会分析短语的五种基本结构,就不难分析句子和词的结构。因此应该加强短语的教学,尤其是五种基本短语,使学生充分认识短语学习的重要性。

---

① 参看《词类辨难》(邢福义著,甘肃人民出版社 1981 年版,第 104 页)。

短语同词一样,主要可以从两个不同的角度来观察和分类①。一个角度是看组合的内部结构(包括组成成分的词性、语序和成分之间的语法关系等),根据它的结构来分类的,叫结构类;另一个角度是看这一组合放在比它更大的语法组合里的语法功能(包括同哪类词语组合、怎样组合、作什么句法成分等),根据它的功能来分类的,叫功能类。

按照短语的内部构成要素划分,短语可分成两种:一种是实词的组合,一种是实词和虚词(各为一方)的结合。实词和实词组成的短语,主要按内部组成成分之间的语法关系划分为不同的结构类型。其中主谓、动宾、偏正、中补、联合五种短语都是从实词间的语法关系上划分出来的。其他几种短语是另外一种句法结构,其中的语法关系不很明显,但是形式特征显著。连谓短语是谓词性成分连用的组合;兼语短语的前后两个连用的谓词中间有一个兼语成分。至于量词短语和方位短语,因其内部有的类似偏正关系,有的类似衬附关系,大家没有认清它们的内部关系,于是按其中一个组成成分的词性来定名。实词和虚词各为一方的短语,有的是虚词在前头,有的是虚词在后头。由于虚词缺少词汇意义,就不能有实词和实词之间的那种语法意义关系。有人称虚词与实词的关系为衬附关系。这类短语一般都按虚词的性质来定名,这就是介词短语和助词短语(如"所"字短语、"的"字短语等)。

按照短语的外部功能来划分,可以分为动词性短语、名词性短语、形容词性短语三类。值得注意的是:结构类相同的短语,功能不一定相同;功能类相同的短语,结构也不一定相同。

分析短语,先要正确理解其意义,然后注意组成成分的词性、语序和所用的虚词。在包含虚词的短语里往往可以凭虚词了解其间的语法关系,确定短语的结构类型。比如凭"和"类连词定联合短语,凭助词"的、地"的书面形式定出定中短语和状中短语(偏正短语),凭助词"得"的书面形式定中补短语,凭词性和语序定主谓短语和动宾短语。

(7)关于句子分析法和句法成分

---

① 参看《汉语教学语法研究》(高更生、王红旗等著,语文出版社1996年版)。

本教材从增订三版起,使用了"句法成分"这个术语。"句法成分"和"句子成分"、"短语成分"三者的来源和关系是怎样的呢? 它们同成分分析法和层次分析法有何关系呢?

为了说明句子内实词和实词的组合关系,传统语法学使用六大句子成分来分析句子,人们称它为"句子成分分析法"。分析"她的妈妈刚打好红毛衣。"这个句子时,一般撇开语气语调不管,直接分析这个句子的句法结构。先挖出基本成分主语(妈妈)和谓语(打),再挖出连带成分或附加成分。把动词"打"支配的宾语(毛衣)找出来,然后再把动词前的状语(刚)找出来,把动词后的补语(好)找出来,或者先把名词前的定语(红)找出来。于是分出"定语+主语+状语+谓语+补语+定语+宾语"七个句子成分,正好是一个实词充当一个成分,"暂拟系统"把主语和谓语这两个有陈述关系的句法成分叫基本成分,把定语、状语、宾语、补语叫连带成分。只有主语和谓语是成分对成分。其他都是成分对词,例如定语是修饰名词的,状语、补语是修饰补充谓词的,宾语是受动词支配的,这些都不是成分对成分的。它认为偏正短语、动宾短语不能整体充当主语、谓语等成分,要找短语里的中心词和它的连带成分,才能确定是某句子成分。

层次分析法分析句法结构时,除了不能两分的结构之外,其他是一分为二的,大都是成双配对发生结构关系的。主语与谓语,定语、状语、补语都与各自的中心语配对。与宾语配对的动词,改为述语。本书修订本就是如此。到了增订版,改用"动语",动语与宾语配对组成动宾短语。动宾短语这个老名称比述宾短语更习惯,易为大家所理解。动语由动词或动词短语充当,比述语容易联想和记忆。

层次分析法不但适用于分析语句的句法结构,其他语言单位也适用,小至语音单位,大致句群、篇章的组合体,都是有层次的。例如下图(见图 2-1)。

句外语言单位的层次,该图无法容纳,这是从小到大的框式组合图。汉语音节先由韵尾音位和韵腹音位结合成韵或韵身,再由韵与韵头(介音)组合成韵母,它与声母结合成音节(字音),图 1-1 音节共八个,汉语音节必带调,带调音节即字音也是八个。字音中

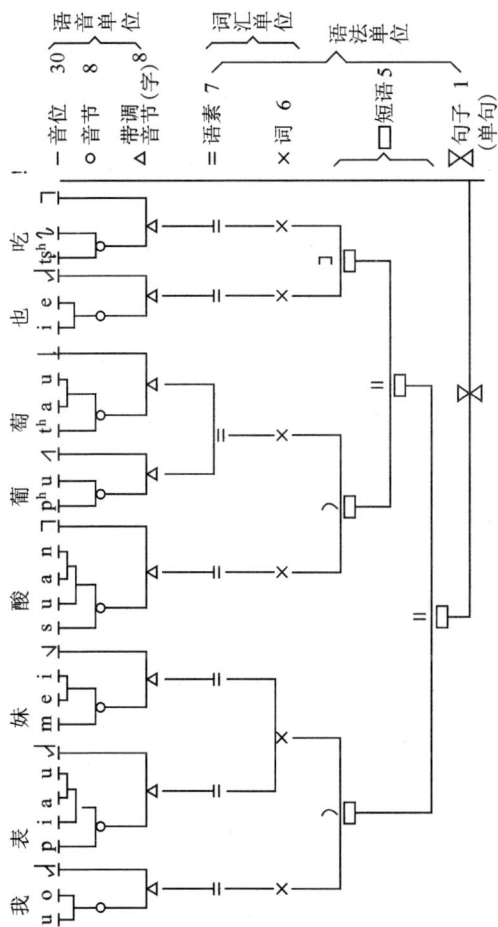

图 2-1 句内语言单位层次关系图

有意义的成为语素,语素构成词是有语法规律的,所以语素和词既是词汇单位又是语法单位。

国内用结构主义的直接组成成分分析法分析句法结构,划句法成分大都分析到词(实词、虚词)为止,也有分析到语素的。教学语法,大都分析到实词为止,认为虚词不是成分词,一律不分析,例如"你来吗"分析时,只算主谓结构,不分析"吗"与"你来"的结构关系,只分析"你"与"来"是主谓关系。

有的书认为句法成分是短语成分,指定语、状语、补语、宾语。句子成分是句子的成分,指主语、谓语。本书认为这六个成分和动语、中心语都是句法成分,它也是短语成分和句子成分。独立语是语用成分。

本教材有三处讲句法成分,讲时要注意分工,避免不必要的重复。在语法概说里的句法成分,只简单举例介绍八种成分的定义,目的是使学生对词类两节里出现的句法成分术语理解起来不感到困难。在第四节"短语"里出现的句法成分术语,只讲八种成分配对时的结构关系,即只讲短语内的结构关系。"句法成分"一节讲它的结构类型、意义类型、语义指向、多重定语、状语和结构助词以及易混的两个成分的辨别等。

(8) 关于原句加符号法所用的符号

本教材的特点之一是经常采用一些析句符号,现将它们列在下面:

＿＿ 表示主语,单用时①,还可表示右边全是谓语。

＿＿ 表示谓语。

⌒→ 表示动语,单用时还表示右边有宾语。

～～ 表示宾语,单用时表示左边有动语。

(  ) 表示定语,单用时表示右边有中心语。

[  ] 表示状语,单用时表示右边有中心语。

〈  〉 表示补语,单用时表示左边有中心语。

…… 表示中心语,⹀ 表示主语中心, ⹀ 表示谓语中心,

---

① 单用时指只出现它,没出现与它配对的成分符号。例如:"我们学校已经放假了。"

·(着重号)表示核心,∽∽∽表示宾语中心。

△表示独立语。

∽∽∽∽表示兼语,也可用 ∽∽∽∽。

)在框式图解中,表示前头是定语,后头是中心语,如:└──────)┘。

]在框式图解中,表示前头是状语,后头是中心语,如:└──────]┘。

〈在框式图解中,表示前头是中心语,后头是补语,如:└───〈──┘。

+在框式图解中,表示前后有联合关系,如:└──+──┘。

=在框式图解中,表示前后有同位关系,如:└──=──┘。

⋮表示前后有连谓关系,如:└──⋮──┘。

⋮表示前后构成紧缩句,如:└──⋮──┘。

方或 F 表示方位短语,如:└──F──┘或└──方──┘。

介或 J 表示介词短语,如:└──J──┘或└──介──┘。

D 表示"的"字短语,如:└──D──┘。

∨表示成分省略了。

‖放在主语和谓语之间,表示前后有主谓关系。

|放在动语和宾语之间,不表示非主谓句。

复句和句群都用Ⅰ、Ⅱ、Ⅲ……表示第一二三……层,但顶上有标明分句关系的汉字。

⇔表示前面和后面的句子有变换关系。

(9)关于句法结构的切分①

教材已讲了切分句法单位要注意的三点。简单点说,切分出来的两部分,必须是有语法关系而又合原意的语法单位。

切分不能跨语义段。例如"他弟弟昨天起得比我早",如果在"他"的后头先切开,两头虽然是词和短语,但难于说出两个直接组成成分的语法关系;如果第一次在"昨天"后头切开,"他弟弟昨天"不是语法单

---

① 可参看＊《析句法》(龚千炎著,人民教育出版社1990年版)。

位(短语),也无意义,这就是跨了语义段。

有些短语可以有不止一种切分顺序。对一般的有状语又有宾语的动词短语的切分顺序,我们倾向于"先状后宾",但遇到状语和动词结合很紧的可以"先宾后状",如"紧跟/形势"、"高举/红旗"。如果一律都先切"宾",遇到"很有道理"之类短语就行不通。因为先切出宾语"道理","很有"跨语义段,不是短语,再说"道理"也不能移前或省略,"很有"从来不能独立存在,所以一般应该先切"状"("很有道理"的"很"),后切出"宾"("有|道理"的"道理")。

有些短语采用两种分析,如介词短语作时地补语,因有一部分演变成动宾短语,如"住〈在〉北京"。这时"在"字可以看成动词"住"的补语,即中补短语作动语。

下面介绍用层次分析法分析①一个主谓短语的图解和切分先后的口诀。

上图上面是层次法框式图解,下面是简易层次法框式图解。

可记住下面十六字口诀:

**以动为心**,(先找出主要动词,作为短语的中心或核心)

---

① 参看《现代汉语句法分析》(吴竞存、侯学超著,北京大学出版社1988年版)。

**先切动前,**(先切出动词前头的成分:主语、状语)

**后切动后,**(后切出动词后头的宾语、补语)

**先远后近。**(如果动词前面有不止一个成分,先切离动词远的后切近的;如果动词后头的成分有几个,也是先切远的后切近的。也可以说是先外后内,即先外层后里层。)

（10）关于图解

教材除了用两种框式图解之外,还使用"读书标记法",即在原书上作从大到小的简易符号法,例如底下的竖线图:

狼 ‖ 咬〈死〉了 | （他家）的羊。

在动词谓语句里,先抓住谓语中心即核心动词（咬）,在核心动词前面找主语（或状语）,用双竖线隔开主语和谓语,在主语下面画双横线。双横线表示右边的词语都是谓语,之后在核心动词后头找宾语。用单浪线画宾语（他家的羊）,找出宾语之后再在动语里找补语。用尖括号画出补语（死）,补语前就是中心语（咬）,即全句的核心动词。这时主谓句（主语+动词+补语+宾语）句型就显露出来了,剩下"（（他）家）的羊"这个宾语,里面的定语与句型无关。定语"（他）家"不标记出来是因为与核心动词无直接关系。简易加符号法就把它精简掉,以免符号重重叠叠反而不易看清句型了。如果一定要分析,可以抽出来分析。简单的定语也可在原句上画出定语符号来。

还有一种读书标记法,即在原句上加成分符号,例如下图:

① 狼咬〈死〉了（他家）的羊。

② （他家）的羊［被狼］咬〈死〉了。

首先切出主语"狼"和右边的谓语,用双横线表示主语,同时表示它右边的词语是谓语,为了避免符号重重叠叠,把谓语符号（＿＿）省略了。因语句核心在谓语,要分析谓语。谓语里有动语和宾语,用浪线（﹏﹏）表示宾语,浪线同时表示在谓语内浪线左边全是动语,动语符号（一）省掉了。其次把动语里的中心语和补语切开,用尖括号表示补语,尖括号还表示它左边有中心语。这个中心语动词是全句的核心。核心决定全句的性质。联系面最广,能与主语、状语、补语、宾语四种成分挂钩,其间有相应的语法关系和语义关系。可记住一个口诀:"动前有主、状,动后有补、宾。"这是及物动词的语法框架。这种句子叫动词句。下面举其他例子。

③ 他‖[已经]休息〈三天〉了。(不及物动词句)

④ 西湖‖[的确]美 得〈很〉。(形容词句)

⑤ 鲁迅‖(浙江)人。(名词句)

例③不及物动词句的"动词前有主状、后头有补无宾";例④的形容词句也一样,"形前有主状,形后有补无宾",例⑤是名词句,核心"名前有主语定语,名后无补宾"。让学生记住几个基础句口诀,可以类推许多句子格式的分析。

上述例①③④⑤四种图解都可用来表示句中句法成分和层次。层次分析法的框式图解法比较形象、细致,不过要占地方、费时间,重重叠叠,如果句子长度超过一行,就无法画了,再说也不便于细致地显示句型。加线法正好相反,省地省时,长句也可以画。主要长处是可细致地显示句型内部的成分。总之各有长短,可酌情选用。

(11) 关于主干和核心

先举《中学教学语法系统提要(试用)》(以下简称《中学提要》)的例子来说明。它在讲到动词短语时,列出"状+动+补+宾"格式,举例是下例①,我们用成分符号对它作层次分析如下图:

① 科学地总结出三十年来的经验

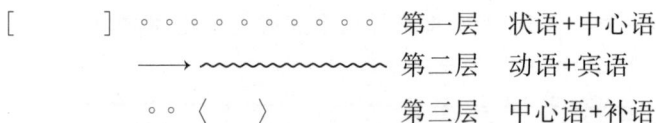

[　　　] ∘∘∘∘∘∘∘∘∘∘∘ 第一层　状语+中心语
　　　——→ 〰〰〰〰〰 第二层　动语+宾语
　　　∘∘〈　　〉　　　 第三层　中心语+补语

把例①的两个中心语和动语三个符号省去不画,把状语、宾语、补语三个符号移上去,就成了例②:

② [科学]地总结〈出〉三十年来的经验

例②加个主语和语调,就成了例③:

③ 我们的前辈[科学]地总结〈出〉三十年来的经验。

这个句子的"总结"就是吕叔湘在《句型和动词学术讨论会开幕词》中说的核心动词。他说"动词是句子的中心、核心、重心,别的成分都跟它挂钩,被它吸住"。"别的成分"指的是主语、状语、补语、宾语,都跟"总结"挂钩,被它吸住,即能与动词发生主谓、状中、中补、动宾关系。吕先生在他主编的《现代汉语八百词》"动词表"中就列出许多类似例③的动词句型。它不同于句子成分分析法的句型,在于"名词偏正短语能作主语、宾语",又不把"总结"叫谓语。他用的是层次分析法的省略法,省去了带"总结"(向着核心动词)的成分(谓语、中心语、动语三个带核成分)。加上成分符号,就成了用层次分析法的读书标记法。吕先生没用《中学提要》这套成分符号,只是在表格中用汉字表示主语宾语等,也没提"带核成分"和"向核成分"。

核心是什么?核心就是能决定全句的性质的词语。如例③动词谓语句的谓语中心"总结"。

主干是什么?主干就是压缩掉枝叶(定、状、补)剩下的词语。如例③的主语中心、谓语中心、宾语中心,即"前辈+总结+经验"。三种中心地位不一样,"总结"是中心的中心,故称为核心,以示区别。"前辈"和"经验",它们是偏正短语里的中心,可以决定偏正短语的性质。如果偏正短语加语调独立成为非主谓句,如"好大的胆子!"其中心就是全句的核心。

核心是核心分析法的重要概念。本教材并未广泛采用核心分析法,是因为大家还不熟悉,本教材仍使用层次分析法,辅以层次减半加符号法。

(12)找核心的方法

怎样找语句的核心?什么是层次减半加符号法?

拿"我们厂[最近]试制〈成功〉了新的产品"为例,分析时第一刀切在主语、谓语之间,在"我们厂"下面画主语符号,省去谓语符号;第二刀切出状语和中心语,在"最近"处画状语符号,省去中心语符号;第三刀切出动语和宾语,在"新的产品"下面画宾语符号,省去带核心的中心语符号,最后切出补语和中心语,在"成功"处画上补语符号,这样得到的中心语即谓语中心(试制)就是全句的核心。这就是用每个层次把带核成分(谓语、中心语、动语)减去,剩下向核成分(主语、状语、宾语、补语)来寻找核心的办法。

(13)句类划分的依据

凭句子的用途也可以将其分成四种句类。用来陈明事实的叫陈述句,用来提出问题的叫疑问句,用来提出要求或命令的叫祈使句,用来抒发感情的叫感叹句,这些定义和凭句子语气下的定义有同有异,大同小异。主要差别是在语气的有无。语气是语用成分,句类主要是凭语气区分的语用类别。比方"难道你不知道我是中国人吗?"这句话和"我是地地道道的中国人。"用途相同,都是陈明事实真相的,论用途应该同属一类,论语气就大不相同了,前句是有语气词"吗"和疑问语气的句子,属疑问句;后句只有陈述语气,尽管用途相同,但句类不同。同理,例如"妈妈,我想要果冻。"和"妈妈,给我果冻!"两句用途相同,语气就不一样,前者陈述语气,后者祈使语气,两句不应根据用途相同合为一类。

(14) 疑问句划分的分歧

本书把疑问句分成四种,有人分三类,甲种把正反问(反复问)合并到选择问里,理由是正面反面问也是让人选择一面作答,语气词都用"呢",这有一定的道理。乙种把正反问合并到是非问里,理由是两种句子都可用点头或摇头回答,或用"是"和"不是"回答。这样不对。因两种问句所用的语气词是互补的、互相排斥的。"吗"用于是非问,不能用于非是非问(特指问、选择问、正反问)。"呢"用于非是非问,不能用于是非问。正反问只能用"呢",不能用"吗",不宜归并到用"吗"的是非问里。本书坚持分四类,是因着重句子结构形式和语气词的差别。正反问的结构是单句内谓语有正面反面的并列形式,语气词可用"呢",不用"吗"。选择问的结构是复句内两分句提问,语气词可用"呢"不用"吗"。

(15) 关于存现句

存现句是汉语特有的一种句式。特殊之处在于它的前中后三段都是有特定条件。前段不能是表示施事、受事等表处所以外的词语,后段常是施事宾语,而施事宾语前面的动词又是不及物动词,不及物动词竟能带施事宾语。早期传统语法基本上认定施事词语为主语,受事词语为宾语。因而认为有些存现句是"主语居后"的句子,把全句分析为"状语+谓语+主语"。重视形式和位次的结构主义语法思潮进入我国之后,大家把存现句前段分析为主语,中段分析为谓语,动词(述语或动语),后段分析为施事宾语。这样一来,所有句子的谓语动词后面的词语,不管是施事还是受事,一律看作宾语,谓语动词前面的施事受事词语,一律是主语。唯一例外是存现句,它的动词前面的陈述对象不能是施事受事或工具、与事等词语,只能是处所词语,不能再有其他的陈述对象。

(16)关于复句

讲复句①的定义时不能说复句由单句组成,理由是:A. 单句是句子,复句也是句子,不能说句子由句子组成;B. 单句具有一个句调,复句也是具有一个句调,不能有若干个句调;C. 句群②可以由若干单句组成,如果复句也由单句组成,句群和复句如何分得清?

讲述多重复句时(例如"因为你不去,他又不能去,所以我只好不去。")也不宜通俗地讲这句表原因的是一个复句,表结果的是一个单句,即多重复句是有复句和单句的,我们可以说这句前两个分句形成一个分句组表原因,第三分句表结果。分句组也是语法单位。

教材讲复句由若干分句组成,修订本讲由若干单句形式组成,分句和单句形式都是类似单句而缺少完整句调的语言单位。

讲述复句须讲述单句与复句的区分。有的单句容易被认为是复句,有的复句又容易被认为是单句,诸如此类的情况应举例说明。

复句大都有表示分句间意义关系的特定的关联词语,要求学生牢记这些关联词语以及它们所表示的语义关系(这与理解一个复句的意思有密切的关系)。同一大类的复句因所用关联词语的不同而再分几个小类。如"只要……就……"、"只有……才……"、"不论……都……"都是表示条件关系的,但是它们分别表示不同的条件关系。

什么是复句形式呢?复句形式是充当句法成分的没有一个复句所应有的完整语调的复句结构。它在单句或分句中处于被包含的地位。复句形式和单句形式都是复句、单句的变体,都应该是语言(语法)单位。

---

① 参看＊《复句》(黄成稳著)或＊＊《联合词组和联合复句》(黎锦熙、刘世儒著),＊＊《偏正复句》(林裕文著)。＊＊表示出自上海教育出版社《汉语知识丛书》,下同。

② 参看＊《句群》(庄文中著)。

复句凭意义关系分两大类,偏正复句应理解为"主从复句",联合复句应理解为"等立复句"。不能把偏正复句与偏正短语的"偏正"混同,偏正短语的"偏正"不是意义关系,而是结构关系。

　　复句内的意义关系很复杂,又有交叉重叠,有少数句子介于两者之间,不容易分清是主从关系,还是等立关系。因此有的书取消了偏正、联合两大类,直接分成因果、条件等十类。本书因觉得教学语法应便于学生掌握,所以仍分两大类,每大类分五小类,容易记忆。再说绝大部分复句是能分清是不是主从关系的,不能因小失大。

　　应指导学生记住十小类里每类的一种典型关联词语,通过类推和联想记住其他有关关联词语。

　　(17) 关于句群

　　有的教师认为句群是语法单位,而且很有实用价值,可以把句群作为正文来讲,其实应该指导学生自学。将其作为修辞的内容给学生讲,是很有用的。

　　(18) 关于标点符号

　　学生在中小学学过标点,但并没全部过关,应该指导他们自学并要求做练习。

　　(19) 关于语法研究的三个平面

　　语法研究的三个平面理论是受国外符号学的启发而提出来的。符号学研究符号与符号之间的关系,语法学研究语法单位与语法单位之间的关系,即像词语之间有主语与谓语之间的主谓关系。把相当于传统语法的句法词法的内容,统称句法平面。符号学研究符号所指的事物之间的关系,语法学研究在结构中语法单位所指的事物之间的关系,如动词所指的动作和名词所指的人、物的关系,就有动作与施事和受事的关系,这些称为语义平面。符号学研究符号与使用者和使用环境的关系,语法学就要研究语法单位与使用者的主观意图和客观环境的关系,这些称为语用平面。

　　目前存在的分歧很多,少数人认为,语法研究没必要分三个平面。在认为应该分的多数人中,有人认为应分四个平面(加一个语音平面),在认为可以三分的人中,给三者起的名字也不同,有分为结构、语义和表达的,有分为语表、语里和语值的,但主张分为句法、语义、语用的人占多数。从语义、语用的角度探讨汉语语法的文章,在期刊发表了很多,取得了可喜的成果。

本书把三个平面改称三个层面,是由于觉得句法是表层,语义是深层或里层,语用是外层。"平面"易误会为是平等并列的。三个层面的关系可以用下图表示:

语用层
句法层
语义层

三个层面内部可分静态分析和动态分析。它们之间的关系列表如下:

| 句子的语法分析 | | | | | |
|---|---|---|---|---|---|
| 静态分析 | 句法分析 | 指出句法成分 | 他走了。 | 主语谓语 |
| | | 指出句型句式 | 朋友来了。 | 主谓句、动词谓语句 |
| | | 指出词类 | 老师说了。 | 名词、动词* |
| | | 指出词的结构 | 朋友 | 联合型 |
| | 语义分析 | 指出语义成分 | 来人! | 动作、施事 |
| | | 指出语义结构 | 你把他请来吧! | 施事、动作、受事 |
| | | 指出语义特征 | | |
| | | 指出语义指向 | 我只买三个。 | "只"指向宾语,话题、说明 |
| 动态分析 | 语用分析 | 指出语用成分 | 他没说。 | 有独立语,语气词"了" |
| | | 指出特殊成分 | 看来,快要下雨了。 | |
| | | 语气、重读、指出句类、变式句…… | 不知道吗,你? | 疑问句、倒装句 |
| | | …… | | |

### （六）修辞

**1. 目的要求**

修辞部分讲述修辞和语境,修辞同语音、词汇、语法的关系,锤炼词语,调整句式的方法,常用修辞格,修辞中常出现的问题,语体等。讲授目的在于:使学生注意选词炼句,恰当运用修辞手法,掌握综合运用语言的原则、方法和规律,不断提高口头和书面表达能力,逐步达到准确、鲜明、生动、精练、连贯、得体的要求。①

**2. 教学内容和教学建议**

前面对现代汉语语音、词汇、语法的分析多半是抽象、静态的分析。然而在交际中所使用的语言都是在一定具体的环境中出现的,是由抽象、静态转为具体、动态了。这就是在一定的环境中对语言的运用,即是"语用"问题了。

由于大千世界万事万物十分复杂,所以动态的语言交际现象也比抽象静态的语言现象复杂纷繁得多。从话语的产生到接受理解所涉及的现象,值得研究的方面有很多,而把语言表达得准确、清楚、明白、生动,对语言进行提炼加工,即所谓修辞,则是语言运用的最为重要的方面。本章是就语用中的修辞问题进行讲述的。

（1）修辞部分不能把表达内容和修辞手段混为一谈,也不能把文艺学、美学同修辞研究的对象等同或混杂起来,必须突出修辞研究对象的特殊性。为了弥补传统修辞的不足,本书确定修辞研究的对象主要是语言的同义表达形式,为此,安排了词语的锤炼、句式的选择、常用修辞方式的运用和语体风格四部分。

（2）修辞部分要打破"辞格中心论",辞格再多,也只是修辞现象的一个组成部分,它不能概括其他修辞现象。从提高语言的表达效果看,词语的锤炼和句式的选择也是重要的,并不低于辞格。

（3）词语的锤炼,一般是锤炼效果讲得多,锤炼方法讲得少,显得空泛而不实用。本书在锤炼方法方面有简要介绍,仍不全面,教学中可

---

① 参看《现代汉语修辞学》(宋振华等主编,吉林人民出版社 1984 年版)。

适当补充内容①,但应突出实用性,力避烦琐。

至于锤炼的内容和方法出现交叉现象,那是不足为怪的,因为修辞现象是交错复杂的,把对它们的解释限定在单一方面是困难的。

在讲述锤炼方法之前,可适当讲述锤炼词语的原则:运用词语要体现准确性、鲜明性、生动性、简练性、连贯性,而且要和谐得体。

(4)不同的思想内容要用不同的句式表达,对于同一思想内容,不同句式又各有不同的表达作用。要有效地表达思想感情,不能不注意句式的选择和调整。词语的锤炼,是从并行的词汇同义结构中选择最富有表现力的词语表达思想感情;句式的选择和调整,是从并行的语法同义结构里选择最富有表现力的句式表达思想感情的。

句式的选择部分,应着重讲授同义句式的选用和变换。其中的长句和短句、主动句和被动句、肯定句与否定句,应力避从语法角度作过细的分析,以免把修辞讲成语法。为了突出现代汉语句式变换的多样性,可以从修辞角度补充常式句和变式句、分说句与合说句等的变换形式。当然,要注意详略得当。

(5)对于修辞格的取舍,我们的标准是:使用频率的高低,有无特定的结构特征和修辞效果。虽有表达效果而无特定结构特征的,如示现、讽刺等不列入辞格。

本书不采用消极修辞和积极修辞的说法。修辞主要是研究同义形式表达方式的,在同义形式中选取了最佳表达方式并产生了修辞效果,也就达到了修辞目的。

(6)单项辞格20个分为4组,综合运用辞格分为3类。为了全面加强修辞的实践性,另立专节,从反面论述了修辞中常出现的问题。语体采用了通常的分类法,分为4类,同时也指出这4类语体的风格特点。

(7)辞格部分的讲授有以下几点意见供参考:

甲、比喻常见、多用,要讲清明喻、暗喻、借喻的区分和联系,指出暗喻和借喻的区分方法,还应充实比喻形式的灵活用法,可借助练习解决。

---

① 参看＊《选词》(李嘉耀著)。

乙、有些辞格如排比和层递、对偶和对比、借代和借喻、设问和反问等,可采取对比讲授的方法,既节省时间,也可加强理论的阐述。这些可不拘泥于教材。讲一个新辞格,扩大学生的视野,说明辞格在发展中。

丙、有些辞格各书分类不一,可以列表对照印发给学生,扩大他们的知识面。这样的辞格有比喻、夸张、对比、拈连、仿词等。

丁、有些辞格在讲法上可结合事先备好的练习题,分析修辞效果,归纳修辞特点,随后再以反面例子加以对照,指出运用时要注意的问题。从具体到抽象,从正面到反面;练习中有讲授,讲授中有练习,这是行之有效的方法。

戊、教材上的辞格可以根据功用或结构特点(相似点或相近点)分类讲授,也可以在全部辞格讲完之后再归类总结,指出它们之间的联系。这样做是很有必要的。

己、要特别注意练习的安排。要补充一些有创见性的练习,让它们尽可能反映出多种多样的修辞现象来。有的练习可以是教材内容的加深和扩展,有的要兼有知识性、实用性、趣味性;单一性的练习要有,综合性的练习更要有。在全部内容讲完之后,用一定的时间指导学生对两三篇不同语体的文章进行修辞分析,是十分有益的。这既有全面综合练习的作用,又有全面检查、接触新问题的好处。

(8)安排修辞练习最好注意以下几个方面:

甲、要有区分修辞现象与非修辞现象的。

乙、要有区分修辞格与非修辞格的。

丙、要有分析修辞效果的。

丁、要有就同义句比较修辞效果或辞格辨异的。

戊、要有评改修辞语病的。

己、要有就规定的修辞格行文的。

庚、要有就短文进行修辞加工的。

辛、要有就成段、成篇文章进行综合分析的。

壬、要有就精短文章进行风格比较的。

癸、要鼓励学生关注(留心)日常阅读表达中的新兴修辞现象。

(9)要适当地引进修辞新理念,介绍修辞新成果。

# 叁 思考和练习参考答案

## 绪论习题答案

### ▶▶ 思考和练习一

**一、什么是现代汉民族共同语？它是怎样形成的？**

现代汉民族共同语就是"以北京语音为标准音，以北方话为基础方言，以典范的现代白话文著作为语法规范的普通话"。

现代汉民族共同语是在北方方言基础上形成的。在形成的过程中，北京话占有特殊的地位。早在唐代，北京已是北方军事重镇。北京是辽、金、元、明、清各代的都城。近千年来，北京一直是我国政治、经济、文化的中心；因此，北京话的影响越来越大。一方面，它作为官府通用语言传播到了全国各地，发展成为"官话"。另一方面，白话文学作品更多地接受了北京话的影响，逐渐发展成为具有代表性，乃至典范性的书面语。

20世纪初，特别是"五四"以后掀起的"白话文运动"，动摇了文言文的统治地位。与此同时，"国语运动"的开展，又促使北京语音成为民族共同语的标准音。在这两个运动互相推动和影响下，口语和书面语就彼此接近起来，逐步形成了现代汉民族共同语，即普通话。

**二、共同语和方言的关系是怎样的？**

方言是一种民族语言的地方分支或变体，是局部地区的人们所使用的语言。一个民族语言的共同语，则是通用于这个民族全体成员的语言。对于各地方言来说，规范化的共同语是民族语言的高级形式，它比任何方言都富有表现力。共同语形成后，对于方言的语音、词汇、语法都有一定的影响。它的词语经常传播并渗透到各方言中去。规范化的共同语,往往促使地域方言向它靠拢,对方言的发展起一种制约的作用。与此同时,共同语也要从方言中吸收种种语言成分,丰富和发展自己。

**三、简述现代汉语口语和书面语的关系。**

口语和书面语是现代汉语的两种不同语体。书面语通过文字记录,口语通过口头发音而传播。两者的载体是不同的,前者是文字,后者是语音。两者的主要不同,还在于语体。口语是人们口头上应用的语言,具有口语的风格。其特征在于简短、疏放,有较多省略,因而常用短句。这种风格的形成,是由于口语常呈现为当面交谈,有特定的语境衬托,又有身手势态和语音变化的帮助。从而,具有较多的辅助性信息作为支持。书面语形成于口语的基础上,而具有与口语不同的语体风格。书面语趋于周密、严实、结构完整,因而长句较多。这种风格的形成,往往是由于书面语缺少不同语境下当面会话所具备的种种辅助信息,不得不要求语句自身表达上的严谨与完备。写出来的话,允许有斟酌、加工,乃至反复修改的余地。这就使书面语得以规范化、标准化,进而成为文学语言,即标准语的基础。

另外,口语一发即逝,不可能流传久远。为了克服它所受到的时间和空间的限制,人们创造出文字来记录语言。从而,在诉诸听觉的口语之外,又产生了诉诸视觉的书面语。就这个意义说,口语先于书面语,后者是在口语的基础上产生和形成的。

书面语与口语相互影响。书面语的成分不断进入口语,从而使口语向规范化和标准化的方向发展。口语与人们日常生活关系更为密切。口语的成分也不断被吸收进书面语并不断丰富书面语,使之富于活力,促使它不断更新、完善,更能适应交际的新需求。一旦书面语严重与口语不相适应,社会就会提出改革陈旧的书面语的要求。"五四"前后所掀起的废除文言文、提倡白话文的运动,就是因为文言这种书面语同口语脱节太严重,已不利于社会变革下产生的新的交际需要。

**四、汉语在世界语言中有什么样的地位和影响?**

汉语是世界上历史悠久、发展水平最高的语言之一。无论过去还是现在,汉语在国内外都具有很大的影响,占有很重要的地位。汉语是世界上使用人数最多的一种语言,除了中国,汉语还通过华侨分布在世界各大洲。历史上,很早以前,我国就和许多国家有了来往,汉语也因此跟国外许多民族的语言有过接触并互相影响。如汉语的"丝"、"茶"等词,就为英、俄、意等许多语言所借用。其中,受影响最深的是日本、朝鲜和越南。这三个国家的语言大量地吸收过汉语的语词,甚至依靠汉语借词作为构成新词的基础。在过去,它们还长期使用过汉字。其中如日本,很早就根据汉字创造了日文的字母——假名。至今,也还保留着一千多个汉字和日本文字假名同时使用。韩国学者要求恢复汉字教育,新加坡也仍然通行汉字。中华人民共和国成立以来,由于国际地位日益提高,汉语在世界上的影响也越来越大。汉语是联合国的六种工作语言之一(另外五种是英语、法语、俄语、西班牙语、阿拉伯语);在国际交往中,汉语发挥着很重要的作用。现在,国际上研究汉语的机构在不断建立,学习和研究汉语的人也越来越多了。所以,无论过去还是现在,汉语都是世界上极具代表性的语言之一。

**五、拿你所学过的外语和现代汉语比较,谈谈现代汉语具有哪些特点。**

(答案略)

**六、你说的话属于哪一种方言?与普通话相比有哪些主要的不同?**

(答案略)

## ▶▶ 思考和练习二

**一、20 世纪 50 年代初期国家制定的语言文字工作三大任务是什么?**

1955 年 10 月,中国文字改革委员会和教育部联合召开了"全国文字改革会议"。接着,中国科学院召开了"现代汉语规范问题学术会议"。当时,中央确定了"促进汉字改革、推广普通话、实现汉语规范化"为语言文字工作的三大任务。

**二、新时期语言文字工作的方针和任务是什么?**

1986 年 1 月,国家教育委员会和国家语言文字工作委员会联合召开的全国语言文字工作会议规定:新时期语言文字工作的方针是"贯彻执行国家关于语言文字工作的政策和法令,促进语言文字规范化、标准化,继续推动文字改革工作,使语言文字在社会主义现代化建设中更好地发挥作用"。

当前语言文字工作的主要任务是:"做好现代汉语规范化工作,大力推广和积极普及普通话;研究和整理现行汉字,制订各项有关标准;进一步推行《汉语拼音方案》,研究并解决实际使用中的有关问题;研究汉语汉字信息处理问题,参与鉴定有关成果;加强语言文字的基础研究和应用研究,做好社会调查和社会咨询、服务工作。"这几项任务中,最重要的是促进语言文字规范化、标准化,使语言文字在社会主义现代化建设中更好地发挥作用。

**三、"国家通用语言文字"具体指什么?《国家通用语言文字法》的颁布与实施有什么重要意义?**

"国家通用语言文字",即指普通话和规范汉字。《国家通用语言文字法》的颁布与实施,无疑是我国语言文字工作进程中的一件大事。它标志着语言文字工作经历了长期实践后步入国家法制化的全新历史阶段。从此,有关语言文字工作的重大方针、政策,将体现为法律形式而实施于全国使用汉语言文字的各个领域。就普通话的推广和规范汉字的推行而说,从此有法可依。这必将有利于推动国家通用语言文字的规范化、标准化使用。

**四、什么是现代汉语规范化?**

现代汉语规范化就是确定现代汉民族共同语及其内部明确的和一致的标准,并用这种标准来衡量规范的或不规范的用法,消除语音、词汇和语法方面存在的一些分歧。

**五、现代汉语规范化的标准是什么?**

现代汉语规范化的标准是:(一)语音方面,以北京语音为标准音;(二)词汇方面,以北方话词汇为基础;(三)语法方面,以典范的现代白话文著作为语法规范。

以北京语音为标准音,那么,凡是不符合这个标准的,都是不规范的。但这并不是说,北京话任何一个语音成分都是标准的。北京的异读以及土话成分等,就属本地话所特有,不能纳入规范的标准音。以北方话词汇为基础,是说北方话词汇有极大的普遍性。但不是说,北方话中所有的词都可以进入普通话。例如有些地方性很强的词,只有较小地区的人能懂,就不应该吸收到普通话里来。以典范的现代白话文著作为语法规范,是说现代著名作家的优秀白话文作品应属白话文著作的典范。但也应指出,是以这种著作的一般用例而不是特殊用例作为语法规范,是以长期周密地调查和科学地分析北方话和北京话所取得的成果作为客观依据而提出的。

### 六、为什么要促进现代汉语规范化?

为什么要促进现代汉语规范化呢? 因为世界科学技术,尤其是电子计算机技术突飞猛进。人工智能的研究已引起科技界的普遍重视。信息科学正在全方位地对人类的文化产生巨大的影响。所以,科学技术的现代化要求现代汉语必须有一个共同遵循的标准。有了这个统一的标准,语言所负载的信息才可能成为人们所共同认知的交流信息。不然,必将给社会的信息化设置种种障碍。语言文字是否合乎一致的规范,在现代社会直接关系到经济建设和科学技术的发展。因此,促进现代汉语规范化工作对我国今后发展具有重要的和深远的意义。

### 七、怎样进行现代汉语规范化工作?

现代汉语规范化工作要求汉民族共同语更加明确,更加一致。但这也是一项长期的、艰巨的工作。要顺利地做好这项工作,首先,必须依靠国家关于语言文字的方针、政策与立法。其次,要做好调查研究工作。通过调查研究,弄清楚现代汉语语音、词汇、语法各方面存在哪些分歧或不合规范的现象及产生的原因。然后,再从语言的内部规律和使用习惯等方面找出取舍的标准和处理的办法来。

## ▶▶ 思考和练习三

**一、有人说不学"现代汉语",文章照样可以写通。这种说法对不对? 学现代汉语有什么用处?**

有人说,不学"现代汉语"这门课,文章照样可以写通,这种说法是片面的。人们在长期的语言实践活动中固然可以掌握一定的语言规律,把话说好,把文章写通。但是,绝对不能因此而轻视现代汉语知识对于实践的指导作用。

学习"现代汉语"这门课,就是要系统地掌握现代汉语的基础理论和基本知识,自觉地加强基本技能的训练,培养和提高理解、分析和运用现代汉语的能力,包括提高把文章写通、写好的语言文字方面的表达能力。

**二、你打算怎样学好这门课?**

(答案略)

# 第一章语音习题答案

▶▶ **思考和练习一**

**一、什么是语音? 它同自然界其他声音有何异同?**

语音是人类说话时由发音器官发出来的表达词语意义的声音。语音是语言的物质外壳,是语言的交际职能得以实现的物质手段,语言必须凭借语音才能表达出来。

语音同自然界的其他声音一样,产生于物体的振动,是一种物理现象,具有物理属性。语音是人类说话时由发音器官发出来的,又是一种生理现象。这一点同其他声音中的一般动物鸣叫是相同的,但同其他声音中的非动物声音不同。一般物体的振动不是生理现象,并不具有生理属性。语音同自然界的其他声音的根本区别,是它具有社会属性。语音要表达一定意义。用什么语音形式表达什么样的意义,必须是使用该语言的全体成员约定俗成的。

**二、试联系你所熟悉的语言,谈谈什么是音高、音强、音长、音色,并谈谈它们在语音中的表现或作用。**

音高、音强、音长、音色是声音的四要素。语音既然是一种声音,那么这四要素也会在语音中表现出来。

音高是指声音的高低。物体发音之所以有高低的区别,一般来说,是由于在一定时间内振动次数即频率高低的不同,这同发音体的大小、粗细、厚薄、长短、松紧有关系。语音的发音体是声带。成年男人的声带长而厚,所以音高低;成年女人的声带短而薄,所以音高高。老人语音的音高低,小孩语音的音高高,道理也是一样。这是就语音的绝对音高来说的。在汉语普通话和方言中,声调高低升降的变化主要由语音的音高来决定。声调的音高是相对音高。

音强是指声音的强弱。声音的强弱表现为音波振幅的大小,它同发音时用力的大小有关。语音是由气流冲击声带发出来的。呼出的气流强,音波振幅大,语音就强;反之,就弱。普通话有轻声的现象,这主要是发音时音强较弱表现出来的。

音长是指声音的长短。声音的长短同发音体振动时间的长短有关。发音时振动时间长,声音就长;反之,就短。一般来说,语言缓慢时语音音长较长,语言急促时语音音长较短。有些汉语方言,如苏州吴方言、梅州客家方言、广州粤方言等,入声调显得短促,也就是说,这些方言中入声调音长短,或者说非入声调音长比入声调音长长。

音色是指声音的本质或特色。声音的音色不同主要决定于振动的形式不同(包括发音体不同、发音方法不同和发音时共鸣器形状不同)。不同的音素(如 i、ü),就是它们的音色不同造成的。很多地方的客家方言 i、ü 不分,都说成 i 了,这就是由于发前高元音 ü 时不把唇形拢圆的缘故。

**三、试绘制发音器官示意简图,并写出口腔中各发音部位的名称。**

参照教材内容绘出发音器官示意图,并按"肺和气管"、"喉头和声带"、"口腔和鼻腔"三大部分分别注明发音器官各部位的名称。在此基础上再熟记各个发音部位的名称,其中以熟记口腔和鼻腔的发音部位和名称最为重要。

**四、语音具有哪些属性?为什么说社会属性是语音的本质属性?**

语音具有物理属性(包括音高、音强、音长、音质)、生理属性和社会属性。

我们之所以说社会属性是语音的本质属性,是因为语言是一种社会现象,语音也是一种社会现象。用什么语音形式表示什么意义,完全是由社会约定俗成的,声音与它所代表的意义之间没有本质的必然的联系。首先,同一意义,在不同的语言或方言中,可以用不同的语音形式表示。比如说"装订成册的著作",汉语北京话用"[ʂu⁵⁵](书)"表示,山东枣庄话用"[fu²¹³](书)"表示,英语用"[buk](book)"表示。其次,同样的语音形式,在不同的语言或方言中,可以用来表示不同的意义。中古汉语中表示"侧门、小门"义的"閤",郑张尚芳拟音为[kʌp],[kʌp]在英语中却是"杯子"(cup)的意义。总之,音义之间的关系是由社会所决定的。

**五、解释下列术语(注意举例)**

1. **音素**　音素是最小的语音单位,是从音色不同的角度划分出来的。现代汉语普通话的"女人"由 nü ren 共五个最小的语音单位构成。其中 n、ü、r、e 的音色各不相同,而且不能再行细分。这些最小的语音单位便是音素。

2. **辅音**　辅音是气流在口腔或咽头受阻碍而形成的音素。例如,"中华"(zhōnghuá)中的 zh、ng、h 是辅音音素。

3. **元音**　元音是气流振动声带,在口腔、咽头不受阻碍而形成的音素。例如,"文化"(wénhuà)中的 u、e、a 就是元音音素。

4. **音位**　音位是语音系统中能够区别意义的最小语音单位,是按语音的辨义作用归纳出的。例如,"n"和"l"在北京话里可以区别意义,"南"音 nán,"蓝"音 lán,n 和 l 便是两个音位。

5. **音节**　音节是由音素构成的语音片断,是听话时自然感到的最小的语音单位。每发一个音节时,发音器官的肌肉,特别是喉部的肌肉都明显地紧张一下。例如说"阿里山的姑娘美如画"时,喉头肌肉有 9 次紧张度增而复减,便产生 9 个音节。汉语一般用一个汉字记录一个音节,但儿化音节除外。

6. **声母**　声母位于音节前段的部分,主要由辅音构成。例如,"普通话"(pǔtōnghuà)中的 p、t、h 就是声母。

7. **韵母**　韵母是音节中声母后面的部分。例如,"普通话"(pǔtōnghuà)中的 u、ong、ua 就是韵母。

8. **声调**　声调是音节里依附在音素上的音高变化格式。汉语是有声调的语言,是因汉语的音节总是伴随着几个固定的表义的音高格式,例如,[ɑi](挨、矮、爱)音节依附着平、曲、降三种音高格式。

**六、声母与辅音有何不同？韵母和元音有何不同？**

声母由辅音充当,但有的辅音不作声母,只作韵尾,如"明"(míng)中的ng[ŋ]。有的辅音如n,既可以作声母又可作韵尾,如"南"(nán),前面的n是声母,后面的n是韵尾。有的音节开头没有辅音,元音前头部分是零,叫零声母。

韵母和元音也不相等。韵母有的由单元音、复元音充当,如"大"(dà)、"家"(jiā)、"台"(tái)中的ɑ、iɑ、ɑi;有的由元音带辅音充当,如"根"(gēn)、"空"(kōng)、"光"(guāng)中的en、ong、uang。

**七、《汉语拼音方案》的主要用途有哪些？**

《汉语拼音方案》的用途很广,主要用来给汉字注音和作为推广普通话的工具。有些汉字容易读错,如"千里迢迢"的"迢",有人误读作"召"(zhāo),如果用汉语拼音加注"tiáo",那就可以帮助误读的人及时改正过来。有些汉语方言区的人n、l不分,学习普通话有困难,如果运用《汉语拼音方案》的字母标明其间的差异,加以辨正,就可以较快地提高学习质量。此外,《汉语拼音方案》还可以用来作为汉族和少数民族创制和改革文字的共同基础,用来帮助外国人学习汉语以促进国际文化交流,用来音译人名、地名和科学术语,用来编制索引和代号,还可以运用到电报、电子计算机等方面去。

▶▶ **思考和练习二**

一、学唱《汉语拼音字母歌》,并将歌中的**18个辅音声母按七个发音部位排列,指出少了哪些辅音声母,说明为什么。**

18个辅音声母按七个发音部位排列如下:

| | | | |
|---|---|---|---|
| 双唇音 | b、p、m | 唇齿音 | f |
| 舌尖前音 | z、c、s | 舌尖中音 | d、t、n、l |
| 舌尖后音 | r | 舌面前音 | j、q、x |
| 舌面后音 | g、k、h | | |

其中少了zh、ch、sh三个辅音声母,因为它们是由双字母表示的。

二、**普通话辅音的发音部位和发音方法各包括哪几种？请画成一**

个总表,把辅音填上。

普通话辅音的发音部位包括双唇、唇齿、舌尖前、舌尖中、舌尖后、舌面前、舌面后七种。发音方法,从阻碍的方式看,包括塞音、擦音、塞擦音、鼻音、边音五种;从声带是否振动看,包括清音、浊音两种;从气流的强弱看,包括送气音、不送气音两种。

下面是辅音总表。

| 辅音发音方法 | | | 发音部位 | | | | | | |
|---|---|---|---|---|---|---|---|---|---|
| | | | 双唇音 | 唇齿音 | 舌尖前音 | 舌尖中音 | 舌尖后音 | 舌面前音 | 舌面后音 |
| 塞音 | 清音 | 不送气音 | b | | | d | | | g |
| | | 送气音 | p | | | t | | | k |
| 塞擦音 | 清音 | 不送气音 | | | z | | zh | j | |
| | | 送气音 | | | c | | ch | q | |
| 擦音 | 清音 | | | f | s | | sh | x | h |
| | 浊音 | | | | | | r | | |
| 鼻音 | 浊音 | | m | | | n | | | ng |
| 边音 | 浊音 | | | | | l | | | |

三、根据题目所提供的发音部位和发音方法,在下面横线处填上相应的声母。

1. 双唇、送气、清、塞音是 <u>p</u>
2. 舌尖后、清、擦音是 <u>sh</u>
3. 舌尖中、浊、边音是 <u>l</u>
4. 舌尖后、浊、擦音是 <u>r</u>
5. 舌面前、不送气、清、塞擦音是 <u>j</u>

四、根据题目所提供的辅音声母,写出它的发音部位和发音方法。

1. k:舌面后、送气、清、塞
2. ch:舌尖后、送气、清、塞擦音

3. n:舌尖中、浊、鼻音

4. x:舌面前、清、擦音

5. z:舌尖前、不送气、清、塞擦音

五、试把下列省级行政区简称字音的声母写出来,并写出全称汉字及其声母。

| | | | |
|---|---|---|---|
| 京(j) | 沪(h) | 津(j) | 辽(l) |
| 吉(j) | 黑(h) | 晋(j) | 冀(j) |
| 蒙(m) | 鲁(l) | 苏(s) | 浙(zh) |
| 皖(∅) | 闽(m) | 赣(g) | 豫(∅) |
| 鄂(∅) | 湘(x) | 粤(∅) | 桂(g) |
| 琼(q) | 陕(sh) | 甘(g) | 宁(n) |
| 青(q) | 新(x) | 川(ch) | 渝(∅) |
| 藏(z) | 滇(d) | 黔(q) | 台(t) |
| 港(g) | 澳(∅) | | |
| 北京(b.j) | 上海(sh.h) | 天津(t.j) | 辽宁(l.n) |
| 吉林(j.l) | 黑龙江(h.l.j) | 山西(sh.x) | 河北(h.b) |
| 内蒙古(n.m.g) | 山东(sh.d) | 江苏(j.s) | 浙江(zh.j) |
| 安徽(∅.h) | 福建(f.j) | 江西(j.x) | 河南(h.n) |
| 湖北(h.b) | 湖南(h.n) | 广东(g.d) | 广西(g.x) |
| 海南(h.n) | 陕西(sh.x) | 甘肃(g.s) | 宁夏(n.x) |
| 青海(q.h) | 新疆(x.j) | 四川(s.ch) | 重庆(ch.q) |
| 西藏(x.z) | 云南(∅.n) | 贵州(g.zh) | 台湾(t.∅) |
| 香港(x.g) | 澳门(∅.m) | | |

六、听音节,把声母记下来。

1. 纳(n)　勒(l)　梨(l)　泥(n)　拉(l)

　　拿(n)　庐(l)　奴(n)　女(n)　旅(l)

　　兰(l)　男(n)　宁(n)　料(l)　闹(l)

2. 胡(h)　符(f)　灰(h)　肥(f)　回(h)

　　飞(f)　分(f)　昏(h)　红(h)　冯(f)

　　番(f)　欢(h)　辉(h)　虎(h)　环(h)

3. 资（z）　知（zh）　渣（zh）　砸（z）　则（z）
　　遮（zh）　猪（zh）　租（z）　斋（zh）　灾（z）
　　邹（z）　　周（zh）　招（zh）　栽（z）　彰（zh）

4. 瓷（c）　吃（ch）　擦（c）　插（ch）　车（ch）
　　策（c）　粗（c）　锄（ch）　柴（ch）　才（c）
　　昌（ch）　仓（c）　充（ch）　超（ch）　蚕（c）

5. 思（s）　诗（sh）　撒（s）　沙（sh）　赊（sh）
　　色（s）　苏（s）　书（sh）　筛（sh）　腮（s）
　　桑（s）　商（sh）　手（sh）　生（sh）　岁（s）

6. 老（l）　恼（n）　方（f）　荒（h）　山（sh）
　　三（s）　程（ch）　层（c）　增（z）　森（s）
　　人（r）　入（r）　闻（Ø）　安（Ø）　鹅（Ø）

**七、有些方言区的人对声母 n、l 的发音有困难,下列词语读音相混:女客—旅客,男衣—蓝衣,年代—连带。试问应该采取什么方法分辨开来?**

有些汉语方言区的人,把普通话声母 n、l 的字音读混了。有的全部相混,有的局部相混。要读准 n、l 的发音和分清普通话声母为 n、l 的字的读音,关键在于控制软腭的升降。因为 n、l 都是舌尖抵住上齿龈发音的,它们的不同是:n 为鼻音,发音时软腭下降;l 为边音,发音时软腭上升。如果捏住鼻孔,气流振动声带后无法从鼻孔通出,感到发音有困难,那就是 n。如果捏住鼻孔,气流振动声带后从舌头两边或一边通出,并不感到发音有困难,那就是 l。至于哪些字声母是 n,哪些字声母是 l,一般可采取汉字声旁类推的办法。例如声旁是"内"的字,声母往往是 n(如"纳、呐、钠、讷"等);声旁是"仑"的字,声母往往是 l(如"沦、伦、抡、轮"等)。如果要记住声母 n、l 的全部常用字,那就可利用《常用同韵字表》采取记少不记多的办法分别记忆。

**八、有些方言区的人对声母 zh、ch、sh 和 z、c、s 分辨不清,下列词语读音相混:战歌—赞歌,木柴—木材,诗人—私人。试简述分辨 zh、ch、sh 和 z、c、s 的方法。**

这两组声母中的 zh、ch、z、c 都是清塞擦音,其中 zh、z 不送气,ch、

c 送气;sh、s 都是清擦音。有些汉语方言区的人对 zh、ch、sh 和 z、c、s 的发音感到难以分辨,主要是分不清前一组是舌尖后音声母,后一组是舌尖前音声母。根据它们的主要差别有针对性地进行练习,就能较快地掌握它们的发音。发舌尖后音时,舌尖要翘起来,对准(抵住或接近)硬腭前部;发舌尖前音时,舌尖不翘,舌叶和舌尖要对准(抵住或接近)上下齿背。

**九、试从发音部位和发音方法两方面分辨下列各组声母的异同。**

1. g—k  同:舌面后、清、塞音。

   异:前者是不送气音,后者是送气音。

2. f—h  同:清、擦音。

   异:前者是唇齿音,后者是舌面后音。

3. zh—z  同:不送气、清、塞擦音。

   异:前者是舌尖后音,后者是舌尖前音。

4. b—p  同:双唇、清、塞音。

   异:前者是不送气音,后者是送气音。

5. m—n  同:浊、鼻音。

   异:前者是双唇音,后者是舌尖中音。

6. q—c  同:送气、清、塞擦音。

   异:前者是舌面前音,后者是舌尖前音。

**十、写出并读准下面《太平歌》和《采桑歌》每个字的声母,并按发音部位重新排列。**

1. 子夜久难明,喜报东方亮。

   此日笙歌颂太平,众口齐欢唱。

2. 春日起每早,采桑惊啼鸟。风过扑鼻香,花落知多少。

先读写歌中每个字的声母,然后排成下表:

| 双唇音 | 鼻报(b) | 扑平(p) | 每明(m) | |
| --- | --- | --- | --- | --- |
| 唇齿音 | 风方(f) | | | |
| 舌尖前音 | 早子(z) | 采此(c) | 桑颂(s) | |
| 舌尖中音 | 多东(d) | 啼太(t) | 鸟难(n) | 落亮(l) |
| 舌尖后音 | 知众(zh) | 春唱(ch) | 少笙(sh) | 日(r) |

舌面前音　惊久(j)　　　起齐(q)　　　香喜(x)

舌面后音　过歌(g)　　　口(k)　　　　花欢(h)

零声母　　夜(∅)

十一、声母调查例字:按你熟悉的一种方言的读音,用国际音标标出下列例字的方言声母,然后按发音部位、发音方法排列,同普通话比较,找出二者的异同。

先标注这些例字的普通话声母如下:

1. 布—步　　别　怕　盘
p　　p　　　p　pʰ　pʰ

2. 门—闻　飞—灰　　冯—红　　扶—胡
m　∅　f　x　　f　x　　f　x

3. 到—道　　夺　太　同
t　　t　　　t　tʰ　tʰ

4. 南—蓝　　怒—路　　女—吕　　莲—年—严
n　　l　　　n　　l　　n　　l　　l　n　∅

5. 贵—跪　　杰　开　葵
k　　k　　　tɕ　kʰ　kʰ

6. 岸—暗　　化—话　　围—危—微　　午—武
∅　　∅　　　x　　x　　∅　∅　∅　　∅　∅

7. 精—经　　节—结　　酒—九　　秋—丘　　齐—旗　　修—休
tɕ　tɕ　　　tɕ　tɕ　　tɕ　tɕ　　tɕʰ　tɕʰ　　tɕʰ　tɕʰ　　ɕ　ɕ

　全—权　　旋—玄
　tɕʰ　tɕʰ　　ɕ　ɕ

8. 税—费
ʂ　　f

9. 糟—招—焦　　仓—昌—枪
ts　tʂ　tɕ　　　tsʰ　tʂʰ　tɕʰ

　曹—巢—潮—桥　　散—扇—线
　tsʰ　tʂʰ　tʂʰ　tɕʰ　　s　ʂ　ɕ

　祖—主—举　　醋—处—去
　ts　tʂ　tɕ　　　tsʰ　tʂʰ　tɕʰ

从—虫—穷　　苏—书—虚
tsʰ tʂʰ tɕʰ　　s ʂ ɕ

增—争—蒸　　僧—生—声
ts tʂ tʂ　　s ʂ ʂ

粗—初　　锄—除　　思—师—施
tsʰ tʂʰ　　tʂʰ tʂʰ　　s ʂ ʂ

10. 认—硬　　扰—脑—袄
　　ʐ ∅　　　ʐ n ∅

若—约　　闰—运　　而　日
ʐ ∅　　ʐ ∅　　　∅　ʐ

11. 延—言—然—缘—元　软—远
　　ʐ ∅ ʐ ∅ ∅　ʐ ∅

然后标注你所熟悉的方言声母,再比较两者的异同。

十二、发音练习

（答案略）

## ►► 思考和练习三

**一、《汉语拼音字母歌》中有哪些单元音字母？它怎样代表普通话 10 个单元音韵母？为什么？**

《汉语拼音字母歌》中有单元音字母五个,即 a、o、u、e、i。

a[ʌ]代表舌面、央、低、不圆唇元音韵母。

o[o]代表舌面、后、半高、圆唇元音韵母。

u[u]代表舌面、后、高、圆唇元音韵母。添附加符号后成为 ü[y],代表舌面、前、高、圆唇元音韵母。

e[ɤ]代表舌面、后、半高、不圆唇元音韵母。添附加符号后成为 ê[ɛ],代表舌面、前、半低、不圆唇元音韵母。跟 r 组成双字母 er[ər],代表卷舌、央、中、不圆唇元音韵母。

i[i]代表舌面、前、高、不圆唇元音韵母。同时,它还代表舌尖、前、高、不圆唇元音韵母[ɿ]和舌尖、后、高、不圆唇元音韵母[ʅ]。[ɿ]只拼舌尖前辅音声母 z、c、s,[ʅ]只拼舌尖后辅音声母 zh、ch、sh、r,而[i]

不拼 zh、ch、sh、r、z、c、s,所以为了节省字母符号,同用一个元音字母 i 代表三个不同的单元音韵母,它们都有各自的出现场合,不会混淆。

这五个单元音字母就是这样代表 10 个单元音韵母的。

**二、用汉语拼音字母默写下表中的韵母,加注国际音标。**

| 各类韵母 | 单元音<br>(10个) | 舌面元音 | a[ʌ]、o[o]、e[ɤ]、ê[ɛ]、i[i]、u[u]、ü[y] |
|---|---|---|---|
| | | 舌尖元音 | -i[ɿ]、-i[ʅ] |
| | | 卷舌元音 | er[ɚ] |
| | 复元音<br>(13个) | 前响元音 | ai[ai]、ei[ei]、ao[ɑu]、ou[ou] |
| | | 后响元音 | ia[iʌ]、ie[iɛ]、ua[uʌ]、uo[uo]、üe[yɛ] |
| | | 中响元音 | iao[iɑu]、iou[iou]、uai[uai]、uei[uei] |
| | 元音加<br>鼻音<br>(16个) | 元音加<br>-n | an[an]、ian[iɛn]、uan[uan]、üan[yan] |
| | | | en[ən]、in[in]、uen[uən]、ün[yn] |
| | | 元音加<br>-ng | ang[ɑŋ]、iang[iɑŋ]、uang[uɑŋ] |
| | | | eng[əŋ]、ing[iŋ]、ueng[uəŋ] |
| | | | ong[uŋ]、iong[yŋ] |

**三、分别按韵头、韵尾分类,韵母各可分成哪些类?**

按韵母开头的元音发音口形,韵母可分成开口呼、齐齿呼、合口呼、撮口呼四类,简称四呼。

开口呼　韵母开头不是 i、u、ü 的韵母①。

齐齿呼　以 i 起头的韵母②(含单韵母 i,下同)。

合口呼　以 u 起头的韵母。

---

① ong 不是开口呼,是合口呼。

② iong 不是齐齿呼,是撮口呼,均应以实际读音为准,不以字母为准。

撮口呼　以 ü 起头的韵母。

按韵尾分,韵母可分为无韵尾韵母;元音韵尾韵母,即有元音 i、u①作韵尾的韵母;鼻音韵尾韵母,即有鼻音 n、ng 作韵尾的韵母。

**四、举例说明单元音的发音应从哪几方面进行分析。**

普通话的单元音韵母共有十个,即 a、o、e、ê、i、u、ü、-i[ɿ]、-i[ʅ]、er[ər]。前七个是舌面元音,接着的两个是舌尖元音,末一个是卷舌元音。舌面元音的发音应从下列三个方面分析:

1. 舌位的高低　舌位的高低指舌头隆起部位的高低,同开口度的大小有关。开口度大的,舌位较低,是低元音(如 a);开口度小的,舌位较高,是高元音(如 i、ü、u);其间还可以适当划分为半高元音(如 e、o)和半低元音(如 ê)。

2. 舌位的前后　舌位的前后指舌头隆起部位的前后。舌位在前的,是前元音(如 i、ü、ê);舌位在后的,是后元音(如 u、e、o);舌位不前不后的,是央元音(如央 a)。

3. 唇形的圆展　唇形拢圆的,是圆唇元音(如 ü、u、o);唇形平展的,是展唇元音,也叫不圆唇元音(如 i、e、ê、a)。

另外,舌尖元音、卷舌元音的发音分析如下:

-i[ɿ]是舌尖前元音,发音时舌尖前伸接近上齿背,不圆唇。

-i[ʅ]是舌尖后元音,发音时舌尖上翘接近硬腭前部,不圆唇。

er[ər]、e[ə]是央元音,口形略开,舌位居中,不圆唇。在发 e[ə]的同时,舌头向硬腭卷起,就形成 er。

**五、根据所提供的发音条件,在括号内写出相应的单韵母。**

1. 舌面、前、高,圆唇元音(ü)

2. 舌面、后、半高,不圆唇元音(e)

3. 舌面、后、高,圆唇元音(u)

4. 舌面、前、半低,不圆唇元音(ê)

5. 舌面、后、半高,圆唇元音(o)

6. 舌尖、前、高,不圆唇元音(-i[ɿ])

---

① 依实际读音,ao、iao 的韵尾是 u。

7. 舌面、央、低,不圆唇元音(ɑ)

**六、将下列单元音的发音条件写出来:**

1. ɑ[ʌ]舌面、央、低,不圆唇元音。

2. -i[ʅ]舌尖后、高,不圆唇元音。

3. u[u]舌面、后、高,圆唇元音。

4. er[ər]卷舌、央、中,不圆唇元音。

5. -i[ɿ]舌尖、前高,不圆唇元音。

6. e[ɤ]舌面、后、半高,不圆唇元音。

**七、试述普通话韵母的结构。下列各字音的韵母结构是怎样的?试用表加以分析。**

韵母可以分为韵头、韵腹、韵尾。韵头只有元音 i、u、ü 三个,出现在韵腹前面。韵腹元音是韵母的主干,一般由 ɑ、o、e、ê 充当,i、u、ü、-i、er 也可以作韵腹。韵腹念起来清晰响亮,是主要元音。韵尾在韵腹后,只有元音 i、u,辅音 n、ng 四个。

韵腹加韵尾或无韵尾,叫韵身或韵。

题中所列各字音的韵母结构列表分析如下:

| 例字 | 韵母 | | |
|---|---|---|---|
| | 韵头 | 韵(韵身) | |
| | | 韵腹 | 韵尾 |
| 航(hang) | | ɑ | ng |
| 海(hai) | | ɑ | i |
| 表(biao) | i | ɑ | o[u] |
| 扬(yang) | i | ɑ | ng |
| 安(an) | | ɑ | n |
| 全(quan) | ü | ɑ | n |
| 队(dui) | u | e | i |
| 伍(wu) | | u | |
| 霞(xia) | i | ɑ | |
| 光(guang) | u | ɑ | ng |
| 流(liu) | i | o | u |
| 水(shui) | u | e | i |

八、有些方言区的人对读 en、eng 和 in、ing 两对韵母的字区别不清,导致下列词语读音相混:分化—风化,粉刺—讽刺,禁止—静止,不信—不幸。试问应该采取什么方法分辨?

方言区的人对韵母 en 和 eng、in 和 ing 分辨不清的情况,大致有两种。一种是都念成前鼻音尾韵母 en、in,另一种是都念成后鼻音尾韵母 eng、ing。不管是哪一种情况,普通话说不好的问题都出在对鼻音 n、ng 的发音要领掌握不好,掌握不住。因此,学习时应从区别 n、ng 的发音入手加以改正。n 是舌尖中鼻音,发音时要把舌尖抵住上齿龈;ng 是舌面后鼻音,发音时要把舌面后部抵住软腭。理解和掌握这些发音要领,认真比照复习,就容易将上述两类词语区分开来了。属于前一种情况的,着重练习 ng 的发音;属于后一种情况的,着重练习 n 的发音。然后再注意记字音。

九、有些方言区的人对韵母 i、ü 的发音分辨不清,导致下列词语读音相混:里程—旅程,移民—渔民,饥民—居民,拟人—女人。试说明分辨 i、ü 发音的方法。

方言区的人对韵母 i、ü 分辨不清,主要是没有发圆唇元音 ü 的习惯,往往把 ü 或以 ü 开头的韵母读成 i 或以 i 开头的韵母了。这两类韵母的主要区别在于 i 是不圆唇音,ü 是圆唇音。对 ü 或 ü 开头的韵母,在发音时注意把唇拢圆,经常练习,逐步养成习惯,并记住字音。

十、韵母调查例字:用国际音标写出下列汉字的普通话韵母,然后整理出一个韵母表来。同时按一种汉语方言的读音用国际音标标音,然后整理出一个方言韵母表。注意比较两者的异同。

用国际音标写出下列例字的普通话韵母如下:

| 爬 | 河 | 蛇 | 资—支—知 | | | 耳 |
|---|---|---|---|---|---|---|
| A | ɤ | ɤ | ɿ | ʅ | ʅ | ɚ |

| 架 | 茄 | 野 | 第—地 | 花 | 过 | 故 | 靴 | 居—基 |
|---|---|---|---|---|---|---|---|---|
| iA | iɛ | iɛ | i | i | uA | uo | u | yɛ | y | i |

| 辣 | 舌 | 色 | 合 | 割 | 北—百 | 直 | 日 |
|---|---|---|---|---|---|---|---|
| A | ɤ | ɤ | ɤ | ɤ | ei | ai | ʅ | ʅ |

夹　铁—踢　落—鹿—绿　接　急
iA　iɛ　i　uo　u　y　iɛ　i

刮　各—郭—国　活　出　木
uA　ɤ　uo　uo　uo　u　u

确—缺　月—欲—药
yɛ　yɛ　yɛ　y　iau

盖—介　倍　妹　饱—保　桃　斗—赌　丑—母　怪—桂　帅　条
ai　iɛ　ei　ei　au　au　au　ou　u　ou　u　uai　uei　uai　iau

流　烧—收　旧—舅
iou　au　ou　iou　iou

短—胆—党　酸—三—桑　干—间　含—衔　根—庚
uan　an　ɑŋ　uan　an　ɑŋ　an　iɛn　an　iɛn　ən　əŋ

讲—减—检　紧　心—新—星
iaŋ　iɛn　iɛn　in　in　in　iŋ

良—廉—连　林—邻—灵
iaŋ　iɛn　in　in　in　iŋ

光—官—关　魂—横　温—翁
uaŋ　uan　uan　uən　əŋ　uən　uəŋ

权—船—床　圆—云　群—琼—穷　勋—胸
yan　uan　uaŋ　yan　yn　yn　yŋ　yŋ　yn　yŋ

　　将上列各字的韵母加以归纳整理可以得出38个普通话韵母,列成《普通话韵母表》(从略)。再用方言读音标注上列各字的方言韵母,列成方言韵母表,最后再比较两种韵母的异同。

　　**十一、发音练习1、2、3、5(略)**

　　**十一、发音练习4:朗读下面这首诗,把韵脚字写出来,并分析它的押韵,说明押韵格式并指出属于哪一韵辙。**

　　轻(qing)、声(sheng)、云(yun)、春(chun)是韵脚。隔句押韵,中间有换韵。轻、声是中东辙,庚韵;云、春是人辰辙,痕韵。

## ▶▶ 思考和练习四

△一、什么是调值和调类？试举例说明。

调值是指音节高低升降曲直长短的变化形式,也就是声调的实际读法。例如,普通话的"改革开放",读起来,有的先降后升,有的逐渐升高,有的高而平,有的从高降低,音节的音高变化格式共有四个。用五度标记法把这种相对的音高变化格式表示出来,就是这些音节的调值了。

调类是声调的种类,就是某种语言或方言把调值相同的字归纳在一起所建立的类。一般来说,有几种基本调值就可以归纳成几种调类。例如,普通话有"55(开)、35(革)、214(改)、51(放)"四种基本调值。所以说,普通话有四种调类(调位),按传统习惯称为阴平(55调)、阳平(35调)、上声(214调)、去声(51调)。

△二、用调值数码法给下列汉字标调。

五官:耳$^{214}$　目$^{51}$　口$^{214}$　鼻$^{35}$　舌$^{35}$

五脏:心$^{55}$　肝$^{55}$　脾$^{35}$　肺$^{51}$　肾$^{51}$

五音:宫$^{55}$　商$^{55}$　角$^{35}$　徵$^{214}$　羽$^{214}$

五行:金$^{55}$　木$^{51}$　水$^{214}$　火$^{214}$　土$^{214}$

五味:甜$^{35}$　酸$^{55}$　苦$^{214}$　辣$^{51}$　咸$^{35}$

五彩:青$^{55}$　黄$^{35}$　赤$^{51}$　白$^{35}$　黑$^{55}$

五方:东$^{55}$　西$^{55}$　南$^{35}$　北$^{214}$　中$^{55}$

五谷:稻$^{51}$　黍$^{214}$　稷$^{51}$　麦$^{51}$　豆$^{51}$

五金:金$^{55}$　银$^{35}$　铜$^{35}$　铁$^{214}$　锡$^{55}$

五岳:泰$^{51}$　华$^{51}$　衡$^{35}$　恒$^{35}$　嵩$^{55}$

五经:易$^{51}$　书$^{55}$　诗$^{55}$　礼$^{214}$　春$^{55}$秋$^{55}$

三、朗读下列各字,体会声调的高低升降,并分别指出它们的调值和调类。

| 安 | 定 | 团 | 结 |
|---|---|---|---|
| 55(阴平) | 51(去声) | 35(阳平) | 35(阳平) |

| 改 | 革 | 开 | 放 |
|---|---|---|---|
| 214(上声) | 35(阳平) | 55(阴平) | 51(去声) |

| 齐 | 心 | 协 | 力 |
|---|---|---|---|
| 35（阳平） | 55（阴平） | 35（阳平） | 51（去声） |

| 建 | 设 | 祖 | 国 |
|---|---|---|---|
| 51（去声） | 51（去声） | 214（上声） | 35（阳平） |

△四、拼读下列词语并注上汉字。

zǎocāo（早操）　　qiánjìn（前进）　　mínzú（民族）

shènglì（胜利）　　liánghǎo（良好）　　qìchē（汽车）

bómó（薄膜）　　dìlǐ（地理）　　kèkǔ（刻苦）

qiángdiào（强调）　　jiānjù（艰巨）　　jiǎnjǔ（检举）

dàdāo（大刀）　　dádào（达到）　　zhuǎnhuà（转化）

shíxiàn（实现）　　qīngchú（清除）　　bǎozhèng（保证）

hùlǐ（护理）　　kǎigē（凯歌）

五、把《汉语方言声调对照表》横竖各看一遍,用自己的方言念表中 **11** 个例字,写出它们的方言调值,并指出母语与表中哪个地点方言的调值相同或相似。

（根据各地各人实际情况回答）

六、声调调查例字:把下面表中右边的汉字注上普通话和方言的声调,然后整理出一个声调比较表来。

先将表中右边的汉字注上普通话声调如下:

1. 刚知专尊丁边安初粗天偏商三飞（读阴平调）

2. 鹅娘人龙难麻文云（阳平）

3. 穷陈床才唐平详扶（阳平）

4. 古展纸走短比袄楚草体普手死粉（上声）

5. 五女染老暖买武有（上声）

6. 近柱是坐倍淡厚社（去声）

7. 盖帐正醉对变爱抗唱汉世（去声）

8. 岸闰漏恕帽望用（去声）

9. 共阵助暂大备害树（去声）

10. 急（阳平）　竹（阳平）　职（阳平）　即（阳平）　得（阳平）

　　笔（上声）　一（阴平）　曲（阴平、上声）　出（阴平）　七（阴

平） 秃（阴平） 匹（上声） 黑（阴平） 识（阳平） 惜（阴

平） 福（阳平） 各（去声） 桌（阴平） 则（阳平） 接（阴

平） 百（上声） 约（阴平） 却（去声） 尺（上声） 切（阴

平、去声） 铁（上声） 歇（阴平） 说（阴平）

11. 岳（去声） 入（去声） 六（去声） 纳（去声） 麦（去声）

物（去声） 药（去声）

12. 局（阳平） 宅（阳平） 食（阳平） 杂（阳平） 读（阳平）

白（阳平） 合（阳平） 舌（阳平） 俗（阳平） 服（阳平）

再注上方言声调,然后整理出一个比较表来。

七、发音练习 1(略)

发音练习 2˚:下列各组词语声母和韵母相同,但声调不同,试用
普通话朗读并用汉字注写出来。

shēnglǐ——shènglì        liànxí——liánxì

生理      胜利          练习      联系

miánmào——miànmào        gǔshī——gùshì

棉帽      面貌          古诗      故事

zhěngqí——zhèngqì        jiāotōng——jiǎotòng

整齐      正气          交通      脚痛

yōuxiān——yōuxián        cáiyuán——càiyuán

优先      悠闲          裁员      菜园

发音练习 3:按普通话的阴、阳、上、去四声给下列拼音注出汉字,
并依照汉字的顺序反复朗读。

yi 依仪椅意        wu 乌吾午务        yu 迂鱼雨育

ya 鸦牙雅亚        yao 腰遥咬药        wei 威围伟畏

yan 烟延演燕        wan 湾丸碗万        yuan 渊园远院

ba 巴拔靶坝        po 坡婆叵破        ke 科咳可客

zhi 知直纸致        ci 疵慈此次        cai 猜才彩菜

tui 推颓腿退        bao 包雹宝报        zhou 周轴肘宙

发音练习 4:朗读下列这段文字,在每个字的四角用调类点角法把
声调标出来。

ᵉ沿着ᵉ荷ᵉ塘，是ᵉ一ᵉ条ᵉ曲ᵉ折的ᵉ小ᵉ煤ᵉ屑ᵉ路。这ᵉ是ᵉ一ᵉ条ᵉ幽ᵉ僻ᵉ的ᵉ路；白ᵉ天ᵉ也ᵉ少ᵉ人ᵉ走，夜ᵉ晚ᵉ更ᵉ加ᵉ寂ᵉ寞。荷ᵉ塘ᵉ四ᵉ面，长ᵉ着ᵉ许ᵉ多ᵉ树，蓊ᵉ蓊ᵉ郁ᵉ郁ᵉ的。路ᵉ的ᵉ一ᵉ旁，是ᵉ些ᵉ杨ᵉ柳，和ᵉ一ᵉ些ᵉ不ᵉ知ᵉ道ᵉ名ᵉ字ᵉ的ᵉ树。没ᵉ有ᵉ月ᵉ光ᵉ的ᵉ晚ᵉ上，这ᵉ路ᵉ上ᵉ阴ᵉ森ᵉ森ᵉ的，有ᵉ些ᵉ怕ᵉ人。今ᵉ晚ᵉ却ᵉ很ᵉ好，虽ᵉ然ᵉ月ᵉ光ᵉ也ᵉ还ᵉ是ᵉ淡ᵉ淡ᵉ的。

——朱自清《荷塘月色》

（注：轻声不标调号，"一、不"按实际读音标调。）

**发音练习 5（略）**

# ▶▶ 思考和练习五

**一、拼音应注意哪些问题？试举例说明。**

拼音时应注意以下几个问题：

1. 声母要用本音。教学声母时，为了方便，一般使用呼读音。呼读音是在声母本音后面加上了一个元音的。如果把这个元音带到拼音中去，就会影响拼音的准确性。因此，拼音时要注意使用声母的本音。例如，"扑"的拼音应是 p—ū→pū，不是 po—u→pou。

2. 声母和韵母之间不能有停顿。如果拼音时有停顿，便容易变成两个音节。例如，"凉"应是 l—i—ang，如果中间有明显停顿，便会拼出 li—ang（里昂）来。

3. 要注意念准韵头。有韵头的音节，一定要注意读清楚，不能丢掉韵头。例如，"端"应是 d—uān→duān，如果丢掉了韵头，就拼成 d—ān→dān（单）了。

**二、熟记《汉语拼音方案》中的拼写规则。**

《汉语拼音方案》中的拼写规则包括以下几个方面的内容，学习时，一定要熟记：

1. y、w 的使用

y 用在 i、ü 两行韵母的零声母音节前。

在 i 行韵母的零声母音节中,如果 i 后还有其他元音,便将 i 改成 y,如"yan、yao"等;如果 i 后没有其他元音,则要在 i 前加 y,如"yin、ying"等。

在 ü 行韵母的零声母音节中,ü 前一律要加 y,并将 ü 上头的两点去掉,如"yu、yue、yuan、yun"。

w 用在 u 行韵母的零声母音节前。如果 u 后还有其他元音,便将 u 改成 w,如"wa、wan、wang"等;如果 u 后没有其他元音,则在 u 前加 w,如"wu"。

2. 隔音符号的用法

在按词连写中,连接在音节后的是"a、o、e"音节或者是以"a、o、e"开头的音节,如果有发生音节界限混淆的可能时,便要用隔音符号"'"隔开,如"xi'an"(西安)。如果不用隔音符号隔开,便有可能误读成"xian"(先)。

3. 省写

省写包括三项内容:第一,iou、uei、uen 三个韵母同声母拼合时,省去中间的元音字母 o 或 e,如"jiǔ(久)、guì(贵)、kūn(昆)";在零声母音节中不省,写作"yōu(优)、wěi(伟)、wén(文)"。第二,ü 上两点只在"n、l"两个声母后才保留,如"lǚ(吕)、nǚ(女)、lüè(略)、nüè(疟)"等;在其他声母后或零声母音节中,一律省去 ü 上的两点,如"jǔ(举)、quē(缺)、yǔ(雨)、yùn(运)"。第三,ê 在单韵母(零声母字)中,附加符号不能省去。在复韵母 ei 和 uei(零声母字)中,附加符号都省写。

4. 标调法

声调符号一律标在主要元音(韵腹)上,如"kāi(开)、jiā(家)、dàn(但)、guāng(光)"。"iu(iou)、ui(uei)、un(uen)"同声母相拼时标法如下:"xiù(绣)、tuī(推)、lún(轮)"。在 i 上标调时去掉上面的一点,如"jīn(金)、guī(归)"。轻声不标调号,如"guòlai(过来)"。

5. 音节连写

一个多音节词的几个音节要连写,词与词分写。连写时,专用名词或专用短语的每个词的开头第一个字母要大写,如属文章的标题也可以全用大写字母,还可以不标声调符号。

*三、列表分析下列各个字音的结构方式,并指出其韵母是韵母四呼中的哪一种。

| 音节例字 | 结构方式 | | | | | 声调 |
|---|---|---|---|---|---|---|
| | 声母 | 韵母 | | | | |
| | | 韵头 | 韵腹 | 韵尾 | | |
| | | | | 元音 | 辅音 | |
| 良 liáng | l | i | a | | ng | 阳平 |
| 高 gāo | g | | a | o[u] | | 阴平 |
| 铁 tiě | t | i | ê | | | 上声 |
| 远 yuǎn | | ü | a | | n | 上声 |
| 关 guān | g | u | a | | n | 阴平 |
| 爱 ài | | | a | i | | 去声 |
| 舟 zhōu | zh | | o | u | | 阴平 |
| 步 bù | b | | u | | | 去声 |
| 威 wēi | | u | e | i | | 阴平 |
| 雅 yǎ | | i | a | | | 上声 |
| 权 quán | q | ü | a | | n | 阳平 |
| 鹅 é | | | e | | | 阳平 |

"高、爱、舟、鹅"的韵母属开口呼。

"良、铁、雅"的韵母属齐齿呼。

"关、步、威"的韵母属合口呼。

"远、权"的韵母属撮口呼。

*四、下列各音节的拼写为什么是错误的?试根据声韵配合规律,加以说明并改正。

shiao(小)——齐齿呼韵母不能同舌尖后音声母拼合,应改为 xiao。

jua(抓)——合口呼韵母不能同舌面前音声母拼合,应改为 zhua。

xa(夏)——舌面前音声母不能同开口呼韵母拼合,应改为 xia。

fong(风)——唇齿音声母只限于 u 才能同合口呼韵母拼合。ong

不能同 f 拼合，应改为 feng。

　　güe（决）——撮口呼韵母不能同舌面后音声母拼合，应改为 jue。

　　puo（破）——双唇音声母同合口呼韵母拼合只限于 u。p 不能同 uo 拼合，应改为 po。

　　tueng（通）——任何声母都不能同 ueng 拼合，应改为 tong。

　　do（多）——双唇音和唇齿音声母以外的声母不能同韵母 o 拼合，应改为 duo。

　　zing（精）——齐齿呼韵母不能同舌尖前音声母拼合，应改为 jing。

　　giao（叫）——齐齿呼韵母不能同舌面后音声母拼合，应改为 jiao。

　　ong（翁）——ong 不能自成音节，应改为 weng。

　　siong（送）——舌尖前音声母不能同齐齿呼韵母拼合，应改为 song。

　　<sup></sup>五、下列各词的拼写是不合拼写规则的，试把它们改正过来。

　　括号内是改正的写法：

用意 iòngi（yòngyì）　　　　无畏 úueì（wúwèi）

月夜 üèiè（yuèyè）　　　　　对流 duèilióu（duìliú）

威武 uēiu（wēiwǔ）　　　　　委员 uěiüán（wěiyuán）

论文 luènuén（lùnwén）　　　谚语 yiànǔ（yànyǔ）

疑案 íàn（yí'àn）　　　　　　堤岸 diàn（dī'àn）

雪球 xuěqioú（xuěqiú）　　　演员 iǎnüán（yǎnyuán）

规律 guēilù（guīlǜ）　　　　　谬误 mioùuù（miùwù）

杨柳 iángliǔ（yángliǔ）　　　飞跃 fēiüè（fēiyuè）

六、拼读下列各词，并把相应的汉字写出来。

guójiā（国家）　　　　shídài（时代）　　　　fàláng（珐琅）

shǒufǎ（守法）　　　　tiáojiàn（条件）　　　bùmén（部门）

chuàngzào（创造）　　dōngfāng（东方）　　　tuǒshàn（妥善）

jiěchú（解除）　　　　cùjìn（促进）　　　　bǎozhèng（保证）

　　七、用汉语拼音字母和国际音标给下面一首诗注音（声、韵、调），并指出韵脚属于哪个韵部。

　　诗和注音将在第八题写出。韵脚"流、楼"，属于油求辙侯韵，即 ou 韵。

*八、分析上题诗句每个字的字音结构,画一个表将声母、韵头、韵腹、韵尾、调类与调值六项填入表内。调值用五度数码标记法表示。

| 例字 | 结构方式 | | | | | |
|---|---|---|---|---|---|---|
| | 声母 | 韵母 | | | 声调 | |
| | | 韵头 | 韵腹 | 韵尾 | 调类 | 调值 |
| 白 bái[ pai$^{35}$ ] | b | | a | i | 阳平 | 35 |
| 日 rì[ ʐʅ$^{51}$ ] | r | | -i[ ʅ ] | | 去声 | 51 |
| 依 yī[ i$^{55}$ ] | ∅ | | i | | 阴平 | 55 |
| 山 shān[ ʂan$^{55}$ ] | sh | | a | n | 阴平 | 55 |
| 尽 jìn[ tɕin$^{51}$ ] | j | | i | n | 去声 | 51 |
| 黄 huáng[ xuɑŋ$^{35}$ ] | h | u | a | ng | 阳平 | 35 |
| 河 hé[ x ɣ$^{35}$ ] | h | | e | | 阳平 | 35 |
| 入 rù[ ʐu$^{51}$ ] | r | | u | | 去声 | 51 |
| 海 hǎi[ xai$^{214}$ ] | h | | a | i | 上声 | 214 |
| 流 liú[ liou$^{35}$ ] | l | i | o | u | 阳平 | 35 |
| 欲 yù[ y$^{51}$ ] | ∅ | | ü | | 去声 | 51 |
| 穷 qióng[ tɕʰyŋ$^{35}$ ] | q | | ü | ng | 阳平 | 35 |
| 千 qiān[ tɕʰiɛn$^{55}$ ] | q | i | a | n | 阴平 | 55 |
| 里 lǐ[ li$^{214}$ ] | l | | i | | 上声 | 214 |
| 目 mù[ mu$^{51}$ ] | m | | u | | 去声 | 51 |
| 更 gèng[ kəŋ$^{51}$ ] | g | | e | ng | 去声 | 51 |
| 上 shàng[ ʂɑŋ$^{51}$ ] | sh | | a | ng | 去声 | 51 |
| 一 yī[ i$^{55}$ ] | ∅ | | i | | 阴平 | 55 |
| 层 céng[ tsʰəŋ$^{35}$ ] | c | | e | ng | 阳平 | 35 |
| 楼 lóu[ lou$^{35}$ ] | l | | o | u | 阳平 | 35 |

"穷"的实际音值为 qüng,拼音方案在这里用 io 表示 ü

＊九、审查下面音节结构表,指出每个错误分析的原因,并把正确的分析填上。

y、w 不是声母,是隔音字母。零声母音节中,开头是韵头 i、u,则换 y、w,开头是韵腹 i、u,则加 y、w;开头是 ü 则加 y 并省掉 ü 上两点。必须换回音节要素原貌来分析。

tuì、xiū、lùn 都是韵母的省略形式,要把韵母原貌写出来分析,它们都省写了韵腹字母。

yong 的韵母以 io 代 ü,gong 的韵母以 o 代 u,都须还原来分析。

| 拼写与例字 | 结构项 | | | | |
|---|---|---|---|---|---|
| | 正确分析 | | | | |
| | 声母 | 韵头 | 韵腹 | 韵尾 | 声调 |
| lùn（论） | l | u | e | n | 51 |
| wén（文） | | u | e | n | 35 |
| yǒu（有） | | i | o | u | 214 |
| yuán（缘） | | ü | a | n | 35 |
| tuì（退） | t | u | e | i | 51 |
| xiū（休） | x | i | o | u | 55 |
| yòng（用） | | | ü | ng | 51 |
| gōng（功） | g | | u | ng | 55 |

十、什么是音节？音节结构分析的元辅音分析法来自何处？有何特点？

音节由音素构成,是听话时自然感到的最小的语音单位。发音时每一次咽喉肌肉的紧张度增而复减,就形成一个音节。音素有两类:元音和辅音。汉语音节一般都有元音。鼻辅音可在音节开头,也可在音节末尾。英语一个音节里还可以连续两三个辅音形成复辅音。音节结构的元辅音分析法来自西方的现代语音学。这种分析法属线性分析,可用于世界各种语言,包括汉语。

**十一、什么是汉语的音节?音节结构分析的声韵调分析法来自何处?有何特点?**

汉语的音节也是发音时喉头肌肉的每一次紧张度增而复减形成的。汉字的字音正好是一个音节,分析字音的术语来自我国传统的音韵学。

汉语的音节是指声韵结构,但必附有声调。汉语传统的字音分析法是反切上字表声母,声母在字音前段,可以是辅音,也可以是零辅音。反切下字表韵母,韵母同时附有声调。声韵调分析法中,声韵结构是由音素组成,音素是音段成分。声调主要由音高构成,是超音段成分。汉语是有声调的语言,字音不仅仅是声韵结构,每个字音都有声调。所以特别适合用声韵调分析法。这是汉语音节的特点,也是汉语的特点。

**十二、发音练习(略)**

▶▶ **思考和练习六**

**一、什么是变调?举例说明普通话的主要变调类型。**

在语流中,有些音节的声调起了一定的变化,与单读时调值不同,这种变化叫作变调。主要的变调有下列几种。

1. 上声的变调　两个上声相连,前一个上声调值变35,如"水果","水"变读35。在原为上声改读轻声的字音前,有的变35,如"早起"的"早"变读35;有的变21,如"毯子"的"毯"变读21。三个上声字连读,若是"双+单"格,前两个变读35,如"草稿纸"的"草稿"两字都变读35。若是"单+双"格,则分别变为21+35+214,如"武厂长"。在非上声的前面,如"统一"、"海关"、"土地"、"尾巴"等的前一上声都变读21。

2. "一、不"的变调　在去声前,如"一样、一定"的"一","不怕、不看"的"不"一律变读35。在非去声前,如"一般、一年"的"一"变读51。"一"嵌在相同的动词中间(如"谈一谈、管一管")变读轻声。"不"在肯定否定连用时(如"来不来、开不开")也变读轻声。

3. "七、八"的变调　在去声前,如"七块、八岁"的"七、八"可以变读35;也可不变,仍读55。

二、什么是轻声？举例说明轻声音节音高变化的规律及韵母变化的规律。

轻声是四声的一种特殊的变调。因为四声中的任何一种声调，在一定条件下，都可以变读轻声，所以轻声不是四声之外的第五种声调。例如"心"本调为阴平，"朵"本调为上声，可是在"点心"、"耳朵"这两个词里，"心"和"朵"都失去了原来的调子变读轻声了。

普通话的轻声在声学上的特点是音强的减弱及音长的缩短，给人的明显的声感是音高幅度的压缩和持续时间的缩短。轻声是一种在一定条件下读得又轻又短的调子，使一些韵母中较高较低的元音向中央元音靠拢，韵变得比较含混。例如儿子的子〔tsๅ→tsə〕、张家的家〔tɕiʌ→tɕiɛ〕。

轻声音节的音高变化决定于它前一个音节的声调，一般来说，在上声字后边的轻声字读高调，在阴平字后边的轻声字读低调，在阳平字后边的轻声字读中调，在去声字后边的轻声字读最低调。现列表举例如下：

| 阴平字+轻声字·¦₂低调 | 金的 | 东西 | 出来 | 车子 | 说过 |
|---|---|---|---|---|---|
| 阳平字+轻声字·¦₃中调 | 红的 | 南瓜 | 回来 | 绸子 | 瞧过 |
| 上声字+轻声字·¦₄高调 | 紫的 | 牡丹 | 起来 | 板子 | 打过 |
| 去声字+轻声字·¦₁最低调 | 绿的 | 丈夫 | 进来 | 样子 | 唱过 |

为了实际运用，只要记住轻声在上声字的后边高，在其他声调字的后边相对低就可以了。

三、举例说明轻声在普通话里的作用。

轻声在普通话里的作用主要表现在两个方面，一是可以区别意义，例如"冷战"一词，读 lěngzhàn，即"战"不读轻声时，指"国际间进行的战争形式之外的敌对行动"；读 lěngzhan，即"战"读轻声时，指"因寒冷或害怕浑身突然发抖"。二是可以区别词性，例如"言语"一词，读 yányǔ，即"语"不读轻声时，指"说的话"，是个名词；读 yányu，即"语"读轻声时，是"招呼、回答、开口"的意思，是个动词。

四、什么是儿化？儿化跟词汇和语法有何关系,试举例加以说明。

儿化指的是普通话里有些音节的韵母发音时加上一个卷舌动作,使这个韵母带上卷舌音"儿"(er)的色彩的特殊音变现象。例如"鸟儿"普通话念 niǎor,在这里"儿"字不独立成音节,只是儿化的标志,表示在念到"鸟"这个字音的末尾时,要同步加上一个卷舌动作,使韵母带上卷舌音"儿"(er)的色彩。

在普通话里,儿化有区别词义的作用。例如"天"(tiān)不儿化,指"天空";儿化后"天儿"(tiānr)是"天气"的意思。儿化还有区别词性的作用。例如"尖"(jiān)不儿化,是形容词;儿化"尖儿",是名词。另外,儿化还可以赋予词以表示细小、亲切或喜爱等的感情色彩。例如下列几组词,儿化和不儿化感情色彩明显不同:牛·小牛儿　旗·旗儿老婆子·老婆儿　理发员·理发员儿(这里儿化形式带有轻蔑色彩)。

*五、指出下面上声字的声调变化情况。

1. 下面三个上声音节连着读,即"双+单格"(双音词+单音词)前两个字调变值35:

碾米厂(niǎn mǐ chǎng→nián mí chǎng),即变成 35+35+214。

2. 下面三个上声音节连着读,即"单+双格"(单音词+双音词)前两个字调变值21+35:

好产品(hǎo chǎn pǐn→hào chán pǐn),即变成 21+35+214。

老古董(lǎo gǔ dǒng→lào gú dǒng),同上。

以下各词都是两个上声字组成的。连读时,前一个上声字变读35:

领导(lǐng dǎo→líng dǎo)

选举(xuǎn jǔ→xuán jǔ)

首长(shǒu zhǎng→shóu zhǎng)

老板(lǎo bǎn→láo bǎn)

粉笔(fěn bǐ→fén bǐ)

耳鼓(ěr gǔ→ér gǔ)

搞鬼(gǎo guǐ→gáo guǐ)

浅水（qiǎn shuǐ→qián shuǐ）

以下各词前一个字都是上声调,后一个字分属阴平、阳平或去声。连读时,前一个上声字变读成21。

考察（kǎochá）　　　水库（shuǐkù）　　　铁道（tiědào）

解除（jiěchú）　　　水运（shuǐyùn）　　　火柴（huǒchái）

鼓动（gǔdòng）　　　检察（jiǎnchá）　　　指挥（zhǐhuī）

享受（xiǎngshòu）

下面这句话碰巧全是上声字组成。遇上这种情况,可根据语意和语速适当分成若干小节,按照上声字连读变调的一般规律变读。据此,如用一般语速来读,就可分成六小节,每节最后一个字仍读214,其他字变读成35或21。现按实际读音标写出来。

我 请 ｜雨 伞 厂 ｜鲁 厂 长 ｜ 选 两
wo³⁵ qing²¹⁴ yu³⁵ san³⁵ chang²¹⁴ Lu²¹ chang³⁵ zhang²¹⁴ xuan²¹ liang³⁵
把 ｜好 雨 伞 ｜给 李 组 长。
ba²¹⁴ hao²¹ yu³⁵ san²¹⁴ gei³⁵ Li²¹ zu³⁵ zhang²¹⁴

**六、用国际音标给变调注音,声调要用五度标记法(记数码)写出。**

1. 导演［tɑu³⁵iɛn²¹⁴］　　　　　体统［tʰi³⁵tʰuŋ²¹⁴］

   脚本［tɕiɑu³⁵pən²¹⁴］　　　本体［pən³⁵tʰi²¹⁴］

   好朋友［xɑu²¹pʰəŋ³⁵iou²¹⁴］

2. 他们［tʰA⁵⁵mən²］　　　　　谁的［ʂei³⁵tə³］

   你呢［ni²¹nə⁴］　　　　　　看看［kʰan⁵¹kʰan¹］

   招呼［tʂɑu⁵⁵xu²］　　　　　便宜［pʰiɛn³⁵i³］

   耳朵［ər²¹tuo⁴］　　　　　　告诉［kɑu⁵¹su¹］

   梯子［tʰi⁵⁵tsə²］　　　　　　锤子［tʂʰuei³⁵tsə³］

   椅子［i²¹tsə⁴］　　　　　　　凳子［təŋ⁵¹tsə¹］

   多么［tuo⁵⁵mə²］　　　　　　什么［ʂən³⁵mə³］

   怎么［tsən²¹mə⁴］　　　　　这么［tʂə⁵¹mə¹］

   说了［ʂuo⁵⁵lə²］　　　　　　读了［tu³⁵lə³］

   想了［ɕiɑŋ²¹lə⁴］　　　　　试了［ʂʅ⁵¹lə¹］

七、依据儿化音变的规律,用国际音标给下面的儿化词注音。

宝盖儿[pɑukɐɻ]　　　　侧刀儿[tsʰɤtɑuɻ]

肉月儿[ʐ‿ouyɛɻ]　　　　门墩儿[məntuɐɻ]

示补儿[ʂʅpuɻ]　　　　　快板儿[kʰuaipɐɻ]

单弦儿[tançiɐɻ]　　　　小曲儿[çiɑutɕʰyɚ]

唱片儿[tʂʰɑŋpʰiɐɻ]　　　猜谜儿[tsʰaimiəɻ]

逗乐儿[toulɤɻ]　　　　　纳闷儿[nʌməɻ]

刨根儿[pʰɑukɐɻ]　　　　挑刺儿[tʰiɑutsʰɚ]

围嘴儿[weitsuɐɻ]

八、发音练习1、2、3、4、5(略)

发音练习6:朗读下面的句子,写出"啊"音变后的汉字写法并标出国际音标。

(1) 你来呀[iʌ]。　　　　　(2) 为什么不去呀[iʌ]?

(3) 你看哪[nʌ]。　　　　　(4) 多高哇[uʌ]!

(5) 怎么老不动啊[ŋʌ]?　　(6) 是不是啊[z̩ʌ]?

(7) 快干哪[nʌ]!　　　　　(8) 说你呀[iʌ]。

(9) 是我呀[iʌ]。　　　　　(10) 快唱啊[ŋʌ]。

(11) 写字啊[zʌ]。　　　　　(12) 没事啊[z̩ʌ]。

▶▶ **思考和练习七**

**一、举例说明什么是音位。**

　　音位是依据语音的社会属性划分出来的语音单位,指的是一个语音系统中能够区别意义的最小语音单位,是按语音的辨义作用归纳出来的。

　　例如,在普通话里[a][ʌ][ɑ]属一类,是一个音位,即在实际说话的时候,不管你发的是哪个ɑ都没有区别词义的作用,比如把"他"[tʰʌ]念成[tʰa]或[tʰɑ],意思不变。相反的,[n]和[l]属两个音位,因为在任何一个音节中,如果把[n]换成[l],或把[l]换成[n],都表示不同的意思。当然,这指的是普通话。若是在某些汉语方言(如福州话)里则[n]和[l]属一个音位。

**二、举例说明应怎样归纳音位。**

音位是以语音的辨义功能、互补分布和音感差异为标准归纳出来的，而辨义功能是最重要的标准。把不同的音素放在相同的语音环境中来替换比较，看它们是否能区别意义，凡是能够区别意义的音，就分别归纳成不同的音位，否则就是同一个音位了。例如，在普通话里 bà（爸）和 pà（怕）韵母和声调都完全相同，但意思不同，这是因为这两个音节的声母不同，两个声母不能互相替换，也就是说 b 和 p 在相同的语音环境中能区别意义，应归纳为两个音位。其他两个归纳音位的标准见下题。

**三、什么是互补分布？什么是音感特征？二者作为归纳音位的语音标准，哪个更重要，为什么？**

互补分布指的是音位不同条件的变体各有自己的分布条件，决不出现在相同的位置上，它们的分布状况是互相补充的。所谓音感特征，指的是当地人对某些音在听感上的差异。就这两个归纳音位的标准来看，一般来说互补分布更重要，音感特征可作为参考，当然，也应尽可能地照顾。

**四、什么是音位变体？**

一个音位往往包含一些不同的音，这些音就叫作音位的变体。音位跟音位变体的关系是类别与成员的关系，也可以说音位变体是音位的具体表现形式。例如，普通话里的/a/（音位），当它处在 n 前的时候读［a］（如"安"［an］），处在 ng 前的时候读［ɑ］（如"昂"［ɑŋ］），单用时读［ʌ］（如"啊"［ʌ］）。因此，我们说［a］［ɑ］［ʌ］都是/a/的变体。

**五、条件变体和自由变体的区别何在？**

凡是在一定条件下出现的音位变体就叫作"条件变体"，凡是无条件的，即不受环境的限制，可以自由替换而不影响意义的音位变体叫作"自由变体"。例如普通话里的［a］［ʌ］［ɑ］是/a/的条件变体，因为它们的出现是有条件的。在零声母合口呼的音节中，可以把开头的音自由地念成［w］或［ʋ］而不影响意义，所以［w］和［ʋ］是/u/的两个自由变体。

### 六、音位理论对拼音文字的设计有何意义？

音位理论对于拼音文字设计具有重要的意义,应用音位理论可以帮助把呈现在具体语言中的繁杂的语音现象归纳成为一个简约而又有规律的拼音文字体系。这种拼音文字体系,以简驭繁,便于人们学习运用,便于教学。汉语拼音方案就是根据音位理论制定的。如采用字母 i 表示[i](如"鸡"[tɕi])、[ɿ](如"资"[tsɿ])和[ʅ](如"知"[tʂʅ])三个音,用字母 e 表示[e](如"被"[pei])和[ɛ](如"诶"[ɛ]、"街"[tɕiɛ]两个音)。

### 七、g、ɑ、u 三个音位各有哪些音位变体？举例说明它们出现的条件。

/g/有[k]和[g]两个音位变体。[k]作一般音节的声母,如"各"[kə],[g]用在轻声音节里作声母,如"五个"的"个"[gə]。

/ɑ/有[a]和[ʌ][ɑ][ɛ]四个变体。[a]出现在韵尾[i]、[n]之前,如"埃"[ai]、"安"[an]、"渊"[yan]。[ʌ]独立充当韵母或无韵尾时,如"啊"[ʌ]、"虾"[ɕiʌ]。[ɑ]出现在韵尾[u]、[ŋ]之前,如"熬"[ɑu]、"昂"[ɑŋ]。[ɛ]出现在韵头[i]和韵尾[n]之间,如"烟"[iɛn]。

/u/有[u][ʊ][w]和[ʋ]四个变体。[u]作韵腹,如"古"[ku]。[ʊ]作韵尾,如"好"[hɑʊ]、"后"[hoʊ]。[w]和[ʋ]用作零声母音节里的韵头,如"文"[wən、ʋən]、"为"[wei、ʋei]。

### 八、用汉语拼音字母和国际音标拼注"哥哥黑黑和姐姐慧慧学爷爷",指出拼音方案书写法为什么只见 e,不见 ê。

| | 哥哥 | 黑黑 | 和 | 姐姐 |
|---|---|---|---|---|
| 汉语拼音字母: | gē ge | hēi hei | hé | jiě jie |
| 国际音标: | $kɤ^{55}kɤ^2$ | $xei^{55}xei^2$ | $xɤ^{35}$ | $tɕiɛ^{214}tɕiɛ^4$ |

| | 慧慧 | 学 | 爷爷 |
|---|---|---|---|
| 汉语拼音字母: | huì hui | xué | yé ye |
| 国际音标: | $xuei^{51}xuei^1$ | $ɕyɛ^{35}$ | $iɛ^{35}iɛ^3$ |

普通话里 e[ɤ]和 ê[ɛ]虽属两个不同的音位,但只有在零声母音节里才是对立的,这时需要标注不同的符号,如"鹅"(é)和"诶"(ê)。此外,e 出现在 i 的前面,是舌面前半高不圆唇元音[e],如"黑"(hēi)、

"慧"(韵母不省写时拼作 huèi),这些音节中的韵腹 e,不是由 ê 省上面的符号而成的;ê 出现在 i 和 ü 的后面读[ɛ],如"姐"(jiě)、"学"(xué)、"爷"(yé),e 都是不用带"ˆ"号的。出现环境不同,呈互补分布状态。所以,可以用一个字母符号 e 来表示,不会混淆。此外,可以单独标 ê 的字(如"诶")又没有在要求拼注的句中出现,所以 ê 也就没有出现了。

九、用国际音标标出第十题短文《春风又绿江南岸》的音节,对着短文的汉字逐个标音,声调调值用数字标记,要用词儿连写法,可以省去[　]号。

pei²¹⁴suŋ⁵¹　uən³⁵ɕye³⁵tɕiA⁵⁵、tʂəŋ⁵¹tʂʅ⁵¹tɕiA⁵⁵　uaŋ³⁵an⁵⁵ʂʅ³⁵
北　宋　　文　学　家、　政　治　家　　王　安　石

ʂan⁵¹tʂʰaŋ³⁵　ɕiɛ²¹⁴　　san²¹⁴uən³⁵　xɤ³⁵　　ʂʅ⁵⁵,　tʰA⁵⁵　ɕiɛ²¹⁴　kuo⁴
擅　长　　写　　散　文　和　　诗,　他　　写　　过

i⁵⁵　ʂou²¹⁴　xuai³⁵niɛn⁵¹　ku⁵¹ɕiaŋ⁵⁵　tə²　ʂʅ⁵⁵　tɕiau⁵¹《po³⁵
一　首　　怀　念　　故　乡　　的　诗　　叫　　《泊

tʂʰuan³⁵　kuA⁵⁵tʂou⁵⁵》:"tɕiŋ³⁵kʰou²¹⁴　kuA⁵⁵tʂou⁵⁵　i⁵⁵　ʂuei²¹⁴"
船　　瓜　州　》:"京　口　　瓜　州　　一　　水

tɕiɛn⁵⁵,　tʂuŋ⁵⁵an⁵⁵　tʂʅ²¹⁴　kɤ³⁵　ʂu⁵¹　tʂʰuŋ³⁵　ʂan⁵⁵。tʂʰuən³⁵fəŋ⁵⁵
间,　钟　山　　只　隔　　数　　重　　山。　春　风

iou⁵¹　ly⁵¹　tɕiaŋ⁵⁵nan³⁵　an⁵¹,　miŋ³⁵yɛ⁵¹　xɤ³⁵　ʂʅ³⁵　tʂau⁵¹
又　绿　江　南　　岸,　明　月　　何　时　照

uo²¹⁴　xuan³⁵?"tɕiŋ³⁵kʰou²¹⁴(tɕiaŋ⁵⁵su⁵⁵　tʂən⁵¹tɕiaŋ⁵⁵)xɤ³⁵　kuA⁵⁵
我　还　?"京　口　　(江　苏　镇　江　)和　瓜

tʂou⁵⁵　kɤ³⁵　tʂə³　i⁵⁵　tʰiau³⁵　tʂʰaŋ³⁵tɕiaŋ⁵⁵。tʂuŋ⁵⁵ʂan⁵⁵　tsai⁵¹
州　隔　着　一　条　　长　江。　钟　山　　在

uaŋ³⁵an⁵⁵ʂʅ³⁵　tsʰuŋ³⁵　ɕiau²¹⁴　tɕy⁵⁵tʂu⁵¹　tə¹　nan³⁵tɕiŋ⁵⁵　tʂʰəŋ³⁵
王　安　石　　从　　小　　居　住　　的　南　京　　城

uai⁵¹。tʂɤ⁵¹　ʂou²¹⁴　ʂʅ⁵⁵　tə²　ti⁵¹san⁵⁵　tɕy⁵¹　yan³⁵lai³⁵　ʂʅ⁵¹
外　。这　首　　诗　的　第　三　　句　　原　来　　是

"tʂʰuən⁵⁵fəŋ⁵⁵ iou⁵¹ tau⁵¹ tɕiaŋ⁵⁵nan³⁵ an⁵¹"。 ɕie²¹⁴ uan³⁵
" 春　风　又　到　江　南　岸 "。写　完

i²¹⁴xou⁵¹, tʰA tɕyɛ³⁵tə³ tʂɤ⁵¹ kɤ⁵¹ "tau⁵¹" tʂʅ⁵¹ pu⁵¹ xau²¹⁴,
以　后 ，他　觉　得　这　个　"到"　字　不　好 ，

kai²¹⁴ tʂʅən³⁵ lə³ "kuo⁵¹"。kɤ²¹⁴ʂʅ⁵¹, xai³⁵ʂʅ⁵¹ pu⁵¹ man²¹⁴i⁵¹
改　成　了　"过"。可　是 ，还　是　不　满　意 ，

iou⁵¹ kai²¹⁴tʂʅən³⁵ "zu⁵¹", i²¹⁴xou⁵¹ iou⁵¹ kai²¹⁴ tʂʅən³⁵ "man²¹⁴"
又　改　成　"入"，以　后　又　改　成　"满 "。

i⁵⁵lien³⁵ kai²¹⁴ lə⁴ ʂʅ³⁵tuo⁵⁵ tsʰʅ⁵¹, tsuei⁵¹xou⁵¹ tsʰai³⁵ kai²¹⁴
一　连　改　了　十　多　次 ，最　后　才　改

tʂʅən³⁵ "ly⁵¹" tʂʅ⁵¹。kʰan⁵¹ tɕʰi²¹⁴lai⁴ tʂʅ²¹⁴ kai²¹⁴tuŋ⁵¹ lə¹ i⁵⁵ kɤ⁵¹
成　"绿"　字。看　起　来　只　改　动　了　一　个

tʂʅ⁵¹, kʰɤ²¹⁴ʂʅ⁵¹ ʂʅ²¹⁴ tʂɤ⁵¹ ʂou²¹⁴ ʂʅ⁵⁵ ʂəŋ⁵⁵sɤ⁵¹ pu⁵¹ ʂau²¹⁴。
字，可　是　使　这　首　诗　生　色　不　少 。

tʂʰuən⁵⁵fəŋ⁵⁵ pən²¹⁴lai³⁵ ʂʅ⁵¹ kʰan⁵¹pu¹tɕien⁵¹、mo⁵⁵pu²tʂau³⁵
春　风　本　来　是　看　不　见 、摸　不　着

tə³, i⁵⁵kɤ⁵¹ "ly⁵¹"tʂʅ⁵¹, ʂʅ²¹⁴ uo²¹⁴mən⁴ ien²¹⁴tɕʰien³⁵ tʂʰu⁵⁵ɕien⁵¹
的，一　个　"绿"字，使　我　们　眼　前　出　现

lə¹ tʂʰuən⁵⁵fəŋ⁵⁵ tsʰuei⁵⁵fu³⁵、tsʰau²¹⁴mu⁵¹ fa⁵⁵iA³⁵、tA⁵¹ti⁵¹ i⁵⁵
了　春　风　吹　拂 、草　木　发　芽 、大　地　一

pʰien⁵¹ ɕin³⁵ ly⁵¹、uan⁵¹ u⁵¹ ʂəŋ⁵⁵tɕi⁵⁵po⁵¹po³⁵ tə³ tɕiŋ²¹⁴ɕiaŋ⁵¹。
片　新　绿 、万　物　生　机　勃　勃　的　景　象 。

十、发音练习(略)

▶▶ **思考和练习八**

一、结合自己的经验,谈谈朗读在语文学习中的重要作用。

(答案略)

*二、试把下面两段话按自己的理解断开(加标/线),并与别人
的理解比较,看有什么不同,并说明停顿的运用在表达上的作用。

①我赞成他也赞成你怎么样?

②无鸡鸭也可无鱼肉也可一盘煮豆足矣!

①我赞成他/也赞成你/怎么样? ——（A）

我赞成/他也赞成/你怎么样? ——（B）

（A）和（B）两种不同的停顿所表达的意思是不同的,（A）意思是你和他两个人我都赞成,这样如何?（B）意思是我和他都赞成,你赞成不赞成?

②无鸡鸭也可/无鱼肉也可/一盘煮豆足矣!（A）

无鸡/鸭也可/无鱼/肉也可/一盘煮豆足矣!（B）

（A）和（B）停顿不同所表达的意思也不同。（A）指无鸡鸭和鱼肉都可以,只要有一盘煮豆就够了。（B）则指无鸡应有鸭,无鱼应有肉,另外还得有一盘煮豆。

这两个例子说明同一个语言片断,如果内部停顿不同,意思就可能大不一样。

*三、朗读下面的句子,试着变换重音的位置,并分析所能表达出来的意思(在重读的词下边加·号)。

我买了一盆玫瑰花儿。

A. 我买了一盆玫瑰花儿。(重音落在"我"上,表示买花儿的是我,不是别人。)

B. 我买了一盆玫瑰花儿。(重音落在"玫瑰花儿"上,表示买的是玫瑰花儿,不是别的花儿。)

C. 我买了一盆玫瑰花儿。(重音落在"一盆"上,表示只买了一盆,没多买。)

D. 我买了一盆玫瑰花儿。(重音落在"买"上,强调了我是用钱"买"来的,不是通过其他途径得来的。)

四、语调和声调有什么不同?二者又有什么关系?

声调指的是一个字音高低升降的变化,故也叫"字调"。语调则指的是贯穿整个一句话的声音高低升降以及快慢、轻重、顿挫的变化。语调是一个内涵比较复杂的概念,它不仅指声音的高低升降的变化,而且还包含着声音的轻重、缓急以及停顿转折等内容。但是,由于句子总是由若干词组成,不论从音节(字)的数量上看是几个字,字调(声调)的高低升降必然地要受语调高低升降因素的影响。这种影响大致可以这么说:如果全句的升降同字调的升降不矛盾,就在原来字调的基础上稍抑或稍扬,如果全句是降调,句尾字音恰巧是升调,或全句是升调,句尾字音恰巧是降调,那么就在读完原来字调的基础上再稍扬或稍抑,但是不能完全改变原来的字调(声调)。看下边的两个句子:

他不来(35)?↑("来"是阳平字,升调,跟疑问句升调一致,念"来"时要再稍升一些。)

他不来(35)。↓("来"的升调在这里跟陈述句降调矛盾,念时就要在读完升调之后再稍降一些。)

五、发音练习

朗读下列拼音材料,并写出相应的汉字来。

拼音材料"反复推敲"相应的汉字如下:

唐朝有个诗人叫贾岛。一天,贾岛骑着驴,在大街上一边慢悠悠地走着,一边酝酿着诗句。突然,他想到两句好诗:"鸟宿池边树,僧敲月下门。"这通俗易懂的两句诗,描绘了这么一幅动人的景象:在一个万籁俱寂的夜晚,一轮明月高挂,如水的月光洒在山前山后。这时,有个和尚深夜回寺,绕过河塘,穿过垂柳,踏上寺院的台阶,对着寺门"笃—笃—笃"地连敲几下。清脆的声音,打破了静谧的夜空,鸟儿吃惊地睁开眼睛……贾岛觉得某些词还可以修改,想把"敲"改成"推"。于是便在驴背上一边吟哦,一边伸出手做推门和敲门的姿势。

正在这时,代理京城长官,大文学家韩愈在仪仗队簇拥下,路过大街。贾岛在驴背上,思考入神,一个劲儿不停地做推推敲敲的动作,竟然碰撞了韩愈的仪仗队。

"干什么?"贾岛只听得对面有人猛喝一声,刚抬头,还没弄清是怎么回事,就被人一把拉下驴背,推推搡搡带到韩愈马前。贾岛定神一看,知道闯了大祸,心头顿时扑通扑通直跳。没有其他办法,他只得把事情经过直说,最后请求韩愈开恩饶了他。

然而事情大大出乎贾岛意料之外。韩愈不仅没有处罚他,反而对他的诗句很感兴趣。他当即跟贾岛研究起诗句的修改办法来了。韩愈思索了一会儿,说:"用'敲'字好。"随后,他们并辔而行,一同议论写诗的事。

从此,贾岛和韩愈成了文学上的挚友,"推敲"这个词,也成了文学史上反复修改、字斟句酌的一则佳话。

发音练习2、3(略)。

## ▶▶ 思考和练习九

**一、结合生活中的事例说明语音规范化的必要性。**

语音规范化的重要内容是推广普通话,这是因为汉语方言之间最大的差异是语音,不同方言区的人常常因为语音的隔阂引起误会。我们常说的一个绕口令:"四是四,十是十……谁要把十四说成了四十就打谁四十……"它是教人特别是某些方言区的人练习 s 和 sh 的发音的,如果这两个音发不准,就连常用的两个数字也说不清!有些方言之间语音差异极大,以致彼此无法交谈,极大地影响了人们的社交活动。另外,语音的规范对语言纯洁健康的发展,对国际政治、经济、文化等方面的交流,以及对语言文字工作的现代化也都有极大的影响,所以说语音规范化的工作是十分必要的和急迫的。

**二、普通话语音规范化工作都包括些什么内容?试举例说明。**

普通话语音的规范化工作,主要包括两方面的内容:一是确立正音的标准。普通话以北京语音为标准音,但是在北京语音的内部还存在着一些分歧现象,如北京的土音成分(把"太"读成 tuī,把"蝴蝶"读成 hùtiěr 等),像这一类的土音不能进入普通话。又如北京话里轻声和儿化的现象特别多,如何取舍是一个大问题。还有异读词,如"酵母"的"酵"读 jiào,又读 xiào,这就有个统一的问题。二是大力推广标准音。标准音一经确定下来,就要大力宣传推广,凡播音员、演员、教师、学生、国家工作人员都要讲普通话,力求符合普通话的语音标准。

三、什么是"异读词"？下面各词语中加着重号的字,哪些是属于异读范围的,哪些不是,为什么?凡不规范的注音要改正。

校对(jiàoduì)——学校(xuéxiào)

发酵(fāxiào)——酵母(jiàomǔ)

麦芒(màiwáng)——光芒(guāngmáng)

五更(wǔjīng)——更换(gēnghuàn)

挑水(tiāoshuǐ)——挑战(tiǎozhàn)

安宁(ānníng)——宁可(nìngkě)

理发(lǐfà)——奋发(fènfā)

异读词指的是习惯上有几种不同读音的词,如"波"有 bō 和 pō 两种读法,"啥"有 shá 和 shà 两种读法等。题内所举"校对、学校,挑水、挑战,安宁、宁可,理发、奋发"都不是异读词,因为加着重点的字,在不同的词里不同的读音表示了不同的意义。据《普通话异读词审音表》(1985 年 12 月修订),"发酵"应读 fājiào,"麦芒"应读 màimáng,"五更"应读 wǔgēng。

四、下列这些词读轻声或不读轻声,读儿化或不读儿化都没有区别词义的作用,但北京语音却都要读轻声或儿化。你认为这类词怎样读才是规范的读音?

衣裳　庄稼　委屈　泥巴

冰棍儿　玩意儿　遛弯儿　农活儿　黑枣儿　水彩画儿

前四个读轻声的词,读不读轻声没有区别词义的作用,但北京人都习惯读轻声,那还是读轻声的好(前四个词,《现代汉语词典》也都标轻声)。后六个读儿化的词尽管读不读儿化没有区别词义的作用,按北京话的习惯一般也应读儿化音,也以读儿化为好。

五、发音练习(略)

# 第二章 文字习题答案

## ▶▶ 思考和练习一

**一、什么是文字？什么是汉字？**

文字是记录语言的书写符号系统,汉字是记录汉语的书写符号系统。世界上有用字母记录语言的音位的表音文字,如英文、俄文是表音文字;有用笔画符号记录语言的语素的表意文字,如汉字,是由笔画组成表意图形的表意文字。

**二、汉字是怎样产生的？你怎样认识"仓颉造字"说？**

文字在人类文化发展到一定阶段时才出现,是为了满足日益复杂的交际需要而创造出来的。汉字是汉族人的祖先在长期社会实践中逐渐创造出来的。许多汉字起源于图画,在原始的画画记事的基础上逐渐形成。古代文化遗址出土的文物上有些重复出现的简单符号,同古代汉字有某些相同之处,很可能是古代汉字的前身。萌芽时期的原始汉字可能是分散的,不成系统的。经过整理,图形或符号完全同语言中的词一致起来,并能够记录汉语,这样汉字就逐步成熟了。现在能看到的殷商的甲骨文,距今有 3 000 多年的历史,已经是相当成熟的汉字了。(就后一个问题,谈自己的看法)

**三、汉字有哪些特点？**

汉字的主要特点有四个。1. 汉字的主要特点是它属于表意体系的文字。2. 汉字是形体复杂的方块结构。3. 汉字分化同音词的能力强。4. 汉字有超时空性。(正式答案应当增加具体论述)

**四、为什么说汉字是表意文字？**

世界上的文字可分为表音文字和表意文字两大类。表音文字是用数目不多的符号表示一种语言的有限的音位或音节,作为标记词语声音的字母;表意文字是用数目众多的表意符号表示一种语言中有意义的语言单位——语素或词,而不是表示语言中的音位或音节。汉字用笔画构成的大量符号(字)来表示汉语语素的意义,从而代表了汉语语

素的声音,而不是用符号或字母表示汉语的音素或音节,所以说汉字是表意文字。(举例略)

**五、说"汉字是意音文字"对不对？请说明理由。**

(答案略)

**六、怎样理解汉字有一定的超时空性？**

由于表意文字有不直接表音而能表意的特点,因而汉字具有一定程度的超时空性。古今汉语的语音虽然变化很大,但是汉字的字义的变化不很大,所以有一定文化基础的人尚可阅读两千年前写的古书。汉语方言的分歧主要表现在语音上,同一个汉字在不同方言区常常有不同的读音,读起来常常听不懂,但是由于字义很少不同,所以写下来大体可以进行交际。汉族的历史悠久,方言分歧很大,表意体系的汉字能在不同历史时期、不同方言之间起到交际工具的作用。汉字这种打破时间、空间限制的特点,使它在加强汉民族内聚力方面能作出一定的贡献。

**七、将汉字同某一种表音文字进行比较,具体谈谈汉字的性质。**

(答案略)

**八、从历史和现实、国内和国际不同角度说明汉字的作用。**

从历史上看,汉字记录了光辉灿烂的汉民族文化遗产,流传至现在,传播到四方,促进了社会的发展。表意体系的汉字记录的书面语,限制了方言分歧的扩大,对汉民族和汉语的统一、发展起了重要的作用。现在,汉字不仅是汉民族的通用文字,而且也是汉族人民和少数民族人民相互学习、交流经验的工具,作为国家通用的文字,在社会交际中正发挥着重要的作用。

汉字曾被我们的邻国越南、朝鲜、韩国、日本等借去记录各自的民族语言,至今日本还在使用部分汉字。新加坡、马来西亚采用我国的规范汉字作为国家的正式文字之一。联合国把我国的规范汉字作为六种工作文字之一。汉字在历史上和当代的国际交往中都发挥了重要的作用。

**九、有人主张汉字应分词连写,你认为是否可行？**

(答案略)

## ▶▶ 思考和练习二

**一、为什么说汉字形体演变是朝着简化易写的方向发展的?**

汉字的形体朝着简化易写的方向发展,主要表现在四个方面:1. 从图画性的象形文字逐步变成不象形的书写符号,如"鱼、鸟"古文字像鱼、鸟的样子,现在不像了。2. 笔形从类似绘画式的线条,逐步变成横、竖、撇、点、折的笔画。3. 许多字的结构和笔画逐步简化,如"书"在小篆中是从聿者声的形声字,现在变成了草书楷化的独体字。4. 甲骨文、金文都异体繁多,小篆、隶书、楷书的异体字减少了。

**二、现行汉字的楷书和行书在运用的场合和字形上有何区别?**

现行汉字在国家发布的文件和一般书、报、刊物上一般运用楷书,因而楷书属于在正式、庄重的情况下运用的正规字体。而行书则是在日常书写中运用的字体,属于辅助性字体。二者的主要区别是:楷书横平竖直,结体方正,严整拘谨;行书变断为连,变折为曲,字字分开,容易书写,介于楷书和草书之间。

**△三、现行汉字印刷体楷书的各种变体有哪些区别?**

印刷体楷书有宋体、仿宋体、楷体、黑体等变体。宋体又称老宋体、灯笼体,笔画横细竖粗,结体方正严谨。仿宋体又称真宋体,笔画不分粗细,结体方正秀丽,讲究顿笔。楷体又称大宋体,近于手写楷书。黑体又称黑头字、方头字、方体字,笔画等粗,浓黑醒目,排标题常用它,在正文里表示着重时才用。

**四、查看有关书报,学习辨认不同字体、不同字号的印刷体汉字。**
(答案略)

**五、写毛笔字和钢笔字,具体对比两种手写体汉字在形体上的差别。**
(答案略)

## ▶▶ 思考和练习三

**一、什么是笔画?它有哪些类型?规范汉字笔画数目的最新文件是什么?**

笔画是构成汉字字形的最小单位。现行汉字有 5 种基本笔画,即一(横)、丨(竖)、丿(撇)、丶(点)、乛(折)。其中前四种是单一笔画,后一种是复合笔画。复合笔画又可以分成1折、2折、3折、4折等4大类、25小类。确定笔画数的依据是国务院2013年公布的《通用规范汉字表》。

**二、汉字笔画的组合有哪些方式?举例说明。**

笔画的组合有三种方式,即相离,如"三、川";相接,如"人、刀";相交,如"十、九"。

**三、具体说明下列各字是综合运用哪些笔画组合方式构成的:**

鸣灼疗灿兮:相离、相接两种方式

佳匍改冈:相离、相接、相交三种方式

**四、什么是部件?它有哪些类型?部件的组合有哪些方式?**

部件是笔画构成的具有组配汉字功能的构字单位。根据不同的标准,部件可以分成不同的类型。1.按照现在能否独立成字划分,部件可以分为成字部件和非成字部件两类。可以独立成字的部件是成字部件,例如"岩、男、盆"中的"山、石、田、力、分、皿"等。不能独立成字的部件是非成字部件,例如"字、煮、剔、疾"中的"宀、灬、刂、疒"等。2.按照笔画的多少划分,可以分成单笔部件和多笔部件两类。单笔部件只有一个笔画,如"旦、引、气、勹、孔"中的横、竖、撇、点、折等。多笔部件有两个或两个以上笔画,如"寺"中的"土、寸"。3.按照能否再切分成小的部件划分,可以分为基础部件和合成部件两类。基础部件是最小的不能再切分的部件,又称单一部件、单纯部件、末级部件,例如"男、切"中的"田、力、七、刀"等。合成部件是能够再切分出两个或两个以上单一部件的部件,又称合成部件,例如"胡"中的"古",可以再切分出"十、口"。4.按照部件切分出的先后划分,可以分为一层部件、二层部件、三层部件等。例如"瓒",第一次切分出"王、赞",其中"赞"是合成部件;第二次切分出"兟、贝",其中"兟"是合成部件;第三次切分出"先、先"。

部件和部件的组合方式主要有五大类:

1. 左右组合:(1) 左右结构:明许把粘保貌

                    (2) 左中右结构:粥辩街班掰

2. 上下组合:(1) 上下结构:岩笔类姜骂是

(2) 上中下结构:器葬曼哀禀

3. 包围组合:(1) 两面包围:A. 上左包围:厅庆病居房虎

B. 上右包围:旬司氧虱式可

C. 左下包围:远赶题建翘

(2) 三面包围:A. 上包围:问凰同网冈向

B. 下包围:凶凼函幽山

C. 左包围:区医匡匠臣巨

(3) 四面包围:国围回困园囿

4. 框架组合:巫坐乘噩爽

5. 品字组合:晶森矗磊

绝大多数汉字属于左右组合和上下组合,包围组合较少,框架组合、品字组合极少。

结构复杂的汉字可以分析出多层次组合。例如"霜"有二层组合,一层组合是"雨、相",上下结构;二层组合是"相"的"木、目",左右结构。"崮"有三层组合,一层组合是"山、固",上下结构;二层组合是"固"的"囗、古",四面包围;三层组合是"古"的"十、口",上下结构。"糜"有四层组合,一层组合是"耒、磨",左右结构;二层组合是"磨"的"麻、石",上左包围;三层组合是"麻"的"广、林",上左包围;四层组合是"林"的"木、木",左右结构。

**五、什么是部首?举例具体说明。**

部首是字书中各部领头的部件或笔画,具有字形归类作用。大部分部首是合体字的一个部件,如"指、持"的部首是"扌",少数部首是一个笔画,如"九、久"的部首是"丿"(撇)。

**六、汉字笔顺的主要规则是什么?**

汉字笔顺的主要规律是:先横后竖(十),先撇后捺(人),从上到下(二、芳),从左到右(川、汉),从外到内(月、同),从外到内、后封口(四、固),先中间、后两边(小、水)。

**七、规范汉字笔顺的最新文件是什么?具体说明下列汉字的笔顺:**

现代汉语通用字笔顺的依据是国家语委、新闻出版署 1997 年 4 月

7 日发布的《现代汉语通用字笔顺规范》,GB13000.1 字符集所收的
20902 个汉字的笔顺依据是国家语委 1999 年 10 月 1 日发布、2000 年 1
月 1 日实施的《GB13000.1 字符集汉字笔顺规范》;2013 年 6 月国务院
公布的《通用规范汉字表》是体现上述规范的最新文件。这些文本规
定了汉字的字形结构、笔画数和笔顺,适用于汉字信息处理、辞书编纂、
汉字教学与研究等方面。

下列字的笔顺是:

插:一 十 扌 扌 扩 扩 折 折 拆 插 插 插

叟:一 ⺊ ⺊ 臼 臼 臼 申 叟 叟

肃:⺄ ⺈ ⺕ 聿 肀 肃 肃 肃

医:一 丆 丆 匚 豕 矢 医

再:一 丆 冂 而 再 再

及:丿 乃 及

迅:乛 ⺄ 刊 卂 讯 迅

转:一 ⺅ 车 车 车 轩 转 转

连:一 ⺅ 车 车 连 连

载:一 十 土 圭 吉 韦 韦 载 载 载

轰:一 ⺈ ⺈ 车 轰 轰 轰 轰

辈:丨 ⺐ ⺐ ⺐ 刌 丰 非 非 辈 辈 辈 辈

毙:一 ⺊ 匕 比 毕 毕 毕 毙 毙

鸦:一 ⺅ 牙 牙 鸦 鸦 鸦 鸦

为:丶 丿 力 为

凶:丿 乂 区 凶

爽:一 ⺈ ⺕ ⺕ 爻 爻 爽 爽 爽 爽

必:丶 ⺃ 心 必 必

脊:丶 ⺈ ⺈ ⺀ 乂 父 脊 脊 脊

写:丶 冖 写 写 写

幽:丨 ⺅ 丩 丩 幽 幽 幽 幽 幽

老:一 十 土 耂 耂 老

长：ノ一ヒ长

门：、门门

忆：、忄忆

龙：一ナ尤龙龙

妆：丷冫爿妆妆妆

## 八、古代的"六书"是什么？

古代的"六书"指古人总结的古文字的六种造字法，一般指象形、指事、会意、形声、转注、假借。现在一般认为，前四种是造字法，后两种是用字法。（本题应举例说明。例见下面几题的答案。）

## 九、什么是象形？什么是指事？它们有什么区别？

象形是用描绘事物形状的方法来造字。用这种方法造的字是象形字。如现代汉字"田、伞、网"等，是象形字。指事是用象征性符号或在象形字上加提示符号来表示字义的造字法。用这种方法造的字就是指事字。如"三"，用三条线表示数量；"刃"，在刀口上加一点，表示刀刃的所在。

象形和指事的主要区别是：象形重在像原物之形，指事重在用抽象符号进行提示。有的象形字有附带部分，如"瓜"的瓜蔓，也像原物之形；指事字有一类是在象形字上加提示符号，如"刃"的一点，不像原物之形，只起提示作用。

## 十、什么是会意？它同象形、指事有什么区别？

用两个或几个部件组成一个字，把这些部件的意义合成新字的字义，这种造字法叫会意。用会意方法造的字是会意字。如"日、月"合成"明"，双"木"合成"林"等。

会意不同于象形、指事。用会意造字法造的字是合体字，如"尘、众"等；用象形、指事造字法造的字是独体字，如象形字"日、月"，指事字"上、本"等。带附带部分的象形字如"瓜"，象形字加提示符号的指事字如"刃"，也都是独体字，因为附带部分和提示符号都不成字。

## 十一、什么是形声？它同象形、指事、会意有什么区别？

由表示字义类属的部件和表示字音的部件组成新字，这种造字法叫形声。用形声法造的字叫形声字。如"沐"读 mù，"氵"是形旁，表示"沐"要用水；"木"是声旁，表示"沐"的读音。

形声和象形、指事的区别是：用形声造字法造的字是合体字,而用象形、指事造字法造的字是独体字,这里的合体、独体均指古文字的形体。形声和会意的区别是：用形声造字法造的字,有形旁和声旁,如"湖",从氵胡声;用会意造字法造的字没有声旁,如"休",表示亻(人)在木(树)旁(休息)。

**十二、下列古文字各是用什么造字法造的? 从现行汉字看,哪些还能看出原来的造字法?**

"虫、衣、水、爪、宀、贝"的古文字是用象形造字法造的,"见、囚"的古文字是用会意造字法造的。从现行汉字看,"爪"和"囚"还能勉强看出原来的造字法。

**十三、下列用"丁"充当声旁的形声字,它们的字义同形旁有什么联系? 试给每个字注音,看哪些字同声旁的读音不完全相同。**

疔 dīng：疔疮。意义同表示疾病的形旁"疒 chuáng"有联系。

玎 dīng：玎玲,玉石撞击声。意义同形旁"𤣩(玉)"有联系。

叮 dīng：叮咬,叮嘱,叮咛。意义同形旁"口"有联系。

仃 dīng：伶仃,孤独。意义同形旁"亻"(人)有联系。

盯 dīng：集中视力看。意义同形旁"目"有联系。

钉 ㊀dīng：钉子。意义同形旁"钅"(金)有联系。㊁dìng：把钉(dīng)子钉(dìng)上。意义同形旁"钅"(金)也有一些联系。

耵 dīng：耵聍,耳屎。意义同形旁"耳"有联系。

酊 ㊀dīng：医药上用酒精和药配制成的液剂。意义同表示酒义的形旁"酉"(甲骨文像酒瓶)有联系。㊁ dǐng：酩酊,大醉。意义同形旁"酉"有联系。

靪 dīng：补鞋底。意义同形旁"革"有联系。

顶 dǐng：头顶。意义同表示头义的形旁"页"有联系。

订 dìng：订立。意义同形旁"讠(言)"有联系。

饤 dìng：饾饤,供陈设的食品。意义同形旁"饣(食)"有联系。

汀 tīng：水边平地,小洲。意义同形旁"氵(水)"有联系。

厅 tīng：客厅、餐厅。意义同可住人的山崖义的形旁"厂"(hǎn)有联系。

亭 tíng：亭子,从高省,丁声。《说文解字》："亭有楼。"意义同形旁

"高"有联系。

灯 dēng：灯火。意义同形旁"火"有联系。

打 dǎ：打击。意义同形旁"扌"（手）有联系。

"疔、玎、叮、仃、盯、耵、靪"和"钉、酊"的第一个读音同声旁"丁"（dīng）读音完全相同；其余字的读音同"丁"不完全相同。

**十四、分析下列各组同声旁异形旁的形声字，看它们的字义同形旁有什么联系。**

1. 赌、睹：赌，赌博，意义同表示钱财的形旁"贝"有联系。睹，看见，意义同形旁"目"有联系。

2. 瞠、膛：瞠，瞠着眼，意义同形旁"目"有联系。膛，胸膛，体腔，意义同形旁"月"（肉）有联系。

3. 胳、赂：胳，胳膊，意义同形旁"月"（肉）有联系。赂，贿赂，意义同表钱财的形旁"贝"有联系。

4. 渴、谒、喝：渴，口干想喝水，意义同形旁"氵"（水）有联系。谒，拜见，意义同形旁"讠"（言）有联系。喝，吸食液体饮料或流质食物，意义同形旁"口"有联系。

5. 溢、谥、隘：溢，充满而流出来，意义同形旁"氵"（水）有联系。谥，我国古代在最高统治者或其他有地位的人死后，给他另起的称号，意义同形旁"讠"（言）有联系。隘，险要的地方，意义同形旁"阝"（阜，土山）有联系。

6. 苔、笞：苔，隐花植物的一种，意义同形旁"艹"有联系。笞（chī）用竹板或鞭、杖打，意义同形旁"竹"有联系。

7. 沾、玷：沾，浸湿，意义同形旁"氵"（水）有联系。玷，白玉上面的污点，意义同形旁"王"（玉）有联系。

8. 抠、枢、怄：抠，用手指或细小的东西挖，意义同形旁"扌"（手）有联系。枢，门上的转轴，意义同形旁"木"有联系。怄，故意惹人恼怒，或使人发笑，逗弄，意义同形旁"忄"（心）有联系。

**十五、分析下列各组同形旁异声旁的形声字，看它们的读音有什么差别？**

1. 锁、销：锁 suǒ，同声旁"𫐐"（suǒ）同音。销 xiāo，同声旁"肖"

（xiào）声、韵同，调不同。

2. 狼、狠：狼 láng，同声旁"良"（liáng）声、韵腹、韵尾、调同，韵头不同。狠 hěn，同声旁"艮"（gěn）韵、调相同，声不同。

3. 钓、钧：钓 diào，同声旁"勺"（sháo）的韵腹、韵尾同，其他不同。钧 jūn，同声旁"匀"（yún）的韵同，声、调不同。

4. 徒、徙：徒 tú，同声旁"土"（tǔ）声、韵同，调不同。徙 xǐ，同声旁"止"（zhǐ）调同，声、韵不同。

5. 叨、叼：叨①tāo、②dāo，读音①同声旁"刀"（dāo）韵、调相同，声不同；读音②同声旁"刀"声、韵、调全同。叼 diāo，同声旁"刁"（diāo）声、韵、调全同。

6. 瘐、瘦：瘐 yǔ，同声旁"臾"（yú）声、韵同，调不同。瘦 shòu，同声旁"叟"（sǒu）韵同，声、调不同。

7. 沁、泌：沁 qìn，同声旁"心"（xīn）韵同，声、调不同。泌①mì、②bì，读音①同声旁"必"（bì）韵、调同，声不同；读音②同声旁"必"声、韵、调全同。

8. 货、贷：货 huò，同声旁"化"（huà）声、调同，韵不同。贷 dài，同声旁"代"（dài）声、韵、调全同。

**十六、分析"滔韬蹈稻"和"焰陷谄馅"的读音，看它们跟声旁的读音有什么关系。**

这些字的读音分别是：滔 tāo、韬 tāo、蹈 dǎo、稻 dào、焰 yàn、陷 xiàn、谄 chǎn、馅 xiàn。"舀"读 yǎo，由它充当声旁的"滔韬蹈稻"的读音，韵母都有"ao"；"臽"读 xiàn，由它充当声母的"焰陷谄馅"的读音，韵母都有"an"。

**十七、现行汉字的造字法有哪几种？举例说明。**

现行汉字的造字法主要有四种，即象形、指事、会意、形声。象形字如"田、井、雨、伞、网"等。指事字如"一、二、三、刃"等。会意字如"明、泪、众、林、从"等。形声字如"沐、湖、梧、桐、视、鸦、芳、竿、岱、贷、裹、问"等。古代汉字中的象形字（如"牛、马"）、指事字（如"甘、朱"）、会意字（如"东、韦"）、形声字（如"布、服"）等，现在不容易看出是象形、指事、会意、形声等造字法了。

## ▶▶ 思考和练习四

**一、怎样正确看待汉字的前途问题？**

关于汉字的前途问题，周恩来同志在 1958 年《当前文字改革的任务》的报告里指出："至于汉字的前途，它是不是千秋万代永远不变呢？还是要变呢？它是向着汉字自己的形体变化呢？还是被拼音文字所代替呢？它是为拉丁字母式的拼音文字所代替，还是为另一种形式的拼音文字所代替呢？这个问题我们现在还不忙作出结论。但是文字总是要变化的，拿汉字过去的变化就可以证明。"周恩来同志这段话今天仍然有指导意义。汉字的前途到底如何，能不能实现拼音化，什么时候实现，怎样实现，那是将来的事情，不属于当前文字改革的任务。这个问题非常复杂，要作出确切的结论，还需要在长期的实践中进行更多更深入的科学研究。

**二、整理汉字包括哪些内容？**

整理汉字包括简化笔画、精简字数和其他方面的整理。（此题应举例说明，因以下几题谈到，这里从略。）

**三、简化汉字采用了哪些方法？举例说明。**

简化汉字主要采用了以下 6 种方法：1. 类推简化。指简化一个部件，可以类推简化一系列繁体字。如长（長）：伥（倀）、怅（悵）、帐（帳）、张（張）。2. 同音或异音代替。如出（齣）、谷（穀）、卜（蔔）。3. 草书楷化。如书（書）、尧（堯）、乐（樂）。4. 换用简单的符号。如汉（漢）、鸡（鷄）、戏（戲）。5. 保留特征或轮廓。如声（聲）、飞（飛）、夺（奪）、齿（齒）。6. 构成新的形声字或会意字。如响（響）、窜（竄）、笔（筆）、泪（淚）。

**四、下列简化字是用什么方法简化的？**

伞（傘）：保留轮廓。　　　众（衆）：构成新会意字。

窜（竄）：构成新形声字。　飞（飛）：保留特征。

韦（韋）：草书楷化。　　　卜（蔔）：异音代替。

龟（龜）：保留轮廓。　　　风（風）：换用简单符号。

### 五、什么是异体字？为什么要整理异体字？

异体字是社会上并存并用的同音、同义而书写形式不同的字。如"柏[栢]"，在《第一批异体字整理表》公布前，二者在社会上并存并用，但它们音、义相同，只是字形不同。异体字的存在没有任何积极作用，只会增加人们的负担。在学习和应用中要记住不同的异体，浪费时间和精力，在印刷、打字等工作中浪费物质财富。因此异体字必须整理。

### 六、我国在精简字数方面已经取得了哪些成绩？

在精简字数方面，新中国成立后做了大量的工作，取得了很大的成绩。概括起来有以下几方面：1. 1955 年 12 月，文化部和中国文字改革委员会公布了《第一批异体字整理表》，该表列出 810 组异体字，共 1 865 个字，每组确定一个字作规范字，其余的 1 055 个（后来又作了一些调整，有 75 个恢复为规范汉字）作为异体字废除，一般不在书报杂志等出版物中运用，翻印古书或作姓氏用时可以例外。2. 1965 年 1 月，文化部和中国文字改革委员会公布了《印刷通用汉字字形表》，收 6 196 个汉字；1988 年 3 月，国家语言文字工作委员会、中华人民共和国新闻出版署发布了《现代汉语通用字表》，收字 7 000 个。这两个字表明确规定了每个汉字的笔画、笔顺、结构等字形标准。例如采用"黄、者"，废除旧字形"黃、者"，精简了一批旧字形，统一了印刷体字形。3. 1956 年至 1964 年，全国 8 个省和自治区的 35 个地区和县经国务院批准更改了生僻的地名用字。如黑龙江的铁骊县、瑷珲县改名铁力市、爱辉县，江西的雩都县、大庾县等改名于都县、大余县等。共精简生僻字 30 多个。4. 1977 年 7 月 20 日，中国文字改革委员会和国家标准计量局发出《关于部分计量单位名称统一用字的通知》，采用新译名，废除一些旧译名。如"浬、海浬"改称"海里"，"噉、喵"改称"英亩"，"呏、罱"改称"加仑"，"哧"改称"英石"等。精简旧译名用字 20 多个。

### 七、汉字标准化包括哪些内容？为什么要加强汉字标准化工作？

汉字标准化，要求对汉字进行四定，即定量、定形、定音、定序。（此题应对四定的内容作具体介绍，参看以下各题的答案。）

由于汉字在长期使用中存在着字形字音、字量、字序的分歧和混乱,为使汉字更好地发挥其交际职能,更准确无误地传递信息,更有效地为社会服务,书写使用汉字就必须有一个统一的标准,必须注重汉字的标准化和规范化。尤其是随着信息时代的到来,社会对汉字提出了更高的要求,其中最重要的就是实现现代汉字的标准化。现代汉字的标准化可为我国的语文教育、对外交流、出版印刷、新闻通讯、多种文字机器、汉字的计算机信息处理等,提供用字的标准和规范。

**八、汉字定量研究的情况怎样？今后应着重解决什么问题？**

通用汉字的研究从 20 世纪 50 年代就开始了。1955 年 12 月,中国文字改革委员会编印了《通用字表(初稿)》,收字 5 709 个;1960 年作了修订,向有关方面征求意见;1965 年 1 月公布了《印刷通用汉字字形表》,收字 6 196 个。这是通用汉字研究的初步成果。1981 年 5 月,国家标准局发布 GB2312—80《信息交换用汉字编码字符集·基本集》,收字 6 763 个,其中一级字 3 755 个,二级字 3 008 个。1988 年 3 月,国家语委、新闻出版署发布《现代汉语通用字表》,收汉字 7 000 个。2013 年,国务院公布了《通用规范汉字表》,收字 8 105 个,这可以看作现代汉语通用的汉字。

常用字的研究也较早。1946 年 8 月,四川省教育科学院编《常用字选》,收字 2 000 个。1950 年 9 月,教育部社会教育司编《常用汉字登记表》,收字 1 017 个。1952 年 6 月,教育部公布《常用字表》,收字 2 000 个(其中包括 500 个补充常用字)。1975 年,中国文字改革委员会编《4500 字表》,收字 4 444 个。1979 年,中国文字改革委员会编《增订 2500 字表》。1985 年 7 月,北京语言学院语言教学研究所编《汉字频率表》,收字 4 574 个。1988 年 1 月,国家语委和国家教委发布《现代汉语常用字表》,收字 3 500 个,其中常用字 2 500 个,次常用字 1 000 个;对 300 万字的语料检测结果,覆盖率达 99.48%,这说明该表是基本符合实际的。2013 年,国务院公布的《通用规范汉字表》的"一级字表",收字 3 500 个,是最新的现代汉语常用字表。

汉字定量研究中,今后应着重解决姓名用字、地名用字、方言字、科技专业用字、翻译用字中的生僻字和新造字的问题。在这些方面,有的已经取得一定的成果。今后应当根据定量的要求,制定有关的字表,加以适当的限制,解决定量中定而不死的问题。

**九、汉字定形研究的情况怎样? 今后应着重解决什么问题?**

汉字定形研究已经做了大量的工作。新中国成立后公布了《第一批异体字整理表》《简化字总表》《印刷通用汉字字形表》《现代汉语通用字表》《通用规范汉字表》等,为汉字的定形工作打下了较好的基础。今后的汉字定形应着重解决以下问题:1. 进一步整理异体字。在《新华字典》收字的范围内还有一大批异体字未进行整理,如"捂、挴"(wǔ)等,今后应加以整理。2. 整理异形词。详见第四章词汇第八节"词汇规范化"部分的相关内容。

**十、汉字定音研究的情况怎样? 今后应注意做哪些工作?**

汉字的定音研究,主要是异读词的审音问题。普通话审音委员会于 1957 年、1959 年、1962 年先后三次发表了《普通话异读词审音表初稿》,并于 1963 年辑成《普通话异读词三次审音总表初稿》。1982 年重建的普通话审音委员会对"初稿"进行修订,1985 年 12 月,国家语委、国家教委、广播电视部发布《普通话异读词审音表》,异读词的读音有了明确的标准。如"庇"只读 bì 不读 pì。

现行汉字的定音工作应继续进行。人名、地名的异读,应进行审订。轻声词、儿化词有些还有一定的随意性,应编写词表。多音多义字的读音,应把定音和定量、定形结合起来考虑,采用最佳方案。

**十一、笔画序的五条规则是什么? 举例说明。**

笔画法在汉字排列方面已经取得重大进展,如《印刷通用汉字字形表》《现代汉语常用字表》《现代汉语通用字表》等所采用的排列法,先按笔画数从少到多排列,同笔数的按起笔的横、竖、撇、点、折的顺序排列,起笔笔形相同的,按第二笔的笔形顺序排列,依此类推。一般来说,采用这种方法基本上可以使汉字达到定序的目标。但是,同笔数、同笔形顺序的字,它们的排列顺序尚无明确的规定。如同是 3 画,顺序同是撇、折、点的几个字在几种字表中排列顺序却不同:

《印刷通用汉字字形表》:勺丸凡夕么及久

《现代汉语常用字表》:勺久凡及夕丸么

《现代汉语通用字表》:么久勺丸夕凡及

国家语委 1999 年 10 月 1 日发布的《GB13000.1 字符集汉字字序（笔画序）规范》,基本解决了这个问题。例如上面讲的 7 个字的排列顺序应当是:夕久么勺凡丸及。

**十二、汉字编码的方法概括起来主要可以分成哪些类型？评价汉字编码方案优劣的标准是什么？**

汉字编码方案先后提出了几百种,只有少数几种被用户接受并广泛使用,概括地说主要有字形编码法（形码）、字音编码法（音码）和形音结合编码法（形音码或音形码）三类。

汉字编码方案优劣的标准就是看这个方案是否易学、易记、易用。所谓易学、易记、易用,具体说就是:(一) 基本符号少,较容易实现盲打;(二) 规则简单易记,操作方便易学;(三) 一字一码,重码尽可能少;(四) 输入处理效率高,设备经济实用。目前,应该由专门的权威机构对众多的设计方案进行优选,取众家之长,设计出最佳方案,并做好推广使用工作。

**十三、对比几本通用的字（词）典,看它们在定序方面的优缺点,并学会查音序法、形序法编排的字书。**

（答案略）

△**十四、从《新华字典》中查找"差"的不同读音和意义差别。**

《新华字典》中"差"有四个不同读音,意义也不同。

① chà,错误、不相当、欠缺、不好等义。② chā,不同、大致还可以、错误、差数等义。③ chāi,派遣去做事、差役、差事等义。④ cī 参差。

**十五、你会计算机汉字输入吗？你认为哪种输入法好？请说明理由。**

（答案略）

**十六、近年来汉字输入研究取得了很大进展,主要表现在哪些方面？**

近年来,汉字研究取得了很大进展,这主要表现在:

（一）汉字的定量分析得到了许多重要的数据,这些数据大部分是用信息科学的方法和电子计算机的计算得到的。在字频和词频方面,获得了非常有用的数据。在汉字的多余度、信息量、构词能力、结构成分等方面也做了很多计算和测量,分别获得了一些成果。这对汉字的理论研究和应用研究都是很有用的。

(二)计算机处理汉字的研究取得了很大成绩。计算机处理汉字,简单地说,就是先把汉字贮存在计算机内,利用屏幕把需要的汉字显示出来,对用汉字打成的文章可以直接在计算机上增删修改,定稿后再正式打印。把汉字处理的这种技术与印刷技术结合起来,可以制作成计算机排版系统,大大便利了编辑、排版、校对甚至印刷。在这方面已经取得了突破性进展,激光照排汉字已经进入市场,一些报刊书籍已经采用这种技术来编辑和排版。计算机处理汉字包括一系列复杂的技术问题。为了完成汉字输入、贮存、输出等环节,就需要为每一个汉字准备点阵图形、内部编码和外部编码。汉字数量繁多,结构复杂,这就迫使计算机科学家和语言文字学家进行创造性的研究,解决面临的问题。现在已有汉字编码方案上千种,有不少已投入实际使用。过去担心汉字不能适应飞速发展的信息时代,今天看起来这种担心可能是不必要的了。

(三)从神经心理学的方面对汉字进行研究,提出了许多值得深入探讨的问题。一些神经心理学的实验证明,文字的性质不同,在大脑里处理的部位也不同。处理拼音文字主要靠左脑,处理汉字则是左右脑并用。在使用拼音文字的国家里,有一种所谓"失读症",有的儿童说话正常,可是丧失了拼读文字的能力,不能正常阅读,成为这些国家的一个严重的教育问题。这种问题在使用汉字的国家是很少见的。这和认识汉字时左右脑并用有关。过去不少人认为,汉字并不通过语音,而是由字形直接达到意义,近年来一些实验结果证明,人脑处理汉字时,和拼音文字一样也是要通过语音的,并不是由字形直接达到意义。这方面的研究虽是初步的,但给我们很多启发,纠正过去那种对汉字和拼音文字关系的简单化看法。

(四)方块汉字和拼音文字的比较研究正在深入,人们逐渐认识到,汉字和拼音文字各有优点和缺点。汉字字形便于独立使用,也便于辨别同音字,而且具有一定的超时空性,便于继承古代文化遗产,也便于方言区的人们用来进行交际。但是汉字字数繁多,结构复杂,表音系统也很不完备,因此不便学习和应用。如认读汉字不太难,书写汉字就难,至于用汉字就更难。因为要学会区分每个同音字,否则很容易写错。在文字检索、文字机械化和信息处理上也遇到许多困难。此外,同一个字在不同方言中有不同的读音,不利于用来推广普通话。拼音文字字母数量有限,拼音规则简易有规律,便于学习和应用,特别是在文字检索、文字机械化和信息处理上比较方便。拼音文字适合用来推广普通话,可以以词为单位分词连写,同音词将大大少于汉字里边的同音字。但是它不便于继承古代文化遗产;没有学会普通话的人,应用起来有一定困难;此外,单独的一个音节往往不能表示一个明确的意义,阅读时要依靠前后的音节才能猜出它的实际意义。从比较中我们可以看出,汉字的优点往往就是拼音文字的缺点,汉字的缺点往往也就是拼音文字的优点。目前我们应当充分发挥汉字的作用,努力做好汉字规范化和标准化工作,认真解决好在使用中存在的问题。因为汉语存在着严重的方言分歧,推广普通话将是相当长时期的历史任务,在没有取得广泛切实的成效以前,是没有可能考虑改用拼音文字的。同时,我们也要积极研究并且试验拼音文字,争取早日建立起一套比较理想的拼音文字,使汉字和拼音文字长期并存并用,充分发挥各自的优点,为我国的社会主义建设事业服务。

### ▶▶ 思考和练习五

**一、举例说明什么是错别字,什么是不规范字。**

错字,指写得不成字,如把"染"写成"染"。别字,指把甲字写成乙字,如把"欣赏"写成"欣尝"。广义的错字也包括别字,因为别字也是错的。

不规范字,指写得不符合国家规定的规范写法的字。错别字都是不规范字。另外,已简化的繁体字,如"声"的繁体"聲";已整理废除的异体字,如"布"的异体"佈";已废除的旧印刷体字,如"吕"的旧印刷体"呂";已废除的《二简》字,如"赛"的《二简》写法"宩"。这些字如果随便运用,也是不规范字。

二、下列简化字和简化偏旁,哪些可充当偏旁类推? 试举出例字来。

可作偏旁类推的简化字和简化偏旁:

备(備):悫(憊) 队(隊):坠(墜) 笔(筆):滗(潷) 麦(麥):麸(麩) 达(達):挞(撻)

"儿(兒)、了(尞)、干(幹)、兰(蘭)、号(號)"不能作偏旁类推。

三、写出"乾、夥、藉、瞭、徵"的简化字。请在字下加横线标出下列词中使用的简化字。

乾(干):乾净、乾坤、乾隆

夥(伙):夥伴、合夥、夥同、获益甚夥

藉(借):藉口、凭藉、慰藉、狼藉

瞭(了):瞭解、瞭望

徵(征):徵兵、象徵、特徵、徵候、宫商角徵羽

四、下面哪些字不是规范字?

"偿、丽、场、临、丝、厢、争、换、绳、赊"是规范汉字,"刻、仝、廷、确"是不规范字。

五、下列各组字中哪个是规范字,请用横线标出。

凄 凄 悽 删 删 灾 灾 菑 栽 嗽 嗽 煙 烟 菸 焰 燄 韻 韵 杰 傑 劫 刼 劫 刦

六、给下列各组字分别注音并组成词语。

戳 chuō:戳穿;戮 lù:杀戮。

洽 qià:接洽;恰 qià:恰巧。

妨 fáng:妨碍;防 fáng:防御。

瞻 zhān:瞻仰;赡 shàn:赡养。

欧:ōu:欧洲;殴 ōu:殴打;呕 ǒu:呕吐;讴 ōu:讴歌;枢 shū:枢纽。

蜡㊀là:蜡烛,㊁zhà:古代年终一种祭祀名,蜡祭;腊㊀là:腊肉,㊁xī:干肉。

湍 tuān:湍急;揣㊀chuǎi:揣摩,㊁chuāi:揣手,㊂chuài:挣揣;惴 zhuì:惴惴不安。

桔 jié:桔梗;秸 jiē:麦秸。

梢 shāo:树梢;稍㊀shāo:稍微,㊁shào:稍息;捎 shāo:捎带。

矩 jǔ:规矩;距 jù:距离。

骄 jiāo:骄傲;矫 jiǎo:矫正。

贡 gòng:贡献;供㊀gōng:供应,㊁gòng:口供。

赃 zāng:赃物;脏㊀zàng:内脏,㊁zāng:肮脏。

兢 jīng:兢兢业业;竞 jìng:竞争。

**七、用下列各组中的每个部件组成几个字。**

｛爪:采、抓、舀、笊、爬
　瓜:孤、弧、狐、瓢、瓣、瓢、瓠、呱

｛昜:剔、蜴、锡、踢、惕、赐
　匆:杨、扬、汤、场、畅、肠、疡

｛未:妹、味、昧、魅、寐
　末:抹、沫、茉、秣、袜

｛己:记、忌、纪、杞、配、妃、改、岂、起
　巳:祀、汜

｛段:锻、缎、椴、煅
　叚:假、瘕、缎、葭、霞、暇、遐、瑕、碬

｛臾:庾、萸、腴、瘐、谀
　叟:嗖、搜、馊、艘、嫂

｛夕夕:祭、察、蔡
　癶:登、凳、瞪、癸、葵

｛水:汞、泉、沓
　小:恭、慕、添

｛氐:舐、抵、纸
　氐:低、底、抵、觚、诋、柢、邸、砥

｛衤:初、被、衫、袖、袍、裕、袱、褥
　礻:礼、福、禄、祖、神、祝、祠、祸

｛仓:沧、抢、苍、舱、创、呛、枪
　仑:沦、抡、伦、轮、纶

$$\left\{\begin{array}{l}\text{十：博、协}\\\text{忄：忆、怀、怕、惊}\end{array}\right.$$

$$\left\{\begin{array}{l}\text{阝：阴、阳、队、都、郊}\\\text{卩：叩、节、印、即、卸}\end{array}\right.$$

$$\left\{\begin{array}{l}\text{九：仇、轨、染、究}\\\text{丸：纨、执、芄}\end{array}\right.$$

$$\left\{\begin{array}{l}\text{廴：延、建、廷}\\\text{辶：进、退、远、近、运、还}\end{array}\right.$$

$$\left\{\begin{array}{l}\text{朿：刺、策、枣}\\\text{束：刺、赖、癞、嗽}\end{array}\right.$$

$$\left\{\begin{array}{l}\text{凡：矾、帆、梵}\\\text{卂：讯、汛、迅}\end{array}\right.$$

$$\left\{\begin{array}{l}\text{舀：稻、蹈、韬、滔}\\\text{臽：陷、馅、谄、阎}\end{array}\right.$$

**八、把下面词语中拼音所标示的汉字注出来。**

| | | |
|---|---|---|
| chéng bì<br>惩 前毖后 | jiān cuī<br>无坚不摧 | chāng<br>为虎作 伥 |
| dǐ<br>中流砥柱 | fèn yīng<br>义愤填膺 | xún dǎojǔ<br>循规蹈矩 |
| tǐng<br>铤 而走险 | pù<br>一曝十寒 | pū<br>前仆后继 |
| qū<br>委曲求全 | lì<br>变本加厉 | yóu<br>记忆犹新 |
| tóu<br>走投无路 | quē làn<br>宁缺毋滥 | fù<br>名副其实 |
| fū<br>入不敷出 | bùshǔ<br>战略部署 | lán<br>无耻谰言 |
| bì<br>刚愎自用 | yí<br>贻笑大方 | bù bān<br>按部就班 |
| mí<br>生活糜烂 | liáng<br>一枕黄粱 | jí<br>杯盘狼藉 |
| áng kuòbù<br>昂首阔步 | cuì<br>出类拔萃 | qìng<br>罄竹难书 |

huī
灰心丧气

**九、改正下面词语中的别字、错字、不符合汉字整理字表的字，并加以说明。**

痉瘉：应作"痉愈"，指病好了。"瘉"是已淘汰的异体字。

传染：应作"传染"。"染"是错字。"染"是从水（氵）、从木、从九的会意字。

模糊：应作"模糊"。"模"是错字，因受"糊"的影响而写错。

宽澜：应作"宽阔"。"阔"，从门活声。"澜"是错字。

无条件：应作"无条件"。"无"是"無"的简化字。"旡"读jì，指嗝气，用在这里是别字。"条"，7画，上部不是"夂"。

桥樑：应作"桥梁"。"樑"是已淘汰的异体字。

粉粹：应作"粉碎"，指破碎得像粉末。粹cuì，纯粹、精粹，与"碎"音义不同。

迫不急待：应作"迫不及待"，指急迫得不能再等待。不及，来不及，不能；不能用"急"。

情不自尽：应作"情不自禁"，指控制不了自己的感情。禁，抑制。"情不自禁"不能用"尽"。

原形必露：应作"原形毕露"，指本来面目完全暴露了。毕，完全；不能用"必"。

披星带月：应作"披星戴月"，形容早出晚归，辛勤劳动。戴月，头上顶着月亮；不能用"带"。

破斧沉舟：应作"破釜沉舟"，指把锅（釜fǔ）打破，把船弄沉，比喻下决心干到底，不后退。（见《史记·项羽本纪》）。

负偶顽抗：应作"负隅顽抗"，指（敌人或盗贼）依靠险要的地势抵抗。隅yú，同嵎yú，山势弯曲险要的地方；不同于"偶ǒu"。

傢俱：应作："家具"，指家庭用具。"傢"在这里是"家"的异体字，以用"家"为宜。俱jù，全、都义，用在这里是别字。

按排：应作"安排"，指有条理、分先后地处理（事物），安置（人员）；也指规划、改造。"安"读ān，"按"读àn，二者音义都不同。

竟竟业业:应作"兢兢业业",指小心谨慎,认真负责。"兢"读 jīng,"竟"读 jìng,二者音义都不同。

十、给下列加着重号的字注音:

| bì | cáo | dāi | dì | dī |
|---|---|---|---|---|
| 包庇 | 嘈杂 | 呆板 | 缔结 | 提防 |

| Bèngbù | zhìgù | jǔjué | guì | jiā |
|---|---|---|---|---|
| 蚌埠 | 桎梏 | 咀嚼 | 刽子手 | 雪茄 |

| kè | jiào | huàn | jǔ | jīng |
|---|---|---|---|---|
| 恪守 | 校对 | 豢养 | 沮丧 | 粳米 |

| shēn | shè | cáo | miǎn | dòu |
|---|---|---|---|---|
| 妊娠 | 慑服 | 蛴螬 | 分娩 | 句读 |

| méng | sāo | niù | xié | miù |
|---|---|---|---|---|
| 牛虻 | 缫丝 | 执拗 | 叶韵 | 荒谬 |

十一、给下列带着重号的形声字注音,并说明哪些形声字声旁表音是准确的。

挟(xié)制(夹 jiā、jiá、gā);

抹布① 抹(mǒ)眼泪,② 涂抹(mò);③ 抹(mā)桌子(末 mò);

玷(diàn)污(占 zhān、zhàn);畸(jī)形(奇 qí、jī);

涎(xián)水(延 yán);揩(kāi)油(皆 jiē);

坯 pī(丕 pī);粗犷(guǎng)(广 guǎng);

这些形声字中"坯"的声旁是表音准确的,"抹、畸、犷"只有部分是准确的,例如在"涂抹、畸形、粗犷"中等,"涎、揩"的声旁表音是不准确的。

十二、把《简化字总表》正文中的脚注学习一遍,并把自己容易错写、错读、错认的字记下,先组词,再反复练习几次。建议把《简化字总表》第一、二表中的繁体字默写一遍,以加深对繁体字的印象和认识汉字简化的必要性。

(答案略)

# 第三章词汇习题答案

一、试述词汇在语言中的地位。

词汇是语言中词和固定短语的集合,语言通过它表达意思、交流思想。因此词汇在语言中占有重要的地位。

词汇是语言中的建筑材料,我们说的每句话都是运用词汇材料按照一定的语法规则组织起来的。只有建筑材料丰富才能建造高楼大厦,只有词汇丰富,才能满足人们语言交际中表达各种思想感情的需要。词汇越丰富,语言才能够越发达,词汇量的多少是语言是否发达的主要标志。对于个人来说也是如此,掌握的词越多,越能在语言交际中运用自如。

二、"他学英语很用功,坚持每天记住 15 个词汇。"这句话有什么错误? 为什么?

这句话中的"词汇"用错了,应改成"词"。词汇是词和固定短语的集合体而不是个体,所以一般不跟专用量词搭配,特别不能跟表示个体的量词"个"搭配。这句话实际上是指记住了英语词汇中的 15 个词而不是 15 个词汇。

三、用"替代法"证明"驼绒"是两个语素,"骆驼"是一个语素。

"驼绒"中的"驼"跟"绒"都可为已知语素所代替,也可跟已知语素组合,如:

(1) 驼绒　　平绒　　呢绒　　鸭绒
(2) 驼绒　　驼毛　　驼峰　　驼铃

(1) 组说明"驼"被"平、呢、鸭"替换,"绒"可跟上述语素组合,(2) 组说明"绒"可以被"毛、峰、铃"替换;所以"驼"、"绒"是两个语素。"骆驼"中的"驼"不能被替换,也就是说"骆"不能跟任何其他语素组合,它不具备语素的资格。由于语言中同一层次的单位才能组合,语素不能跟非语素组合,所以在这里"驼"也不是语素,"骆驼"只能算一个语素。

四、分别指出下列字中的成词语素(△)、不成词语素(×)和不能单独作语素的字(○),用三种符号在字下标出。

绩 柿 素 眉 蜻 狗 羊 鸭
× × △ × ○ △ △ ×

学 习 鹃 祝 闪 平 虎 狼
△ × ○ △ △ △ △ △

五、划分出下文中的词(在词下画一横线,成语不画,单纯词不分析),如果是合成词,就注明它的构成方式。

<u>伟大</u> 的 <u>天文学家</u> <u>哥白尼</u> 说:"<u>人</u> 的 <u>天职</u> 在 <u>勇于</u> <u>探索</u>
联合　　　　　附加　　　　　　　　　　　　　　偏正　　附加　联合
<u>真理</u>。"<u>我国</u> <u>人民</u> <u>历来</u> 是 <u>勇于</u> <u>探索</u>,<u>勇于</u> <u>创造</u>,<u>勇于</u> <u>革命</u> 的。
偏正　　　　联合　偏正　　　　附加　联合　　附加　联合　　附加　动宾
<u>我们</u> 一定 要 <u>打破</u> <u>常规</u>,披荆斩棘,<u>开拓</u> <u>我国</u> <u>科学</u> <u>发展</u> 的 <u>道路</u>。
附加　偏正　　偏正　　偏正　　　　　　　联合　　偏正　联合　偏正　　　联合
<u>既</u> 异想天开,又实事求是,<u>这</u> 是 <u>科学工作者</u> <u>特有</u> 的 <u>风格</u>,让 <u>我们</u>
　　　　　　　　　　　　　　　　　　　　附加　　　　偏正　　　联合　　　附加
<u>在</u> <u>无穷</u> 的 <u>宇宙</u> <u>长河</u> <u>中</u> 去 <u>探索</u> <u>无穷</u> 的 <u>真理</u> 吧!"
动宾　联合　　偏正　偏正　　　　　　联合　动宾　　　偏正

六、指出下列的双声词、叠韵词、音译词。

仓促 灿烂 沙发 孑孓 恍惚 婆娑 仿佛
扑克 涤纶 秋千 踟蹰 拮据 婀娜 腼腆

双声词:仓促 孑孓 恍惚 秋千 仿佛 踟蹰 拮据

叠韵词:灿烂 婆娑 婀娜 腼腆

音译词:沙发 扑克 涤纶

七、指出下列复合式合成词的类型。

| | | | | | | |
|---|---|---|---|---|---|---|
| 痛快 | 造假 | 房间 | 革命 | 照明 | 人民 | 飞快 |
| 偏正 | 动宾 | 中补 | 动宾 | 中补 | 联合 | 偏正 |
| 解剖 | 石林 | 开关 | 领袖 | 美好 | 雪白 | 工人 |
| 联合 | 偏正 | 联合 | 联合 | 联合 | 偏正 | 偏正 |
| 碰壁 | 戳穿 | 司令 | 丝毫 | 伟大 | 动静 | 无论 |
| 动宾 | 中补 | 动宾 | 联合 | 联合 | 联合 | 偏正 |
| 烧饼 | 粉饰 | 体验 | 衣服 | 联想 | 奶牛 | 牛奶 |
| 偏正 | 偏正 | 偏正 | 联合 | 偏正 | 偏正 | 偏正 |
| 功用 | 用功 | 霜降 | 民主 | 民生 | 立春 | 大寒 |
| 联合 | 动宾 | 主谓 | 主谓 | 偏正 | 动宾 | 偏正 |

八、试举出 yī 音的五个同音语素,用每个语素各造三个合成词,同时注明其结构类型。

（一）一　一定（偏正）　一律（偏正）　统一（补充）

（二）衣　衣服（联合）　大衣（偏正）　衣领（偏正）

（三）依　依靠（联合）　依赖（联合）　依然（附加）

（四）医　医院（偏正）　医术（偏正）　医疗（联合）

（五）揖　揖让（联合）　作揖（动宾）　拜揖（联合）

九、现代汉语里有一种"离合词",合的时候是一个词,分的时候是两个词,不能任意类推。下面句子里加着重点的词中间也插进了其他成分,你认为对吗?

① 为了完成全年计划,昨天厂里又动了一次员。

② 老头儿注了几次射,才退烧。

③ 我向领导汇了一次报。

"动员、注射、汇报"都不是离合词,它们结合很紧,中间不能插进其他成分。惯用的形式是:

1. 又动员了一次　又一次动员了

2. 注射了几次

3. 汇报过了

十、试指出下面例句中生造的简称。

① 有些泳术较佳的同学,从岸边游到艇上去。

② 必须广泛发动群众,开展爱卫运动。

例①的"泳术"、例②的"爱卫"都是生造的简称。

简称是对人们经常使用的词语较长的称谓进行简缩形成的,具有一定的习用性,"游泳技术"这样的短语缺乏习用性,不必简缩。"爱卫运动"也是如此,而且这样的简化还容易产生误解,仅看字面很容易理解成"爱卫生运动"而不是"爱国卫生运动"。

十一、在报刊上经常可以见到简称,试参照学过的类型各搜集三至五个。像"轴研所、业校、人革、祖研（祖国医药研究所）、五大生（职工大学学生、函授大学学生、广播电视大学学生、职业业余大学学生、夜大学生）"这样的简称是否合适? 请谈谈你的看法。

简称有以下类型：

1. 前后词均取前一个语素。

化学肥料→化肥　科学研究→科研

政治委员→政委　土地改革→土改

2. 取前一个词的前一个语素和后一个词的后一个语素。

师范学院→师院　战争罪犯→战犯

干部学校→干校　民主同盟→民盟

3. 省略并列词中相同的语素。

篮球排球→篮排球　青年少年→青少年

中学小学→中小学　企业事业→企事业

4. 包含外来词的名称可以只取外来词的头一个音节（字）。

齐齐哈尔市→齐市

美利坚合众国→美国

5. 其他。

中国人民解放军→解放军

黑龙江人民广播电台→龙江台

全国人民代表大会→人大

"轴研所、业校、人革、祖研"这类简称都有歧义，不明确。"轴研所"的"轴"是"车轴"，还是"轴承"呢？"业校"是"职业学校"还是"业余学校"呢？"人革"是"人造革"的简称，但"革"是去毛加工了的皮，"人革"易理解成"人皮"，那就和词的原义差得太远了。"祖研"，"祖"字不能让人联想起"祖国医药"来。

▶▶ **思考和练习二**

**一、什么是词义？**

词义是词的内容或称词的意义。词义的作用在于指明词所表示的是何种事物。例如"改革"这个词的词义是："把事物中旧的不合理的部分改成新的、能适应客观情况的。"这就是"改革"这个词所表示的行为，也就是该词的内容即词义。

## 二、怎样理解词义的概括性？专有名词的词义也有概括性吗？

词义指明词所表示的为何种事物。有些表明整类事物，这时词义便是对该类事物的概括，词义概括了该类事物共同具有的特征。例如"候鸟"这个词表示随季节的改变而迁徙的鸟，概括了各种各样候鸟的特征，舍弃了燕子、野鸭、大雁等个别候鸟的具体特征。同样，"燕子"这个词也是有概括性的，它概括了各个燕子的共同特征，而舍弃个别燕子的具体特征。不同的词都有概括性，随所指事物的范围不同，概括性也可以有大有小。

专有名词的词义也有概括性。"李白"概括了各个时期的李白的共同特点（籍贯、出生时间、民族、基本体貌特征、父母等主要亲属……），"北京"的词义则概括了不同时期的北京共同具有的地理环境、社会变革、人文风貌的特征。这些特点或特征必须是该人该地各个时期共同具备的，所以也有概括性。

## 三、什么叫作词义的模糊性？"书、画、浪、婴儿、钢"有没有模糊性？

词义的模糊性指的是词义的界限不清，它来源于词所指的事物边界不清。考察词义有没有模糊性主要看词所指的事物与相邻事物有无明确的界限。从这点看来，"书、画、浪、婴儿、钢"都有模糊性。

《现代汉语词典》解释"书"为"装订成册的著作"，然而，"书"同"著作"的界限就分不清楚，幼儿读物可以叫"书"，未必能叫"著作"；写一部著作叫"写书"，写出来后实际是手稿，但手稿不叫"书"，"装订成册"仍不叫"书"。另一方面，装订成册的书总要有一定的页数，三四页五六页的未必叫"书"，但究竟多少页才算书也是模糊的，儿童用书一般很薄，成人用的页数少的叫"小册子"还可以，叫"书"就很勉强，叫"著作"就不合适。这里面还包括质量问题，但其间的界限就更不清楚了。"画"与非"画"之间的界限也是模糊的。

"浪"指"波浪"，"波"也指"波浪"，但"微波荡漾"不可说成"微浪荡漾"，"浪"比"波"大。但究竟多大为浪、多大为波也是模糊的。

"婴儿"《现代汉语词典》解释为"不满一岁的小孩儿"，《新华字典》解释为"才生下来的小孩儿"，二者相比差不了很多。但前者只是作者的主观规定,后者用的虽是模糊语言,但却更合乎语言实际情况。

"钢"也有模糊性。钢和铁的差别在于含碳量的多少与所含的其他金属、非金属元素的情况,以及由此决定的物理和机械性能的差别,但这也是一种递减或递增过程,界限也是模糊的。

**四、查查有关辞书,看看下列两组汉语、英语词在词义方面表现出什么异同。**

　　桌子——table

　　雪——snow

现代汉语的"桌子"是一个单义词,指一种家具,泛指各种桌子:书桌、课桌、办公桌、餐桌、炕桌、八仙桌、圆桌等。英语的 table 情况要复杂得多。table 是一个多义词,它也表示桌子,但侧重于指餐桌之类(与 desk 构成同义词,后者侧重于指书桌、课桌、办公桌),还可以指平面、平地、平板;指食物、菜单;指表、清单、目录等;还可以作动词用,指放在桌上,展示,提议,列表等。

现代汉语的"雪"有两个联系不很紧密的义项:① 雪花;② 洗去、除去。英语中的 snow 作为名词,主要义项是雪,也可指雪状物(如海洛因、白色、白发等),作为动词指下雪,或指以雪覆盖,以巧言诱骗等。

可以看出,不同语言中即使有相对应的词,也往往只是个别义项相等,整个词所包含的各种转义有可能相差很远。

**五、汉语的姑妈、姨妈、伯母、婶母……能用同样的词称呼吗?英语行不行?试分析其中的原因。**

汉语的姑妈、姨妈、伯母、婶母……不能用同一个词称呼,英语却可以只用一个 aunt 来称呼。

这主要是汉族与英吉利民族文化传统、家族结构不同的缘故。在长期的封建社会里,中国实行长子继承权和外戚有不同程度参与家政的权利的制度,因此,强调"男女有别,长幼有序",强调父系与母系的区别以及其他血缘关系亲疏的区别。姑父、舅父、伯父、叔父在家族中的地位不同,他们的配偶姑妈、舅妈、伯母、婶母等地位也各自不同,所以应该分别称谓。印欧民族却不同,大致在近代以来,他们的儿、女都有继承权,与此相关,外甥(女)、侄儿(女)也可以有继承权,所以在他

116

们看来,姑妈、姨妈、伯母、婶母处于同样的关系中,可用一个词称呼;与此相关,姑父、姨父、伯父、叔父、舅父也都可以用一个词 uncle 称呼。这在汉族人看来,是会感到诧异的。

### 六、理性义与色彩义有什么区别?

理性义又叫概念义,在指明词所表示的事物的范围时,理性义起主要作用,它是实词词义中不可缺少的主要部分,主要靠它表示相应的概念。

色彩义是在理性义的基础上附加上去的一些意义要素。色彩义往往是人们在用词交际过程中产生的,所以与使用者的感情,使用场合(语境)、使用者的形象感以及词的来源(来源于古代书面语、现代方言、某种社会集团等)有关,它们不是每个词所必须具备的因素。一个词可以没有色彩义,也可以有两种以上的色彩义,但不能没有理性义。

### 七、指出下列各词的色彩义。

倒爷　哥们儿　葡萄胎　演奏　鸭绿江
调试　康复　搅和　轻蔑　癞皮狗
欺凌　发毛　蛤蟆镜　车流　出台
脑袋　疙瘩　囹圄　鸟瞰　狐狸精

(一)感情色彩:

1. 褒义:康复

2. 贬义:倒爷　搅和　轻蔑　欺凌　癞皮狗　蛤蟆镜　狐狸精

3. 中性的:鸭绿江　调试　车流　出台　脑袋　疙瘩

(二)语体色彩:

1. 书面语:康复　轻蔑　欺凌　车流　囹圄　鸟瞰　演奏

2. 口语:倒爷　哥们儿　搅和　癞皮狗　发毛　蛤蟆镜　脑袋疙瘩

(三)形象色彩:葡萄胎　鸭绿江　癞皮狗　蛤蟆镜　车流　出台　鸟瞰　狐狸精

(四)术语、行业语色彩　葡萄胎　演奏　调试　康复　出台

(五)地域方言色彩:搅和

(六)时代色彩:囹圄(古语词)

八、固定短语也可能有各种色彩义,试指出下列各固定短语的色彩义。

　　龙腾虎跃　三长两短　唇红齿白　打游击　打牙祭
　　炒鱿鱼　举世瞩目　蝇营狗苟　马不停蹄

龙腾虎跃:褒义、形象　　　　　炒鱿鱼:口语、方言、形象
三长两短:贬义、口语　　　　　举世瞩目:褒义、书面语
唇红齿白:褒义、形象　　　　　蝇营狗苟:贬义、书面语、形象
打游击:中性、口语　　　　　　马不停蹄:褒义、书面语、形象
打牙祭:口语、方言

九、下列带点的词的色彩义有无变化?

　　真是地方　　　　什么东西
　　瞧那长相　　　　有派头
　　硬了点儿　　　　有点讲究
　　(批评)还尖锐　　(批评)太尖锐

"地方、派头、讲究"由中性变成褒义。

"东西、长相"由中性变成贬义。

"硬了点儿"说明"硬"得超出了要求,含贬义。

"批评还尖锐",认为"尖锐"得合适,应该尖锐,"尖锐"含褒义;
"批评太尖锐",认为"尖锐"得过火了,含贬义。

十、"强人"一词有什么语义色彩? 为什么现代汉语中有"女强人",没有"男强人"?

　　现代汉语中"强人"指才能出众、成就显赫的人,因此有褒义色彩。同时它又特指商业等领域中的杰出人物,并带有一定的行业色彩。但是在古代或近代汉语中"强人"的意思却是"强盗",且绝大多数为男性,直到现在用"强人"指男性时依然容易跟"强盗"产生联想,而"女强人"则是一个新起的词,不容易产生这种联想。

　　从现代汉语构词规律来看,指人的名词中指男性的多为无标记成分,习惯上不在前面加"男",如不说"男警察"、"男市长"、"男作家"……所以也排斥说成"男强人"。

# ▶▶ 思考和练习三

一、下列词中哪些是单义词？

懂　发　煤　曛　溅　风　苗条　发火
雨　把　缎子　剥　杜绝　表　领导

单义词有：懂　煤　曛　溅　风　苗条　发火
雨　缎子　剥　杜绝

二、下面例子中"花"的义项哪些应该合起来成为"花¹"的义项？哪些是"花²"的义项？应不应该还有一个"花³"？（注："花¹花²花³"是三个同字同音词。）

① 种子植物的有性繁殖器官：掐了一朵花。

② 供观赏的植物：买了一盆花。

③ 颜色错杂：这布太花了点儿。

④ 用掉：花了三元钱。

⑤ 姓：小李广花荣。

⑥ 模糊不清：眼睛花了。

属于同一个词的各个义项必须有意义上的联系——引申或比喻。根据这个标准，1、2、3、6各义项应属同一个词："花¹"；4应属另一个词："花²"；5表示姓，应属"花³"。"花¹""花²""花³"是三个不同的词。虽然字形与读音都相同。

**三、从多义词的产生到使用中多义性的排除，看义项同语境的关系。**

一个词的义项是从该词出现的语境中分析概括出来的，如果一个义项就可以解释该词在所有语境中出现时的意义，这个词便只有一个义项，便是单义词；如果必须用两个或两个以上义项才能解释该词在各种语境出现时的意义，这个词便有了多个义项，便成了多义词。一个多义词虽然有几个义项，但在某一具体语境中只能有一个义项适用，而排除其他义项，否则便会产生歧义。多义词的多义变成单义是全靠语境的。例如"这花容易活"里的"花"便只适用于"观赏植物"这一个义项，"这衣服太花了，我不想穿"里的"花"便只适用于上题所说的第三个义项。

所以,多义词的产生和使用中多义性的排除都依靠语境,语境在这里起决定作用。

**四、利用同音现象可以造成修辞格中的"双关",试举三例加以说明。**

① 他真是"电线杆上绑鸡毛"——好大的掸子。

② 我失骄杨君失柳,杨柳轻飏直上重霄九。

③ 天晴是"洋灰路",下雨是"水泥路"。

例①中的"掸子"同"胆子"同音,意思是说他"胆子大"。例②中的"杨柳",表面指杨花柳絮,实际指杨开慧、柳直荀两位烈士。例③中的"洋灰路"指的是同音的"扬灰路"(扬起灰尘的路),"水泥路"的意思是"又是水又是泥的路"。以上诸例都是通过同音关系把潜藏的真意透露出去。

**五、"论"有下列义项,但是有的义项能作为词的意义,有的只能作为语素的意义,你能分辨吗? 谈谈你分辨它们的标准,并探讨一下词典中有无区别的必要。**

① 分析和说明事理;议论 | 就事论事 | 要论起这件事来……

② 分析和说明事理的话或文章:社论 | 舆论。

③ 学说:唯物论。

④ 说,看待:相提并论 | 不能一概而论。

⑤ 衡量;评定:论罪 | 论功行赏。

⑥ 按照某种单位或类别说:论天计酬 | 买鸡蛋论斤还是论个儿?

⑦ 姓。

作为词的义项,必须是能够单说或单用的,如题中例句所显示的,1、4、5、6、7 各个义项都属这类。当然作为词的义项还可以作为语素的义项用于造词。2、3 两义项只是"论"作为语素构词时才有的,因此,只是"论"这个语素的义项。

分清词的义项和语素的义项与分清词和语素的意义是类似的。只有词的义项才能作为独立运用的词的内容参与造句,而属于不能成词的语素的义项则只起构词作用,所以应该分清,词典中最好能加以区别。

六、同字同音词和一词多义,有时很难区分。试用下列各词分别造几个句子来说明哪些是同音词,哪些是多义词。

　　新生　　杜鹃　　疙瘩　　苦

区分同字同音词和一词多义,主要看义项之间有无联系。

新生:

1. 新生事物是不可战胜的。(刚产生的或刚出现的。)

2. 是党给予我新生。(新生命)

3. 中文系招了一百余名新生。(新入学的学生)

杜鹃:

1. 远处飞来了一只杜鹃。(鸟名)

2. 满山的杜鹃都绽开了新蕾。(花名)

疙瘩:

1. 脸上长满了疙瘩,挺难看。(皮肤上突起的硬结)

2. 面粉受潮结成了疙瘩。(块状或球状物)

3. 一天只吃了一小疙瘩馒头。(小块)

苦:

1. 黄连虽苦但能治病。(一种与甜相反的味道)

2. 生活苦一点,没什么,不能没了志气。(难受、痛苦)

3. 这些年全仗她支撑门户,可真苦了她了。(使难受、使痛苦)

例 1、2 的"新生"意义有联系,属于一个词,是一词中的两个义项。例 3 的"新生"是另一个词,与例 1、2 的"新生"形成同字同音词。两个"杜鹃"意义间没有联系,各是一词,形成同字同音词。"疙瘩"、"苦"中的各例说明它们都具有两个以上互有联系的义项,是多义词。

七、什么是义素?义素分析有什么用处?

义素是构成词义的最小意义单位,也就是词义的区别特征。

义素分析随着语义学的兴起愈来愈受到人们的重视。义素分析可以帮助我们准确地掌握、解释、理解词义,可以突出地显示词义之间的异同及联系,可以突出词义聚合时的相同点和区别点,可以考察词义组合时的正误。义素分析便于形式化,有利于运用电子计算机处理语言信息。

**八、完成下面义素分析的矩阵图。(有某义素的用"+"标记,没有的用"−")**

| 义素<br>词 | 交通工具 | 陆路 | 机动 | 用汽油 | 载客 |
|---|---|---|---|---|---|
| 自行车 | + | + | − | − | − |
| 卡　车 | + | + | + | + | − |
| 公共汽车 | + | + | + | + | + |
| 电　车 | + | + | + | − | + |

**九、试就下面一组词进行义素分析。**

　　　伯伯　　叔叔　　姑姑

伯伯　　[+父系血亲][+长辈][+男性][+长于父]

叔叔　　[+父系血亲][+长辈][+男性][−长于父]

姑姑　　[+父系血亲][+长辈][−男性][±长于父]

**十、能否把语言中所有词的词义都通过义素分析进行统一的说明?这样做有何利弊?**

从理论上说把一种语言中所有的词都通过义素分析进行统一的说明是有可能的。所有的词都可以进行义素分析,逐步累进,进行统一的说明似乎也不困难。但是实际操作时,统一说明带来的困难却难以克服。义素分析可以用来区别相关的词,一般情况下词的数目越多所需要的义素(区别特征)也越多,但是如果一连用十个以上的义素就会成为人们记忆的负担,其区别词义的鲜明度也会大大减弱。所以虽然有人把相当多的词(不是全部)分成数百个义类再进行义素分析,但效果并不理想。所以除了应用于电子计算机的词库外,一般辞书并不这样做。

## ▶▶ 思考和练习四

**一、下列两组词中,"老李"的"老"意思上有无差别?这些差别是从什么地方显示出来的?**

    1. 老李—大李—小李

    2. 老李—老张—老王

第1组的"老李"中的"老"有岁数大的意思。"老李"与"大李"、"小李"处于同一聚合体之中,岁数大小是它们的区别性义素,"老李"必然要比"大李"与"小李"的岁数大。在第二组中,"老李"与"老张""老王"也同处一个聚合体中,但"老"在这里只是用在"姓"前,称呼一般的成年人的词缀,没有特别表示岁数大的意思。

两组中的"老"的区别是从聚合关系中显示出来的。

**二、试说明现代汉语颜色义场的层次性。**

现代汉语的颜色义场,第一层次可分两个子场:

A:红—黄—蓝

B:黑—白

合为五色。实际这两组各有自己的衍生色:

A′红—橙—黄—绿—青—蓝—紫

B′黑—灰—白

但在现代汉语的实际运用中,同一层次的各色也不是等价的,例如"橙"就很少独用,"青"介乎"绿""蓝"之间,除了依附于具体事物如"青草"、"青竹"(绿)、"青天"(蓝)外,给人们的印象是不清楚的。

各种颜色还可以有自己的下位颜色词,如"红"就有"淡红、粉红、桃红、水红、鲜红、正红、大红、朱红、血红、枣红、深红"等。

**三、下列各词哪些可能属于同一义场,这些义场属于何类?**

| | | | | | |
|---|---|---|---|---|---|
| 天 | 青天 | 地 | 地上 | 天上 | 天下 |
| 红 | 浅绿 | 深绿 | 大红 | 紫红 | 绿 |
| 大绿 | 河 | 水 | 溪 | 山 | 火 |
| 树木 | 海 | 树 | 森林 | 树林 | |

$$\text{天体}\begin{cases}\text{天}\\\text{青天}\\\text{地}\end{cases}\qquad\text{处所}\begin{cases}\text{地上}\\\text{天上}\\\text{天下}\end{cases}\qquad\text{水流}\begin{cases}\text{海}\\\text{河}\\\text{溪}\end{cases}$$

$$\text{自然物质}\begin{cases}\text{水}\\\text{火}\end{cases}\qquad\text{地貌}\begin{cases}\text{山}\\\text{河}\end{cases}\qquad\text{景观}\begin{cases}\text{山}\\\text{水}\end{cases}$$

$$\text{颜色}\begin{cases}\text{绿}\begin{cases}\text{大绿}\\\text{深绿}\\\text{浅绿}\end{cases}\\\text{红}\begin{cases}\text{大红}\\\text{紫红}\end{cases}\end{cases}\qquad\text{木本植物}\begin{cases}\text{树}\\\text{树木}\\\text{森林}\\\text{树林}\end{cases}$$

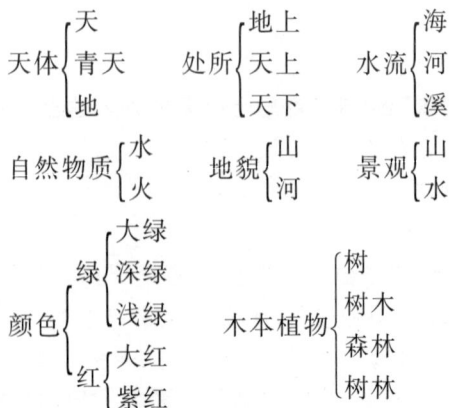

上述义场都属类属义场。

**四、什么是同义词？怎样辨析同义词？**

意义相同或相近的词组成的语义场叫作同义义场,同义义场中的各个词叫作同义词。

辨析同义词最重要的方法是从语境中去考察,考察它们可能出现的上下文语境,设想相互替换的可能性。一般来说,可能替换的总是显示出同义词中相同的部分,不能替换的往往是差异所在。为此,首先要尽可能多地搜集包含有关同义词的句子或短语,然后进行归类,看看能用哪些义项进行解释。第二步便是互相替换,对种种替换情况进行分析、概括、说明,找出它们的差异可能在哪些方面。

**五、辨析下列各组同义词。**

夸大—夸张　持续—继续
鼓励—怂恿　商量—商榷
周密—严密—精密
铲除—拔除—根除

(一)夸大、夸张——都表示"言过其实"的意思。但"夸大"含有故意不实事求是,把事情往大方面说的意思,是贬义词。而"夸张"通常指语言中的一种修辞格或创作中启发想象突出某些特征的一种表现手法,是中性词;"夸张"后面一般不带宾语。

(二)持续、继续——都有"延续不断"的意思。但"持续"含有整个过程一直没有中断的意思,而"继续"含有前后接起来的意思;"继续"能作名词用,表示跟某事有连续关系的另一件事。

(三)鼓励、怂恿——都有鼓动、促使别人干什么的意思。但感情色彩不同,"鼓励"是褒义词,"怂恿"是贬义词。

(四)商量、商榷——都有"交换意见"的意思。但语体风格色彩不同,"商量"多用于口语,"商榷"要庄重些,多用于书面语,指为了解决较大、较复杂的问题而交换意见。

(五)周密、严密、精密——都有"细密,没有漏洞"的意思。但它们的侧重点各不相同。"周密"是"考虑问题细致周到"的意思,"严密"是"结合得很紧,没有间隙"的意思,"精密"是"精致、准确度高"的意思。

(六)铲除、拔除、根除——都表示除掉某种有害的东西的意思。但三者在语意轻重程度上不同。"铲除"还可能留着根,"拔除"不留根,语意重些。"根除"是"彻底除掉"的意思,语意更重、更有力。

(同学们可以自己举一些例子验证。)

**六、丰富的同义词的存在,对于交流思想、增强语言的表现力有很大的作用,试举例加以说明。**

同义词、近义词能够更准确更精密地表达人们的思想感情,增强语言的表现力,例如同是往外拿钱,用不同的动词能够准确地传达动作的不同形象,如:

① 华大妈在枕头底下掏了半天,掏出一包洋钱,交给老栓……(鲁迅《药》)

② 老栓慌忙摸出洋钱,抖抖的想交给他…… (鲁迅《药》)

"掏"和"摸"在这里都是伸进手去取,但"掏"强调洋钱收藏之深,"摸"没有这一层意思;"掏"可以用眼看着,也可不看,"摸"则一定不用眼看。

**七、指出下列各词的反义词,并说明它们属于什么类型的反义词?**

和善　分散　脆弱　冷落　低落　淡季　通俗　浑浊
积累　赞同　拘泥　丑恶　富裕　平坦　吝啬　节约

和善—凶恶　　　　　[极性]

分散—集中　　　　　[互补]

| 脆弱—坚强 | [极性] |
|---|---|
| 冷落—热闹 | [极性] |
| 低落—高涨 | [极性] |
| 淡季—旺季 | [极性] |
| 通俗—艰深 | [极性] |
| 浑浊—清澈 | [极性] |
| 积累—消耗(消费) | [互补] |
| 赞同—反对 | [极性] |
| 拘泥—变通(灵活) | [互补] |
| 丑恶—美好 | [极性] |
| 富裕—贫困 | [极性] |
| 平坦—崎岖 | [极性] |
| 吝啬—慷慨(大方) | [极性] |
| 节约—浪费 | [互补] |

**八、什么叫作关系义场？试举例加以说明。**

一般由两个成员组成，二者处于某种关系的两端，互相对立，互相依靠所形成的一种反义义场叫作关系义场。例如"进—出"，以某事物为准，由外至里为"进"，由里至外为"出"（见下图）：

"进"和"出"互相依存，没有"进"也就没有"出"，没有"出"也无所谓"进"。

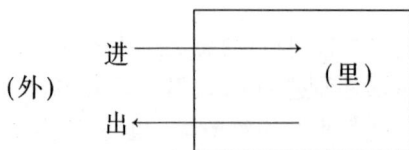

**九、什么是反义词的不平衡现象？试以"重—轻"、"团结—分裂"为例加以说明。一般说"王安忆是女作家"，却只说"梁晓声是作家"，形成"作家—女作家"的对立，这也是不平衡现象吗？**

成对的两个反义词之间的语义范围、使用频率往往不相等，这就是反义词的不平衡现象。例如"重—轻"，一般提问题时问"重不重？"如

"这杠铃重不重?"回答可以是"重,180 kg",也可以是"轻,才 120 kg"。一般情况下不问"轻不轻?"只有在已知为轻时或希望它为轻时,才问"这杠铃轻不轻?"回答只能是"轻,120 kg",不能说"重,180 kg",但可回答说"不轻,180 kg"。陈述句只说"有180 kg重","有120 kg重",不能说"有 120 kg 轻"。

"团结—分裂"也如此。一般情况下(不知是否分裂)只问"他们团结吗?""他们团结的情况如何?""他们有多团结?"一般不问"他们分裂吗?"只有在已知为分裂时,才问"他们分裂的情况如何?"

"作家—女作家"的对立也是不平衡的。"作家"可以特指男性作家,所以一般只说"梁晓声是作家",除非强调性别时,不说"梁晓声是男作家"。"作家"还可以兼指女作家。如果说:"来了一群作家。"其中可以有男的也可以有女的;如果说:"来了一群女作家。"其中便只能有女作家,不能包括男的。当然,说"王安忆是作家"也是可以的。

**十、下边句子里都有用词不够妥当的地方,试指出来并加以改正,说明理由。**

① 他那双沾满红丝的眼睛说明他又熬了一个通宵。

"沾满"改为"布满"。"红丝"不是从外面附着在眼睛上的,不能用"沾满"。

② 1936 年 10 月 19 日,鲁迅先生——伟大的革命家、文学家的心脏跳动停顿了,但是他的声音,他的思想,却没有停顿。年轻一代接过他的笔,继续在革命的大道上前进。

"停顿"均改为"停止"。人死了,心脏不能再跳动起来了,不能用"停顿","停顿"含有可能再启动的意思。

③ 大家决心继续发挥艰苦朴素的作风,努力攻克困难,争夺更大的成就。

"发挥"改为"发扬","攻克"改为"克服","争夺"改为"争取"。这样一改,动词和宾语就搭配贴切了。它们各有自己习用的搭配对象。

④ 运动员踏着强健的脚步,举着五彩缤纷的旗帜,穿过了主席台。

"踏着"改为"迈着","强健"改为"矫健","脚步"改为"步伐"。

这样才能更准确地描写出运动员入场的英姿,动词和宾语、定语和中心词也才能搭配。"穿过"改为"走过",因为事实上并不是从主席台穿过,而是从台前走过。

⑤ 大家对王同志的批评正确而尖刻。

"尖刻"改为"尖锐"。"尖刻"是贬义词,对同志的正确批评不能说是"尖刻"的。

⑥ 今年,市场上西瓜供应充沛。

"充沛"改为"充足"。这样一改,与"供应"就搭配贴切了。"充沛"除"雨水"外多形容"精力、热情"等,一般不作补语,具体事物多用"充足"。

⑦ 敌机驾驶员非常机警,往云端里一钻仓皇地逃走了。

"机警"是个褒义词,不能用来描写敌人,应改为"狡猾"或"胆怯"。

⑧ 每个学生都无例外地期望把自己的学习搞好。

"期望"改为"希望"。"希望"可以用于对人或对己,但"期望"只能用于对人。又,"期望"一般用于上级(或长辈)对下级(或晚辈)。

⑨ 两国经过协商,已达成了协议,双方军队各自撤回自己的边疆。

"边疆"指靠近国界的领土,范围大,这里指靠近边界的地方,应改为"边境"。

⑩ 他总爱表现自己,不顾场所,大谈自己的见闻,惹得人们看不起他。

"场所"只指活动的处所,"场合"则表示时间、地点、气氛等的综合情况,"不顾场所"应改为"不分场合"。

⑪ 边防战士虽然在天寒地冻的北国边陲,但仍日夜在国境线上巡视着。

"巡视"是到各处视察的意思,"巡逻"则是军事术语,表示巡查警戒的意思,"巡视"应改"巡逻"。

⑫ 在我校评职称会上,有人故意大闹会场,说职称评得不公

道,一下子把会场的程序打乱了。

"公道"指公正的道理,不公道着重指不合道理,"公平"着重指处理事情不偏不倚,不偏袒任何一方,这里的"公道"应改"公平"。"程序"只指事情进行的先后顺序,"秩序"指有条理不混乱,会场本身无所谓程序,打乱的应是"秩序"。

⑬ 一位老农说,今年的早稻,经过精心培育,长势颇佳。

"精心培育"、"长势颇佳"这类话,书面语色彩很浓,不适用于口语,更不像目前我国老农所能说的话。应改为口语色彩的词语,如:"经过细心侍弄,长得很好。"之类。

**十一、在报刊书籍中找出几个用词不当的例子,并说明理由。**

(答案略)

## ▶▶ 思考和练习五

**一、什么是情景语境?什么是语言语境?两种语境在交际过程中相互之间有无影响?**

情景语境指说话时牵涉到的人或物、时间处所、社会环境以及说听双方的辅助性交际手段(包括表情、姿态、手势等非语言因素)。

语言语境指一个语言单位在书面语中的上下文或口语中的前言后语。

两种语境在交际过程中相互之间都是有影响的。总的说来,情景语境越具体,上下文语境的作用就越小。反之,情景语境越一般化,上下文语境的作用越大,越需要多用词语对情景语境作详尽的介绍。日常会话,情景语境很具体,所用词语就很简练。小说的作者(说话人)与读者(听话人)不处在同一个具体情景语境中,就需要上下文语境来补偿,所以小说里总有情景语境的描写。

**二、下面词语中的"球",哪些是指足球的?在后面的括号中填上"√"号。**

角球(√)　扣球(　)　点球(√)　抽球(　)

任意球(√)　三分球(　)　头球(√)

三、有这么一段话:

> 哎哟,他妈的是你……来,叫爷爷看看!你小子行,洋服穿的像那么一回事,由后边看哪,你比洋人还更像洋人!老王掌柜,我夜观天象,紫微星发亮,不久必有真龙天子出现……

**请你设想一下说话人生活的年代,说明他的性别、年龄、思想状态是怎样的。**

从这段话可以看出,说话人属旧社会地痞流氓一类人,虽已是成年人,但不是听话人的亲属,因为如果真是亲属中的长辈("爷爷"),他不会对晚辈说出"他妈的是你……"之类的话来。男性。生活在半殖民地半封建的旧社会,一方面称赞对方洋服穿得"比洋人还更像洋人",崇洋心情溢于言表;另一方面又鼓吹封建迷信并捧出"真龙天子",造谣惑众。说话人集洋奴买办封建余孽于一身,在半殖民地半封建社会中是颇有典型意义的。(引文出自老舍《茶馆》)

四、**下列短语中哪些词与词搭配是对的?哪些是错的?哪些是模棱两可的?你能不能归纳出"猛烈、激烈、剧烈"在词义方面的异同。**

| | | |
|---|---|---|
| 炮火猛烈 ✓ | 炮火激烈 | 炮火剧烈 ✗ |
| 进攻猛烈 ✓ | 进攻激烈 | 进攻剧烈 ✗ |
| 轰击猛烈 ✓ | 轰击激烈 ✗ | 轰击剧烈 ✗ |
| 抨击猛烈 ✓ | 抨击激烈 ✓ | 抨击剧烈 ✗ |
| 风势猛烈 ✓ | 风势激烈 ✗ | 风势剧烈 ✗ |
| 战斗猛烈 | 战斗激烈 ✓ | 战斗剧烈 ✗ |
| 运动猛烈 ✗ | 运动激烈 ✓ | 运动剧烈 ✓ |
| 斗争猛烈 | 斗争激烈 ✓ | 斗争剧烈 ✗ |
| 反应猛烈 ✗ | 反应激烈 ✓ | 反应剧烈 ✓ |
| 壮怀猛烈 ✗ | 壮怀激烈 ✓ | 壮怀剧烈 ✗ |
| 疼痛猛烈 ✗ | 疼痛激烈 ✗ | 疼痛剧烈 ✓ |
| 言辞猛烈 ✗ | 言辞激烈 ✓ | 言辞剧烈 ✗ |
| 争论猛烈 ✓ | 争论激烈 ✓ | 争论剧烈 ✗ |

(对的后加✓,错的后加✗,模棱两可的不加符号。)

从对比中(还可以考察它们作定语等时候的情况)可以看出"猛

烈"偏指外形的气势大、力量强,适用范围很广,但不用于人的思想感情活动。"激烈"用于人的思想感情活动,有时也可用来指外形的气势、力量。"剧烈"适用范围最小,仅用于身体的活动和感受。

（对本题答案的进一步研究,可参看符淮青《现代汉语词汇》133～135页）

## ▶▶ 思考和练习六

**一、什么是基本词汇？它有哪些特点？**

基本词汇是基本词的总和,它同语法一起构成语言的基础。它是语言中的那些使用频率高、生命力强、为全民所共同理解运用的基本词的总称。

基本词汇有三个特点：

（一）稳固性。如"上、下、山、河、花、草、牛、羊、人、事"等,千百年来一直为不同政治体制、不同的社会制度服务。

（二）能产性。基本词汇是构造新词的基础,新词大都是从基本词派生出来的。如以"水"这个基本词为基础,就产生了大量的词："水表、水泵、水碱、水库、水母、氨水、白水、泔水、缩水、墨水"等。

（三）全民常用性。使用频率高,流行地域广,不受地区、阶级、行业、文化程度等条件的限制,为全民所共同理解,共同运用。

**二、区分基本词汇和一般词汇有什么意义？**

把基本词汇同一般词汇区分开来,我们一方面能正确地了解基本词汇在词汇系统中与一般词汇的关系和不同的地位,从而更好地了解语言词汇材料的稳固性和变动性；另一方面能正确地认识它们,掌握它们,以促进语言词汇的健康发展。

**三、什么是古语词？运用古语词有什么积极作用？**

古语词是指来源于古代文言著作里的那些文言词和历史词。恰当地运用古语词,在语言表达上有着积极的意义。

文言词,不仅可以表达特殊的意义、特殊的感情色彩和语体色彩,而且可使语言简洁、匀称,甚至还可以巧妙地表达讽刺、幽默的意义,取得特殊的修辞效果。

历史词是表示历史上的事物或现象的古语词。在叙述历史事件、历史事物时，是必须使用的，因为它不可能用别的词代替。

**四、外来词有几种类型？使用外来词应注意些什么问题？**

外来词有四种类型：

（1）音译：如"可口可乐、沙发、幽默"；（2）音意兼译：如"浪漫主义、新西兰"；（3）音译加汉语语素：如"啤酒、芭蕾舞、沙皇"；（4）借形：如"CT、WTO、B超"和"取缔、主观、间接"等。

使用外来词是交际的需要，而且对语言的丰富和表达能力的增强，也有积极作用。但是不能滥用。

使用外来词应注意下列几点：

（一）能用汉语固有词的，不要用外来词，以免滥用，影响语言的纯洁。如"打球"不要说"打波"（ball）。

（二）要注意外来词的汉字书写形式的规范，要用统一规范的译字，不要随意用音同音近的字代替。不要把"果戈理"写成"郭哥里"，不要把"托拉斯"写成"拖拉思"等。

（三）能够用意译的，就不要用音译，如用"青霉素"不用"盘尼西林"，用"联合收割机"不用"康拜因"。如没有意译的，就只好用音译，如"迪斯科、卡拉OK"等。

**五、什么是方言词？运用方言词应注意些什么？**

方言词是指产生、通行于方言区的语词。被普通话吸收进来的方言词是表示某种特殊意义，而普通话又没有相应的词可以代替的那些词，如"垃圾、二流子、别扭"等，普通话吸收这些词来丰富自己。

文学作品为了渲染环境，刻画人物性格，适当地使用一些尚未被吸收进普通话的方言词语是完全可以的，但如果不适当地过多地使用这样的方言词语，势必影响读者对作品的理解。至于公文、科技著作，自应不用或少用方言词语。所使用的方言词语，如估计读者可能不懂，应作必要的注释。

**六、什么是行业词语？试举出十个课堂教学用语。**

行业语词是指各行各业和科学技术上应用的词语。行业语词也叫"专科词语"。例如课堂教学用语：教案、教鞭、教具、教材、课桌、讲台、预习、复习、试讲、教室等。

**七、什么是隐语？它在语言中有什么作用？**

隐语是个别社会集团、秘密组织或团伙为了隐蔽本团体进行特殊活动而创造的只有内部人才懂的特殊用语。

隐语的特殊作用在于它的保密性。在作品中恰当地使用一些隐语对描写说明某些组织、团伙的特性是有作用的，也会使读者觉得真实、生动，但必须对使用的隐语做出确切的解释，否则会影响表达的效果。

有的隐语，由于长期在一般语言交际中使用，已失去了秘密性，成为普通话中的词，如"清一色、挂花、洗手"等。尽管词汇材料中被吸收的隐语很少，但它也能丰富语言词汇。

**八、方言词、行业词语同普通话词汇有什么关系？**

方言词、行业语词都属于汉语词汇，构词的语素和构成方式都与普通话词汇相同。

普通话不断从各方言中吸取有用的成分来丰富自己的词汇，如"名堂、把戏、尴尬、陌生、搞、晓得"等都已进入普通话词汇。

普通话词汇为提高表现力吸收了一些行业词语。如"比例、平行、反射、折射、流产、解剖、主角、配角、上台、战线、进军、化身、衣钵"等，它们都已取得全民性，成为普通话词汇中的成员。

吸收方言词、行业语词是丰富普通话词汇的重要途径。

**九、北方方言词成为普通话词汇的成员有何条件？**

北方方言词中表意新颖，或表示某种特殊意义的，容易为普通话词汇所吸收，成为普通话词汇的成员，如"老财（财主，多指地主）、老油子（处世经验多而油滑的人）、哥儿们（弟兄们，或用于朋友间，带亲热的口气）、装蒜（装糊涂）"等。有的北方方言词表示北方地区的特有事物，也容易为普通话词汇所吸收，如"靰鞡"。

**十、普通话词汇是以北方方言为基础的，但也吸收少量非北方方言的词。你所属的方言与普通话相同和不同的词有哪些？试把它们填在下面括号里，作一次方言词汇调查实习。**

普通话　　肥皂　　冰棍儿　　垃圾　　他　　什么　　玩儿

| | | | | | | |
|---|---|---|---|---|---|---|
| 北京方言 | 胰子<br>(肥皂) | 冰棍儿 | 脏土 | 他 | 什么 | 玩儿 |
| 成都方言 | 洋碱 | 冰糕 | 渣渣<br>渣滓 | 他 | 啥[子] | 耍 |
| 上海方言 | 肥皂 | 棒冰 | 垃圾 | 伊 | 啥 | 白相 |
| 苏州方言 | 肥皂 | 棒冰 | 垃圾 | 俚[倷] | 啥 | 白相 |
| 长沙方言 | 胰子油<br>肥皂 | 冰棒 | 屑子 | 他 | 么子 | 玩 |
| 南昌方言 | 肥皂<br>洋碱 | 冰棒[ŋɔt⁵⁵]屑 | 屑 | 佢 | 什哩 | 瞵<br>玩 |
| 梅州方言 | 番枧 | 雪基(枝) | 垃圾 | 佢<br>其 | 脉介<br>乜个 | 搞<br>[liau] |
| 福州方言 | 胰皂 | 冰箸 | 粪扫 | 伊 | 什乇 | [kalieu⁵³] |
| 厦门方言 | 雪文 | 霜条 | 粪扫 | 伊 | 什物 | 七桃 |
| 广州方言<br>( ) | [番]枧<br>( ) | 雪条<br>( ) | 垃圾<br>( ) | 佢<br>( ) | 乜[野]<br>( ) | 玩<br>( ) |

(答案略)

## ▶▶ 思考和练习七

一、什么是成语、谚语、惯用语、歇后语？它们之间有什么不同？

成语是一种具有意义上的整体性、结构上的凝固性和风格上庄重、典雅性的相沿习用的固定短语。

谚语是群众口语中通俗精练、含义深刻的固定语句。

惯用语是口语中短小定型的习惯用语。

歇后语是由近似于谜面、谜底两部分组成的一种带有隐语性质的口头用语。

成语是意义具有整体性、形式具有定型性,具有典雅、庄重书面语风格色彩的固定短语。谚语是人们生产生活实践的总结,语言富含哲理性。惯用语语言生动形象,简明易懂。而歇后语则带有幽默、活泼的口语色彩。成语多为四字格,有言简意赅、含义丰富的特点;谚语既有单句形式的,也有双句形式的,双句形式的谚语,上下句之间存在因果关联或内在相似性;而惯用语简明生动,通俗有趣,口语色彩浓,大都为三字格,动宾结构,具有比喻义,经常借助形象的比喻来唤起人们的联想,语多转义;歇后语为前后两个部分组成。

成语结构形式固定,历史悠久,可活用,但不能任意创造。惯用语结构虽然定型,但也可拆散,在构成成分之间插入其他词使用。歇后语可以根据表义的需要临时取材创造。

**二、解释下列成语的意义:**

叱咤风云——叱咤,吆喝。一声吆喝可以使风云变色。形容声势威力很大。

精雕细刻——精心细致地雕刻。比喻对艺术品的创作十分细致精微。也比喻办事细致。

居高临下——站在高处向下看。形容处于可控制全局的有利地位。

老马识途——老马能够认识道路。比喻有经验的人熟悉情况,容易把事情办好。

倩人捉刀——倩,请。请人代作文章。

危如累卵——危险得像高高地累起的蛋一样,顷刻之间就有倒塌打碎的可能。比喻情况极度危险。

落拓不羁——落拓,行为散漫。羁,束缚。形容行为散漫、不受拘束的样子。

披沙拣金——披,拨开。从含有金粒的沙子中选取金子。比喻细心挑选,去粗取精。也形容工作的繁难。

不刊之论——刊,删除。古时把字写在竹简上,有错误就削去。形容不能改动或不可磨灭的言论。

泰山北斗——泰山,古称东岳;北斗,北斗星。比喻德高望重或有卓越成就而被众人敬仰的人。

**三、使用成语应该注意哪些问题?**

使用成语,必须注意下列三个主要方面:

(一)必须准确地理解和掌握成语的实际意义,不要简单从字面上去理解意义。因为有些成语字面的意义只是成语的实际意义的基础，不是实际意义的全部。不了解成语的实际意义就可能用错。在使用同义成语时，要分清它们的细微差别，注意它们的感情色彩的不同。

（二）必须正确地理解成语结构的凝固性，要沿用成语的原型，不能随意变换或更改它的构成成分。当然，为了特殊的交际目的，也允许灵活地运用成语，改变其中的某一部分，但必须表义准确、新鲜、活泼。

（三）必须读准成语的字音和写对字形，读错字音或写错字形，都会使成语改变意义或成为不规范的语言现象。

**四、改正下列成语中的错别字。**

委屈（曲）求全　　黄粮（粱）一梦　　礼上（尚）往来　　响扼（遏）行云　　得泷（陇）望蜀　　重蹈复（覆）辙　　淹（湮）没无闻　　濯（擢）发难数

**五、解释下列惯用语的意义。**

背包袱——比喻承受着经济上的压力或精神上的负担。

安钉子——比喻暗地在对方安插下自己的人作内线。

绊脚石——比喻阻碍前进的人或事物。

翅膀硬——比喻原来依附于别人的人有了独立的意识和能力。

穿小鞋——比喻限制、刁难人。

定调子——比喻对说话、办事做一些规定和限制。

耳边风——比喻听过后不放在心上的话语（多指劝告、嘱咐）。

高帽子——比喻恭维的话。

**六、搜集喻意、谐音两类歇后语各十条，并加以解释。**

1. 肉包子打狗——有去无回。比喻给人好处，得不到回报。

2. 铁公鸡——一毛不拔。比喻吝啬。

3. 拄着拐棍走泥路——步步有点子。比喻办事的主意多。

4. 兔子尾巴——长不了。比喻事物不会长久。

5. 老鼠爬秤杆——自称自。比喻自我吹嘘。

6. 芝麻开花——节节高。比喻不断提高。

7. 哑巴吃饺子——心中有数。比喻对事情心里清楚明白。

8. 小胡同赶骆驼——直来直去。比喻有什么就说什么，不绕弯子。

9. 擀面杖吹火——一窍不通。比喻一点不懂。

10. 黄鼠狼给鸡拜年——没安好心。比喻表面上给人一点"好处",实际上隐藏着祸心。

以上十条是喻意的,下面是谐音的:

1. 窗户口吹喇叭——鸣(名)声在外。指在外边有名声。

2. 猪鼻子插大葱——装象(相)。指假装成某种样子。

3. 飞机上放爆竹——响(想)得高。指想得好。

4. 和尚打伞——无法(发)无天。指胆大妄为,置法律道德于不顾。

5. 打破砂锅——璺(问)到底。指追问明白了才肯罢休。"璺",器物上的裂痕。

6. 旗杆顶上绑鸡毛——好大的掸(胆)子。指胆子大。

7. 荷花塘里着火——藕燃(偶然)。指不是必然的。

8. 孔夫子搬家——净书(输)。指失利。

9. 酱油泡秤砣——一盐(言)难进(尽)。指不是用一句话能说完的。

10. 外甥打灯笼——照舅(旧)。指原样未变。

**七、运用歇后语应该注意些什么?**

歇后语带有俏皮的性质,说话、写文章时恰当地运用歇后语可以使语言生动活泼,饶有趣味,既可以确切生动地表达内容,又能给人以深刻的印象。但是对那些思想不健康的歇后语,除了用来表现作品中低级下流人物的用语之外,是不能使用的。就是内容健康的歇后语,也不宜在某些庄严的场合中使用。

▶▶ **思考和练习八**

**一、词汇的发展变化表现在哪些方面? 其原因是什么?**

词汇的发展变化主要表现在下列四个方面:

(一)不断地产生新词。

(二)一些旧词逐渐地缩小使用范围;一些旧词退出了日常交际的舞台,逐渐消失;一些旧词又获得了新的意义;一些退出交际舞台的词又重新启用。

（三）词的意义不断地发生变化。

（四）许多词的声音形式也在变化。

词汇发展变化的根本原因是社会的不断发展与进步，以及人类的实践领域的不断扩大和认识观念的变化。

新事物出现，人们新认识的形成，都要求有词来指称它们，于是新词就随之产生了。

随着一些旧事物、旧观念等的消失，标志它们的词语也逐渐地退出交际舞台。

随着人们认识的加深，利用旧词指称新认识、新事物，因而许多词的意义转移了，深化了，义项增多了。随着社会的发展和人们观念的改变，一些旧词又被起用了。

**二、词义发展变化有哪几种原因？其发展变化的途径有哪几种？**

词义发展变化的原因有下列三种：

（一）词所标志的事物、现象本身发生了变化，从而引起了词义的变化。例如：

"车"，从指"两轮中贯以轴，轴上承舆以任载"的以马为动力的陆上交通运输工具，发展到指"以电、汽油等为动力"的电车、火车、汽车等。"车"的基本义指"陆上的交通运输工具"，虽没有变化，但内涵丰富多了。

（二）由于科学技术的进步，人们对事物认识的提高，引起了词义的深化。如：

"云"，《说文解字》说是"山川气"，深化为科学的说法是"在空中悬浮的由水滴、冰晶聚集形成的物体"（《现代汉语词典》）。

（三）人们循着事物之间的相似性、相关点把词用来指与原义有某种联系的新事物、新认识，从而引起了词义项的增加或减少。如：

"铁流"，由"流动的铁水"去指称"战斗力强的队伍"。

"皮毛"，由"带毛的兽皮的总称"去指称"表面的知识"。

词义变化的途径有下列三种：

（一）扩大原词所概括的对象范围，即词义扩大。如：

"残年",由指称"一年将尽的时候"扩大到指"人的晚年"。

"老巢",由指"鸟的老窝"扩大到指"匪徒、团伙盘踞的地方"。

（二）缩小原词所概括的对象范围,即词义缩小。如:

"小说",由指"街谈巷议之类的异闻、琐记等等",缩小指"文学作品的一种体裁"。

"报复"原指报答恩和怨（《三国志·蜀·法正传》:"一餐之德,睚眦之怨,无不报复"）,现缩小为"报怨",对批评自己或损害自己利益的人进行反击。

（三）把表示甲类对象的词转用于指称与之有关的乙类对象,即词义转移。如:

"布告",原为动词,是宣布、公告之意（《史记·吕太后纪》:"事已布告诸侯。"）,现转移指机关团体张贴出来通告大众的文件,是公文的一种。

"明目张胆",由"无所畏避"的褒义,转移为"公开大胆地做坏事"的贬义。

**三、解释下列各词,指出它们的意义是怎样变化的。**

1. "本钱" ① 用来营利、生息、赌博的钱财。② 比喻可以凭借的资历、能力等条件。——用比喻方法扩大词所指对象的范围。

2. "走狗" ① 猎狗。② 受人豢养的助人作恶的爪牙。——用比喻的方法扩大词所指对象的范围。

3. "讲究" ① 讲求、重视。② 精美（由于讲求、重视而使之出现的好结果）。③ （~儿）值得注意或推敲的内容（如"有讲究儿"）。——用引申的方法扩大词所指对象的范围。

4. "空气" ① 构成地球周围大气的气体。② 一定环境中给人某种强烈感觉的气氛。——用比喻的方法扩大词所指对象的范围。

5. "推销" ① 推广货物的销路。② 推广自己的主张使别人同意,含贬义。——用引申的方法扩大词所指对象的范围。

6. "贩卖" ① 商人买进货物再卖出以获取利润。② 把别人的主张或见解拿来"卖"出去,以获取好处,含贬义。——用引申的方法扩大词所指对象的范围。

7.“市场”① 商品交易的场所。② 兜售某种主张、见解的场所，含贬义。——用引申的方法扩大词所指对象的范围。

8.“运动”① 转动运行。② 物体的位置不断变化的现象。③ 宇宙间所发生的一切变化过程。④ 政治、文化、生产等方面有组织、有目的而声势较大的群众性活动。——用引申的方法扩大词所指对象的范围。

9.“温床”① 冬季或早春培育蔬菜、花卉等幼苗的苗床。② 比喻对坏人、坏事、坏思想有利的环境,含贬义。——用比喻的方法扩大词所指对象的范围。

10.“背景”① 舞台上或电影里的布景。② 图画、摄影里衬托主体事物的景物。③ 对人物、事件起作用的历史情况或现实环境。——用比喻的方法扩大词所指对象的范围。

11.“幼稚”① 年纪小。② 形容头脑简单或缺乏经验。——用引申的方法扩大词所指对象的范围。

12.“上身”① 身体的上半部分。② 儿化后,作上衣解。——用引申的方法扩大词所指对象的范围。

上面 12 个词的词义变化都属于词义扩大的变化。

**四、下列三组译名应选用什么词为好,为什么?**

disco 用“迪斯科”为好,因已通行。

dacron 用“的确良”为好,因为既译音,又表意,有“确实好”的意思。其他的译名都不能表示“好”的意思。如果译成“的确凉”,有“确实凉爽”的意思,但实际并不如此。

laser 用“激光”为好,是由激光器发射的受激发射光。这是意译。吸收外来词的原则是尽量采用意译。“雷射、镭射”均不好理解。

**五、什么是异形词? 下列每组异形词中应选哪一个为规范的词,请用横线标出。**

异形词是指社会上并存、并用的同音、同义而书写形式不同的词语。

<u>谋划</u>—谋画　　模胡—<u>模糊</u>　　鲁莽—卤莽

倒楣—倒霉　　掺杂—搀杂　　订货—定货

**六、你怎样看待汉语中的字母词?**

(答案略)

**七、下面例句中哪个是生造词语,为什么?试改正。**

①在国庆的文艺晚会上,各种颜色的灯光把会场布饰得非常壮丽。

②这一下出国留学的宿望算是砸锅了。

"布饰"是个生造词,不好理解,大约是"布置、装饰"两词的紧缩。说"灯光"、"装饰"会场还勉强可以,但说"灯光"、"布置"就不行了。通常用来说"灯光"的动词是"照耀",应把"布饰"改为"照耀"。

"壮丽"虽不是生造词,但也用得不怎么恰当,可改为"美丽、华丽"或"绚丽"。

"宿望"是个生造词。现代汉语中有现成的"宿愿",而没有"宿望",构词领域里语素替换是不能随意的。

**八、请搜集十个用词不合规范的句子,并加以改正。**

1. 他一点也不尊重学校的纪律。

——"尊重"一般应用于"人"。"纪律"前应该用"遵守"。"尊重"应改为"遵守"。

2. 单有敢于实践的决心还不够,还必须有严密的科学态度。

——"严密"是指"周到,没有疏漏"的意思。形容"科学态度"应该用"严谨","严谨"是"严格谨慎"的意思。"严密"应改为"严谨"。

3. 他俩虽是破镜重圆,但亲朋贺友们还是要当新事来办。

——"贺友"是生造的词,应改为"好友"。"亲朋好友"是习用的熟语。

4. 人民群众有运用民主的权力。

——"权力"应改为"权利"。"权力"指政治上的强制力量和职责范围内的支配力量。"权利"指公民或法人依法行使的权力和享受的利益,跟"义务"相对。"权力"和"权利"是两个不同的概念。

5. 短促的休息之后,会议继续进行。

——"短促"应改为"短暂"。因为"短促"表示的时间,比"短暂"

还要短,有"瞬间""转眼间"的意思。会议中间休息时间,一般是不会这么短的。

6. 群众一致反应说:"王老师是我们的贴心人。"

——"反应"应改为"反映"。"反应"指事物引起的意见、态度或行动,如"群众对政府的新措施反应很好。""反映"指把客观情况和意见告诉上级或别人。两个词的意义不同,用法也不同。

7. 在施工中困难一个接着一个,工作非常辣手。

——"辣手"应改为"棘手",因为"辣手"不是"扎手、难办"的意思,而是"毒辣的手段"或"手段毒辣"的意思。

8. 时事的发展是迅速的,我们必须努力学习,否则,就会落后。

——"时事"应改为"时势"。"时事"指最近期间内的国内外大事。"时势"指某一时期的客观形势。两词意义不同,所指也不同。

9. 这篇小说体裁很好,但结构、语言上都有些毛病。

——"体裁"应是"题材"之误。"题材"指作品中具体描写的生活事件或生活现象,即作品的内容。"体裁"指作品的样式。小说就是作品的体裁之一。这句是就内容说的,应当用"题材"。

10. 展览会工作人员应该注意防备贵重的展品免遭盗窃。

——句中"防备……免遭盗窃"把原意说反了。应把"免遭"改为"遭到"。

# 第四章语法习题答案

▶▶ **思考和练习一**

**一、语法学里的词法和句法各研究些什么?**

语法学里的词法和句法各有研究范围。词法以词为研究对象,研究词的内部结构、词的形态变化和词的语法分类。例如语素构成词的类型有哪几种,词形变化的方式及其表示的意义有哪些,词能分多少类,每类词以至每个词有哪些功能或用法,等等。句法以短语和句子为研究对象,研究语句结构的类型和规则。例如短语、句子的结构层次如何,每层中各组成成分之间有什么关系,形成什么类型,表示什么意义,句子有什么语用条件,等等。

**二、什么是语法体系?对语法体系的分歧应采取什么态度?**

语法体系有两个含义,一个是指语法结构成分的组合规则和关系所构成的整体。在这个意义上,一种语言只能有一个客观的语法体系。但是在语法学界,由于众多语法研究者的认识不尽相同,所使用的析句方法和术语也就不同,对同一语法现象分析的结果和解释会出现分歧,从而形成不同的语法体系,这一含义的语法体系应该说成语法学体系。不同的语法学体系都是为了帮助人们认识和运用好各种语法结构的,它们往往大同小异,各有长短,因此学习的时候要细心观察,拿它来同语言实体相印证,采用符合事实的说法。不能因体系分歧而否定学习语法的必要性和可能性。语法学体系的分歧,是人类的认识规律决定的,是不可避免的。只有通过对语法的深入研究才有可能逐步减少分歧。我们有必要分清语法体系的两个含义,知道通常说的语法体系往往是指语法学体系。

**三、举例说明语法的抽象性和稳固性。**

语法的抽象性指语法不管词、短语和句子的具体意义,而只管其中的语法意义、语法形式和规则。例如"牛、太阳、飞机、春天、文学、势力"这些词的词汇意义各不相同,而语法形式和意义有共同点,即指它们有常作主语、宾语、定语的功能,能单独受数量短语修饰,都有事物意义。又如"蓝蓝的天、善良的愿望、奔跑的羊群、火车的速度、一本书",这些短语的具体意义不同,但是语法不管这些,只注意每个短语都是有修饰关系的偏正结构,是定语性质不同的定中短语。

语法具有稳固性,这是说许多语法规则经历千百年而不变,旧的语法规则的变化和新的语法规则的产生都是比较缓慢的。例如汉语表达语法意义的手段主要是利用语序和虚词,从古到今都如此;主谓结构中主语和谓语是一前一后直接组合的,不用语法成分来连接,但是主语后头停顿处,有时可以出现语气词,这些结构特点也是古今一致的。又如在上古,名词可以作谓语,到了现代,名词一般不能直接作谓语了,这可以看出旧规则虽有变化,但是变化很缓慢。

## 四、为什么说研究语法要注意民族特点？

不同民族的语言，既有共性又各有个性，如果忽视民族语言的个性或特点，就不能深入认识一种语言的语法结构规律。例如对汉语，要研究"把"字句和"被"字句，不能只满足于说明哪是主语、哪是谓语、哪是状语等，还要指出它的结构特点、构成条件和所表示的语法意义，还要了解"把家回、被他打"这些说法的语用条件，这样才能研究好、掌握好汉语语法。

## 五、谈谈四级语法单位的关系。

语法单位主要有语素、词、短语和句子，可称为四级语法单位。语素、词、短语是没有句调的备用单位，说话至少得说一句，句子是有句调的运用单位。最小语法单位是语素。一个语素可以单独成为一个单纯词，也可以同别的语素构成合成词。词是组成短语或句子的备用单位，短语是组成更大的短语的备用单位。某些词和短语加上句调可以成句，另一些词和短语不能加句调形成句子。下图表明四级语法单位之间的关系。

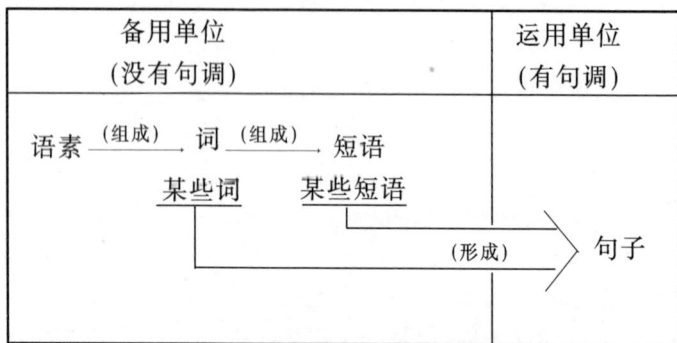

| 备用单位<br>（没有句调） | | 运用单位<br>（有句调） |
|---|---|---|
| 语素 ──(组成)── 词 ──(组成)── 短语 | | |
| 某些词　　　某些短语 | | |
| | (形成) ➤ | 句子 |

## 六、举例说明一般的句法成分是如何配对的。

一般句法成分有八个。每一个成分都是在同一层次上跟另一成分发生直接关系，因而配成一对，即：

主语—谓语（差距—很大）

动语—宾语（学习—汉语）

定语—中心语（春节—前夕）

状语—中心语（明显—回落）

中心语—补语(调查—出来)

**七、分析下列短语的句法成分。**

① 奥运奖牌长了中国人的志气

| 主 | 谓 |
|---|---|
| 定 中 | 动 宾 |
| | | 定 中 |
| | | 定 中 |

② 浩瀚太空首次出现中国人的身影

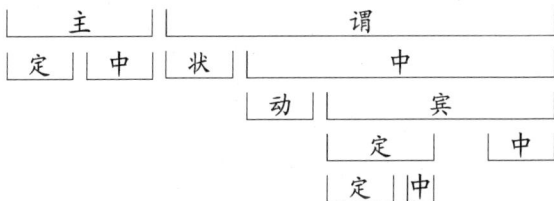

| 主 | 谓 |
|---|---|
| 定 中 | 状 中 |
| | | 动 宾 |
| | | 定 中 |
| | | 定 中 |

③ 新时期的改革开放成就了中国的崛起

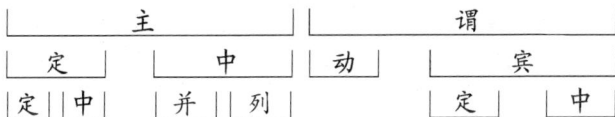

| 主 | 谓 |
|---|---|
| 定 中 | 动 宾 |
| 定 中 并 列 | 定 中 |

这三例中,用中心词分析法分析出的主语是一个词(名词),谓语也只是一个词(动词);用层次分析法分析出的主语则是一个短语(名词性短语),谓语也是一个短语(动词性短语)。

▶▶ **思考和练习二**

**一、讲语法、分析句子的结构不使用词类名称行不行?试举出例句说明划分词类的可能性和必要性。**

为了认识、分析、说明语句的语法结构,有必要对结构中各种用法不同的词加以分类,把用法相同的许多词用一个概括的类别名称来称说。要不然,就要把用法相同的词一个个列举出来,这样就难于认识、说明结构的异同及其规律了。

词类是汉语里的客观存在,各类词有不同的语法特点,表现了不同的性质。这就为划分词类提供了可能性。例如"瞎子摸鱼"中"瞎子、鱼"可以受指示代词的修饰，而动词"摸"不行；"摸"可以受副词"不"的修饰，而名词不行。这样根据词表现出的不同特点，就可以把词分出不同的类来。

划分词类不但有可能性，而且有必要性。各种各样的句子多数是由词逐层组成的，不划分词类，就没有办法说明语句各种结构规律的差异和词的不同功能，就不便于说明句子应该怎样组织和不应该怎样组织，不利于说明句子的正误。如"球队获得了冠军，队员们都感到十分荣誉。"这个句子中"荣誉"是名词，这儿误用为形容词了，改为"光荣"才与动词"感到"搭配得拢。如果不划分词类，怎么说明用词是否符合规律呢？

**二、汉语划分词类的标准是什么？**

汉语词类划分的大标准是词性，词性表现为三个小标准，即词的语法功能、形态和意义。主要标准是功能，次要标准是形态和意义。功能指词充当句法成分的能力和能与哪些词结合的能力，形态指能不能重叠，能做什么样的重叠或表示什么共同的意义。意义指表示人或事物，或动作行为，或性质状态等。

以上是本教材划分词类的主张。现在有的教材主张以功能为唯一标准，或以功能为主要标准，过去一些名著以意义为唯一的标准，现在已经没有教材这样主张了。

总之，现在划分汉语词类还没有一致的标准，但是以功能为主是大体一致的。

**三、将下面句子的词划分开，然后列一个实词简表，把其中的实词分别填在简表里。**

①　春分丨刚刚丨过去，清明丨即将丨到来。……这丨是丨科学丨的丨春天！让丨我们丨张开丨双丨臂，热烈丨地丨拥抱丨这丨个丨春天丨吧！

②　你们丨在丨想要丨攀登丨科学丨顶峰丨之前，务必丨把丨科学丨的丨初步丨知识丨研究丨透彻，还丨没有丨充分丨领会丨前面丨的丨东西丨时，就丨丨绝丨不丨要丨动手丨搞丨以后丨的丨事情。

③　秋天丨的丨后丨半夜，月亮丨下去丨了，太阳丨还丨没有丨出，只丨剩

下｜一｜片｜乌蓝｜的｜天,除了｜夜游｜的｜东西｜,什么｜都｜睡｜着｜了。

| 名词 | 春分　清明　科学　春天　臂　顶峰　之前<br>知识　前面　东西　时　以后　事情　秋天<br>后半夜　月亮　太阳　天 |
|---|---|
| 动词 | 过去　到来　是　让　拥抱　想要　张开<br>攀登　研究　领会　要　动手　搞　下去<br>出　剩下　夜游　睡着 |
| 形容词 | 热烈　透彻　充分　乌蓝　初步 |
| 数词 | 一 |
| 量词 | 双　个　片 |
| 副词 | 刚刚　即将　务必　还　没有　就　决不 |
| 代词 | 这　我们　你们　什么 |

四、给下列各词分别归类。

① 热爱(动词)、可爱(形容词)

② 答案(名词)、答应(动词)

③ 战争(名词)、作战(动词)

④ 非常(副词、区别词)、平常(形容词、名词)

⑤ 青年(名词)、年轻(形容词)

⑥ 坚决(形容词)、决心(名词、动词)

五、"爱、恨、希望"等是动词,经常受程度副词修饰;"笔直、雪亮、红彤彤、绿油油"等是形容词,却不能受程度副词修饰。为什么说前者是动词,后者是形容词?

一般动词不能受程度副词的修饰,但是"爱、恨、希望"等表示心理活动的动词,有程度之别,所以可以受程度副词修饰。我们之所以判定这些是动词,是因为这些词都能作谓语中心,又能带宾语,如"爱祖国"、"恨敌人"等。

一般形容词可以受程度副词修饰,但是"笔直、雪亮、红彤彤、绿油油"等不受程度副词修饰,因为这些词本身含有程度深的意思。我们之所以判定它们为形容词,是因为它们都可以作定语和谓语,不能带宾语。例如"笔直的大道"、"眼睛雪亮"等。

**六、举例说明"我们"与"咱们"、"你"与"您"、"那"与"哪"用法上有什么不同。**

"我们"可以是包括式(包括听话人一方),也可以是排除式(不包括听话人一方)。例如,"小李,你是我的好朋友,我们在一起很愉快。"(包括式)"大哥,你在这儿再等一会儿,我们先走了。"(排除式)

"咱们"只是包括式。如说"小李,你乘火车,我坐汽车,咱们南京见。"

"你"和"您"都是第二人称代词。"你"是一般称呼,没有尊敬色彩;"您"是敬称,表示尊敬。如说"妈妈,您到哪儿去呀?""昨天跟你说过,去上海。"

"那"(nà)是指示代词,表示远指,如"那是教室,这是寝室。""哪"(nǎ)是疑问代词,表示疑问,如"哪是你的座位?"也可以用于虚指,如"哪天有空,我们去看球赛。"又可以用于任指,如"这几盆花,哪一盆都好。"

**七、有人使用"他(她)们、恁(tān)",这种用法规范吗?**

"他(她)们"的使用,原意是想表示男女兼有。但是汉语"他们"并不表示性别,它可以表示男性,也可以兼表男女,因此没必要写成"他(她)们"。

"恁(tān)"是北京方言第三人称单数"他"的敬称,但是并未进入普通话。因此,这种用法从普通话来看并不规范。

**八、误用量词有时是由于没注意方言和普通话的量词跟名词的搭配规律或习惯的差异,试举出"羊、鱼、树、针、桥、车"等十个名词,在它前面填上"一"和专用量词。(如"一只[个]羊",在方括号里填上自己方言的专用量词。)**

(答案略)

**九、西瓜摊上写着"5 斤以上每斤 9 角,5 斤以下每斤 1 元"。顾客称了一个 5 斤的,只给 4 元 5 角,小贩硬要顾客给 5 元。为何出现纠纷?谁对?**

(答案略)

十、在当代的文学作品中经常可以见到"副＋名"的组合，例如"副＋一般名词"的"很学生、很男人"，"副＋抽象名词"的"很青春、特现代"，"副＋专有名词"的"很雷锋、很中国"。你对这些语法现象是怎样看待的？请说明理由。

（答案略）

## ▶▶ 思考和练习三

**一、划分汉语实词、虚词的依据是什么？**

划分汉语实词、虚词的依据是词的语法功能、形态和意义，主要是词的语法功能。能够单独充当句法成分，有词汇意义、语法意义的是实词，不能充当句法成分、只有语法意义的就是虚词。

**二、用"△"号把下面一段话里的虚词标出来，然后列一个虚词表，把它们的大类小类分别填在表里（重复的可只写一个，并用数码表示重复的次数）。**

一个晴朗的早晨，天空碧蓝碧蓝的，不沾一丝云彩，一股带着清凉和花香的微风，轻轻地吹拂着。早起的飞燕掠过小白杨树的头顶，找食去了。多嘴的小麻雀刚睁开眼睛，就吵吵嚷嚷地讨论早饭该吃些什么。牵牛花、向日葵的花瓣沾满了露水，给刚刚升起的太阳照耀得闪闪发光，颜色变得格外鲜艳了。一只花喜鹊从村子里飞来，她还没站稳脚跟，就对小白杨树们说："喂！小白杨树，村子里的人们就要来修大路啦。"

| 介词 | 给 从 对 | |
|---|---|---|
| 连词 | 和 | |
| 助词 | 结构助词 | 的（8） 地（2） 得（2） |
| | 动态助词 | 着（2） 了（沾满了） |
| 语气词 | 的（碧蓝碧蓝的） 了（"……去了""……鲜艳了"） 啦 | |

三、下面各组句子里加着重号的词在词性上、作用上有没有不同？为什么？

甲　① 这个人不会过日子。
　　② 我去过上海。

例①"过"是动词,在句子中作动语。例②"过"是动态助词,表示曾经有的经历。

乙　③ 情况会一天天好起来的。
　　④ 他是一个修房子的。

例③"的"是起强调、肯定作用的语气词,表示陈述的语气。例④"的"是结构助词,放在"修房子"后边一起组成"的"字短语,这个"的"字不可缺少。

丙　⑤ 他近来很容易闹脾气了。
　　⑥ 不必客气,我的确吃过了。

例⑤"了"是语气词,表示陈述语气,肯定事情发生了变化。例⑥"了"兼有语气词和动态助词两种作用,既表动作完成,又表陈述语气,肯定事情已经实现了。

四、在下面句子里的空格处填上适当的结构助词,并说明理由。

① 问题彻底＿＿＿解决了。

"彻底解决"是动词性偏正短语作谓语,"彻底"是状语,应填"地"。

② 彻底＿＿＿解决问题是不容易的。

主语是动词短语,动词"解决"前的附加成分是状语,应填"地"。

③ 问题解决＿＿＿不彻底。

"解决"是中心语,"不彻底"是补语,应填"得"。

④ 问题还没有得到彻底＿＿＿解决。

"解决"是宾语中心,"彻底"是定语,应填"的"。

⑤ 他认为应当认真＿＿＿研究。

"认真"是形容词作状语,后面应当填"地"。

五、下面两组里结构相似的句子意思是否相同？

甲　① 我在北京住了三年。
　　② 我在北京住了三年了。

① 表示现在已不在北京住。② 表示现在还在北京住着。

乙 { ③ 我只同他说过这个问题。
    ④ 我同他只说过这个问题。

③ 表示"只同他说过",没有同别人说过。④ 表示"只说过这个问题",没有说过别的问题。

**六、**"我跟他去过"这句话可以有不同的理解。请分别加上适当的词把不同的意思都固定下来,并说明各个意思中"跟"的词性。

① 我跟他都去过。("跟"是连词)

② 我曾经跟他去过。("跟"是介词)

③ 我跟着他去过。("跟"是动词)

**七、**改正下列句子中实词方面的错误,并说明理由。

① 在工厂、农村、学校我见闻了许多英雄,他们都在自己的岗位上,为实现社会主义现代化而忘我地工作着。

原句中名词"见闻"被误用为动词,应当改为"耳闻目睹"之类的词语。

② 小梅干活很卖力气,咱村的大人小孩没有一个不说她劳动不积极的。

原句中"没有一个不说"即"大家都说",后面再加上一个否定副词"不"来否定"积极",意思就正好和原意相反了。应去掉最后一个"不"字。

③ 世界稀有雉类,和大熊猫一样获得中国国宝称誉的四川鹇鸪近年成倍减少,目前仅有两千多只,因此筹建四川鹇鸪保护区已迫在眉睫。

数量的减少不能用倍数表示,只能用分数表示。"成倍减少"应改为"减少百分之五十"、"减少二分之一"或"减少一半"。

④ 于无足轻重的东西中见出更高度的深刻意义。

"高度"是名词,句中用程度副词"更"修饰它,是把名词误用为形容词了,全句应改为"于无足轻重的东西中见出更高层面的深刻意义。"

⑤ 这些女孩真是又漂亮又智慧。

"智慧"是名词,不能跟形容词"漂亮"并列,不能受副词"又"修饰,把名词误用为形容词了,应改"智慧"为"聪明"。

⑥ 思维这个词,可以分广义和狭义两种使用。

"使用"是动词,句中让它作"分"的宾语中心,又受数量短语修饰,这是把动词误用为名词了,应改"使用"为"用法"。

⑦ 包装可以,但不能太包装。

两个"包装"都是动词,后一个"包装"受程度副词修饰,又不带宾语,这是把动词误用为形容词,可在"包装"的前面加个谓宾动词"注重",句子就通了,"太"要改为"只"就更好。

⑧ 几乎所有的窗都明亮着不疲惫的眼。

"明亮"是形容词,不能带宾语,误用为动词了,改为"几乎所有的窗户都透出明亮的灯光,像不疲惫的眼睛。"

⑨ 实行新的管理制度以来,优质品率由过去的百分之八十提高了百分之九十。

"提高了"指的是净增数,不包括底数。"提高到"指的是增加后的总数。本句指的是增加后的总数,应改"了"为"到"。

⑩ 天天的朋友站在他爸爸身边。

"他"指代不明,是天天的朋友站在天天爸爸的身边,还是天天的朋友站在自己爸爸的身边呢? 可根据实际情况加以修改。

⑪ 他家在村子的南边,面对着一幢小山。

量词"幢"常用于楼房,"山"应用"座"表示。

⑫ 陶渊明曾理想一个和平、宁静、没有矛盾斗争的极乐世界。

"理想"是名词,不能带宾语,误用为动词了,改"理想"为"幻想"。

**八、改正下列句子中虚词方面的错误,并说明理由。**

① 今年又是一个丰收年,粮食产量超过去年的 12.5%。

"超过去年的 12.5%"等于说比去年粮食产量的 12.5% 多,实际上还没有去年生产的粮食多,那就不是丰收年了。应将"的"去掉,使"12.5%"成为超过量。

② 这个山区的变化,对于我们都是非常了解的。

本句犯了主客颠倒的毛病。是我们了解山区的变化,不是山区变化了解我们。应将"对于"移到句首,或在"我们"后边加上"来说"二字,让"对于我们来说"成为独立语。

③ 在改善学生生活上,我们学校采取了一些措施。

在"在……上"中的内容应该是名词性短语,而"改善学生生活"是动词性短语。改法有二:一是将"上"改为"方面",一是在"生活"后边加上"的问题"。

④ 窗前有一个小菜园,种有苋菜、豆角、黄瓜和许多种蔬菜。

此句犯了种概念和类概念并列的毛病,"苋菜"、"豆角"和"黄瓜"各是蔬菜的一种,不能与"蔬菜"并列。应将"和"改为"等"或在"许多种"前加上"其他"二字。

⑤ 本校职工或学生出入校门要凭工作证和学生证。

"和"表示加合性并列,"或"表示选择性并列。职工只能凭工作证,学生只能凭学生证。因此,"和"应改为"或"。

⑥ 我代表学校向新同学致以亲切地慰问。

"慰问"为宾语中心语,"亲切"是其定语,因此应将"地"改为"的"。

⑦ 即使做超级明星的目标达不到,高级的业余爱好,也可比一般人拥有了较充实的人生。

本句说的是一般的道理,没有实现的意思,所以"拥有"后的"了"应取消。

⑧ 广大农村正在掀起了一个科学种田的新高潮。

"了"表示动作已经实现,与"正在"意思上前后矛盾,应将助词"了"去掉,或把"正在"改为"已经"。

## ▶▶ 思考和练习四

一、合成词和短语的结构类型基本相同,只有少数不同。试将相同的类型一一对比列举,每类举三例。其中举一个两层的合成词和一个两层的短语,说明它们的共同点。

(答案略)

二、试举例说明汉语组成短语的语法手段。

汉语组成短语的语法手段是语序和虚词。有一些短语只靠语序组成。例如主谓短语是主语在前,谓语在后;动宾短语是动语在前,宾语在后。有一些短语既依靠语序,也依靠虚词。例如偏正短语和中补短语里都有一部分短语不只靠语序,还要分别用上相应的结构助词。

三、指出《不老歌》中三字短语的结构类和功能类。

起得早　睡得好——中补,动词性

七分饱——偏正,形容词性

常跑跑——偏正,动词性

多笑笑——偏正,动词性

莫烦恼——偏正,形容词性

天天忙　永不老——偏正,形容词性

四、指出下面句子中作定语的短语的结构类和功能类。

攀登高峰——动宾,动词性

金色秋天——偏正,名词性

友谊园里——方位短语,名词性

理想王国——偏正,名词性

获得甜果——动宾,动词性

秉公办事——偏正,动词性

健康长寿——联合,形容词性

身体内部——偏正,名词性

时代洪流——偏正,名词性

前进路上——方位短语,名词性

走向深渊——中补,动词性

五、用从大到小和从小到大的层次分析法分析每个短语的层次和结构关系,并指出下列短语的结构类型。

① 矿山建设者的摇篮　　　(偏正:定中)

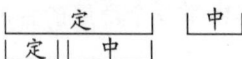

矿山 建设者 的摇篮　　　(偏正:定中)

② 不 能 磨灭 的 深刻 印象　（偏正:定中）

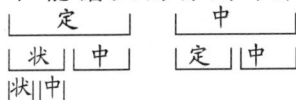

　　定　　　　　中
　　状　中　　定　中
状中

不 能 磨灭 的 深刻 印象　（偏正:定中）

状中　　　　定中
　状中
　　定中

③ 写出 更 多 更 好 的 作品　　　（动宾）

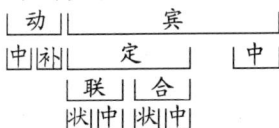

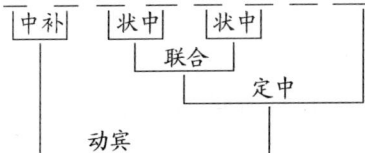

动　　　　宾
中补　定　　　中
　联　合
状中 状中

写 出 更 多 更 好 的 作品　（动宾）

中补　状中　状中
　　联合
　　　定中
　动宾

④ 分析 研究 一下 材料①　　　（动宾）

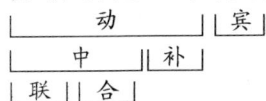

　　动　　　宾
　　中　补
联　合

分析 研究 一下 材料　　　（动宾）

联合
　中补
　　动宾

————————————

① 数量短语、方位短语、介词短语、助词短语一般不分析,下同。

⑤ 谁 是 最可爱的人　　　　　（主谓）

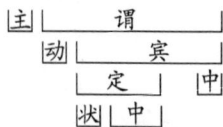

主｜　　谓
　动｜　宾
　　　定｜中
　　　状｜中

　　　　　　　　　　　　　　　（主谓）

谁 是 最 可爱的人

状中
　　定中
动宾
主谓

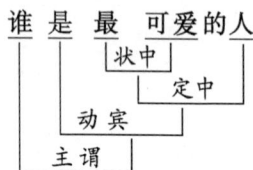

⑥ 做 一 个 有理想有作为的青年　（动宾）

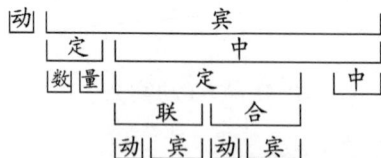

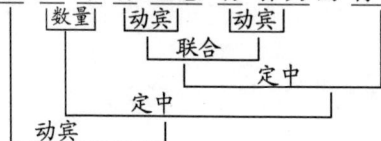

动｜　　　　宾
　定｜　　中
　数量｜　定　｜中
　　　联　合
　　动宾｜动宾

做 一 个 有 理想 有 作为的 青年（动宾）

数量｜动宾｜动宾
联合
定中
定中
动宾

⑦ 一种新式的炊具电磁炉　　　　（同位）

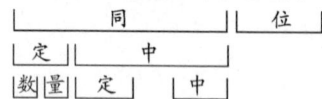

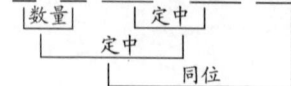

同　｜　位
定｜　中
数量｜定｜中

一 种 新式的炊具 电磁炉　　　（同位）

数量｜　定中
定中
同位

156

⑧ 划分词类的一个目的是讲述词的用法　　（主谓）

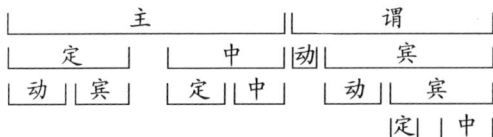

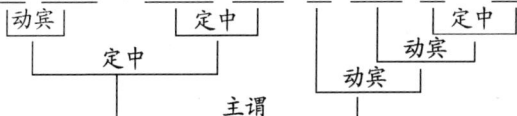

```
｜        主        ｜        谓        ｜
｜  定  ｜  中   ｜动｜   宾        ｜
｜ 动 ｜ 宾 ｜ 定 ｜ 中 ｜ 动 ｜ 宾 ｜
                            ｜ 定 ｜ 中 ｜
```

划分词类 的 一 个 目的 是 讲述 词 的用法

```
｜动宾｜        ｜定中｜            ｜定中｜
｜          定中          ｜   ｜动宾｜
                    ｜动宾｜
｜                主谓                ｜
```

⑨ 浓浓的长长的眉毛和一双不大不小的眼睛　　（联合）

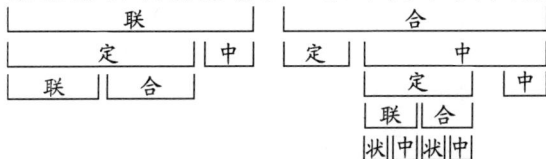

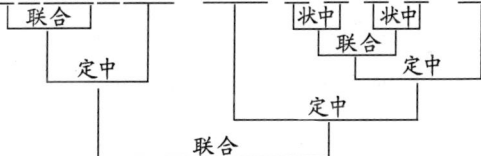

```
｜            联            ｜            合            ｜
｜      定      ｜中｜  ｜ 定 ｜      中      ｜
｜ 联 ｜ 合 ｜              ｜  定  ｜中｜
                              ｜ 联 ｜ 合 ｜
                              ｜状｜中｜状｜中｜
```

浓浓的长长的眉毛和一 双 不 大 不 小的眼睛　　（联合）

```
｜联合｜              ｜状｜中｜ ｜状｜中｜
｜  定中  ｜            ｜   联合   ｜
                          ｜    定中    ｜
｜              定中              ｜
｜                  联合                  ｜
```

六、下列短语都是多义短语,试分析它们内部结构层次和结构关系的不同。

① 他的哥哥和妹妹的三位朋友　　（偏正）

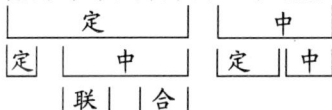

```
｜        定        ｜        中        ｜
｜ 定 ｜    中    ｜ 定 ｜中｜
          ｜ 联 ｜ 合 ｜
```

他的哥哥和妹妹的三 位 朋友　　（联合）

```
｜  联  ｜        合        ｜
｜定｜中｜ ｜定｜ 定 ｜中｜
```

② 热爱人民的军队　　　　　　(偏正)

定｜中

动｜宾

热爱人民的军队　　　　　　(动宾)

动｜宾

定｜中

③ 三 个 报 社的记者和编辑　　(偏正)

定｜中

定｜中　联｜合

数｜量

三 个 报 社的记者和编辑　　(偏正)

定｜中

数｜量｜定｜中

联｜合

④ 看 打 乒乓球的小学生　　　(偏正)

定｜中

动｜宾

动｜宾

看 打 乒乓球的小学生　　　(动宾)

动｜宾

定｜中

动｜宾

⑤ 对 售货员 的 意见　　　　（介词短语）
　　介｜　　宾　　｜
　　　　｜　定　｜　中　｜

　　对 售货员 的 意见　　　　（偏正）
　　　　｜　定　｜　中　｜
　　　　介｜宾｜

⑥ 照顾 孩子 的 妈妈　　　　（偏正）
　　　　｜　定　｜　中　｜
　　　　动｜宾｜

　　照顾 孩子 的 妈妈　　　　（动宾）
　　动｜　　宾　　｜
　　　　｜　定　｜　中　｜

⑦ 反对 用人唯亲 的 程××　　（偏正）
　　　　｜　　定　　｜　中　｜
　　　　动｜宾｜

　　反对 用人唯亲 的 程××　　（动宾）
　　动｜　　宾　　｜
　　　　｜　定　｜　中　｜

⑧ 讨厌 酗酒 和 赌博 的 女人　（偏正）
　　　　｜　　定　　｜　中　｜
　　　　动｜宾｜
　　　　　　｜联｜合｜

　　讨厌 酗酒 和 赌博 的 女人　（动宾）
　　动｜　　宾　　｜
　　　　｜　定　｜　中　｜
　　　　｜联｜合｜

## ▶▶ 思考和练习五

一、了解各种句法成分的构成材料。(从教材里归纳并加以补充,注意指出每个成分经常用什么词语充当,有什么条件限制。)

1. 什么词语可以充当主语、宾语? 什么词语可以充当谓语?

名词性词语和谓词性词语都可以充当主语。名词性主语在用法上一般不受限制,只有一些词语,例如代词、量词短语作主语时,受语言环境的限制。谓词性主语对谓语有一定限制。作主语的例子如:

名词性词语作主语
- (名词) 唯物主义是正确的。
- (代词) 他是正确的。
- (偏正短语) 她的答案是正确的。
- (联合短语) 小李和老李是正确的。
- (同位短语) 他们俩是正确的。
- (量词短语) 五米是正确的。
- (助词短语) 他说的是正确的。

谓词性词语作主语
- (动词) 劝告是正确的。
- (形容词) 谨慎是正确的。
- (偏正短语) 努力学习是正确的。
- (联合短语) 耐心细致是正确的。
- (主谓短语) 表里一致是正确的。
- (动宾短语) 坚持实践是正确的。
- (中补短语) 继续下去是正确的。
- (连谓短语) 下乡调查是正确的。
- (兼语短语) 让他出面是正确的。

能作主语的词语一般都能作宾语。举例如下:

小王喜欢美术　　　　（名词）<br>
小王喜欢他　　　　　（代词）<br>
小王喜欢老实人　　　（偏正短语）<br>
小王喜欢棋琴书画　　（联合短语）　名词性词语<br>
小王喜欢他们几个　　（同位短语）　作宾语<br>
小王喜欢这本　　　　（量词短语）<br>
小王喜欢红的　　　　（助词短语）

小王喜欢游泳　　　　（动词）<br>
小王喜欢清静　　　　（形容词）<br>
小王喜欢巧干　　　　（偏正短语）<br>
小王喜欢发明创造　　（联合短语）<br>
小王喜欢衣冠整洁　　（主谓短语）　谓词性词语<br>
小王喜欢爬山　　　　（动宾短语）　作宾语<br>
小王喜欢住在三楼　　（中补短语）<br>
小王喜欢下海游泳　　（连谓短语）<br>
小王喜欢求人帮忙　　（兼语短语）

能自由作谓语的是谓词性词语,而名词性词语作谓语有一定的条件限制。举例如下:

他老人家来(了)　　　（动词）<br>
他老人家厚道　　　　（形容词）<br>
他老人家怎么(了)　　（代词）<br>
他老人家不啰唆　　　（偏正短语）<br>
他老人家沉着果断　　（联合短语）　谓词性词语<br>
他老人家胸怀宽广　　（主谓短语）　作谓语<br>
他老人家爱热闹　　　（动宾短语）<br>
他老人家说得好　　　（中补短语）<br>
他老人家有兴趣做　　（连谓短语）<br>
他老人家请你去　　　（兼语短语）<br>
他老人家中等身材　　（偏正短语）　名词性短语<br>
他老人家六十岁(了)　（量词短语）　作谓语

2. 什么词语可以充当定语、状语、补语？三者各修饰或补充什么成分?

除副词性词语外,其他实词和短语一般都可以作定语。举例如下:

|  |  |  |
|---|---|---|
| 名词性词语<br>作定语 | （名词） | 农民（的）孩子 |
|  | （代词） | 他（的）孩子 |
|  | （偏正短语） | 北方农村（的）孩子 |
|  | （联合短语） | 法官和律师（的）孩子 |
|  | （同位短语） | 他们渔民（的）孩子 |
|  | （量词短语） | 一个孩子 |
|  | （方位短语） | 菜园里面（的）孩子 |
| 谓词性词语<br>作定语 | （动词） | 挨打（的）孩子 |
|  | （形容词） | 可爱（的）孩子 |
|  | （偏正短语） | 很用功（的）孩子 |
|  | （联合短语） | 天真烂漫（的）孩子 |
|  | （主谓短语） | 大家喜欢（的）孩子 |
|  | （动宾短语） | 放羊（的）孩子 |
|  | （中补短语） | 跑得快（的）孩子 |
|  | （连谓短语） | 上山放羊（的）孩子 |
|  | （兼语短语） | 叫人喜爱（的）孩子 |

定语主要是修饰后面的名词性中心语。有时候,特别是在书面语里,中心语也会用谓词性成分,例如"管理上的失策、海底的奇异"。

经常作状语的词是副词、时间名词、形容词、能愿动词和谓词性代词,短语里的介词短语可以自由作状语,其他一些短语也会用作状语。举例如下:

|  |  |  |
|---|---|---|
| 副词性词语<br>作状语 | （副词） | 不分析问题 |
|  | （介词短语） | 通过对比分析问题 |
| 谓词性词语<br>作状语 | （能愿动词） | 能够分析问题 |
|  | （形容词） | 认真分析问题 |
|  | （代词） | 怎样分析问题 |
|  | （偏正短语） | 很细心（地）分析问题 |
|  | （联合短语） | 小心谨慎（地）分析问题 |
|  | （主谓短语） | 头脑冷静（地）分析问题 |
|  | （动宾短语） | 有步骤（地）分析问题 |
|  | （量词短语） | 一次次（地）分析问题 |
| 名词性词语<br>作状语 | （时间名词） | 现在分析问题 |
|  | （偏正短语） | 这时候分析问题 |

状语主要是修饰后面的谓词性中心语。名词性成分如果作谓语中心,也可以用状语修饰,例如:"明天又中秋了。"

经常作补语的是形容词、动词、疑问代词和介词短语,一部分其他短语也可以作补语。例如:

| | |
|---|---|
| 他讲明白(了) | (形容词) |
| 他讲完(了) | (动词) |
| 他讲(得)怎么样 | (代词) |
| 他讲(得)很透彻 | (偏正短语) |
| 他讲(得)深刻动人 | (联合短语) |
| 他讲(了)两小时 | (量词短语) |
| 他讲(了)两次 | (量词短语) |
| 他讲(得)天花乱坠 | (主谓短语) |
| 他讲(得)动人心弦 | (动宾短语) |
| 他讲(得)好极(了) | (中补短语) |
| 他讲到哪儿(了) | (介词短语) |

谓词性词语和名词性的量词短语作补语

补语用来补充说明前面的动词或形容词中心语。

3. 主谓短语和联合短语能或不能充当哪些句法成分?试说明并举例。

(1)主谓短语能作多种成分:

① 两国总统互访意义重大。(作主语、谓语)

② 我看见两国总统在谈判。(作宾语)

③ 两国总统谈判的时间,上月就定了。(作定语)

④ 他头也不回地走了。(作状语)

⑤ 这件事弄得他心神不安。(作补语)

⑥ 他的确胆子大。(作中心语)

(2)联合短语能作多种成分:

① 我和他都是北京人。(作主语)

② 他又高又大。(作谓语)

③ 她去买醋和盐。(作宾语)

④ 他继承并发展了我国民歌的优良传统。(作动语)

⑤ 到处都是又高又大的树木。(作定语)

⑥ 他做得又长又宽。(作补语)

⑦ 他的聪明才智都得以发挥出来。(作中心语)

**二、指出下面句子的主语和谓语,并说明用哪种结构类、功能类的词语充当。**

　　① 提高整个中华民族的科学文化水平,‖是亿万人民群众的切身事业。(动宾‖动宾)(动‖动)

　　② 现状和习惯‖往往束缚人的头脑。(联合‖偏正)(名‖动)

　　③ 一年‖三百六十五天。(量词短语‖量词短语)(名‖名)

　　④ 康熙皇帝‖对当时西方传教士所带来的一切欧洲学术,几乎都产生兴趣。(同位‖偏正)(名‖动)

　　⑤ 当年红军二方面军长征渡金沙江时总指挥贺龙写的一封信‖已经在云南丽江纳西族自治县被发现。(偏正‖偏正)(名‖动)

　　⑥ 越王勾践‖独自坐在石室里。(同位‖偏正)(名‖动)

　　⑦ 用历史著作《三国志》去对比文学著作《三国演义》,‖未尝不是有益的事。(偏正‖偏正)(动‖动)

　　⑧ 几乎大多数历史事件和历史人物,‖史学界的评价还莫衷一是。(偏正‖主谓)(名‖谓)

　　⑨ 中国实行改革开放的 40 年‖是中国现代史上最好的 40年。(偏正‖动宾)

**三、指出下面句子的宾语和补语。**

　　① 阳光火一般地喷〈下来〉,我热得〈气都喘不过来〉。

　　② 他的话说〈到〉我的心坎里了。

　　③ 这批汉代简册的发现,具有极其重要的意义。

　　④ 这些见解道〈出〉了古代东方学术精神和希腊科学精神的深刻差别。

　　⑤ 树上掉〈下〉一个苹果〈来〉。

　　⑥ 老雷找〈到〉了他的同学。

　　⑦ 我们走〈进〉了昨天还是威风凛凛的大门。

　　⑧ 这时已经是下午三点多钟了。

⑨ 我们左右张望了〈一下〉。

⑩ 一条船可以坐<u>五十人</u>。

⑪ 他到医院看〈几天〉<u>病</u>。

⑫ 考得〈上〉，是<u>你的福气</u>。

**四、试指出第三题的宾语所属的语义类别。**

① 无宾语。

② "我的心坎里"是处所宾语。

③ "极其重要的意义"是表存在事物的中性宾语。

④ "古代东方学术精神和希腊科学精神的深刻差别"是表示动作结果的中性宾语。

⑤ "一个苹果"是施事宾语。

⑥ "他的同学"是表动作对象的受事宾语。

⑦ "昨天还是威风凛凛的大门"是表处所的中性宾语。

⑧ "下午三点多钟"是表时间的中性宾语。

⑨ 无宾语。

⑩ "五十人"是施事宾语。

⑪ "病"是表动作对象的受事宾语。

⑫ "你的福气"是表类别的中性宾语。

**五、试指出第三题的补语所属的语义类别。**

① "下来"是趋向补语，"气都喘不过来"是情态补语。

② "到"是趋向补语。

④ "出"是趋向补语。

⑤ "下、来"是趋向补语。

⑥ "到"是结果补语。

⑦ "进"是趋向补语。

⑨ "一下"是数量补语。

⑪ "几天"是数量补语。

⑫ "上"是可能补语。

**六、指出下面句子的定语、状语是用什么词语充当的(短语指出结构类)。**

① 他拿来(一件)(崭新)的(白色)(府绸)衬衫。(量词短
语·形容词·名词·名词)

② 国家保护(公民)的(合法收入、储蓄、房屋和其他生活资
料)的所有权。(名词·联合短语)

③ (我们)的国家进入了(新)的(历史)时期。(代词·形容
词·名词)

④ 这是(一件)(刚买来)的(呢子)大衣。(量词短语·偏正
短语·名词)

⑤ 他[用胳膊][轻轻]地触着我,眼睛[却][仍然][在][兴奋]
地望着外面。(介词短语·形容词·副词·副词·副词·形容词)

⑥ 宏儿听得这话,[便]来招水生,水生[却][松松爽爽][同
他][一路]出去。(副词·副词·形容词·介词短语·副词)

**七、定语是说明性质、领属、数量等的,试指出下面句子里每个定
语所表示的语义类别以及是描写性的还是限制性的。**

① (我们)的祖国多么壮丽!(事物的领有者/限制性)

② (昨天)的报纸有(个)(好)消息。(时间·数量·性状/限
制性·限制性·限制性)

③ (西湖)的风景非常美。(处所/限制性)

④ 前面是(一片)(绿油油)的田野。(数量·性状/限制性·
描写性)

⑤ 他是(一个)(勇敢)的人。(数量·性状/限制性·限制性)

⑥ (四个)战士都来了。(数量/限制性)

⑦ (铜)茶壶放在桌子上。(质料/限制性)

⑧ (那件)衣服已经晒干了。(指量/限制性)

**八、下面句子里的状语,哪些既可以放在主语后,又可以移到主语
前?哪些只适宜于放在主语前?哪些不能放在主语前?**

① [在敌国,在暴君的掌握之中],我也不怕不惊。

状语"在敌国,在暴君的掌握之中"分别表处所、范围,可以移到主语
后。只是状语比较长,而要突出状语所表达的意思,最好放在句首。

② [早][在十六七世纪之交],西方的一些自然科学知识[已

经]传播到中国。

状语"早在十六七世纪之交"表时间,可以移到主语后。状语"已经"也是表时间的,不过这个副词只能用在动词前,不能移到主语前。

③[根据一些地方的调查],[五十年代],从事农业生产的劳力占95%以上。

句中有两个状语,每一个都有可能移到主语后,但是这一句的状语较长,为了句子结构的紧凑,状语不宜移动。

④[几百年来],很多人[都][没有]解决这个问题。

状语"几百年来"表时间,不能移到主语后。一移动,意思就变了,变成主语"很多人"用几百年的时间去做某事,而人是活不了几百年的。"都"表范围,"没有"表否定,只能用在动词前。

⑤[一会儿],瘦李一阵风一样飘进来。

状语"一会儿"指一件事以后,过了很短时间又出现另一件事,它不能移到主语后,否则变成表主语在很短时间内做了一事又做一事,意思不同。

⑥ 今天回国的[难道]是三个被俘的士兵!

状语"难道"表加强谓语部分的反问语气;可以移到主语前,这时加强整句的反问语气。

⑦ 李记饭馆的买卖[像春雷滚过的青草地似的]蓬蓬勃勃。

状语"像春雷滚过的青草地似的"是比喻,一般用在中心语前面,又要出现在比喻本体的后头,不宜移到主语前。

⑧ 这地方[本来]就低洼。

状语"本来"表时间,可以用在主语前。

⑨ 你[不妨][对他][直]说

这一句有三个状语,"不妨"表示可以怎样做,"对他"引出关系人物,可以用在主语前,"直"表示动作方式,只宜用在动词前,不宜用在主语前。

⑩ 我[从年轻时]就希望有个强大的祖国。

状语"从年轻时"表时间,可以放到主语前。

九、指出下面句子里的独立语表示的意义,并指出结构上是哪一类的词或短语。

① 哎呀,漏水了,怎么办?(感叹语,表惊讶、突兀/叹词)

② 同义词,例如"看"和"瞅",大都是在意义上有细微差别的。(插入语,用于举例/动宾短语)

③ 你想想,这难道不是事实吗?(插入语,引起注意/主谓短语)

④ 看来不会下雨了。(插入语,表示推测/中补短语)

⑤ 车,不用说,当然是头等的。(插入语,表肯定或强调/偏正短语)

⑥ 这个礼堂,充其量只能容纳一千人。(插入语,表推测/动宾短语)

⑦ 小张,快点来。(称呼语,引起注意/名词)

⑧ 听说你昨天来过三次。(插入语,表示话语的来源出自他人/动词)

十、用层次分析法和成分分析法分析下面句子的句法成分和语义成分。

① 他迅速地从球场东头跑到西头

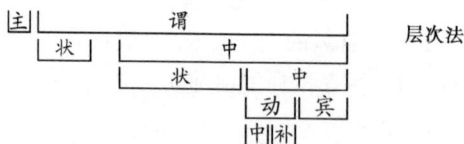

层次法

他迅速地从球场东头跑到西头

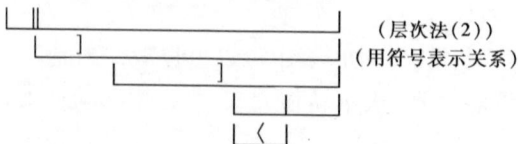

(层次法(2))
(用符号表示关系)

他‖[迅速]地[从球场东头] 跑 〈到〉西头。(成分分析法)
施事　状态　处所(起点)动作 动作　处所(终点)

② 从球场东头跑到西头的学生 很多

从球场东头跑到西头的学生 很多

[从球场东头](跑)到西头的<u>学生</u>‖[很] 多(成分分析法)
　　限制　　　　　　　当事　程度　性状

③ 小丽用棍子把虫子拨到水里

小丽用棍子把虫子拨到水里

<u>小丽</u>‖[用棍子][把虫子]拨　〈到〉<u>水里</u>。(成分分析法)
施事　工具　　受事　　动作 动作 处所(终点)

▶▶ **思考和练习六**

一、指出下列句子的句型(主谓句和非主谓句及其小类):

① 窗下一幅繁华的街景。(主谓句,名词谓语句,存在句)

② 他给我们以武器。(主谓句,动词谓语句)

③ 有一头张牙舞爪的大熊隐藏在野树林子里。(非主谓句,

动词性非主谓句,兼语句)

④ 这种野兔子,我一次能捕获两三只。(主谓句,动词谓语句,主谓谓语句)

⑤ 你们应该把情况汇报上去。(主谓句,动词谓语句,把字句)

⑥ 大家故意不给他水喝。(主谓句,动词谓语句,兼语句)

⑦ 勤劳让你有钱花。(主谓句,动词谓语句,兼语句)

⑧ 部长同志,请你转告师长,我是一名八路军战士,不是你的客人。(省略主语的主谓句,动词谓语句,兼语句,双宾句,"部长同志"是独立语)

⑨ 你把那杯茶端给我喝。(主谓句,动词谓语句,把字句,兼语句)

⑩ 从南口经居庸关到八达岭,尽是崇山峻岭。(非主谓句,动词性非主谓句,存在句)

⑪ 他们在渺无人烟的野草丛林间披荆斩棘种下果木。(主谓句,动词谓语句,连谓句)

⑫ 大厅里弥漫着一种森严气氛。(主谓句,动词谓语句,存在句)

⑬ 施工之前,我就主张把图纸改一条线,加两条线。(主谓句,动词谓语句)

⑭ 多少年来,那捆他用生命换来的教科书和指导员没说完的话,一直激励着我前进。(主谓句,动词谓语句,兼语句)

⑮ 别忘了带雨伞。(非主谓句,动词性非主谓句)

⑯ 我,你还信不过吗?(主谓句,动词谓语句,主谓谓语句)

⑰ 当心油漆!(非主谓句,动词性非主谓句)

⑱ 伍子胥过昭关一夜白了头。(主谓句,动词谓语句,连谓句)

⑲ 我在学校门口看小学生匆匆忙忙回家吃饭。(主谓句,动词谓语句)

⑳ 天哪!(非主谓句,名词性非主谓句)

二、试指出下列句子属哪一句类。如果是疑问句,要指出小类名;如果有语气词,还要指出它的意义。

① 面对这一派大好形势,我们能无动于衷吗?(疑问句,反诘问句,"吗"表示疑问[是非问]语气)

② 给他两块钱上街买冰棍儿吃。(祈使句)

③ 有什么事儿瞒着我呢?(疑问句,特指问句,"呢"表示疑问语气)

④ 这儿还有一张漫画哪!(感叹句,"哪"表感叹语气,增加感情色彩)

⑤ 你来取呢,还是我送去呢?(疑问句,选择问句,"呢"表示疑问语气)

⑥ 他的事您到底还管不管?(疑问句,正反问句)

⑦ 快往屋里搬东西吧!(祈使句,"吧"表示商量、请求)

⑧ 他难道会说这种糊涂话吗?(疑问句,反诘问句,"吗"表示疑问语气)

⑨ 他不会说这种糊涂话的。(陈述句,"的"表示确定语气)

⑩ 当心上小李的当。(祈使句)

三、把下列句子变换为别的格式的句子。

① 小伙子们嗓子喊哑了。——小伙子们的嗓子喊哑了。——小伙子们喊哑了嗓子。——小伙子们把嗓子喊哑了。

② 谁都能估价出诚实和忠厚的分量。——谁都能把诚实和忠厚的分量估价出来。——诚实和忠厚的分量,谁都能估价出来。——谁不能估价出诚实和忠厚的分量呢?

③ 你认识刚才进去的那个人?——刚才进去的那个人,你认识?

④ 我耳边响起了一个洪亮的声音。——一个洪亮的声音在我耳边响起了。

⑤ 万绿丛中闪耀着赭石色屋顶和鹅黄色屋顶。——赭石色屋顶和鹅黄色屋顶在万绿丛中闪耀着。——赭石色屋顶和鹅黄色屋顶闪耀在万绿丛中。

⑥ 墙上挂着横幅。——横幅在墙上挂着。——横幅挂在墙上。——横幅被挂在墙上。——把横幅挂在墙上。

⑦ 战火把这个村的树木烧尽了。——战火烧尽了这个村的树木。——这个村的树木被战火烧尽了。

⑧ 我把纸糊了窗户了。——纸，我糊了窗户了。——纸让我糊了窗户了。

⑨ "非典"被我们战胜了。——我们战胜了"非典"。——我们把"非典"战胜了。

⑩ 他告诉我中国在雅典奥运会上拿了 32 枚金牌，居第二位。——中国在雅典奥运会上拿了 32 枚金牌，居第二位，是他告诉我的。

**四、分析下面各句并指出其句型（附加成分内部可以不分析）：**

下面用核心分析法的符号表示各成分，其中着重号表示核心即谓语中心。虚词不画符号。

① 鲁迅‖是（在文化战线上，代表全民族的大多数，向着敌人冲锋陷阵）的（最正确、最勇敢、最坚决、最忠实、最热忱）的（空前）的（民族）英雄。（主谓句，动词谓语句）

②（风景美丽）的西双版纳，‖吸引了（成千上万）的（有志气、有抱负）的知识青年进入橡胶园。（主谓句，兼语句）

③（敦煌艺术宝库）的保存，‖使我们有可能：来：理解（一千五六百年来的中国艺术）的成长、演变和发展。（主谓句，兼语连谓连用句）

④（康藏公路和青藏公路）的通车‖[把幸福和繁荣]带给了（住在青藏高原）的人们。（主谓句，动词谓语句，"把"字句）

⑤（生长在江南）的同志们‖看〈到〉（这些）水墨画：高兴得〈直鼓掌〉。（主谓句，动词谓语句，连谓句）

⑥（凡是）于小事忠实的‖[于大事][也]忠实。（主谓句，形容词谓语句）

⑦ 我所遇到的‖[毕竟][还]是好人多于坏人。（主谓句，动

词谓语句)("好人多于坏人"是主谓短语)

⑧ 篇章‖指的‖是(由句子连接成篇)的语言体。(主谓句,动词谓语句)

⑨ 银行法‖对中国金融业的发展意义‖重大。(主谓句,主谓谓语句,是"对中国金融业的发展"的省略)

⑩ 旧社会‖逼得〈他没路可走〉。(主谓句,动词谓语句)

⑪ [多]威风啊,‖仪仗队!(变式主谓句,形容词谓语句)

⑫ [在战争年代],人们‖[对一身灰布制服,一件本色的粗毛线衣,或者自己打的一副手套、一双草鞋],[都][很]有感情。(主谓句,动词谓语句)

⑬ [为了保护羊群],英雄的小姐妹——玉荣和龙梅‖[同暴风雪]搏斗了〈一天一夜〉。(主谓句,动词谓语句)

⑭ 他‖[被亲人]送〈到〉医院:[把伤]治〈好〉了。(主谓句,动词谓语句,连谓句)

**五、按照下面的格式造句。**

(答案略)

**六、指出下列句子的错误并加以改正,是方言的句子要指出何处不合和为什么不合普通话语法规范。**

① 眼看离考试没几天了,恨不得不吃饭,不睡觉,把二十四小时都扑在学习上。

介词"把"介引的成分应是谓语中心动词"扑"的受事,但"二十四小时"不能成为"扑"支配、关涉的对象,应将"扑"改为"用"。

② 大家先把这个问题考虑,以后抽时间研究。

"把"字句的谓语中心一般不能是孤零零的动词,"考虑"后应加补语"一下",或者把"考虑"重叠起来。

③ 我们不应指责别人而辩护自己。

"辩护"是不及物动词,后面不带受事宾语。应把"辩护自己"改成"为自己辩护"。

④ 不坚固的房子被地震倒塌了。

"被"字句的谓语中心要求是及物动词。句中"倒塌"是不及物动词,不能支配"不坚固的房子","倒塌"应改为"震塌"。

⑤ 这时,高蓓的心脏跳动被停止了,血液循环的总枢纽被阻断了。

"高蓓的心脏跳动"不是被动者(受事),本句头一个"被"字应删去。

⑥ 老雷在旧社会受尽了剥削和压迫,剥夺了上学读书的权利,直到1949年后才识几个字。

"剥夺"前应添个"被"字,构成被动句,否则就成了老雷剥夺自己上学读书的权利了。

⑦ 作者把要求改正文章中某些错误的信件,没有寄给编辑部,而寄给某同志。

在否定式"把"字句里,否定词应该放在"把"字前而不能放在"把"字后,因此句中的"没有"应该移到"把"字前。此外,"把"字短语后头的逗号应该删去。还有,这一句是叙述已经实现的事情,第二个"寄给"后头应该加助词"了"。

⑧ 加强精神文明建设,提高全民族的文化素质和法制观念,已成为当务之急。

"文化素质"包含"法制观念",二者不能并列,应该删去"和法制观念"。

⑨ 你有收到我的信吗?　　或:你有没有收到我的信?

"你有收到我的信(吗)?"是方言说法,去掉动词前的"有"字并在"吗"前加"了"才合普通话语法。"你有没有收到我的信"也是方言说法,把动词前加的"有没有"去掉,并在句末加上"了没有"才是普通话说法。但是动词前加"有没有"表示疑问的格式,已见于某些书面语,有被逐渐吸收到普通话里的趋势。

⑩ 这个人高过那个人。　　或:这个人强似那个人。

"这个人高过那个人"是方言说法,它相当于普通话的"这个人比那个人高"。应把形容词后的"过那个人"改为"比那个人"并且移到形容词前头做状语。"这个人强似那个人"改法同前句。

⑪ 你讲少两句好不好?　　或:你讲先。

"你讲少两句好不好"和"你讲先"是方言说法,应把"讲"后头的"少"、"先"移到动词前头。

⑫ 你去学校不(唔)去?

"你去学校不(唔)去?"是方言的正反问句,普通话中一般应说成"你去不去学校?"或"你去学校不?"

⑬ 我给(畀、拨)一本书你。

"我给(畀、拨)一本书你"是方言的双宾句;普通话应说成"我给你一本书"。指人的宾语"你",应放在指物宾语"一本书"的前头。

## ▶▶ 思考和练习七

**一、下面几组句子中的甲乙两种说法都对吗?为什么?**

第一组

　　甲、艰苦的工作正是我们锻炼自己的好机会。

　　乙、担任艰苦的工作正是我们锻炼自己的好机会。

第二组

　　甲、吴哥寺在淡蓝色的烟霞中就像一座仙宫,多么美妙地引起人们的遐想。

　　乙、吴哥寺在淡蓝色的烟霞中,就像一座仙宫,引起人们多么美妙的遐想。

第三组

　　甲、他甚至连车窗外的茂密的青松、起伏的翠岗和遍地的野花也无意观赏。

　　乙、他甚至连车窗外的株株青松、道道翠岗和束束野花也无意观赏。

第一组　甲句说法不对。主语中心和谓语里的宾语中心不搭配。

第二组　甲句说法不对。语序不当,定语错放在状语位置上。

第三组　乙句说法不对。定语"束束"不对,野花只能是一株株或一朵朵的。

**二、下面句子中的动语和宾语是否都能搭配?谈谈你的看法。**

① 我国防治流行性出血热的科研人员,在国内首次分离到能

稳定传代的流行性出血热相关病原体。

"分离……病原体"动宾不搭配,可改"分离到"为"查出"。

② 那就要谴责和依法严肃惩处肇事者,医治和保护受害者的安全和健康。

"医治和保护"(联合短语)中的"医治"与"安全和健康"(联合短语)动宾不搭配。可删去"医治和"三字。

③ 人体耳朵与全身器官经脉相连,"魔针"实现了在耳朵上自动选穴探测治疗全身各种疾病。

"实现"是名宾动词,只能带名词性宾语,不能带谓词性的以连谓短语为中心的偏正短语作宾语,应把宾语中心"(的)愿望"补出来,使之变成名词性宾语。

④ 看完电影后,除了银幕上活跃着的那些人物给我的印象外,我仿佛还感到一个没有出场的人物,那就是作者自己。

"感到"是谓宾动词,不能带名词宾语。应该在"感到"后头加一个"有"字,或改为"一个人物没有出场"。

**三、下列各句中没有语病的一项是( D )**

A. 德国队中场队员积极抢断,破坏了巴西队的一传到位率。

B. 科技界的同志对这一问题表示了极大的关心和浓厚的兴趣。

C. 韩国《千年历史人物》称:"成吉思汗的驰马驿站,是当时通信业的最佳最快形式,是当今世界超前的因特网"。

D. 这套网上航班查询系统和民航总局计算机订座系统相连,具有及时、准确、信息全面等特点。

A 项动宾搭配不当。"破坏"和"到位率"不搭配,应修改为"破坏一传"或"降低一传到位率"。

B 项语病有两个:一是联合短语作宾语,有部分宾语与谓语中心搭配不当。"表示……兴趣"没法搭配,"表示"应改为"产生"。二是语序不当。按逻辑顺序,应该是先"产生……兴趣",然后才是"表示……关心"。应将二者的位置调换一下。

C 项语序不当。"超前"应放在"当今世界"的前面。

**四、下列句子有没有成分搭配不当的毛病?如果有,试加以改正,**

**并说明理由。**

　　① 张钰所以这般刻苦,是因为有一种坚强的思想在支配她。

定语"坚强"与中心语"思想"不搭配,可改为"坚定的思想。"

　　② 参加这次运动会的八名男运动员和三名女运动员,均由优秀选手组成。

主语和谓语搭配不当,可把谓语改作"都是优秀选手"。

　　③ 我们不但盖出了林立的工厂、学校、住宅,而且盖出了人民大会堂和历史博物馆这样宏伟浩大的工程。

第二分句动语和宾语搭配不当。可把"盖出……工程"改作"建成了工程巨大的宏伟的人民大会堂和历史博物馆"。第一分句的定语"林立"应改为"许多"。

　　④ 这次在工厂最后一天的劳动,是同学们最紧张、最愉快、最有意义的一天。

主语中心和谓语里的宾语中心搭配不当。"……劳动"不能是"……一天","是"前可改为"在工厂劳动的最后一天",或把第二个"一天"删去。

　　⑤ 敌人已经发现我们了,这里不能久住,今晚六点出发瓦窑堡。

"出发"是不及物动词,不能带"瓦窑堡"作宾语,可把"出发瓦窑堡"改作"向瓦窑堡进发",或"去瓦窑堡"。

　　⑥ 文艺作品语言的好坏,不在于它用了一大堆华丽的词语,用了某一行业的术语,而在于它的词语用的是地方。

文艺作品的词语用的是地方自然是好不是坏,因此应删去多余的"好坏",把"的"字移到"语言"的前头。

　　**五、试分析比较一下下面三种说法,看看其中有没有病句,能不能都合法存在。**

　　① 在老师的教育下,使我提高了认识。
　　② 在老师的教育下,我提高了认识。
　　③ 老师的教育,使我提高了认识。

后两句都是合乎规范的。对于句①,有人认为"使"前是个介词短语,句子的主语残缺,是个病句;也有人认为这个句子可以看作承前省略主语,或看作"使"前有意会主语,这类句子在典范的现代白话文著作中大量存在,可以视为"合法"。

**六、下列句子有没有成分残缺或多余的毛病? 如果有,试加以改正,并说明理由。**

① 5 月 3 日,分局又在《解放日报》上刊登了"招认无名女尸"广告的当天,近 100 万份《解放日报》及时发至全国各地和本市的街头巷尾。

句中只说主语"分局"和状语"又在……当天",就另起一个分句,因此第一分句谓语残缺。删去头一个"的"字,加个逗号,第一分句就有了谓语。

② 通过多年的生产劳动和技术革命活动中,使我深刻地认识到,一个人的智慧是有限的,群众的智慧是无穷的,我们劳动人民有无穷无尽的智慧和力量。

介词"通过"和方位词"中"不搭配,使句子缺主语。可删去"通过"和"中",让"多年……活动"做主语;也可以把"通过"改成"在",或者删去"中",让主语承前省略。

③ 贺兰县接到文件后,立即在会议上进行了传达,一致认为文件说出了广大农民和干部的心里话。

第二分句缺主语,"一致"前应加"会议"作主语。

④ 大热天劳动,出汗多,身体里的水分和盐分消耗得也多,不随时补充上去,容易发生中暑。

"发生"多余,可删去。

⑤ 目前正值印度黄金季节。全国游客纷至沓来,这种盛况为"黑市"生意提供了机会。

"黄金季节"前缺定语"旅游",其后的句号应改为逗号。"游客"前的定语"全国"也多余,应删。

⑥ 他很后悔,不该和自己同过患难、共过生死的好朋友分道扬镳。

状语残缺,缺介词"与"。"和自己同过患难、共过生死的好朋友"

是个名词性的偏正短语,不能作动词性词语"分道扬镳"的状语。要作状语必须在这个名词性偏正短语前加介词"与",让它们共同组成介词短语,才能作"分道扬镳"的状语。

⑦ 在俄罗斯社会史的研究正方兴未艾,而其巨大的生命力正来源于历史唯物主义的基本理论和方法。

状语"正"多余,应删。"方兴未艾"中的"方",意思就是"正"。

⑧ 荣获诺贝尔物理学奖的殊荣。

"的"以及宾语中心"殊荣"多余。因为前文已经有了"荣获"。

⑨ 我国将于 5 月 12 日至 6 月 10 日由本土向太平洋南纬 7 度 0 分、东经 171 度 33 分为中心,半径 70 海里圆形海域范围内发射运载火箭。

状语不完整,缺少介词"以"。应在"太平洋"的前面加上一个介词"以",这样才能与后文中的"为"照应。

⑩ 我们要为建设现代化的社会主义强国的美丽前程而贡献自己的一份力量。

"的美丽前程"是多余的,"一份"也是可有可无的。

⑪ 他说他要写出三部巨著来反映改革开放前后以及我们所取得的成就。

"来"、"以及"多余,应删。

⑫ 文字字数最多不得超过 3000。

"最多"是多余的。

**七、下面句子有什么毛病?指出来并加以改正。**

① 从他身上,我们看到了许多党的地下工作者的光辉形象。

"许多"语序安排不当,可移到领属性定语"党的"之后,以免产生歧义。

② 两个感叹句,仿佛使我们看到郭老写这段文字时那种心情舒畅、信心满怀的喜悦心情。

"郭老的心情"怎能"看到"?动宾不搭配。"心情舒畅、信心满怀"也不能作"喜悦心情"的定语,意思重复。可把"喜悦心情"改作"神情","仿佛"也应移到"我们"之后。

③ 不仅这样,他们还把小岛建成花园一样美丽。

"把小岛建成花园一样美丽",是把两种结构套在了一起,可改作"把小岛建成美丽的花园",或改作"把小岛建设得像花园一样美丽"。

④ 考试场设在一间古色的大厅里举行的。

这句也是两种结构杂糅。可改成"考场设在一间古色古香的大厅里"。或改成"考试在一间古色古香的大厅里进行"。

⑤ 红萍具有繁殖快、肥效高的特点,但在生产上长期采用季节性稻底养萍,潜力没有充分发挥。

"采用"与"稻底养萍"搭配不当。"采用"是名宾动词,要求名词性词语作宾语,可在"养萍"后加上"的方法"。另外,"发挥"之后也以加"出来"作补语为好。

⑥ 我们姐妹蜷缩在地板上,合盖一床薄薄的被子,冻得发抖,只好用相互的身子暖和着对方。

"相互"是副词,不宜作"身子"的定语,可把"相互"移于"暖和"前作状语。此外,"对方"应删去,"的"也应删去。

⑦ 只有弄清30年来教育战线上的是非得失,认识教育规律,才能改革教育适应四个现代化的要求。

第二分句因成分残缺而使两个结构杂糅在一起,可改成"才能改革教育,使之适应四个现代化的要求"。

⑧ 他奋然而起,挪开床,刨着泥土,汗水湿透了里外衣衫。几层用厚塑料布严密包裹着的小铁箱终于出现了。

末句的定语"几层"语序不当,应移到"用"字后面。

⑨ "心连心"艺术团到来的消息传开后,街道里的妇女、老人和孩子许多都跑了出来。

"许多"是数词,不能作"跑"的状语,可把"许多"移到"妇女、老人和孩子"前作定语。

⑩ 他详细地给我们介绍了这个民族的风俗习惯、政治制度和与其他民族不同的服饰打扮。

状语语序不当。"详细地"应移到"介绍"前,说的是如何介绍。

八、用层次分析法和成分分析法分析下面两句的句法成分和语义成分,指出为什么不对,为什么对。

① 绿 色 的 念 头 愤 怒 地 睡 觉。　　[层次法]

　　主　　　　　　谓

　　定　　中　　状　　中

(绿色)的念头 ‖ [愤怒]地睡觉。　　[成分法]

② 安 娜 的 妹 妹 正 在 安 静 地 睡 觉。　[层次法]

　　主　　　　　　　谓

　　定　　中　　状　　　中

　　　　　　　　状　　中

(安娜)的妹妹 ‖ [正在][安静]地睡觉。　[成分法]

例①从词类系列和句法成分看是符合语法规律的。因为:

1. 名词或名词短语可以充当主语,动词和动词短语可以充当谓语。

2. 名词可以充当名词的定语,形容词可以充当动词的状语。

但是从语义角度看是不合情理的。因为:

1. "念头"的语义特征是[−生命],"睡觉"的语义特征是[+生命],主谓不能搭配。

2. "(绿色)的念头"里的定语和中心语搭配不当,因为"绿色"有[+颜色]这个语义特征,抽象名词"念头"没有[+颜色]这个语义特征。

3. "[愤怒]地睡觉"里的状语和中心语也搭配不当,因为"愤怒"具有动态的特征,"睡觉"没有这个特征。

因此这句的主谓、定中、状中虽然在句法成分之间词类的搭配是符合语法规律的,但是三组词语在语义上都是不能搭配的。

例②的两种分析和例①相同(只是多了一层状语)。例②的主语"安娜的妹妹"中的"妹妹"和谓语"正在安静地睡觉"都有[+生命]这个语义特征。"施事"和"动作"能搭配。

主语里定语"安娜"和中心语"妹妹"可以发生领属关系、语义特征都是[+生命][+人]，谓语是"睡觉"可以有"安静"的属性，即能搭配。

由此可见，大量的病句都由于语义不搭配，于是用句法成分去说明出现毛病的处所，说成句法成分搭配不当。

**九、在教师教学用书中，经常出现"通过……使……"或"通过……"这样的句式，下面三句都用了这种句式，请分析哪句是正确的，哪句是错误的，为什么？**

① 通过教学，使学生明白艰苦环境对磨砺坚强意志的作用。

② 通过学习，使学生初步掌握认识社会问题的方法，形成初步的思考社会问题和现象的能力。

③ 通过系统教学法的实践，能够帮助学员明确目标，在教学中更有针对性和灵活性。

①句是正确的，②、③句是错误的。因为这种句式的特点是"通过……"的行为主体必须与"使……"的行为主体一致。一致的就是正确的，不一致的就是错误的。①句是一致的，"通过教学""使……"的行为主体都是教师，所以可以说"通过教学，使学生……"只不过为了简洁而把主语省略了。②句、③句是不一致的，②句"通过学习"的行为主体是学生，而"使……"的行为主体不是学生，所以不能说"学生通过学习，使学生……"。同样，③句"通过……实践"的主体是学员，而"帮助……"的主体不是学员，所以也不能说"学员通过……能够帮助学员……"。②句的改法有两种。一种是去掉"通过"和"学习"后面的逗号，由"学习"作主语；另一种是去掉"使"，由"学生"作主语。③句可改为"通过系统教学法的实践，学员能够明确目标……"。

**十、用简缩法检查下面句子的毛病，并加以改正：**

① 古往今来，青青翠竹吸引了无数诗人和画家，竹画已成为我国诗画的传统题材，它象征了中华民族坚定顽强、不卑不亢的气概。

例①第二分句的主干是"竹画成为题材"。主谓搭配不当，"竹画"是"以竹子为题材绘制成的作品"，"作品"怎么成为题材呢？去掉"竹画"，仍以一分句的"翠竹"作主语就行了。

② 参加研制人造地球卫星的全体工人和科技人员,在党的领导和关怀下,在全国人民的支援下,在中国人民解放军的配合下,经过多年的紧张劳动,于 1964 年 9 月 15 日,我国成功地发射了第一颗人造地球卫星。

句子的主干——主语中心和谓语中心是"全体工人和科技人员我国成功地发射了第一颗人造地球卫星",可见主谓搭配不当。改法是删掉"我国"。

③ 车站大厅里挤满了来自祖国各地的人们,有的来自东南沿海的战士,有的来自边远山区的矿工,有的来自东北林区的采伐工人,有的来自喜马拉雅山的牧民。

二、三、四、五分句缺少主干谓语中心"是",应在"有的"和"来"之间加"是"。

④ 南京近期重建沈万三纪念馆,如今一座总面积 2 700 平方米的仿明大院正在中华门落成,院内深宅大屋,曲径回廊,显示出沈万三当年难以估量的财富……

一分句简缩为"南京重建纪念馆"后,"主干"没有问题,但分析"枝叶"即可发现"近期重建"的"状中"搭配与事实不符。同样,二分句简缩为"仿明大院落成"后,"主干"也没有问题,但分析"枝叶"即可发现"正在落成"的"状中"搭配也不符合事理。因为"近期重建",即还没有建,实际情况是沈万山纪念馆已经在建,且即将"落成"。因此可以把"近期重建"改成"近期将建成"。二分句的"正在",表示仿明大院的建筑工程在进行之中,即没有完工,而"落成"则表示业已告竣,用"正在"修饰"落成"不合逻辑,应把"正在"改成"将在"。

**十一、用类比法检查下面的短语,看看哪个是正确的,哪个是不正确的。**

① 不干净的一件衣服

② 刚刚回来的黄诚文的哥哥

③ 枫叶红了的时候

④ 等到满山红叶时

例③是正确的,其他都是不正确的。用例③的格式说话都能成立,所以证明例③是正确的。如:

③₁丁香花开了的时候

③₂月牙儿升起的时候

③₃江面刮风的时候

例①、②、④都是不正确的,因为用与它们相仿的格式说话都不能成立。如:

*①₁不愉快的一件事

*①₂不正确的一种看法

*①₃不好看的一个小伙

正确的说法是:

①₁一件不愉快的事

①₂一种不正确的看法

①₃一个不好看的小伙

所以例①应改为"一件不干净的衣服"。

同样,例②也是不正确的,由于例②是歧义短语,所以格式相仿的短语也都是有歧义的。如:

*②₁刚刚跑过来的孙悦的姑娘

*②₂刚刚走过马路的小张的父亲

*②₃刚刚送走亲戚的老夏的朋友

②₁既可理解为"刚刚跑过来的是孙悦",也可理解为"刚刚跑过来的是孙悦的姑娘"。当然,②₂、②₃甚至原例②都有跟这相当的两种理解,所以这类短语只有根据实际情况选取两种理解当中的一种。

例④也是不正确的。请看与例④"等到满山红叶时"的相似格式,如:

*④₁等到满园菊花时

*④₂等到天空圆月时

*④₃等到江面帆船时

显然④₁、④₂、④₃都不成话,所以例④是错误的。

十二、举例说明如何把简缩法和类比法结合起来运用。

简缩法和类比法往往可以结合起来用。碰到一个较长或较复杂的句子先用简缩法把基本结构找出来,如果对这个简缩后的格式是否正确表示怀疑,就可以用类比法来检查。例如:

　　　我把事情不办完就不离开这儿。

先用简缩法找出基本结构:"我把事情不办完就……"。这个格式是否正确,可以用类比法来检验:

　　　*① 我把门不关上就……
　　　*② 我把头不烫好就……
　　　*③ 我把话不说清楚就……

这个格式显然站不住,正确的说法是:

　　　① 我不把门关上就……
　　　② 我不把头烫好就……
　　　③ 我不把话说清楚就……

可见原句也应改成"我不把事情办完就不离开这儿"。

## ▶▶ 思考和练习八

一、下列各句哪是单句,哪是一重复句,哪是多重复句,哪是紧缩句? 为什么? 指出复句内分句间的关系,分析多重复句的层次和关系。

　　　① 外面太阳很好,| 也没有风。
　　　　　　　　　　　并列

一重复句。有两个分句中间有句间停顿。

　　　② 作者在这篇小说里,主要写一个农民。

单句。"作者"是主语,"在这篇小说里,主要写一个农民"是谓语。

　　　③ 只要你能工作,| 就应当工作。
　　　　　　　　　　条件

一重复句。有两个分句,中间有停顿。

　　　④ 只有这样,| 我们才能完成任务。
　　　　　　条件

一重复句。有两个分句,中间有停顿。

　　　⑤ 无论谁,都不能不学习。

单句。"无论"用在主语"谁"前,同谓语中的"都"配合,强调所指的人毫无例外,主谓中间有停顿。

⑥ 你跑得再快也追不上他。

紧缩句。"你跑得再快"和"追不上他"都是分句,中间没有停顿,后一分句的主语承前一分句的主语"你"省略。

⑦ 为了祖国的繁荣昌盛,我们要努力工作。

单句。介词短语"为了祖国的繁荣昌盛"是"我们要努力工作"的状语,把它放在主语"我们"前面是为了强调它。

⑧ 那边,你瞧,绿油油的一大片,| 都是新法栽种的好庄稼。

一重复句。"你瞧"是插入语,"那边绿油油的一大片"和"都是新法栽种的好庄稼"都是分句,第二个分句的主语承前省略了。

⑨ 每个人都把准备好的锄头扛在肩膀上,| 爬上山去。

一重复句。后一个分句承前省略了主语。

⑩ 分析能力强,是这位青年同志的优点。

单句。主谓短语"分析能力强"是主语,主谓之间有停顿。

⑪ 只有在特殊情况下,才可以改变咱们的计划。

单句。"在特殊情况下"是介词短语作状语,"只有"、"才"分别用在状语和中心语之前表示必要条件。

⑫ 鲁迅是中国文化革命的主将,| 他不但是伟大的文学家,
‖ 而且是伟大的思想家和伟大的革命家。

多重复句。由三个分句组成,有两个层次。第一分句与第二、第三分句之间是第一个层次,第二分句与第三分句之间是第二个层次。

⑬ 他还启示人们,不应该迷信书本上的道理,而应该重视客观事实,重视实验和实践;要有勇气怀疑并且敢于批评不符合实际却历来被认为神圣不可侵犯的权威学说。

单句。双宾语中的远宾语是个多重复句形式。

二、指出下列复句的各种类型(关联法,意合法? 联合,偏正? 并列,递进,因果……):

① 老哥哥为人非常和善,孩子们都喜欢他。

意合法,偏正复句,因果关系。

②天气暖和起来了,蜘蛛又出来在檐前做网。

意合法,偏正复句,因果关系。

③两亿人可以同时通过一条线路打电话而互不干扰,听得清清楚楚。

意合法,联合复句,并列关系。

④首先,激光是一种颜色最单纯的光,而我们平常看见的光,是各种颜色的光混合起来的。

关联法,联合复句,并列关系。

⑤行李太多,每个人都要拿一些。

意合法,偏正复句,因果关系。

⑥他劳动惯了,离开土地就不舒服。

意合法,偏正复句,因果关系。

⑦我们不怕死,因为我们有牺牲精神。

关联法,偏正复句,因果关系。

⑧那边山路上走来了两位老表,一人提着一只竹筒。

意合法,联合复句,并列关系。

**三、分析下列多重复句。**

①㊀他虽然没有很用力, | ㊁可是因为铁烧得过了火, ‖ ㊂火星溅得特别多。
（转折）（因果）

②㊀谁要是工作起来马马虎虎的, | ㊁不管他说的多么动听, ‖ ㊂人们也不会信任他。
（假设）（条件）

③㊀没有知识, ‖ ㊁工人就无法做好工作; | ㊂有了知识, ‖ ㊃工人才能更好地完成任务。
（假设）（条件）

④㊀困难是欺软怕硬, | ㊁你的思想是硬的, ‖ ㊂它就变成豆腐, ‖ ㊃你要软, ‖ ㊄它就硬。
（解说）（假设）（并列）（假设）

⑤㊀地方那么大, ‖ ㊁事情那么多, ‖ ㊂我知道的真太少
（并列）（因果）

了，| ④虽然我生在那里，‖ ⑤一直到27岁才离开。

⑥ ㊀我不能说我不珍重这些荣誉，‖ ㊁并且我承认它很有价值，| ㊂不过我从来不曾为追求这些荣誉而工作。

⑦ ㊀尽管古代的一些作家，并不完全是唯物主义者，| ㊁但是他们既然是现实主义者，‖| ㊂他们思想中就不能不具有唯物主义的成分，‖ ㊃因而他们能够从艺术描写中反映出一定的客观真理。

⑧ ㊀我们所以要隆重纪念阿尔伯特·爱因斯坦，| ㊁不仅是因为他一生的科学贡献对现代科学的发展有着深远的影响，‖ ㊂而且还因为他勇于探索、勇于创新、为真理和社会而献身的精神是值得我们学习的，‖| ㊃是鼓舞我们为加速实现四个现代化而奋斗的力量。

⑨ ㊀唱歌的时候，一队有一个指挥，| ㊁指挥多半是多才多艺的，‖ ㊂既能使自己的队伍唱得整齐有力，‖| ㊃唱得精彩，‖| ㊄又有办法激励别的队伍唱了再唱，‖| ㊅唱得尽兴。

⑩ ㊀我讨厌定时约会，| ㊁到得早，‖| ㊂显得太急切；‖ ㊃到迟了，‖| ㊄人家说你摆架子；‖ ㊅准时到，‖| ㊆又似乎太拘谨；‖ ㊇索性不去，‖| ㊈他们就说你没礼貌。

**四、按照复句的十个大类，每类各造一个复句。**

（答案略）

**五、改正下列病句，并说明理由。**

① 革新技术以后，不但加快了生产速度，提高了产品的质量。

缺少同启下连词"不但"相搭配的承上连词，应在"提高"前添上"而且"。

② 我虽然下决心要学好数学,成绩总是提高不了,老师也经常给我个别辅导。

结构混乱,层次不清。应当把"下决心要学好"和"老师经常个别辅导"两个学好数学的并列条件放在一起说,然后再说同预期相反的结果。为了实现转折关系,可在"成绩"前加上"但是"。

③ 这部作品虽然写的是农民,却也深刻地表现了广大农民的愿望。

错用关联词语。两分句间是并列关系,不是转折关系,应删去"虽然"、"却也"。

④ 如果我们前一时期已经克服了学习上的一些困难,那么今后的困难也同样能克服。

错用关联词语。分句间是并列关系,应删去"如果"、"那么"。

⑤ 在攀登科学高峰的道路上,他完成了一个一个的任务,克服了一个又一个的困难。

分句顺序不对。应该是先"克服困难",然后才是"完成任务"。

⑥ 如果分析什么文章,只有掌握了这种方法,才能迎刃而解。

错用关联词语。全句第一层应为条件关系,不是假设关系,应将"如果"改为"无论";第二分句和第三分句之间是充足条件关系,应将"只有……才"改为"只要……就"。

⑦ 为了抢救国家财产和人民的生命,哪怕刀山火海,我们就要上。

关联词语搭配不当。应将"就"改为"也"。

⑧ 不管天气如此变化多端,天池仍是一片沉静,渺渺湖水,清澈如镜。

"不管"表示无条件,后面不能出现表示确定的词语。"天气如此变化多端"是确定的说法,应改为"天气怎样变化"。如果"天气如此变化多端"不改动,就应将"不管"改为"尽管",因为"尽管"后需要有表示确定的说法。

**六、下列四组复句的后一分句,有的能加上"但"或"却",有的不能加。能加的请加上,并说明意思的变化;不能加上的请说明原因。**

① a 他这个人既聪明,又能干。

①b 他这个人既聪明,又黑心眼。→他这个人既聪明,却又黑心眼。

"①a"不能加"但(却)",原因是两个分句表达的"聪明"和"能干"都是好的、积极性质的含义,是纯粹的并列关系。"①b"能加"但(却)",原因是两个分句表达的"聪明"和"心黑"有矛盾、对立的含义,隐含着转折关系,加上"但(却)"后,变成了并列、转折混合复句。

②a 他一方面说你聪明能干,另一方面又说你心眼好。

②b 他一方面说你聪明能干,另一方面又说你蛇蝎心肠。

→他一方面说你聪明能干,但另一方面又说你蛇蝎心肠。

"②a"不能加"但(却)",原因是前后分句表达的"说你聪明能干"和"说你心眼好"都是好的含义,是纯粹并列关系。"②b"能加"但(却)",原因是前后分句表达的"说你聪明能干"和"说你蛇蝎心肠"有矛盾、对立的含义,加上"但(却)"后变成了并列、转折混合复句。

③a 无论你说了他什么坏话,他都尊重你。→无论你说了他什么坏话,他却都尊重你。

③b 无论你说了他什么坏话,他都记在心里。

"③a"能加"但(却)",原因是前后分句的"说""坏话"和"尊重"在语意上有一定的矛盾、对立,隐含转折关系,加"但(却)"后变成了无条件、转折混合复句。"③b"不能加"但(却)",原因是"说""坏话"和"记在心里"在语意上没有矛盾、对立,不隐含转折关系。

④a 如果说你是个聪明人,那么他也是个聪明人。

④b 如果说你是个聪明人,那么他就是个笨蛋。→如果说你是个聪明人,那么他却就是个笨蛋。

"④a"不能加"但(却)",前后分句说的"你"和"他"都"是聪明人",纯粹是相同关系,不隐含转折关系。"④b"能加"但(却)",原因是"聪明人"和"笨蛋"隐含有转折关系,加上"但(却)"后变成了已然事实假设复句,转折混合复句。

七、找一篇短文,对其中的复句进行归类,指出归类中遇到的问题,并说明解决的方法。

(答案略)

## ▶▶ 思考和练习九

**一、简要说明句群与复句、段落的区别。**

句群和复句的区别主要有以下三点:(1) 构成单位不同。句群由句子构成,复句由分句构成。(2) 关联词语使用情况不同。有些复句使用的成对的关联词语,在句群中一般不能使用。(3) 句群和复句有些可以在一定条件下相互变换,但是有些复句不能变换成句群,有些句群不能变换成复句。

句群和段落的区别主要有两点:(1) 句群是语言使用单位,属语言学范畴;划分的依据主要是语意上的向心性、逻辑上的条理性和相应的关联词语。自然段是文章结构单位,属文章学范畴;它的划分要受到多种因素的制约,如文章的内容、风格、体裁、流派,作者的个性、习惯等。二者相比,自然段具有更大的任意性。(2) 划分的目的不同。划分句群主要是为了研究句群的结构规律及其表达效果;划分自然段主要是为了使文章的眉目清楚,结构显豁。

**二、从某篇文章中选一个自然段,划分句群,并分析各句群内部的结构层次和句际关系。**

(答案略)

**三、举例说明哪些复句不能直接变换成句群,哪些句群不能直接变换成复句。**

一般来说,限选关系复句常用成对关联词语"不是……就是"关联,决选关系复句常用成对关联词语"与其……不如"、"宁可……也不"等关联,这两类复句一般不能直接变换成句群。例如:

① 不是小林来向他打听回话,就是两位伙伴催他拿主意。(限选关系)

② 文章与其长而空,倒不如短而精。(决选关系)

句群中的问答句式、连问句式等都需要由两个或两个以上的句子组成,因而不能直接变换成复句。例如:

③ 什么叫作先锋队的作用? 就是带头作用,就是站在革命队伍的前头。(问答句式)

④ 怎么了? 什么东西掉了? (连问句式)

## 四、分析下列句群的句际关系类型。

① 松树的生命力可谓强矣！｜(并列)松树要求于人的可谓少矣！

② 在这些时候，我可以附和着笑，掌柜是决不责备的。｜(递进)而且掌柜见了孔乙己也每每这样问他，引人发笑。

③〔一〕"满招损，谦受益"，这两句格言流传到今天至少有两千多年了。‖(解说)〔二〕这是普遍真理，任何地区、时代都适用的真理，｜(转折)〔三〕但是，可惜得很，并不是所有的人都能从这句话受到教益。

④〔一〕大豆属于豆科植物，包括我们常见的黄豆、青豆、黑豆、褐豆等。｜(解说)〔二〕大豆的茎有直立的，也有半蔓生或蔓生的，茎上、叶上和豆荚上都有茸毛。‖(并列)〔三〕花有白色的，也有紫色的。‖(并列)〔四〕种子圆形或椭圆形，有黄、青、黑、褐等不同颜色。

⑤〔一〕忽然间，一个最聪明的双喜大悟似的提议了，他说，"大船？八叔的航船不是回来了么？"‖(并列)〔二〕十几个别的少年也大悟，立刻撺掇起来，说可以坐了这航船和我一同去。‖(并列)〔三〕我高兴了。｜(转折)〔四〕然而外祖母又怕都是孩子们，不可靠；母亲又说是若叫大人一同去，他们白天全有工作，要他熬夜，是不合情理的。①

----

① 例⑤中第一个句子的第二分句，"他说"的宾语是个句群："大船？八叔的航船不是回来了么？"这类句子比较特殊，应该重视这种语法现象。这里扼要介绍一下这方面的研究情况。

这种用句子、句群充当单句或复句的句法成分的句子，一般称为超句。用句子或句群充当单句的句法成分的可以称为超单句。例如：

Ⓐ 小王呢？是问小王在哪里。

这是用句子充当单句的主语。用句子或句群充当复句的句法成分，可以称为超复句，例如练习中第四题的例⑤，是用一个句群充当复句中一个分句的宾语。掌握超句理论，对于了解文章的内容有时很有意义。例如：

Ⓑ〔一〕那些口讲大众化而实际小众化的人，就很要当心，｜(解说)〔二〕如果有一天大众中间有一个什么人在路上碰到他，‖(顺承)〔三〕对他说："先生，请你化一下给我看。"‖(假设)〔四〕就会将起军来。

用超句理论分析，这是个超复句，其中"说"的宾语是个句子。如果把第一个句号前（即〔一〕〔二〕〔三〕分句）看作一个句子，就会得出错误的理解。

⑥［一］现代自然科学,不是单单研究一个个事物,而是研究事物、现象的变化发展过程,研究事物相互之间的关系。<sup>因果</sup>｜［二］这就使自然科学发展成为严密的综合起来的体系。

⑦［一］无论准确也好,鲜明、生动也好,就语言方面讲,字眼总要用得恰如其分。<sup>条件</sup>｜［二］这样,表现的概念才会准确,也才能使人感到鲜明。

⑧［一］譬如吧,我们之中的一个穷青年,因为祖上的阴功(姑且让我们这样说说吧),得了一所大宅子,且不问他是骗来的,抢来的或是合法继承的,或是做了女婿换来的。<sup>假设</sup>｜［二］那么,怎么办呢? ‖<sup>解说</sup>［三］我想,首先是不管三七二十一,"拿来"!

此题虽是多重句群,但从大的层次看仍属假设关系的句群类型。

**五、改正下列句群的错误,并说明理由。**

① 在海外,我是个穷孩子,当时不必说读书,就连日常生活都不能维持。我爸为了一家人的生活,替资本家做苦工给折磨死了。爸死以后,我就没有书读了。

前后矛盾。从第一句看,"我"没有读过书;从第三句看,"我"是读过书的。要根据实际情况进行修改。

② 她已经完成了硕士论文的撰写。导师劝她留校执教。她的论文答辩已经通过。她不肯,一心要去较艰苦的新疆工作。

语序不当,有的地方啰唆。可改为:"她已经完成了硕士论文,并通过了答辩。导师劝她留校执教。她不肯……"

③ "工作忙,没有时间学习",这是一部分同志摆出的一对矛盾。雷锋同志是怎样处理学习和业务这对矛盾的呢? 他说:"我们在学习问题上,也要提倡'钉子'精神,善于挤和善于钻。"

前后语意不连贯。前面谈的是"工作和学习"的矛盾,后面谈的是"学习和业务"的矛盾。应根据实际情况进行调整。

④ 今年暑假是我在校期间的最后一个假期。在放假前夕,我正在考虑如何度过这最后一个假期时,我收到了我在南京的老同学小李的来信,邀请我在假期内到南京玩,因此我高兴地接受了邀

请,决定到南京去度过这最后一个假期。

语言重复啰唆。可改为:"……放假前夕,我正考虑如何度假时,收到了在南京的老同学小李邀请我去他那里玩儿的信,我高兴地接受了他的邀请。"

⑤ 经1976—1984年临床使用,该药对阻止细胞癌变有效。因此维尔康饮料具有清凉解渴、健胃强身、提高视力和强身的功能。

句群内部因果不明。起始句一个功能,终止句多种功能,显得不连贯。应改为:

维尔康饮料具有清凉解渴、健胃强身和提高视力的功能。1976—1984年经临床使用,该饮料对阻止细胞癌变也有效。因此维尔康饮料又是防癌的良药。

⑥ 朋友,你有小四轮拖拉机吗?它一定是你的心爱之物。

前句是有疑而问,后句却自行做出判定,一疑一信之间形成语义抵牾,答非所问。

⑦ 逐步缩小脑力劳动和体力劳动的差别,是我们长远的方针。而且我们决不能用限制知识分子继续提高科学文化水平的方法,来缩小这种差别。

错用关联词语。两句之间的语义关系,应当是转折,不应当是递进,"而且"应改为"可是"或"但是"。

⑧ 光学而不"习",所学的知识是不牢靠的。有人不理解"习"的重要,学了很多,甚至什么东西都学,却不肯付出经常温习的时间,结果是随学随忘,收不到成效。要使这些知识成为自己的东西,就必须"习",经常反复地温习。任何新的知识,取得的途径只有一条,那便是学。但是学了,懂得了,并不等于掌握了这些知识。

这个句群由五个句子组成,但是这五个句子语序混乱、层次不清。一是四句、五句是句群的中心意思,不应当把四句"学"的重要性和五句及其与"掌握知识"的关系放在最后,而恰恰相反,应当将其放在句首,提升句群表述中心的地位。二是在阐述怎样学才能掌握知识的方式时,应当从正反两个方面说出"学而经常温习"的重要和"学而不习"

的弊端,而不是相反,像现在这样,把"反"的二句放在"正"的三句的前面。所以该句群应调整为:

任何新的知识,取得的途径只有一条,那便是学。但是学了,懂得了,并不等于掌握了这些知识。光学而不"习",所学的知识是不牢靠的。要使这些知识成为自己的东西,就必须"习",经常反复地温习。有人不理解"习"的重要,学了很多,甚至什么东西都学,却不肯付出经常温习的时间,结果是随学随忘,收不到成效。

## ▶▶ 思考和练习十

**一、简述句末点号同语气的关系。**

句末点号与句子语气的关系十分密切,表示陈述语气要用句号,表示疑问语气要用问号,表示感叹语气要用叹号。但是,语气有四大类,句末点号只有三个,两者不是一对一的关系。句子的祈使语气与句末点号是一对二的关系,语气强烈的祈使句用叹号,语气舒缓的祈使句可用句号。

**二、解释下列各段文字中每个标点符号的使用理由。**

① 她一手提着竹篮,内中一个破碗,空的;一手拄着一支比她更长的竹竿,下端开了裂:她分明已经纯乎是一个乞丐了。

逗号表示分句之间和变式句后置定语与中心语之间的停顿。分号表示并列的两组分句之间的停顿。冒号表示下文是总括语。句号表示这个陈述句的停顿。

② 我们的孩子不会了解19世纪俄罗斯小说家契诃夫的沉痛的话:"我小时候就没有童年。"

冒号表示下文是直接引语。引号表示引用的原话。句号表示陈述句后的停顿。(引用的话是个陈述句)

③ 这是老先生最得意的作品,是老先生十多年的汗水——不,是他毕生的心血!

头一个逗号表示第一个分句后的停顿,破折号表示语意的转换,第二个逗号表示非主谓句后的停顿。叹号表示感叹句后的停顿。

④ 屈原、司马迁、李白、杜甫等光辉的名字,像一颗颗美丽的

宝石,嵌在中华民族的史册上。

顿号表示并列人名之间的停顿。第一个逗号表示主语后的停顿,因为这个主语内有很长的定语,需要停顿。第二个逗号表示分句间的停顿。句号表示整个陈述句后的停顿。

⑤《母与子》的作者——法国著名作家罗曼·罗兰。

书名号表示《母与子》是一本书,破折号表示后面部分是对前面部分的解释说明。间隔号表示音译的名和姓之间的分界。句号表示整个陈述句后的停顿。

**三、举例说明点号用法的灵活性。**

(答案略)

**四、举例说明括号与点号连用时的用法。**

括号分句内括号和句外括号,它们与点号连用时,句内括号里可以有逗号、分号,但不能有句号,因为句内括号包含在句子之内;句外括号里如果是句子,可以用句号,因为它处在句子之外。(举例略)

**五、标点下列几段文字。**

① 当年,焦裕禄同志调到兰考后,经过调查研究,找张副书记交换意见。他问:"改变兰考面貌的关键在哪儿?"张说:"在于人的思想的改变。""对!"焦裕禄说,"但是应该在'思想'的前面加两个字:'领导'。关键在于县委领导核心的思想转变。没有抗灾的干部,就没有抗灾的群众。"在这里,焦裕禄仅用了短短几句话,就把如此重大而复杂的问题说得一清二楚,内涵深刻,这才是简洁朴素的语言。

② 1859 年,达尔文出版了《物种起源》一书。他以极其丰富的事实、无可辩驳的证据指出:"现在的生物界不是上帝或神创造的,而是由共同的最原始的祖先经过极其漫长的时间发展进化来的。各种生物之间,不是彼此孤立的,而是有着或远或近的亲缘关系。"

③ A. 他赞成,我也赞成,你怎么样?

  B. 他赞成我,也赞成你,怎么样?

④ A. 男人没有了,女人就慌了。

B．男人没有了女人，就慌了。

**六、改正下列句中使用不当的标点符号，并加以说明。**

①"行喽，"小陈停了一会说："叫我干什么我就干什么。"

将句中的冒号改为逗号。因为前后两个引号中的文字是一句话，这里的冒号只有提示下文的作用，它不能统领前一引号里的"行喽"。

②师范院校的学生都必须学习《教育学》、《心理学》等公共必修课。

"教育学"、"心理学"是课程名，不是书名，应将书名号删去，并在中间加上顿号。

③他家里的人说："自己家里的炉子用多少煤，你从来不管，对火车烧煤却这样认真"。他说："国家的事要一丝不苟"。

句中的两个句号都是表示直接引语之后的停顿，所以不能放在引号之外，应放在引号之内。

④贵报《中外名人故事》专栏内刊登的"刻苦学习的华罗庚"一文，我们都很喜欢读。

报刊专栏名不应用书名号，应将书名号改为引号；"刻苦自学的华罗庚"是文章篇名，应将引号改为书名号。

⑤我回到家乡一看。嗬！一幢幢美丽的瓦房；一片片葱翠的农田；一条条笔直的渠道；真是翻天覆地的变化。

"看"和"嗬"后都应改用逗号。三个分号也都应改为逗号，因为这几个分号隔开的不是并列的三个分句。

⑥国家体育总局领导希望全体运动员"赛出水平、赛出风格，为国争光"。

"水平"之后的顿号应改为逗号，虽然它处在宾语内部，却相当于分句之间的停顿。

⑦什么地方什么条件下可以种植什么样的药材？老农了如指掌。

应将问号改为逗号，因为前句不是疑问句。

⑧一个时期，诗人对于季节:春夏秋冬的自然描写特别多。

应将冒号改为破折号，这儿"春夏秋冬"是对"季节"的注释说明。

# 第五章 修辞习题答案

▶▶ **思考和练习一**

**一、有人说:"修辞就是咬文嚼字,就是雕琢词句、卖弄文字技巧。"这些说法对不对? 为什么?**

第一种说法欠妥。它的弊病是把修辞看作单纯的文字技巧,贬低、缩小了修辞的功用。不可否认,修辞是要从锤炼词语的角度咬文嚼字的,可这只不过是它的部分功用。修辞还要研究句式的调整、修辞格的运用以及语言风格与同义手段选用的关系等,单单在文字上雕琢是不够的。第二种说法虽然比第一种说法扩展了修辞的功用,然而也不尽合适。选用同义手段提高表达效果虽然离不开对词句的雕琢,然而修辞是语言的综合运用,要恰当地运用各种积极的语言手段,涉及面很广,不是"雕琢词句"所能全面概括的。再说,选择什么样的表达方式,达到什么样的表达效果,并非只是语言形式的雕琢问题,思想内容的锤炼更为重要,不能把修辞看作单纯追求文字技巧的问题,更不是"卖弄"。

**二、结合实例,谈谈修辞同语境的关系。**

修辞中语言手段的恰当运用要以适应语境为前提,修辞效果的检验也难以离开语境。像适应表达内容一样,适应语境也是修辞的重要原则。

"超常"是修辞特点之一。修辞往往借助故意违反常规表达而取得不同一般的表达效果,但这要紧紧依靠语境的配合和制约。

双关就是故意使语句具有双重含意,言在此而意在彼的修辞手法。不管是利用词语意义,还是借助语音条件,总是以语境为前提的。

动词"种"可以用"花草、树木、药材"等作宾语,这是正常的句法结构,如果以"希望、理想、精神、意志"作它的宾语,是搭配不拢的。但是,在甲乙两件事连说的语境里,后一种用法却可以"起死回生",产生别开生面、含意深厚的表达效果。如说:"在高原的土地上种下一株树秧,也就是种下了一个美好的希望。"在这句话里,把"种……树秧"的"种"同"希望"拈用一起,不仅不是病句,而且顿生文采,含蓄、隽永,别具一格。

修辞的情境意义、形象意义、色彩意义以及风格意义等都要受制于语境。

**三、修辞同语言三要素有什么关系?明确它们的关系对学习和研究修辞有什么好处?**

修辞同语音、词汇、语法有着密切的联系,但它们既非并列关系,也不是从属关系。

修辞是从综合运用和提高表达效果的角度研究语音、词汇和语法。修辞把语音的双声叠韵、叠音、轻声、重音、儿化、字调、平仄等作为语言手段加以调动,使之在特定题旨情境中以声传情,以音达意,收到较好的修辞效果。修辞还从筛选、锤炼词语的角度,就声音、形体、意义、色彩、用法等方面加以选用,使语言材料成为提高表达效果的重要语言手段。语言的表达更多的是靠句子传达修辞感受的。一般来说,修辞要在合乎语法的基础上进行,但有时也可突破语法规则。修辞往往是从同义手段选择的角度研究句子和句群的表达效果的。语言和文章的力量、气势、情采、义理、跌宕等方面的效果是离不开句式的选择和调整的。

总之,语言三要素为修辞手段的选用、为修辞效果的体现提供了条件,而修辞又在语言的综合运用中扩大了语言三要素的功用。

明确它们之间的关系,有利于从综合角度研究语言的运用,有利于多方面地恰当地选用语言手段,也有利于了解修辞的某种特点并就此去辩证地分析修辞现象。

▶▶ **思考和练习二**

**一、词语锤炼应该从哪些方面入手?为什么?**

词语锤炼应该从意义和声音两方面入手。在意义方面,应力求用最准确妥帖的词语集中地突出地揭示人物的外部特征和内心世界;通过联想,用动态的词语去烘托、渲染静态的事物,使之栩栩如生;用含义比较具体、色彩比较鲜明的词语描绘事物,使人如见其形,如闻其声;还须注意词类活用,临时改变某些词的词性,赋予其新的生命力。这些都应以提高观察、认识事物的能力为基础。在声音方面应力求音节整齐匀称,平仄相间,韵脚和谐以及叠音、双声叠韵的恰当运用,使词语声音协调。因为词语是声音和意义的结合体,所以,要想以声传情达意,只有从意义和声音两方面锤炼词语,才能收到完满的表达效果。

**二、下面这些句子在声音配合上各有什么特色?**

　　① 您的光辉将永远照耀着雄伟的天安门广场,照耀着我们伟大祖国的河山,照耀着五洲四海,照耀着我们的万里征途。

　　叠韵词"照耀"(zhàoyào)多次重现形成了声音的反复美。各分句谓语结构大体一致。又"广场"(仄仄)和"河山"(平平)、"四海"(仄仄)和"征途"(平平),平仄相间,声音错落有致,悦耳动听。

　　② 他坚强不屈地斗争,铮铮铁骨,凛凛情操,真正表现了松树的风格。

　　"铮铮铁骨"(平平仄仄)和"凛凛情操"(仄仄平平),音节整齐匀称、平仄相间,有节奏感。又"铮铮"和"凛凛"叠音相对,音调铿锵,表现了一位革命家的崇高气节。

　　③ 人民中国,屹立亚东。光芒万道,辐射寰空。艰难缔造庆成功,五星红旗遍地红。生者众,物产丰,工农长做主人翁。

　　这段文字在音节配合上比较整齐匀称,有变化,有节奏感。押韵自然,合辙(中东辙)上口,读起来很有诗词的格调和韵味。

**三、比较下面各组的句子在表达上有什么不同。**

A 　　① 山愈聚愈多,渐渐暮霭低垂了,渐渐进入黄昏了,红绿灯渐次闪光,而苍翠的山峦模糊为一片灰色。
　　② 山愈聚愈多,暮霭低垂了,进入黄昏了,红绿灯闪着光,而苍翠的山峦模糊为一片灰色。

　　例①用"渐渐"修饰"暮霭低垂"和"进入黄昏",用"渐次"修饰"闪光",描绘了傍晚景色的变化和时间推移的过程,表现了人的悠闲的心情和细微的观察。例②虽也描写了夜景,但不能使人明显地感觉它的变化,也暗示不了人的悠闲心情和细微的观察。

$$B \begin{cases} ① \text{那时候,天气还很冷,潍河里还在流着冰水,平原上整天} \\ \quad \text{价在刮着老黄风。} \\ ② \text{那时候,天气还很冷,潍河里还在流着冰水,平原上整天} \\ \quad \text{价在刮着扬天揭地的老黄风。} \end{cases}$$

例①对"老黄风"缺乏具体的描写。例②用"扬天揭地"修饰"老黄风",写出了"老黄风"猛烈的情状,形象而有气势。

**四、从词语锤炼的角度谈谈下面这两段文字中相关词语的修辞效果。**

① 金刚山的美景,被朝鲜人民引为自豪。

她位于朝鲜中部东海岸太白山脉的北部地区,绚丽多姿,四季有不同的雅名。春天万紫千红,叫金刚山;夏天飞泉腾空,浓荫蔽日,又名蓬莱山;秋天漫山红叶,层林尽染,外号枫岳山;冬天白雪皑皑,银装素裹,人称皆骨山。

"绚丽多姿"一语十分准确地概括了对金刚山美好景色的总印象。"绚丽"言其美观,"多姿"言其变化,只此一语便包括了下文的许多描写。"万紫千红,飞泉腾空,浓荫蔽日,漫山红叶,层林尽染,白雪皑皑,银装素裹"等四字格词语描绘了金刚山四季景物的变化,音节整齐匀称,声调抑扬起伏,富于音乐美。又"飞、腾、蔽、染、装、裹"等动词使静止的景物鲜明而生动,随季节的变化更替的山名,更使人感到金刚山的四时之美。

② 这里的水,多,清,静,柔。在园里信步,但见这里一泓深潭,那里一条小渠。桥下有河,亭中有井,路边有溪。石间细流脉脉,如线如缕;林中碧波闪闪,如锦如缎。这些水都来自难老泉。泉上有亭,亭上挂着清代著名学者傅山写的"难老泉"三个字。这么多的水长流不息,日日夜夜发出叮叮咚咚的响声。

首句用了"多、清、静、柔"4个单音节形容词,简洁干脆,描写贴切,有容量。作为总写部分,很有概括力和形象感。次句对偶十分自然,"深潭"、"小渠"点出多处是深水浅流。第三句的"有河"、"有井"、"有溪"除了同前一句尽写这里水多之外,还暗含无水不成景之意。接下来的对偶句用词精细,又含蓄地写出了这里的水给人的感官之美:清亮、平静、柔和。水之源头就是难老泉。这段文字用词准确形象,朴素自然,透出一股清新之气。单音节词用得平实稳妥,其文多有整句的修辞效果。

▶▶ **思考和练习三**

　一、句式选择的总的原则是什么?

　不同的思想内容可以用不同的句式来表达,一个意思可以用几种句式来表达。为什么用这种句式表达而不用那种句式表达?这说明人们在表达思想时对句式是要进行调整和选择的。调整和选择句式的总的原则就是根据具体的语言环境和表达的目的,选择那种具有最佳表达效果的句式。这种句式应该是尽可能准确、鲜明、简练的,尽可能连贯得体的。

　二、从《白杨礼赞》中选出适当的例子,谈谈句式选择的作用。

　《白杨礼赞》中有短句、有长句;有整句,有散句;有陈述句,有反问句;有的句子有比较长的插入语。各种句式都有它的表达作用。以反问句为例,文中第七自然段连用 4 个反问句:"当你在积雪初融的高原上走过,看见平坦的大地上傲然挺立这么一株或一排白杨树,难道你就只觉得它是树? 难道你就不想到它的朴质,严肃,坚强不屈,至少也象征了北方农民? 难道你竟一点也不联想到,在敌后广大土地上,到处有坚强不屈,就像白杨树一样傲然挺立的守卫他们家乡的哨兵? 难道你又不更远一点想到,这样枝枝叶叶靠紧团结,力求上进的白杨树,宛然象征了今天在华北平原纵横决荡,用血写出新中国历史的那种精神和意志?"这 4 个用"难道"等词构成的排比句,语气激昂,极有气势和力量,启人深思,激人奋斗,有强烈的艺术感染力。这几句结构基本上相同,只是宾语越来越长,新信息越来越丰富;热情地赞颂白杨树,赞颂坚持抗战的北方农民,赞颂中华民族的斗争精神。文章写得有变化、有层次。

　三、从句式选择的角度看,下列句子是哪种类型? 它们有什么修辞效果?

　　①那种假统一论,不合理的统一论,形式主义的统一论,乃是亡国的统一论,乃是丧尽天良的统一论。

这是个整句,由结构相同的两个分句构成。形式整齐,气势贯通,有力地揭露了反共顽固派所宣扬的"统一论"的反动本质。

② 抑不住的颂歌啊,尽情地唱吧! 止不住的喜泪呀,甜甜地流吧! 金子般的光辉题词啊,把各族人民团结的金桥飞架!

这也是个整句,三个分句都是结构相似的主谓句,而且主语、谓语的末了都是押韵的,形式整齐,音韵和谐,流畅地抒发了赞颂党的真挚感情。

③ 他生得身材高大,面貌敦厚,眉目间透出股英武的俊气。

这是个散句,两个分句结构不同,但语意贯通,散而不乱,描述了一个英俊人物的特征。

④ 真的、善的、美的东西总是在同假的、恶的、丑的东西相比较而存在,相斗争而发展的。

这是书面语句式。句中用了"……而……,……而……"的结构,揭示了真、善、美的事物的发展规律,有严密的逻辑性。

**四、现代汉语的句式多种多样,除了讲到的五组,还有哪些? 举例并说明它们的特点。**

从修辞角度划分,常见的句式还有松句和紧句、常式句和变式句,等等。现将松句和紧句加以比较,说明其特点:

① 中国人民是勤劳的勇敢的伟大的人民。

② 中国人民是勤劳的人民,是勇敢的人民,是伟大的人民。

例①是紧句,"勤劳(的)"、"勇敢(的)"、"伟大(的)"三个定语集中在一起说,没有语音停顿,结构较紧。语意的重点是"人民"。例②是松句,"勤劳(的)"、"勇敢(的)"、"伟大(的)"分开来说,作三个分句的"人民"的定语,分句间有语音停顿,结构较松,突出表明这三个定语是语意的重点。

**五、分析下面各组的原句和改句,说明它们属于哪种句式变换,再指出改句的修辞效果。**

A. 原句:苏轼有"罗浮山下四时春,卢橘杨梅次第新。日啖荔枝三百颗,不辞长作岭南人"一诗,久为人所传诵。

改句:苏轼有名诗云:"罗浮山下四时春,卢橘杨梅次第新。

日啖荔枝三百颗,不辞长作岭南人。"久为人所传诵。

原句的第一分句是宾语有同位短语的句式。用同位短语列举全诗过长,在表意上诗的内容不突出,语感上拖沓不爽。

改句将原句第一分句同位短语中的引诗抽出来造成兼语句,引诗成了动语"云"的宾语,虽然形式上仍是两个分句,但诗的内容较原句鲜明突出,读起来更觉顺畅。

> B. 原句:他告诉将军:因为天气太热,要多喝开水,等会来了咸菜要猛吃。告诉他:下班时候要把鞋里的砂土倒干净,要不走到家就会打泡的! 还告诉他:睡觉前要用热水烫烫手脚。
>
> 改句:他告诉将军:因为天热要多喝开水,等会儿来了咸菜要猛吃;下班时候要把鞋里的沙土倒干净,要不到家会打泡的;睡觉前要用热水烫烫手脚。

原句是个并列关系的句群,它由带双宾语的三个单句构成。三个单句的谓语都有"告诉",句群的中心意思比较明确:通过一再告诉,强调了要提醒的生活细节,表现了人们对将军的关照和热爱。如此表达,既可突出提醒的内容,又显得有条理。

改句把有三个单句的句群改成一个有双宾语的长单句,其中的远宾语是一个复杂的复句形式,把"告诉"的三个内容都集中在远宾语里,表达效果不如单句清楚。字数少了,句式化简了,但结构上拖沓,表意不如原句突出。

▶▶ **思考和练习四**

一、分析下列各句中的比喻,指出各是哪种类型,说明它们的修辞效果如何。

> ① 人需要真理,就像庄稼需要阳光和雨露才能生长、开花、结果一样。

这句的比喻是明喻,喻词"像"的前后有本体和喻体。本句是想把"人需要真理"(本体)这个比较深奥的道理说得浅显些、具体些、形象些,使人容易理解,并加深印象。

② 波浪"哗哗啦啦"有节奏地拍打着船舷,溅起千百朵璀璨的水花,恰似撒下一把晶莹的珍珠。

这句的比喻是明喻。"似"是喻词。用"珍珠"比喻"水花",使"水花"更加形象生动,给人以鲜明深刻的印象。

③ 生命如果是树,那么,理想是根,勤奋是叶,毅力是干,成功是果。

这是个比较复杂的暗喻。首先从总体上来比,用喻词"是"把"生命"(本体)比作树(喻体);接着根据"树"的特点,又从四个方面作比:用四个喻词"是"直接联系四个本体和四个喻体。全句通过"树"的各部分的特点,把一个人的"成功"过程,具体而形象地描绘出来了,表达效果非常突出。

④ 树影再长也离不开树根,

雁飞再远也忘不了故乡,

人走天边也怀念祖国。

这句用的是没有喻词的比喻。第一、二两分句是喻体,第三分句是本体。喻体和本体排列成结构相似、互相映衬的并列句式,有突出本体、加深印象的作用。有人称这种比喻为引喻。

⑤ 再往下走几十级,瀑布就在我们上头,要抬头看了。这时候看见一幅奇景,好像天蒙蒙亮的辰光正在下急雨,千万枝银箭直射而下,天边还留着几点残星。

这是明喻,"瀑布"是本体,"好像"是喻词,"天蒙蒙亮的辰光正在下急雨","千万枝银箭直射而下"是连用的两个喻体。作者意在描写,把瀑布的奇景说成像"天蒙蒙亮的辰光正在下急雨",进而又像"银箭直射而下",是为了通俗易懂、形象生动。

**二、形式上带有"像,好像、同、如同"一类词的,有的是明喻,有的不是。是与不是的根据是什么?举例说明。**

A { ① 红军像一个火炉,俘虏兵过来马上就溶化了。

② 那年轻人像他来的时候一样,匆匆忙忙地打开屋门,冒着大雨走出去了。

B $\left\{\begin{array}{l}\text{① 敌人进到直罗镇,真如同钻进了口袋。}\\\text{② 这部电视剧中的情景,如同真实的生活。}\end{array}\right.$

A、B 两组的第一句都是明喻,把"红军"比作"火炉",把"敌人进到直罗镇"比作"钻进了口袋"。"像、如同"前后的事物本质是不同的,但又有突出的相似点。又如"月光好像水银泻地一般"也是明喻。

A、B 两组的第二句虽也有"像、如同"这类词,但它们前后的词语并不表示不同本质的事物,所以不是明喻。又如"他像他哥哥一样高"也不是明喻,而是类比。

**三、就下面两句进行比较,说明比喻和比拟的区别在哪里。**

① 满天的阳光下,一川的翡翠雕刻似的大瓜,一个个大如斗。

② 沙家店一战,把敌人打得晕头转向,一败涂地,再也不敢恋战,只有夹着尾巴冒死南逃了。

例①有两处比喻,例②是比拟(拟物)。比喻是取其一个相似点,通过喻体加以形象描绘,并不涉及本体事物其他方面属性的描写问题。如例①以"翡翠雕刻"喻瓜的色泽与整个光洁晶莹的外形,以"斗"喻瓜的大。比拟是物我不分,把拟体的特征加给本体,把本体完全当作拟体来描述,例②把敌人当作狗来描述,拟体(狗)并不出现,直说本体"夹着尾巴",这就是比拟。

**四、试就比拟的运用分析一下毛泽东的《卜算子·咏梅》的修辞效果。**

卜算子　咏梅

读陆游咏梅词,反其意而用之。

风雨送春归,

飞雪迎春到。

已是悬崖百丈冰,

犹有花枝俏。

俏也不争春,

只把春来报。

待到山花烂漫时,

她在丛中笑。

一九六一年十二月

《卜算子·咏梅》这首词运用了比拟修辞手法。作者用表达人的思想感情和动作情态的词语,如"送、迎、俏、争、报、笑"等来描绘大自然和梅花,把大自然的现象和梅花人格化了,把无知觉无感情的梅花写得栩栩如生。通过比拟,赞美了傲霜斗雪的梅花,也就赞美了不为名利、不向恶势力屈服的坚韧刚强的无产阶级革命战士。形象生动,富有感染力。

**五、借代也就是"换名",为什么要"换名"？换名的方式主要有哪些?**

借代就是利用客观事物之间的种种关系,巧妙地进行一种语言上的艺术换名。这主要是为了引起人们的联想,使表达富于变化,取得形象突出、特点鲜明、具体生动的效果。

换名的方式通常有这样几种:

(一)特征代本体。如用"红领巾"代替"少先队员"。

(二)专名代泛称。如用"诸葛亮"代替有"智谋的人"。

(三)具体代抽象。如用"头脑"代替"思想"。

(四)部分代整体。如用"柴米油盐"代替"所有日常生活资料"。

**六、举例说明拈连和比拟、移就的区别。**

① 这是梅花,有红梅、白梅、绿梅,还有朱砂梅,一树一树的,每一树都是一树诗。

② 群山肃立,江河挥泪,辽阔的祖国大地沉浸在巨大的悲痛之中。

③ 明天早上,辛楣和李梅亭吃了几颗疲乏的花生米,灌半壶冷淡的茶,同出门找本地教育机关去了。

例①是拈连。拈连的特点主要是利用上下文的联系,把适用于上文甲事物的词语巧妙地用于下文乙事物。用"一树梅花"的"树",顺势拈连到"一树诗"上,这是临时巧妙运用。拈连的成立是依赖甲乙两事物都出现。例②是比拟。比拟是由本体和拟体构成,在字面上只出现本体,而拟体是不出现的。"群山"、"江河"、"大地"都是本体,它们有共同的拟体——人,然而拟体并没有出现,字间上只是把人的动态——"肃立"、"挥泪"、"沉浸在巨大的悲痛之中",直接加在本体上。例③是移就。移就是把适用于甲事物的词语移用过来修饰乙事物。"疲乏"和"冷淡"本来是描绘人的感受与心情的,移用过来描写"花生米"和"茶",带上了人情味。

**七、夸张常常借助哪些辞格加强表达效果?举例说明。**

(一)借助比喻来夸张。例如:

① 眼睛正像两把刀,刺得老栓缩小了一半。

② 跟随的人越来越多,霎时汇成了一条长长的河流。

(二)借助比拟来夸张。例如:

天简直热得发了狂。

(三)借助借代来夸张。例如:

他们看见那些受人尊敬的小财东,往往垂着一尺长的涎水。

**八、运用比喻、比拟、夸张辞格,以"人与自然"为题写一篇 300~400 字的短文。**

(答案略)

▶▶ **思考和练习五**

一、双关的修辞作用是什么?从你读过的诗文里选出两个运用双关的例子,分析一下它们的修辞效果。

双关有两类。

一类是谐音双关。例如:

杨柳青青江水平,

闻郎江上唱歌声。

东边日出西边雨,

道是无晴还有晴。

(刘禹锡《竹枝词》)

利用"晴"与"情"的同音关系,表面说"天晴",实际是说"爱情"。

一类是语义双关。例如：

> 可是匪徒们走上这几十里的大山脊，他们没想到包马蹄的麻袋片全踏烂掉在路上，露出了他们的马脚。
>
> （曲波《林海雪原》）

"露出了马脚"的另一种意义是匪徒们暴露了行踪。一语双关，含蓄幽默，很有表现力。

**二、运用反语应力求明显，切忌含混，怎样才能做到这一点？试结合实例加以说明。**

采用下列办法可使反语明显，不含混。

（一）用上下文来显示某些词语是反语。例如：

> 也有解散辫子，盘得平的，除下帽来，油光可鉴，宛如小姑娘的发髻一般，还要将脖子扭几扭，实在标致极了。
>
> （鲁迅《藤野先生》）

行文"扭几扭"已将清国留学生留上小姑娘似的发髻的丑态描写出来了，接着却说是"实在标致极了"，这就是反语。

（二）用引号标明某些词语是反语。例如：

> 便使我忽又良心发现，而且增加勇气了，于是点上一支烟，再继续写些为"正人君子"之流所深恶痛疾的文字。
>
> （鲁迅《藤野先生》）

"正人君子"加上引号，实指它的反面。

**三、举例说明婉曲和反语、双关的区别。**

> ① 今天光明的新中国已经到来，他这个最有资格看见它的人却永远闭上了眼睛。
> （巴金《忆鲁迅先生》）

> ② 流氓欺乡下佬，洋人打中国人，教育厅长冲小学生，都是善于克敌的豪杰。

> ③ 夜正长，路也正长，我不如忘却不说的好吧。

例①是婉曲。它是用委婉曲折的话来正面表达本意。这里不说"去世了"，而用"永远闭上了眼睛"来委婉地表达。例②是反语。它是故意使用和本意恰好相反的词语或句子来表达本意。这里"豪杰"的本意与句中本意恰恰相反。反语的意思一定是与本意截然相反，或者是感情色彩上是对立的,对立越鲜明,反语的效果也就越明显。例③是双关。它有意利用语音或语义的条件,使词语或句子具有双重含义,言在此而意在彼。这里的"夜"和"路"在本句可以是实指,但更重要的一层意思却在于它们暗指黑暗的社会和革命的征途。双关的两重意思一般只有意义上的联系或语音上的联系,并不一定要求对立。

**四、下面的诗文都用了什么辞格?**

① 朱毛会师在井冈,

红军力量坚又强。

不费红军三分力,

打败江西两只羊。 (《红军歌谣》)

诗中末句用的是谐音双关。"羊"与"杨"谐音,指的是敌军师长杨池生、杨如轩。

② 希望大家积极支持文字改革工作,促进这一工作,而不要促退这一工作。 (周恩来《当前文字改革的任务》)

"促退"仿"促进"而造,是仿词。

③ 中国军人屠戮妇婴的伟绩,八国联军惩创学生的武功,不幸全被这几缕血痕抹杀了。 (鲁迅《记念刘和珍君》)

屠戮妇婴的"伟绩"、惩创学生的"武功",都是反语。

④ 要不是咱们今天搞到这口袋小米,你们的行军锅就要挂起来当锣敲哩。 (杜鹏程《保卫延安》)

"你们的行军锅就要挂起来当锣敲哩",是婉曲。

⑤ 我妈呀,心里总想着别人,就是不想自己,老是说:咱是人民代表,只能奉献,不能索取。别人家里都现代化了,我们还是一贯制。

"别人家里都现代化了,我们还是一贯制"用的是婉曲和映衬辞格,不直说自己家还没现代化,不比别人富裕。

⑥ 他勇敢地承认了错误——是别人的;他坦率地说出了对顶头上司的全部看法——都是优点。

句中破折号前后语意不一致,这是设疑。

## ►► 思考和练习六

一、下边两句,一个用对偶手法,一个不用。比较一下,用和不用在表达效果上有什么不同。

　　① 为了实现四个现代化,我们应当向科学进军,不怕征途上的千难万险。

　　② 向科学进军不畏征途坎坷,
　　　　朝四化迈步何惧道路崎岖。

第①句是一般陈述句,是散句形式,有口语风格,语言简单易懂,常用于一般语境。第②句是对偶句,形式整齐,音韵和谐,有节奏感,有书面语风格,语言凝练,便于记诵,常用于特殊语境。

二、排比的修辞效果是什么? 了解排比的结构形式对写作有什么好处?

排比是把结构相同或相似、语气一致、意思密切关联的句子或句法成分排列起来的一种辞格,它可以增强语势,突出语义,加深感情,提高表达效果。构成排比的各项往往有共同的提示语,因而节奏感强,和谐流畅。在写作中遇有内容不便于作总括叙述时,可以采用排比列举叙述;有的虽然能作总括叙述,但为了加强语势,突出重点词语,也可采用排比句。排比多用于说理、抒情,用于说理,可以把道理阐述得更严密、更透彻;用于抒情,可以把感情发挥得淋漓尽致。

三、就下面两例谈谈排比和层递的相同点和不同点。

　　① 首都人民,全体中国人民,在自己的歌声中,表明了自己的要求,自己的愿望,自己的意志,自己的力量……

　　② 后来我才体会到,这位老教师是怎样关心青年一代,关心教育事业,关心祖国的未来。

例①是排比,例②是层递。

两者的相同点:

(一)都有三个以上事物较整齐地排列着,例①是四个偏正短语并列,例②是三个动宾短语并列。

(二)都有提示语,例①是"自己",例②是"关心"。

两者的不同点：

（一）从形式上看,排比要求相同或相似,要求有共同的提示语,层递没有这样的要求。

（二）从内容上看,层递要求有层递性（递升或递降）,排比没有这样的要求。

**四、就下列两例说明顶真和回环的区别。**

　　① 拜师不如访友,访友不如经手。

　　② 你的就是我的,我的就是你的。

例①的两个"访友"头尾顶接,反映了事物间的顺接关系,在内容上强调实践的重要性,这是顶真。例②前后分句用词相同,经变序形成回环往复的语言形式,反映彼此不分的亲密关系,这是回环。

**五、试给下面的出句（上联）按正对、反对、串对分别填出相应的对句（下联）。**

　　① 靠山吃山靠水吃水

　　　种豆得豆种瓜得瓜（正对）

　　　无粮要粮无钱要钱（反对）

　　　捕鸟得鸟捕鱼得鱼（串对）

　　② 乐观者从灾难中看到希望

　　　开拓者从挫折中看到光明（正对）

　　　悲观者从幸运中看到失望（反对）

　　　革命者从失败中看到成功（串对）

　　③ 江山添秀色

　　　天地沐春晖（正对）

　　　风雨送阳春（反对）

　　　人民庆长春（串对）

**六、下面的句子都用了什么辞格？**

　　① 时代变了,延安的歌就增加了新的曲调,换上了新的内容,歌唱革命,歌唱抗战,歌唱生产。

"歌唱革命,歌唱抗战,歌唱生产",三项并举,都是动宾短语,这是排比。"歌唱"一词又三次出现,这是反复。

② 村子靠着山,山脚下有个大龙潭,龙潭的水流到村前成了小溪,溪水碧清碧清的。

句中的"山,→山"、"龙潭,→龙潭"、"溪,→溪",这是顶真。

③ 走生路,生而出新;走险路,险而出奇;走难路,难而不俗。

这是由三个并列复句构成的排比,其中的"生—生;险—险;难—难"属于间隔反复。

④ 我的许多作品,尤其是剧本,差不多都得到周总理的亲切关怀。他在日理万机之中挤时间读剧本,看演出,提意见,使我深受感动和激励。

句中的"读剧本,看演出,提意见",既有时间上的先后,又有事理上的先后,这是层递。

七、自拟文题,在对偶、层递、回环、排比、双关、拈连、仿词、反语等辞格中,选用四种不同辞格写一篇300至400字的短文。

(答案略)

## ▶▶ 思考和练习七

一、对比与映衬有什么不同?指出下列句子里对比、映衬的表达作用。

① 我急急走前几步伏在他身上,叫着、喊着。灶膛里火光熊熊,他的身体却在我的胸前渐渐变冷了。

有的人死在战场上,有的人死在酷刑下,而我们的钱班长却死在他的岗位上——锅灶前。

② 老三界是我们长征中所过的第一座难走的山。但是我们走过了金沙江、大渡河、雪山、草地以后,才觉得老三界的困难比起这些地方来,还是小得很。

对比是表明对立现象的,两种对立的事物并无主次之分,而是相互依存的。映衬是用陪衬事物说明被陪衬事物的,是用来突出被陪衬事物的。

例①中的"灶膛里火光熊熊"与"身体……渐渐变冷"是映衬手法,写出了钱班长忠于职守、死于工作岗位的敬业精神。又以钱班长死于锅灶前与"有的死在战场上"、"有的死在酷刑下"对比,死的环境虽然不同,但公而无私,其死重如泰山,是相同的。两者对比,可收到相得益彰的效果。文中的映衬和对比连用更能表现出钱班长生命不息、工作不止的革命精神。例②是先写"老三界"是"难走的山",但是走过了"金沙江、大渡河、雪山、草地以后",前后相比,前者"困难小得很",后者困难重重。这用的是映衬手法,它歌颂了"红军不怕远征难"的英雄气概。

**二、就下面例句说明反复与重复的区别。**

① 他说的是沙漠里的胡杨树。"没有滴水它居然能活上一千年,终于枯死后又挺挺地站立一千年,倒下后不散架不腐朽又是一千年!"

② 平淡的生活,平静的心情,平和的脾气,平静的话语。

例①的三个"一千年"突出了胡杨树的顽强生命力,属隔离反复,这是一种修辞表达手法。例②前后两个"平静"用词重复,这是语病。后一个"平静"改成"平实"好些。

**三、什么是设问?设问和一般的疑问句有什么不同?试从形式和效果上加以比较说明。**

设问有时是自问自答,如"是谁把天安门打扮得这么漂亮?是劳动人民巧手一双。"设问有时是明知故问。设问可以使语言有波澜,引导人们注意和思考问题,或激发人们的感情。一般疑问句是有疑而问,要求对方回答的,如"你知道明天有雨吗?"对方回答:"我不知道。"它的效果就是使对方明白自己的疑问而作出回答。

**四、下列文句都用了什么辞格?**

① 言简意赅,是凝练、厚重;言简意少,却不过是平淡、单薄。
对比。

② 杨嗣信艰难地翻了个身,转脸眺望着窗外。夜空阴云密布,看不见一颗星星。可他那颗跳跃的心却是明亮的。
映衬。

③ 苏州城里,有不少这样别致的小街小巷:长长的,瘦瘦的,曲曲又弯弯;石子路面,经过夜雾洒过,阵雨洗过,光滑、闪亮。在

它的旁边,往往淌着一条小河,同样是长长的,瘦瘦的,曲曲又弯弯。

间隔反复。

　　④ 是云?是雾?是烟?还是沙漠中常见的海市蜃楼的幻影?还是翻译同志眼尖,脱口而叫着"骆驼!骆驼!"

设问。其中"骆驼!骆驼!"是连续反复。

## ▶▶ 思考和练习八

**一、辞格的综合运用形式有哪些?它们的修辞效果是什么?试举几个综合运用的例子,分析它们的类型和表达效果。**

　　辞格的综合运用有连用、兼用、套用等形式。

　　辞格的连用是指同类辞格或异类辞格在一组语句中接连使用。具有不同修辞效果的辞格交错使用,前后配合,互补互衬,珠联璧合,浑然一体,可使思想内容表达得更加丰富多彩,鲜明有力。例如:

　　　　杜鹃花开遍山头的时节,英雄们终于唱着凯歌,欢送着亲手砍下来的那三十万根毛竹,让它们沿着满山旋绕的滑道,一路欢唱着飞下山去了。 (袁鹰《井冈翠竹》)

　　这是比拟辞格的两次连用。"欢送"、"毛竹"是把毛竹比为被欢送的人,这是一次比拟。让毛竹"一路欢唱着飞下山了",是把毛竹比成能欢唱又能飞的动物,这又是一次比拟。文字写得极其生动活泼,使读者对毛竹有深刻的印象。

　　辞格的兼用是指一种表达形式兼有多种辞格,也叫"兼格"。它可以使多种修辞效果相得益彰,多彩多姿,使文章的表达更有文采和力量。例如:

　　　　真是天大的喜事!屋子里连扫帚也在欢笑。

　　这是拟人与夸张两种辞格兼用。"扫帚在欢笑",是拟人,又是夸张。它描绘了喜事临门、皆大欢喜的景象。

　　辞格的套用是指一种辞格里又包含着其他辞格,形成大套小的包容关系。套用的几个辞格互相配合,使大辞格有所借助,小辞格有所依托,大中有小,变化层出,从而加强了表达效果。例如:

风来花自舞，

春到鸟能言。

这是对偶套用比拟。从结构形式上看，上句和下句构成对偶。分开来看，上句的"花"能舞蹈，是拟人；下句的"鸟"能说话，也是拟人。这副对联把春天的美景写活了。

**二、从综合运用的角度分析下文的辞格。**

① 那黄河和汶河又恰似两条飘舞的彩绸，正有两只看不见的大手在耍着；那连绵不断的大小山岭，却又像许多条龙灯一齐滚舞。——整个山河都在欢腾着啊！

分号前是明喻与拟人连用，分号后是明喻，破折号后是拟人。

② 书山有路勤为径，

学海无涯苦作舟。

这是对偶，其中套用暗喻。

③ 由谁来教育文艺工作者，给他们以营养呢？马克思主义的回答只能是：人民。人民是文艺工作者的母亲。

首先是设问，其次是暗喻。

④ 这种感情像红松那样，根深蒂固，狂风吹不动，暴雨浸不败，千秋万载永不凋谢。

首先是明喻，其次是夸张、对偶兼用。

⑤ 在古老的年代，玛瑙河对岸是一片森林，森林边上的村落里，有一个名叫米拉朵黑的年轻人，他是一个出色的猎手。

论力气，米拉朵黑能和野熊摔跤。

论人才，米拉朵黑像天神一般英俊。

论性情，米拉朵黑像一个温柔的少女。

"……森林→森林……"这是顶真，其次，三个"论……"是排比。其中套用夸张、明喻。

⑥ 东方白，月儿落，

车轮滚动地哆嗦。

长鞭甩碎空中雾，

一车粪肥一车歌。

第二行是拟人兼夸张,第三行是拟物,第四行是拈连。

⑦ 好! 黄山松,我大声为你叫好,

谁有你挺得硬,扎得稳,站得高!

九万里雷霆,八千里风暴,

劈不歪,砍不动,轰不倒!

第一行是拟人,第二行是排比,后两行是夸张,其中第三行是对偶,第四行是排比。

**三、试以"我心中的长城"为内容,运用辞格连用、兼用、套用的形式写一篇 400 字左右的短文。**

(答案略)

**四、有人把连用、兼用、套用的综合运用形式叫"混用",你对此有什么看法?**

辞格的综合运用是个复杂的问题。从复杂的修辞现象中进一步分析研究,归纳总结出辞格的连用、兼用、套用三种基本形式,它们各有其特点和表达效果,应该各立门户。但有时候它们会有交叉现象,或在连用中有兼用,或在套用中有连用等,这种错综运用,有人又叫"汇用"。不管是哪种形式,通称"辞格的综合运用",是有道理的。"分析"与"综合"相对应说,也很明确。"混用"的说法,笼统模糊,不必用此概念。

## ▶▶ 思考和练习九

**一、下列句子在声音配合上有不和谐的地方,请加以改正,并说明理由。**

① 动人的事数说不尽,丰收的喜讯到处传。

改为:动人的事迹说不完,丰收的喜讯到处传。

把"事"改为"事迹",把"数说"改为"说",再改"尽"为"完",前后音节相称,配合得当,声音和谐。

② 我是一名清洁工,

绿色奥运记心怀,

早出晚归勤打扫,

要为祖国立新功。

这是一首诗歌,诗歌一般要讲究押韵,要将第二句末尾的"怀"改为"中",韵脚才和谐,读起来才上口、好听,也比较好记。

**二、比较下面两例的原文和改文,从音节方面谈谈为什么修改。**

① 原文:扫开一块雪,露出地面,用一枝短棒支起一面大的竹筛来,下面撒些秕谷,棒上系一条长绳,人远远地牵着,看鸟雀下来啄食,走到筛下时,将绳一拉,便罩住了。

改文:扫开一块雪,露出地面,用一枝短棒支起一面大的竹筛来,下面撒些秕谷,棒上系一条长绳,人远远地牵着,看鸟雀下来啄食,走到筛子底下的时候,将绳一拉,便罩住了。

（鲁迅《从百草园到三味书屋》）

原文中的"筛下时",是三个书面色彩的单音节词,读时音节短促,语气急速,不很适应上下文的要求。改文为"筛子底下的时候",是三个口语色彩的双音节词,读时音节和谐匀称,自然顺口,语气舒缓,适应语言环境的需要。

② 原诗:他要和你算账,
　　　　不要你的银洋;
　　　　要交的朋友,
　　　　也不是朱桂棠。

　改诗:他来和你算账,
　　　　不是要你银洋;
　　　　他要交的朋友,
　　　　不是你这条狼。

（田间《赶车传》）

这首诗改了几个地方,就音节而言,改诗比原诗整齐匀称,第三句增加了一个音节,使每句都是六个音节。

**三、比较下面各例的原文和改文,从词语的意义上说说为什么修改。**

① 原文:蜂王是黑褐色的……每只蜜蜂都愿意用采来的花精供养它。

改文:蜂王是黑褐色的……每只工蜂都愿意用采来的花精供养它。

（杨朔《荔枝蜜》）

原文中的"蜜蜂"是个大概念,它包括工蜂、蜂王(母蜂)和雄蜂,用"花精"供养蜂王的只是工蜂。改"蜜蜂"为"工蜂",表意准确贴切,符合实际。

② 原文:白天在图书馆的小书库一角,夜晚在煤油灯底下,他又在爬,爬,爬了,他要找寻一条一步也不错的最近的登山之途,又是最好走的路程。

改文:白天在图书馆的小书库一角,夜晚在煤油灯底下,他又在攀登,攀登,攀登了,他要找寻一条一步也不错的最近的登山之途,又是最好走的路程。　　　　　　　　(徐迟《哥德巴赫猜想》)

原文中的"爬",是比喻陈景润攻关所做出的努力。"爬"是手脚同时着地向前移动的意思,它的方向可以是向上、向下、向水平方向,表意不很确切,人物形象也不够高大。改"爬"为"攀登",是特指抓住东西向上爬,用手"攀",用脚"登",生动形象,既从正面写出陈景润攻关时坚韧不拔的神情,又从侧面烘托了科研山路之险阻、高峰之巍峨。

**四、比较下面两例的原文和改文,从句式选择上说说改文的好处。**

① 原文:正说着,门被推开了。一个须眉花白、手提着一杆明火枪、肩上扛着一袋米的瑶族老人站在门前。

改文:正说着,门被推开了。一个须眉花白的瑶族老人站在门前,手里提着一杆明火枪、肩上扛着一袋米。

(彭荆风《驿路梨花》)

原文第二句是一个定语过多、结构过于复杂的单句,文学作品不宜多用,因句子显得冗长,不便阅读。改文是结构较松的复句,它由三个短分句组成,内容突出,能更好地表达语意,语气也比较舒缓,便于阅读和理解。

② 原文:碧梧园里游人实在不少,彩色的衣裙在温热的阳光中闪耀着,人的视神经被刺得晕晕的。

改文:碧梧园里的游人很不少,彩色的衣裙在炎热的阳光中闪耀着,人们只觉得眼花缭乱。　　　　　　　　(叶圣陶《两样》)

原文中的"人的视神经被刺得晕晕的"是被动句。陈述的对象是"人的视神经",其中的"视神经"是专用语,不通俗;从上下文来看,语体色彩也不很协调。改文"人们只觉得眼花缭乱"是主动句,用语简练明确,通俗易懂,语体色彩协调一致。

**五、比较下列各例的原文和改文,从辞格运用上谈谈为什么改文好。**

① 原文:几只木船从下游上来,帆篷给阳光照得像透明的白色羽翼……

改文:几只木船从下游上来,帆给阳光照得像透明的白色羽翼……

(刘白羽《长江三日》)

船上挂在桅杆上的布篷叫帆,也叫篷,把"帆"和"篷"合成一个词有点生硬,不好念,改用"帆",念起来就顺畅得多。"篷"是口语,如改用"篷",就和下面的词语格调不一致了。

② 原文:四周的人挤得紧紧,皇帝要避没法避,想要蹲下来,缩做刺猬似的一团,也办不到。

改文:人围得风雨不透,皇帝东撞西窜,都被挡回来,他又想蹲下,学刺猬,缩成一个球,可是办不到。

(叶圣陶《皇帝的新衣》)

原文用"四周的人挤得紧紧",比较抽象。改文用"人围得风雨不透",是夸张说法,更好地描绘出人多的情态。原文用"缩做刺猬似的一团",是比喻,也具体,但"一团"比较笼统;改文用"学刺猬,缩成一个球",仍是比喻,但形象生动得多。

③ 原文:武震一到桥头,先听见一片人声,鬼哭狼嚎地从桥南头滚过来,转眼就有无数朝鲜人从烟火里涌出来……

改文:武震一到桥头,先听见一片人声,连哭带叫地从桥南头滚过来……

(杨朔《三千里江山》)

原文中的"鬼哭狼嚎",纯为贬义,不能用来比喻描绘朝鲜老百姓从烟火里逃出来的情景。改用中性词语"连哭带叫",就比较贴切,符合实际。

**六、改正下列各句中所用辞格的错误,并说明理由。**

① 这歌声似一盏灯把我的红心照亮。

这是用的比喻(明喻)手法,把"歌声"比成可见的"明灯",二者毫无相似之处。可改为:"这歌声将变成一盏明灯把我的红心照亮。"

②登山远望,对岸的一方池一方池的稻田,好像天上的繁星一样。

这里用的是比喻(明喻),把"稻田"比为"繁星",也不恰当,二者无相似点。可改为:"登山远望,对岸的一方块一方块的稻田,好像绿色的方格锦缎一样。"

③收割那天,我们拿着镰刀,走向田野,金黄的稻子吓得浑身发抖,低头求饶,好像在说,别割我,别割我!啊,我痛死了!

这是用拟人的手法描写割稻的景况。镰刀割稻,稻子发抖、求饶、痛死,这与丰收的环境气氛很不协调。可改为:"收割那天,我们拿着镰刀,走向田野,金黄色的稻浪,随风起伏,好像在欢迎我们,齐唱:"来吧!来吧!快收获!快收获!""

④人群欢跃,泥土也从地下伸出头来向着人们微笑。

这是用拟人的手法描写"泥土",但缺乏真实的思想感情。"泥土"怎么能"从地下伸出头来"?可改为:"人群欢跃,土地也微笑。"

⑤晨踏白霜,晚披红绸。

这是对偶,句中的"红绸",语意不明。联系上文看,好像指的是晚霞。可改为:"晨踏白霜,晚披红霞。"

⑥一个南瓜如地球,
　　结在五岳山上头。
　　把它架到大西洋,
　　世界又多一个洲。

这首诗歌是通过比喻来夸张的,但夸张得不合情理,没有实际基础。既然南瓜如地球那么大,又如何"结在"地球上的"五岳山上头",又怎样把它"架到大西洋",怎么好说"世界(指地球)又多一个洲"?思维混乱,矛盾百出。这是假话、大话、空话,故意虚张声势,应根据实际情况,重新创作。

⑦大家决心学雷锋人,走雷锋路,接雷锋枪,使雷锋精神不断发扬光大。

这里用的是排比手法。"雷锋人"是生造词语。可改为"大家决心做雷锋式的人物,走雷锋的道路,接雷锋的枪支,使雷锋精神不断发扬光大。"

## ▶▶ 思考和练习十

**一、什么是语体?**

语体是为了适应不同交际需要而形成的语文体式,它是修辞规律的间接体现者。

**二、公文语体和政论语体各有哪些特点? 举例说明。**

公文语体的特点是明确性、简要性和规格性。

明确性是指公文语体所要求的时间、地点、数量、范围等方面必须写得明确,避免发生歧义和误解。例如《中华人民共和国宪法》规定:"中华人民共和国年满十八周岁的公民,不分民族、种族、性别、职业、家庭出身、宗教信仰、教育程度、财产状况、居住期限,都有选举权和被选举权;但是依照法律被剥夺政治权利的人除外。"

简要性是指公文语体的内容必须扼要、清楚、通顺,指出问题和争论之所在;不能废话连篇,离题万里。例如《征兵工作条例》规定:"部队应该派思想好、政策观念强并有一定组织能力的干部和医务人员,组成精干的临时接兵机构,做好接兵工作。"

规格性是指公文语体有固定的格式,不能有随意性。例如命令、通报、决议之类的标题、编号、发文日期有一定的格式。

(关于政论语体的特点,可参照教材自答)

举例略。

**三、文艺语体有几种类型? 举例说明。**

文艺语体可分为散文体、韵文体和戏剧体三类。散文体指小说、散文和特写等。韵文体指诗歌、词曲和快板等。戏剧体指话剧、歌剧和地方戏等。

举例略。

**四、比较下面两个例子,说明文艺语体、科技语体的主要特点。**

①三株名松都在这里。"卧龙松"与"抱塔松"同是偃仆的姿势,身躯奇伟,鳞甲苍然,有飞动之意。"九龙松"老干槎丫,如张

牙舞爪一般。若在月光底下,森森然的松影当更有可看。此地最宜低回流连,不是匆匆一览所可领略。

(朱自清《潭柘寺戒坛寺》)

② 细菌有三种主要形态:球形(球菌)、杆形(杆菌)及螺旋形(螺旋菌)。但在这三类之间,还有许多不显著的过渡形态。

细菌的形体虽然如此之小,但各类细菌间,其体积的差别很大。最小的杆菌,长约 0.5 微米,宽约 0.2 微米;一般杆菌为 $2 \times 0.5$ 微米。

(李杨汉《植物学·细菌》)

例①是文艺语体。它的特征是语言的描绘具有形象性和情感性,努力追求艺术化。例②是科技语体。它的特征是语言表达具有精确性和严密性,不追求艺术化。

五、绘制一个简表,说明四种语体及其风格。

| 语体 | 风格 |
|---|---|
| 公文语体 | 简明、准确、平实、庄严 |
| 科技语体 | 专门科技语体:精确、严谨<br>通俗科技语体:浅显、明快、平实 |
| 政论语体 | 庄重、严密、雄健、谐趣 |
| 文艺语体 | 形象、生动、丰富、有趣 |

# 肆 补充练习题

## 绪论补充练习题

### 绪论第一节补充练习题

1. 为什么说现代汉民族共同语是在北方方言的基础上形成的？"官话"是不是阶级习惯语？

2. 语言的口头表达形式与书面表达形式不是完全对应的。有些口语不出现在书面语中，有些书面用语不宜用口语表达。你能举例说明吗？

3. 现代汉语有哪些方言？简要说明各种方言的分布情况。

### 绪论第二节补充练习题

1.《国家通用语言文字法》的使用领域和制约范围具体涉及什么？为什么作这样的界定？对于违反该法条款规定的语言文字的使用行为，应当如何处置？

2. 汉语规范化会不会妨碍语言的发展，使语言千篇一律，发生僵化？

## 第一章语音补充练习题

### 语音第一节补充练习题

1. 语音就是人类发音器官发出来的声音。这种说法对吗？为什么？

2. 为什么说语音的社会性是语音的本质属性？

3. 比较隔音字母、隔音符号在用法上的异同。

**语音第二节补充练习题**

1. 说出普通话语音中 22 个辅音形成 22 个不同音色的道理。

2. 举例说明普通话音节中有哪两类声母。

3. 辨别带着重号的字的声母的发音。（"一、不"可按变调读写）

（1）清早　做了　一字　青草　错了　一次

（2）主力　短站　招了　阻力　短暂　糟了　举例　短剑　焦了

（3）一成　姓陈　有翅　一层　姓岑　有刺　一擎　姓秦　有气

（4）商业　不少　诗人　桑叶　不扫　私人　香液　不小　昔人

4. 下列带着重号的字的读音不止一个，哪个对？哪个不对？请把正确的指出来。

森林（sēn shēn）　炽热（chì zhí）　淙淙（cóng zhōng）　憧憬（chōng tóng）　怆然（chuàng cāng）　竦然（sǒng shù）　恫吓（xià hè）　嫩芽（nèn nùn）　蹊跷（xī qī）　少憩（qì tián）　给养（jǐ gěi）　混淆（xiáo yáo）

**语音第三节补充练习题**

1. 从结构特征、韵头特征、韵尾特征上分析下列各词带着重号字的韵母有何不同。

行为　分析　欣然　真正

2. 辨析下列各组韵母在发音上的主要区别。

（1）e—o　（2）u—ü　（3）an—ang

（4）ie—üe　（5）ua—uai　（6）ian—üan

3. 比较说明下列两组韵母在发音和结构上的区别。

（1）o—uo　（2）ou—uo

4. 指出下列音节的四呼分类。

ya　zan　hua　xun　wang　lang　hong　qin　duan　shi　an　duo　xia　yan　er　ti　qu　you　huai　rong

5. 按发音特点分析下列各组音素的异同。

（1）i—ü　（2）n—l　（3）e—ê　（4）sh—r

6. 带鼻音韵母 an、ian、uan、üan 里的 a，读音是不同的，不同在何处？请用国际音标加以描写。

7. er 是个卷舌、央、中、不圆唇元音,它带有卷舌色彩,称卷舌元音。其中的 r:

（1）不代表音素,只是表示卷舌动作的符号。 （　）

（2）代表音素,不是表示卷舌动作的符号。 （　）

（3）是辅音韵尾。 （　）

（4）既代表音素,也表示卷舌动作的符号。 （　）

8. 以叶剑英同志的《攻关》诗为例,比较说明押韵的"韵"与韵母有何不同?并指出这首诗押的是十三辙的哪一辙,十八韵的哪一韵?

附《攻关》诗:

攻城不怕坚,攻书莫畏难。

科学有险阻,苦战能过关。

**语音第四节补充练习题**

1. 从声、韵、调的角度综合分析下列三组词语的音节有何不同。

（1）不过—不破 （2）迟暮—刺目 （3）不能—不冷

2. 古调类与普通话调类是什么关系?它们之间演变规律的明显特点是什么?

3. 用普通话读下列汉字,调值相同的归为一类:

集 缔 嗔 版 幅 带 科 巧 龙 录 胶 舞 填 视 敲 喜

4. 没有入声方言区的人,要知道哪些字是入声字是很难的。但有相当一部分入声字可以根据普通话的读音来辨别,查查资料,你能说出几条主要规律供参考吗?

5. 两个方言调类相同,调值是否相同?调值相同,调类是否相同?举例说明。

**语音第五节补充练习题**

1. 普通话字音结构的主要特点是什么?

2. 列表分析下列各字音的结构方式,指出在分析中容易犯的错误。

| 例字 ＼ 结构方式 | 声母 | 韵母 | | | 声调 |
|---|---|---|---|---|---|
| | | 韵头 | 韵腹 | 韵尾 | |
| 月 yuè | | | | | |
| 决 jué | | | | | |
| 誓 shì | | | | | |
| 而 ér | | | | | |
| 酒 jiǔ | | | | | |

3. 普通话声韵配合规律主要是由什么决定的？举例说明。

4. 写出同"开、齐、合、撮"四呼韵母相拼的声母。声母 j、q、x 能同哪些呼的韵母相拼？g、k、h 能同哪些呼的韵母相拼？

5.《汉语拼音方案》将 e、u 兼作两个元音音素，将 i 兼作三个元音音素，它们在使用时会发生混淆吗？为什么？

6. 从音节的连写规则看，为什么说下面句子的拼写是错误的？

（1）yǔyan shì rénlèi zuì zhòngyào de jiāojìgōng jù。（语言是人类最重要的交际工具）。

（2）ZHishi jiù shì lì liàng。（知识就是力量）。

（3）měidé hǎobǐ bǎoshí, tā zài pǔsù bèijǐng de chèntuō xia fǎnér gèng huálì。（美德好比宝石，它在朴素背景的衬托下反而更华丽）。

7. 下面的专用名词、专用短语、文章标题的连写，都有程度不同的错误，请指出来，并说明理由。

（1）Lǐ yù míng（李玉明）　（2）Hā ěr bīn shì（哈尔滨市）
（3）Běi jīng Shī fàn Dà xué（北京师范大学）　（4）Guanjian zaiyu sikao（关键在于思考）

8. 下面是在某些店铺出现的拼写错误，改正过来并指出错误的原因。

HEYBAYTYEJYAGONGZHU（黑白铁加工组）　YAODYAN（药店）　ZHISHENFWZHWANGDIAN（志森服装店）　JIAYONGdIANqI（家用电器）SHUYNUANQYCHAYSHANGDYAN（水暖器材商店）

**语音第六节补充练习题**

1. 给下列成语注音,按变调标出"一、七、八、不"的调型。

一成不变　一窍不通　不卑不亢　七拼八凑　七嘴八舌

七零八散　不破不立　一毛不拔　一五一十

2. 用国际音标给下列词语标音,调值要标出本调和变调(例如"水果"$[\text{ş uei}_{35}^{214}\ \text{kuo}^{214}]$),然后指出普通话上声变调的规则。

粉笔　浅薄　海燕　假如　阻力　几何　火柴　奶奶　总统府
小老鼠　索马里

3. 儿化和儿化韵是不是一回事?为什么?举例说明。

4. 举例说明普通话韵母儿化后总数减少的原因。

5. 为什么说轻声不是四声外的第五种声调?

6. 北京话里儿化和轻声现象特别多,分辨一下,下列的儿化、轻声现象,哪些算普通话成分,需要我们学习的,哪些不算,需要规范的,为什么?

信儿　头儿　画儿　牙刷儿　书本儿　东西(dōng xi)　本事
(běn shi)　殷勤(yīn qin)　衡量(hēng liang)

7. 语气词$[\Lambda]$前面字的尾音是$[i]$、$[u]$、$[n]$、$[\mathfrak{y}]$、$[\mathfrak{1}]$、$[\mathfrak{t}]$时,读音会发生什么变化?写出$[\Lambda]$音变后的汉字。

**语音第七节补充练习题**

1. 举例说明音素和音位的联系与区别。

2.《汉语拼音方案》实际使用的只有 25 个拉丁字母,它是怎样用 25 个字母描写普通话 32 个音素的呢?

3. 用国际音标写出下面四个词语带着重号的音节,指出这些音节共有多少辅音音位,多少元音音位,多少声调音位。

特色　职责　讲演　不必

4. 举例说明元音音位/ə/和辅音音位/k/各有哪些音位变体。

**语音第八节补充练习题**

1. 举例说明语法重音和逻辑重音的区别。

2. 简述语法停顿与逻辑停顿的区别。

3. 以下面的郭沫若的《天上的街市》两节诗为例,说明这首诗的节奏及其作用。

> 远远的街灯明了,
> 好像是闪着无数的明星。
> 天上的明星现了,
> 好像是点着无数的街灯。

> 我想那缥缈的空中,
> 定然有美丽的街市。
> 街市上陈列的一些物品,
> 定然是世上没有的珍奇。

4. 语调对表达说话人的思想感情有重要作用,以下面提供的语调以及语句重音为条件,读"这篇文章很好"这个句子,说明它们表达的思想感情是什么?

这篇/文章/很好↘。

这篇文章——很好↘。

这篇文章很——好↘。

这篇文章很好↘。

这篇文章很好↘。

这篇文章很好↗?

这篇文章很好↘!

这篇文章很好↗?(升得快而高)

这篇文章很好↘。(降得快而低)

**语音第九节补充练习题**

1. 汉民族共同语既然"以北京语音为标准音",为什么还有语音规范问题呢?

2. 举例说明异读词与多音字的区别。

3. 下面有三类语音现象,哪类语音现象属于异读词的规范问题。属于异读词规范的,指出它的规范读音。

(1)畜牧 xù mù 牲畜 shēng chù 难受 nán shòu 灾难 zāi nàn

（2）遍 biàn,piàn　俊 jùn,zùn　比较 bǐ jiǎo,bǐ jiào　刽子手 guì zi shǒu,kuài zi shǒu

（3）订单 dìng dān　应该 yīng gāi　装订 zhuāng dīng,zhuāng dìng　应许 yīng xǔ,yìng xǔ

# 第二章文字补充练习题

文字第一节补充练习题

1. 填空

（1）世界上的文字可以分为_____和_____两大类,汉字属于_____,日文的假名属于_____文字。

（2）现在除中国使用汉字外,使用汉字的国家还有_____、_____、新加坡和马来西亚。

2. 语言是人类最重要的交际工具,文字是最重要的辅助性交际工具,既然都是交际工具,能否具体谈谈它们的区别呢?

3. 从比较的角度谈表意体系的汉字同表音文字的本质区别。

4. 表音文字是表音的,形声字的声旁也是表音的,既然如此,为什么说形声字还是表意体系的文字? 请辨析它们在表音上的不同。

5. 汉字是表意体系的文字,距今有三四千年的历史。试分析汉字长期停留在表意文字阶段的原因,并展望汉字的未来。

6. 有人说汉字记录的语音单位是音节,因此汉字是音节文字。请谈谈你对这个问题的看法。

文字第二节补充练习题

1. 现代汉字的标准字体是楷书,主要辅助字体是行书,楷书和行书有何联系与区别呢?

2. 现行汉字印刷体的标准字体是楷书以及楷书的各种变体,试用比较的方法谈谈楷书各种变体之间的区别。

3. 简述制约汉字形体演变的原因。

文字第三节补充练习题

1. 什么是独体字? 什么是合体字? 独体字在汉字系统中的地位

如何？举例说明。

2. 指出下列汉字的笔画和笔顺。

凸 凹 毋 臼 肃 比 叟 乪 与 率 鼎 曹

3. 举例说明部件切分的原则是什么。

4. 分析下列汉字部件和部件的组合方式。

孽 瓢 掇 圆 燕 剧 爨

5. 分析下列汉字的部件及其组合层次。

动 坐 韶 要 赢 勤 圃 邀

6. 分析形声造字法成为占优势的一种造字法的原因。

7. 简述转注、假借不是造字法而是用字法的理由。

8. 从造字法看现代汉字,现代汉字的造字法跟古代相比发生了哪些变化呢？请举例说明。

9. 改正下列各字在造字法上分析的错误。

步(象形) 寸(会意) 旦(象形) 采(象形) 甘(会意)

石(指事) 荆(会意) 尖(形声) 篇(象形)

### 文字第四节补充练习题

1. 怎样认识汉字整理的成果？汉字能不断地简化吗？

2. 怎样理解汉字简化"约定俗成,稳步前进"的方针？

3. 查字典,从字的音义说明:

(1)"晖"能否作为"辉"的异体淘汰掉？

(2)"伕"能否作为"夫"的异体淘汰掉？

(3)"桉"能否作为"案"的异体淘汰掉？

(4)"袷、袷"能否作为"夹"的异体淘汰掉？

(5)"坂、阪"两个字哪一个作正体好？

4. 什么是常用字？选定常用字应考虑哪些因素？什么是通用字？确定通用字有什么意义？

### 文字第五节补充练习题

1. 写出"乾、夥、藉、瞭、儿"的简化字形,哪些词中该用简化字形的,下加横线标出:

(1)乾( ):乾净 乾坤 乾隆

（2）夥（　）：夥伴　合夥　夥同　夥办　一夥人　获益甚夥

（3）藉（　）：藉口　凭藉　慰藉　狼藉

（4）瞭（　）：瞭解　瞭望

（5）徵（　）：徵兵　徵粮　徵稿　象徵　特徵　徵候　宫商角徵羽

（6）兒（　）：兒女　睥睨　端倪

2. 指出下列各组异体字中,哪个是入选的规范字,并在规范字下用横线标出。

　　凄凄悽　勳勋　删删　災菑灾裁　枒桠丫　嗽嗽　煙烟菸　焰燄

　　颍颖　韻韵　於于　靷靱靭靭　志誌　喆哲　杰傑　跡迹蹟　劫刦劫刧

3. 改正下面成语中的错别字。

　　走头无路　变本加利　矫柔造作　滥芋充数　遗笑大方　前扑后继　并行不背　置若枉闻　怨天由人　病入膏盲　目不遐接　一劳永易　卑躬曲膝　一愁莫展　一口同声　阴谋鬼计　如火如茶　虚与委倚

# 第三章词汇补充练习题

## 词汇第一节补充练习题

1. 在下列语言单位中划出词(用_____号)、语素(用﹏﹏号)、字(用△号),(如互联网)。
　　　　　　　　　　　　　　　　　　　　△△△

（1）呼啦圈　（2）幽默　（3）幽静　（4）小鸟儿

2. 查字典,分析一下,"宫、降"各代表几个语素?为什么?

3. 指出下列合成词的结构类型,并说明它们为什么不同。

　　夏收　身受　身教　口红　口授　眼热　眼看　体检
　　体验　月亮　雪亮　雪花　雪景　花朵　花瓣　熊猫
　　猫熊　月球　桥墩　心扉　手表　脑海　蜂房

4. 下面的词哪些是叠音式的单纯词?哪些是重叠式的合成词?

为什么?

爸爸　哥哥　姐姐　娃娃　饽饽　猩猩　星星　孜孜　潺潺

偏偏　刚刚　骂骂咧咧　仅仅　久久　婆婆妈妈　形形色色

5. 复合式的合成词除了联合型、偏正型、补充型、动宾型、主谓型外,还有没有其他构词方式? 请指出来。

6. 区分字面形式相同的词根语素和词缀语素。(在词缀下划横线表示)

(1) 老粗　老伴　老汉　老板　老虎　老乡　老旦　老妪

(2) 胖子　裤子　独子　养子　房子　瞎子　鱼子　矮子

(3) 画儿　婴儿　健儿　女儿　个儿　头儿　破烂儿

(4) 山头　船头　苦头　工头　劲头　钟头　骨头　砖头

(5) 猛然　必然　欣然　果然　居然　偶然　井然

(6) 党性　男性　可读性　记性　个性

(7) 美化　电气化　焚化　冰消雪化

7. 分析合成词的多层结构。

(1) 派出所　(2) 可操作性　(3) 正负电子对撞机

**词汇第二节补充练习题**

1. 根据下面《日出》中顾八奶奶恭维陈白露的话,想一想顾八奶奶是一个什么样的人,你是从哪些地方得到这种印象的?

　　白露,我真佩服你!我真不知道怎么夸你好。你真是个杰作!又香艳,又浪漫,又肉感。一个人在这么个地方,到处都是朋友。就说潘四爷吧,他谁都不赞成,他说他就赞成你。

2. 判断正误,并说明理由。

(1) 词义是概括的,但在使用时可以指整类的事物,也可以指其中个别的事物。

(2) "美丽"、"斑斓"有形象色彩义。

(3) 词的音义联系最初是任意的,但一经确定便具有了强制性。

**词汇第三节补充练习题**

1. 下面句子里的"活"有几个义项? 根据义项之间的关系说明义项分类的层次性。

（1）经过紧急抢救,他又活过来了。

（2）新栽的这棵树活了。

（3）这个人见什么人说什么话,活得很。

（4）你的学习方法要活一点。

（5）鱼在水里才能活。

（6）小耗子会装死,还活着呢!

（7）车把太活了,容易出事。

（8）小伙子打起仗来,活像个小老虎。

（9）这个人瞪着眼睛说瞎话,活像真有那个事。

2. 根据所列义项的意义,判定哪些词是多义词,哪些词是同音词:

领港

（1）引导船舶进出港口。

（2）担任领航工作的人。

倒

（1）使向相反的方向移动或颠倒:倒车。

（2）倾斜容器使里面的东西出来:倒杯茶。

（3）表示事情不是那样,有反说的语气:你说得倒容易。

（4）表示催促或追问:你倒说呀!

怪

（1）奇怪:这事真怪。

（2）责备,怨:不能怪她。

（3）觉得奇怪:你不要大惊小怪。

（4）很,非常:怪不好意思的。

3. 以"伯伯、叔叔、姑姑、姨、婶"这一组亲属词为例,说明义素分析的原则和步骤。

**词汇第四节补充练习题**

1. 下列各组词是不是同义词? 为什么?

（1）题材—体裁　（2）才能—才华、才智、才干　（3）粮食—大米、小米、玉米　（4）跑—赛跑、逃跑　（5）活—生　走—行　（6）梗直—耿直　啰嗦—啰唆　（7）慌张—慌里慌张　考虑—考虑考虑

（8）个—个个　家—家家

2. 下列各组词是不是反义词？为什么？

（1）夸张—缩小　（2）师傅—徒弟　（3）热—凉丝丝　（4）大—细小　（5）美观—粗糙　（6）迅速—迟缓　（7）良好—不良　（8）聪明—傻子　（9）大众化—小众化

3. 下边这段文字中的括号里列举的词，用哪个最合适？为什么？

我们从实践中（理解、领会、体会、认识）到人们不能（违背、违反、反对）客观规律去（期望、希望、乞求、期求）工作的胜利，却可以（根据、依据、按照）对客观规律的（体会、认识、理会），充分（发挥、发展）主观能动性，（制造、创造）条件，（驱使、促使、促进）事物向有利于改革的方面转化。

4. 写出 A 组词的反义词，B 组词的同义词。

A. 真理　绝对　静止　公开　一般　暧昧　冷淡　贫乏　高涨　肤浅　团结　清澈　崎岖　稀疏

B. 朴素　精确　区分　声望　繁荣　光辉　激烈　摧残　解除　执行　糟蹋　豪爽　挽救　保持

5. 简述绝对反义词（互补反义词）和相对反义词（极性反义词）在使用上的不同。

6. 举例说明多义词与反义词、同义词与反义词的关系。

词汇第五节补充练习题

1. 一个词在辞书中所注的义项和一个词在具体语境中使用时所产生的意义有什么不同？举例说明。

2. 下面都是拿"水"来作比喻的句子，指出在具体语境中"水"的意义有何不同？

（1）庄子《山木篇》：君子之交淡如水。

（2）刘禹锡《竹枝词》：长恨人心不如水，等闲平地起波澜。

（3）秦观《鹊桥仙》：柔情似水，佳期如梦，忍顾鹊桥归路。

（4）冯梦龙《古今小说》：自古道妇人生性如水，反复无常，况烟花之辈。

（5）朱自清《荷塘月色》：月光如流水一般，静静地洒在这一片叶子和花上。

（6）流行歌曲词:阿里山的风景美如画,阿里山的姑娘美如水。

**词汇第六节补充练习题**

1. 辨识下面这些词,哪些是基本词汇里的词,哪些是一般词汇里的词,并说明理由。

风 云 太阳 油 船 牙 妹 喜欢 美 你 这 怎样 晚 春 贷款 刨刀 犬子 老爷儿 金乌 老鼻子 函数 休克 千 尺 个 很 因为 虽 吗 了 但 和

2. 从下面的一段话中挑出哪些是历史词,哪些是文言词,并说明理由。

六月,发生玄武门之变。秦王世民杀太子建成、齐王元吉。秦府将尉迟敬德入宫,请高祖降手敕,令诸军并受秦王处分。旋立世民为皇太子,诏:军国庶事无大小悉委太子处决。

3. 指出下面外来词的类型。

海洛因 霓虹灯 来复枪 DNA 夹克 BBC 加农炮 摩托车 欧佩克 爱克司光 道林纸 WC APEC 高尔夫球 冬不拉 马克思主义 恤衫 AA制 三K党 克格勃 pH值 AB角 萨其马 厄尔尼诺现象

4. 下列句子中的用词有什么错误?为什么?怎样改正?

（1）倘若,在这两个层面上(指"生命状态,精神质量"),都是低劣的,窒息苟延的,那就很什么了,像一尾风干的鱼,夫七情六欲之情,将何以堪呢?

（2）边远山区人烟稀少,道又不好走,可别遇到张三啊!

（3）甚至可以坦率地、怡情地告诉对方:"我这一身名牌,全是假冒的。"

（4）这几个人均是我的好友,皆中学时的同学。

**词汇第七节补充练习题**

1. 分析下列成语的内部结构关系。

一衣带水　　恃才傲物　　正本清源　　流芳百世
风雨飘摇　　中饱私囊　　满载而归　　兼收并蓄

令行禁止　　含沙射影　　利令智昏　　处之泰然
波澜壮阔　　莫衷一是　　源远流长　　望洋兴叹
望眼欲穿　　自怨自艾　　画蛇添足　　披肝沥胆

2. 辨析下列两组成语的异同点。

A 组:处心积虑　　　呕心沥血

B 组:小心翼翼　　　谨小慎微

3. 填出下列成语的同义形式。

积沙成塔　　一语道破　　望而生畏　　言听计从
不可一世　　一箭双雕　　水到渠成　　得意忘形
多此一举　　井井有条　　千钧一发　　为虎作伥
进退两难　　自作自受　　水落石出　　寻根究底
一叶蔽目　　完美无缺

4. 下列歇后语用什么方法表示它的实际意义。

(1) 小葱拌豆腐——一青(清)二白

(2) 萤火虫的屁股——没多大亮

(3) 倒了碾子砸了磨——石(实)打石(实)

(4) 墙上挂门帘——没门

(5) 热锅上的蚂蚁——走投无路

(6) 卖布不带尺子——存心不量(良)

(7) 纸糊的琵琶——弹(谈)不得

(8) 穿孝衣拜天地——悲喜交加

5. 简述惯用语的结构特点以及惯用语与成语的区别。

6. 下列各句某个词语的运用有毛病,先弄清错误性质,然后改正。

(1) 中国、日本、匈牙利女子排球队先后获得了这次锦标赛的冠军、亚军和第三名。

(2) 原来坐在上面算死账,面面相觑;现在深入群众挖潜力,顺水推舟。

(3) 考察的结果是,王朗的自然环境十分适应大熊猫的生活。

(4) 要是对于人物和他的生活环境都洞若观火,司空见惯,创作时,你就一定会双管齐下,左右开弓。

（5）于是白的、黄的、斑麻色的花朵仿佛密密麻麻的彩蝶,它们混揽成一团,匍匐在草茎下,穿梭在树叶中,戏游在茎干上……

**词汇第八节补充练习题**

1. 词汇规范化的主要原则是什么?

2. 什么是新词? 新词与生造词有什么不同? 举例说明。

3. 指出下列词义发展变化的类型。

（1）包装:原指用纸、盒等把商品包起来,也指包裹商品的东西。现在又指"企业、演员的形象塑造"、"人的装束打扮、企业宣传",等等。

（2）热烈:原指权势很盛,现指情绪兴奋、激动。

（3）去:原指离开某人某地,现指到目的地。

（4）丈夫:原来泛指"成年男子,大丈夫",现在指女方的配偶。

（5）烈士:古代指"刚烈之士",现在指"为正义事业而牺牲的人"。

4. 从词汇规范化的角度,辨识下列各词哪些是规范的对象,并说明理由。

蚜虫　腻虫　蚁虫　玉米　珍珠粟　苞米　棒子　苞谷　公牛
牤子　洋火　火柴　肥皂　胰子　扯皮　名堂　擘画　悖谬　拥篲
逝世　呼吁　哀悼　厨子　跑堂　老妈子　伙夫　邮差　麦克风
司的克　盘尼西林　手杖　青霉素

# 第四章语法补充练习题

**语法第一节补充练习题**

为什么要学习语法? 有人说:"不学语法,也能说话写文章。"你认为这种说法对吗? 为什么?

**语法第二节补充练习题**

1. 指出下面各组内的词的词性,并说明它们在功能上的区别。

（1）高级　初级　　（2）一概　一致

（3）家务　医务　　（4）常常　往常

2. 指出下列各句副词"都"的语义指向。

（1）这些画册我都看过了。

（2）这些画册我们都看过了。

（3）这本画册我们都看过了。

3. 有的书把形容词分为性质形容词和状态形容词两类。有的书则把状态形容词不叫形容词，而叫状态词。因为形容词能受"不、很"的修饰，状态词不能(如很白——＊很雪白,不白——＊不雪白)。形容词都能带补语，状态词不能(如红得很——＊通红得很,白得耀眼——＊白茫茫得耀眼)。谈谈你对这两种说法的看法。

4. 目前,对叹词、拟声词的看法不一。有的把它们看作实词,有的把它们看作虚词,有的既不把它们归入实词,也不把它们归入虚词,而归入特殊词类。你是怎样看的？请说明理由。

5. 怎样认识根据词性给词定性归类时必须分清一般规律和特殊现象呢？

6. 把人称代词、疑问代词、指示代词以及它们相当于哪类词的语法功能用图表标示出来。

**语法第三节补充练习题**

1. 比较下面每组中的虚词在用法上的不同。

（1）只有—除非　　（2）向—朝

（3）从而—进而　　（4）因而—因此—所以

2. 指出下面五组句子中"在"、"给"、"比"、"拿"、"连"的词性,并说明理由。

（1）

① 真理在人民一边。

② 他在教室看书。

③ 他在看书。

（2）

① 他给我买了一本书。

② 他给我一本书。

（3）

① 许多同学都比我学得好。

② 我们比干劲,比速度,比质量。

（4）

① 别拿我开玩笑。

② 他手里拿着一本书。

（5）

① 他俩真是心连心。

② 开荒种地这件事，连孔夫子也没有做过。

③ 他连我也批评了。

④ 这个问题，不仅我不懂，连他也不懂。

3. 分析下列句子中的"和、跟、同、与"的词性，并说明理由。

（1）一部世界近代史就是全世界革命人民和殖民地被压迫民族同帝国主义和殖民主义英勇斗争的记录。

（2）我们根据平等、互利、互相尊重主权和领土完整的原则同其他国家建立和发展外交关系。

（3）闰土要香炉和烛台的时候，我还暗地里笑他。

（4）他的手艺能和他师傅不相上下。

（5）北端与宝成铁路相连。

（6）你先跟老李研究一下，我们再作决定。

4. 汉语的语气词在表意上是非常丰富的，试就下列三句的语气词，分析它们在表意上的差别。

（1）妈，三叔来信了吧？

（2）将来大家提高认识，就不会歧视后进同学了啊！

（3）疯哥，你也甭藏藏掖掖的啦！

5. 指出下列各词是同音词、兼类词还是词的活用。

共同     究竟

 共同纲领   问个究竟

 共同富裕   究竟去不去

直      矛盾

 直解释    很矛盾

 要直的，不要弯的 一些矛盾

来      阿 Q

| | |
|---|---|
| 来人 | 阿 Q 精神 |
| 十来个 | 我也阿 Q 一次 |
| 非法 | 感动 |
| 非法行为 | 非常感动 |
| 非法同居 | 感动中国 |

**语法第四节补充练习题**

1. 简述短语结构类和功能类的关系。

2. 怎样理解有些词或短语加上句调就可独立成句？举例说明。

3. 用层次分析法分析下列句法结构：

（1）喜欢读巴尔扎克的小说

（2）拿这个观点解释历史的

（3）一对夫妇只生一个孩子好

（4）当她走进教室的时候

（5）要求我们俩准时出席

（6）查完病房回到家里躺下就睡

（7）请张总回来开会

（8）教我们一支新的歌

（9）指导员领导巡逻组巡逻

4. 用语义分解法说明下列短语的多义性。

（1）山上架着炮

（2）最喜欢的是她弟弟

（3）女子理发店

（4）这个人谁也没问过

（5）在楼上看到了老彭

5. 介词短语的语法功能主要作修饰成分状语，少数作定语，所以有的书把介词短语看作是加词性短语，你认为如何？能说说看法吗？

6. 分析下列各句产生歧义的原因，并指出消除歧义的方法。

（1）下午我们小组讨论。

（2）我喜欢炒鸡蛋。

（3）两个中医学院的学生来了。

（4）扮演的是一个青年人。

（5）我们打算试验改良品种。

**语法第五节补充练习题**

1. 及物动词按所带宾语的性质分为名宾动词、谓宾动词、名谓宾动词。请分析一下，下面这些词分别属于哪一类？

驾驶　搜集　妄加　继续　喜爱　反对
姓　　采取　感到　加以　知道　讨论
出席　砸　　计划　受到　准备　邀请
出现　调动　值得　配　　忍受　注意
攻击　愿意　主张　领导　批准　问
敢于　觉得　劝　　争取　相信　申请

2. 名词的修饰语是定语，动词、形容词的修饰语是状语，这种说法对吗？为什么？

3. 从语法结构关系来说，补语是对前面动词性、形容词性词语的补充、说明，但是从语义结构关系即语义指向说，补语不一定和前面的动词性、形容词性词语发生关系，你能举例说明这个问题吗？

4. 分析下面短语的结构类型。

分析清楚　　　　　考虑周密　　　　　说话慢一点儿　说慢点
清理完毕　　　　　清理完
看了三十分钟　　　浪费了三十分钟　　科学技术
技术科学　　　　　没说清楚　　　　　不说清楚
晚上演出　　　　　晚上的演出　　　　记得这一切
记得很真切　　　　水声淙淙　　　　　从哪里来
白布一尺　　　　　来一下　　　　　　来一瓶
他去请　　　　　　我让他去请

5. 分析下面有符号的句法成分的意义类型。

问〈明白〉　　　写诗　　　　　　[傻]笑　　　　照 X 光
洗〈干净〉　　　洗得〈干净〉　　差〈一点〉
放〈下去〉　　　来了客人　　　　躲清静
放得〈下去〉　　有空位　　　　　[后天]见

过大桥　　　　　　（微型）电脑　　　　下雨了

等〈一会儿〉　　　美得〈很〉　　　　　（这几句）话

看朋友　　　　　　[大概]有　　　　　　踢前锋

万幸，电话通了。　小鸟‖叫　　　　　　飘来艾蒿香

唱高音　　　　　　你大不了再认个错　　聊〈一聊〉

[当然]房子得修　　透出笑意　　　　　　窗花‖剪好了

走消息了　　　　　这事‖别怪她　　　　躲雨

存活期

6. 用框式图解法分析下面的多层定语、多层状语。

（1）我的那位开汽车的好朋友

（2）漫无涯际、枝柯参天的热带森林的奇特景象

（3）举世闻名的迷人的游览胜地

（4）高高兴兴、平平安安地和我们一起回来

（5）以最快的速度、最有效的方法把剩下的这些难关一个一个地攻下来

（6）很不满意地朝他看了看

**语法第六节补充练习题**

1. 简述句类和句型的关系。

2. 划分句类的标准，有人凭句子的用途，有人凭句子的语气，有人凭用途和语气。你觉得应该怎么划分？

3. 举例说明句型和句式的区别和联系。

4. 下列句子哪些是连谓句？哪些是兼语句？哪些既不是连谓句也不是兼语句？为什么？

（1）二嘎子手执小红旗跑来。

（2）没有人找你。

（3）病魔就逼他不得不放下手中的笔。

（4）他们选择元宵逛花市这个节目作为春节活动里的一个高潮。

（5）他时刻提醒自己，出了门要稳当，不要慌张，免得出差错和丢失东西。

（6）你不相信我住在这个胆瓶里吗？

（7）我国有很大面积的山区土地可以耕种。

（8）我催着他干活。

（9）我瞒着他干活。

（10）他一到哈尔滨就办货。

（11）这些日子小李天天看书写文章。

（12）老田披上棉袄，端起饭碗，走了出去。

（13）这篇文章读起来很吃力。

（14）他怪我没能及时告诉他。

（15）王晓明就喜欢你炼钢炼得又快又好。

5. 谈谈对双宾句"给他什么？"是二分好还是多分好的看法。

6. 举例说明非主谓句与省略句的区别。

7. 简要说明"把"字句和"被"字句跟其相应的平行句型在句法结构和语义、语用上的不同。

8. 比较下列各句句型的异同。

（1）a. 村子里回来了一批转业军人。

　　　b. 村子里有一批转业军人回来了。

（2）a. 从台后走过来两个小伙子。

　　　b. 台后走过来两个小伙子。

（3）a. 于华松差点把我的鼻子砸没了影。

　　　b. 我的鼻子差点被于华松砸没了影。

**语法第七节补充练习题**

1. 简述检查病句的方法有哪些。

2. 对于病句，有的著作归类并不相同。比如同样认为是暗中更换主语，有的归为主谓搭配不当，有的归为主语残缺。这说明关于病句的理论尚须作进一步的研究。请以"他戴的那顶台湾草帽，已经用了十几年光景，省吃俭用，过日子一定很艰难"这个病句为例，谈谈你对判定搭配不当，结构残缺标准的看法。

3. 指出下面句子的句法错误。

（1）那腾飞在夜空中的烟花稀疏了；那炸响在人们耳畔的鞭炮停

止了。

（2）现在的自行车就是这样的,真正过剩的是些杂牌,"永久"仍是供不应求……我们要争取成为羊毛衫产品中的"永久"。

（3）近两年来,许多家庭用品日益朝着舒适、艺术、阔气的方向发展。

（4）随着宇航食品科学的发展,宇航员的"口福"越来越好,有时竟能享受到诸如火鸡、肉汁、果酱之类的丰盛晚餐。

（5）作者在电影中表现出来的力图推动社会生活更迅猛前进的政治激情,是一个革命作家更应该重视更值得宝贵的情感。

（6）这些贪污所得全被其挥霍殆尽。

（7）本品采用世界著名的日本资生堂化妆品公司研制的配方,在资生堂技术指导下生产的高级产品。

（8）每个公民应对自己的交通行为负法律责任。

（9）呼兰县物价局对这家违价经营的旅店除没收全部非法所得外,还给予罚款一百元。

（10）《史记》就是这样运用"原始察始,见盛观衰"的原则,形象地对我国三千多年的历史进行总结。

（11）香瓜子、南瓜子、松子、小核桃等炒货,是家家户户很受欢迎的小食品。

（12）去年5月25日下午,市燃料公司原油轮船队船长张××偕老伴因住房及职称评定等问题迟迟得不到落实而去找公司总经理李××。

（13）穿着被雨湿透了的紧身呢衣服的年轻女猎手,回来时身心都感到十分疲劳。

（14）他创造性地丰富了唢呐的表现力是很可贵的。

（15）采用这种方法,人数不宜过多,以四五人到六七人即可。

4. 病句不仅表现在句法方面,而且还表现在语义、语用方面。下面的句子在句法方面是没有错误的,指出它们在语义、语用方面的错误。

（1）4月22日晚,一个全世界都非常熟悉的名字从地球上消失了,他就是理查德·尼克松。

（2）今天是体育彩票开奖日,祝愿每一位朋友都能中奖。

（3）某职业高中为及早安排本校毕业生,在报上登了一则启事,标题是"本财会职业高中预聘毕业生"。

（4）《北京日报》曾开辟一个专栏叫"改革刍议"。

（5）电台一主持人在谈到前次节目时说:"听了我们上次的节目以后,一些听众深受启发……"

5. 有人说动宾动词是不能带宾语的。否则就是病句,可是近年来经常见到动宾动词带宾语的用法,例如:

（1）物理学教授讲学中南海。

（2）跨国公司进军浦东陆家嘴。

（3）第六代电脑能媲美人脑吗?

你认为这种用法对不对? 合不合语法? 请发表意见。

6. 一般来说在什么情况下用简缩法,在什么情况下用类比法呢? 为什么?

7. 人们都说简缩法和类比法是检查语法错误很有效的两种方法,但是能不能说所有的语法错误都能用这两种方法来解决呢? 为什么?

**语法第八节补充练习题**

1. 用图表列出现代汉语的复句意义类型,每类各举一个有代表性的关联词语。

2. 复句的分类向来存在分歧:有的分为联合复句和偏正复句两大类,有的不分。有的即使分成两大类,但大类内部的小类又不同。请查查资料,找些根据,谈谈你的看法。

3. 用下列关联词语造句,并比较各组内关联词语在意义和用法上的异同。

（1）何况　　况且

（2）虽然　　尽管　　固然

（3）以便　　以免

4. 下列复句的层次有 A、B、C 三种分析,指出错误的分析,并说明原因。

手术室里虽然有十多个人,可是谁也没有讲话,只有明亮的灯在嘶嘶地响着。

A.
```
①      ②      ③      B. ①      ②      ③      C. ①      ②      ③
  └─转折─┘                 └───并列───┘              └───条件───┘
      └─并列─┘          └─转折─┘                  └─转折─┘
        ‖                  ‖                      ‖
```

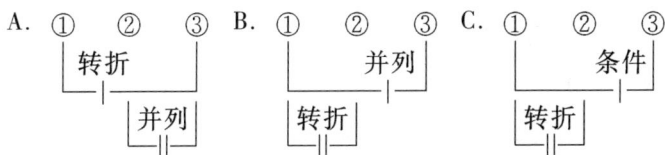

5. 辨别下面的句子是单句还是复句？单句分析句法成分,复句分析层次和关系。

(1) 同自己谈话,既是一种能力和智慧,又是一种德行,一种高贵的人格境界。

(2) 目击者看到的是流星或者是气球或者是探照灯光在云彩中的反射。

(3) 唱歌的时候,一队有一个指挥,指挥多半是多才多艺的,既能使自己的队伍唱得整齐有力,唱得精彩,又有办法激励别的队伍唱了再唱,唱得尽兴。

(4) 英国伦敦有一位钟表修理员安东尼·阿希尔用柠檬制成了一部"发电机"。

(5) 虽然彼此并不认识,然而他读过鲁迅先生的文章,深信鲁迅先生对革命事业的忠诚,决定把生命的最后时刻写成的信件和文稿,送到鲁迅先生手里。

(6) 一篇好的文章或一篇演说,如果是重要的带指导性质的,总要提出一个问题,接着加以分析,然后综合起来,指明问题的性质,给以解决的办法,这样,就不是形式主义的方法所能济事的。

(7) 她的衣服都放在妈妈给她买的那只牛皮箱子里。

(8) 不论是知识分子,还是青年学生,都应该努力学习。

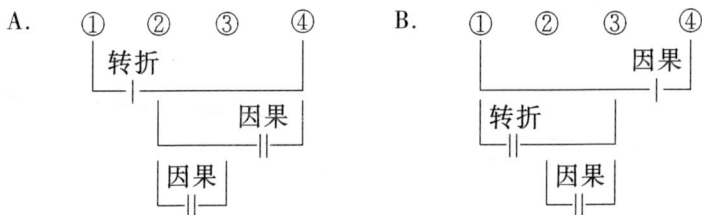

A.
```
  ①      ②      ③      ④          B.   ①      ②      ③      ④
  └─转折─┘                             └───────────┘   └─因果─┘
      └──────因果──────┘                   └─转折─┘        ‖
        └─因果─┘                             └─因果─┘
          ‖                                   ‖
```

6. 分句数目不一样,层次分析也不同。例句是:

A. ① 一五〇九年,他已经写好《天体运行》的提纲,② 但是他知道天动学说从亚里士多德建立以来已经有一千八百年的历史,③ 又有教会的拥护,④ 如果发表跟天动学说根本矛盾的地动学说,⑤ 一定会遭到种种非难和攻击,⑥ 因此他决定谨慎而小心地进行观测工作,⑦ 务使他的理论能和实际观测相符合。

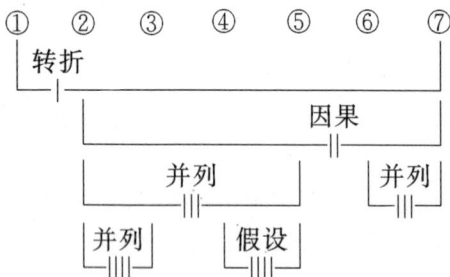

```
①      ②      ③      ④      ⑤      ⑥      ⑦
└─转折─┘
       │                            │
       └──────────因果──────────────┘
                                  ‖
       ┌────────并列────────┐ ┌─并列─┐
                          ‖        ‖
       ┌─并列─┐      ┌─假设─┐
            ‖            ‖
```

B. ① 一五〇九年,他已经写好《天体运行》的提纲,② 但是他知道天动学说从亚里士多德建立以来已经有一千八百年的历史,又有教会的拥护,如果发表跟天动学说根本对立的地动学说,一定会遭到种种非难和攻击,③ 因此他决定谨慎而小心地进行观测工作,④ 务使他的理论能和实际观测相符合。

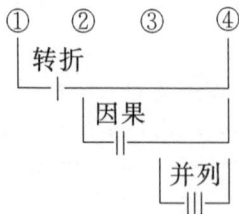

```
①      ②      ③      ④
└─转折─┘
       │            │
       └───因果─────┘
              ‖
       ┌─并列─┐
            ‖
```

7. 有人说紧缩句是用单句的形式表达了复句的内容,因而紧缩句是既不同于单句又不同于复句的独立的句子;有人说紧缩句由复句紧缩而成,因而它是紧缩复句或特殊复句。你对此有何看法呢?

8. 改正下面复句中的错误,并说明理由。

(1) 郝摇旗一向跟李自成作风不同,在平时就不喜欢严格的纪律,况且是打了败仗。

（2）有一些电影剧本不能采用的原因,正是因为它们不能真实地反映我国人民的生活,得不到人民的认可。

（3）由于《古文观止》具有特色,自问世以来近三百年中,广为流布,经久不衰,至今仍不失为一部有价值的书。

（4）本品容易受潮,用后盖紧,防止结块,并放在干燥处。

（5）我出生在江南,我知道江南妇女清秀俊美的形象。祥林嫂虽是年轻少妇,但她也应该是美的。我想虽然应该表现她的愤怒和悲哀,但也应该表现她对生活的渴望与追求,表现她的美。

（6）由于遭到种种折磨,尽管眼睛失明了,他却看清了打击报复与反打击报复的真正分野。

**语法第九节补充练习题**

1. 举例说明找出句群中心意思的方法。

2. 下面这个自然段由几个句群构成? 每个句群的中心意思是什么? 自然段的中心意思又是什么?

绿色开花的植物有庞大得惊人的根系,每条根的尖端都有很多根毛。每一个根毛就是一个最基层的原料采集站,大力地吸收土壤中的水分和无机盐等原料,经过运输干线——茎,源源送入叶子里。叶子就是一个食品加工厂。叶子上面有许多气孔。在阳光下,这些气孔一面排出氧气和蒸腾水分,一面还吸入大量的二氧化碳。有时,一个气孔在一秒钟内能吸进二万五千亿个二氧化碳分子。

3. 用画线法分析下列多重句群的层次关系。

（1）我所记得的故乡全不如此。我的故乡好得多了。但要我记得他的美丽,说出他的佳处来,却又没有影像,没有言辞了。仿佛也就是如此。于是我自己解释说:故乡本也如此,——虽然没有进步,也未必有我所感的悲凉,这只是我自己心情的改变罢了,因为我这次回乡,本没有什么好心绪。

（2）人没有生来就会吹竽的。南郭先生不会吹竽,本来无可厚非,但是他不该不会装会,弄虚作假,冒充内行,而且一味装下去,靠蒙骗过日子,以致落得个逃之夭夭,贻笑天下的结局。

4. 将下列复句改为句群。

（1）草地的气候就是奇怪，明明是月朗星稀的好天气，忽然一阵冷风吹来，浓云像从平地上冒出来似的，一霎时把天遮得严严的，接着，暴雨夹着栗子般大的冰雹，不分点的倾泻下来。

（2）如果书面语言是外族语言，在民族语言形成的时期它就要被抛弃而代之以本民族的书面语言；如果原来的书面语言是在本族的某一方言基础上形成的，它就逐渐巩固自己的地位，并且对整个语言的发展发生显著的影响。

5. 调整下面句子的语序，组成一段有条理的话。

写毫无内容的、冗长的文章，在今天来说，是一种犯罪的行为，浪费自己的时间不说，还浪费了纸张，浪费了排字工人的时间，浪费了所有读者的时间，罪过实在不小！短文章就没有分量？那不见得。所以不能用量压人，要讲求质。内容有分量，尽管文章短小，也是有分量的；如果内容没有分量，尽管写得多么长，愈长愈没有分量。文章不在长短，要看内容如何。

6. 分析下面句群错误的性质并说明理由。

〔一〕一切科学的研究，就其来源说是实践，就其功用说是指导实践。〔二〕但总的说来，还是要对指导实践起作用。〔三〕如果科学研究离开了指导实践，它还有什么用呢？〔四〕语言科学的研究最终也要归结到指导语言实践上来。——〔五〕当然，对于指导实践不能理解得太狭窄，有的研究课题在指导实践上不是那么直接，不是那么立竿见影。

**语法第十节补充练习题**

1. 简述标号同口气的关系。

2. "点号仅仅是口语中的停顿在书面上的转化"，这种看法对吗？为什么？

3. 括号有时表示注释，破折号有时也表示注释，它们的区别在哪儿？

4. 有人喜欢用"?!""!!""!!!"，你觉得好不好？为什么？

5. 有人写文章，一逗到底，逗号、分号、句号不分。怎样才能分辨它们呢?

6. 下面是某省、某地区中考卷上误用标点的例子,指出其错误并说明理由。

(1)他不耐烦了,问道:"你究竟要这一套呢?还是要那一套呢?"

(2)他像站立在水里,不知道哪里是路?不晓得前后左右都有什么?只觉得透骨冰凉的水往身上各处浇。

(3)我轻轻抬一抬肩,它没醒,睡得好香!还呷呷嘴,难道在做梦。

(4)"我奔跑,是为了生存。"羚羊对猎狗说:"你奔跑呢,只是为了讨好主人罢了"。

(5)曹子建的"七步诗"写道:"煮豆燃豆萁,豆在釜中泣,本是同根生,相煎何太急"!

(6)"六字法",最关键的其实只有一个字,"快。"

(7)你明天不愿意有的东西,今天就抛弃吧,你希望明天有的东西,今天就争取吧。

(8)市职教中心为帮助下岗女工解决再就业问题,决定举办《童装设计与缝制技术》培训班。

# 第五章 修辞补充练习题

**修辞第一节补充练习题**

1. 什么是修辞?

2. 结合修辞在当代社会生活中的作用,说明修辞学习的必要性和迫切性。

**修辞第二节补充练习题**

1. 指出下列例句在语音上的修辞特色。

(1)层层的叶子中间,零星的点缀着些白花……微风过处送来缕缕清香,仿佛远处高楼上渺茫的歌声似的。

(2)山溪时不时发出各式各样的韵律,叮叮咚咚,哗哗啦啦,有的低沉委婉,有的缠绵细密,有的高昂激奋,就像一支多声部的乐曲,撒落在这绿莹莹的山间谷底。

（3）月下挖河泥，千担万担，

扁担儿——月牙弯弯，

咕，咕，像飞着一群大雁。

2. 下面几例是作家原稿与改稿的比较，哪种说法比较好？为什么？

（1）中药不仅能与一般抗菌素媲美，而且价钱比较便宜，可以减轻（原文：降低）病人的经济负担。

（2）……他就把手电筒一摔："照着我！"就一跃跳进了弹药库，浓烈的硝烟（原文：烟气）刺得他流泪，睁不开眼，呼吸闭塞……

（3）……这一个布满密林的山谷中的农村，它的山岩下流水潺潺（原文：弯弯河流），河边上金黄的稻子堆成山……

（4）花木灿烂的春光（原文：春天）固然可爱，然而瓜果遍地的秋色却更加使人欣喜。

（5）高大的建筑物给他遮住了视线（原文：把视线给他遮住了）。

（6）这时我既无心思（原文：心事）看画，也无心思（原文：心事）翻历史。

3. 分析下例中标着重号的量词的修辞效果。

过了八公里长的瞿塘峡，乌沉沉的云雾突然隐去，峡顶上一道蓝天，浮着几小片金色浮云，一注阳光像闪电样落在左边峭壁上。

**修辞第三节补充练习题**

1. 下面的文字是从鲁迅《中国人失掉自信力了吗》一文中节选下来的，分析这些文字所用的句式以及表达效果。

我们从古以来，就有埋头苦干的人，有拼命硬干的人，有为民请命的人，有舍身求法的人……虽是等于为帝王将相作家谱的所谓"正史"，也往往掩不住他们的光耀，这就是中国的脊梁。

这一类的人们，就是现在也何尝少呢？他们有确信，不自欺，他们在前仆后继的战斗，不过一面总在被摧残，被抹杀，消灭于黑暗中，不为大家所知罢了。说中国人失掉了自信力了，用以指一部分人则可，倘若加于全体，那简直是污蔑。

2. 下面是毛泽东《实践论》的一段话，试分析这段话所选用的句式及其表达效果。

判定认识或理论是否是真理,不是依主观上觉得如何而定,而是依客观上社会实践的结果如何而定。真理的标准,只能是社会的实践。实践的观点是辩证唯物论的认识论之第一的和基本的观点。

3.《红楼梦》第十七回有这么一段话:"且一树花木也无,只见许多异草:或有牵藤的,或有引蔓的,或垂山岭,或穿石脚,甚至垂檐绕柱,萦砌盘阶,或如翠带飘飘,或如金绳蟠屈,或实若丹砂,或花如金桂……"这段话用的是什么修辞手法?有什么修辞效果?

4. 按要求回答问题:把下面的(1)句由短句化成长句;(2)句由主动句变成被动句;(3)句由否定句变成肯定句。

(1)一日,王庆到张医士铺里,买了几张膏药,贴疗杖疮。这张医士修合丸散,卖饮片,兼内外科,撮熟药,又卖杖疮膏药。他的铺子在营西武功牌东侧。

(2)在我们厂里,他是有名的技术革新能手。去年,厂里定他为技术员;今年,他又做出了优异的成绩。

(3)巴考属于那种性格,爽快又多话,你问一句他会不厌其详地说一百句。

5. 指出下列句子由于句子格式选用不当而造成的毛病,改过来并说明理由。

(1)他比谁都说得动听,可是做得比谁都少。

(2)这工作,对我们来说,完全是陌生的,由于我们经验不足,难免不犯错误,难免没有缺点。

(3)场地上粮食堆成了山,玉米笑裂了嘴,三个学生扒在大秤上,坐在粮袋上,描绘着丰收的景象。

(4)为了传播哥白尼提出的"日心说",宗教裁判所竟然把唯物主义哲学家布鲁诺活活烧死了。

**修辞第四节补充练习题**

1. 什么是修辞格?只要使用了修辞格,修辞效果就一定能提高吗?请举例说明。

2. 为什么说夸张和浮夸不同?举例说明。

3. 比喻、比拟与夸张为什么会存在联系呢?举例说明。

4. 有人认为下列文字中画线处使用了借代辞格,有人认为使用了借喻辞格,还有人认为使用了借代式借喻辞格,你认为哪一种说法正确,为什么?

<u>"芦柴棒"</u>着急地要将大锅子里的稀饭烧滚,但是倒冒出来的青烟引起了她一阵猛烈的咳嗽。她十五六岁,除了老板之外,大概很少有人知道她的姓名。手脚瘦得像芦柴棒一样,于是大家就拿<u>"芦柴棒"</u>当了她的名字。

(夏衍《包身工》)

5. 有的同学问:高尔基的《海燕》,用暴风雨中的海燕象征无产阶级革命先驱者,说成比喻行不行?茅盾的《白杨礼赞》,用白杨树象征抗日根据地的农民,说成抗日根据地的农民像白杨树一样,不是也行吗?比喻与象征到底怎样区分呢?

### 修辞第五节补充练习题

1. 阅读下文,找出谐音双关的语句,并分析其修辞效果。

开始做年糕了。年过八旬的爷爷高兴地在做"寿桃"……大伯做了个"穿山甲"……爸爸早年一高兴就会编快板,这时也做了个"金元宝"举起来说:"元宝金,元宝好,中央送来大元宝,包产到户责任制,农民个个都叫好,经济发展粮食多,家家户户年糕捣,年糕年糕年年高,一年更比一年好。"众人听了哄堂大笑。

2. 双关和反语有何不同?举例说明。

3. 说明反义义仿和类义义仿在表达性质上的差别。

4. 仿词与生造词有什么不同?举例说明。

### 修辞第六节补充练习题

1. 简述排比与对偶的关系与区别。

2. 下面的语言材料用的是顶真格还是回环格?为什么?

(1) 房子里有箱子,箱子里有匣子,匣子里有盒子,盒子里有镯子;镯子外有盒子,盒子外有匣子,匣子外有箱子,箱子外有房子。

(2) ……因为苏州菜有它一套完整的结构。比如说开始的时候是冷盆,接下来是热炒,热炒之后是甜食,甜食的后面是大菜,大菜的后面是点心,最后以一盆大汤作总结。

(3) 远远的街灯明了,好像是闪着无数的明星。天上的明星现了,好像是点着无数的街灯。

3. 下列广告词很有特色,指出修辞上的特点。

(1) 十六铺家具城:城中求诚,诚中求成

(2) 双鹿爱人人　人人爱双鹿——双鹿电冰箱

(3) 精益眼镜　贵在求精　精益求精　精无止境

(4) 买彩电就要买金星,买金星就如买放心

(5) 钻石音响——音响中的钻石

(6) 六神花露水:一瓶独秀　众人皆求　六神有主　一家无忧

(7) 天大地大　博爱神　博爱无涯

4. 层递、排比能合成一格吗? 有的观点把层递也算作排比,你认为如何? 为什么?

## 修辞第七节补充练习题

1. 阅读下面两段描写,并回答:(1)写赛里木湖以前,为什么要先写西湖、东湖等,这在修辞上有什么作用? (2)第二段的比喻有什么特色?

我曾经游览过不少著名的湖泊。西湖的亭台楼榭,东湖的杨柳荷花,洞庭的渔舟白帆,洱海的苍山明月,都给我以深刻的印象;这些印象,在我心目中是现实的、具体的、可以捉摸的,即使升华一下,也不外是一幅幅彩色淋漓的画,一支支烟波交奏的歌。

只有赛里木湖是迥然不同的。她好像并非现实,并不具体,也难以捉摸;既不是画,也不是歌,而是一个梦境,一个浩渺空灵的梦。

2. 举例说明对偶与对比的关系与区别。

3. 设问是无疑而问、明知故问,反问也是无疑而问、明知故问,请问它们的区别何在?

4. 反语和反问都有以反为正,或以正为反的特点,那么怎么区分它们呢?

5. 举例说明排比与反复的异同。

修辞第八节补充练习题

1. 从词语选用、句式特点以及修辞格三个角度对下列句子进行综合分析：

吞噬光阴的是懒惰和无聊

赢得时间的是勤奋和智慧

2. 指出下列各例都使用了哪些辞格,它们分别属于辞格综合运用的哪种类型。

（1）夜雨刚过,东方透出一束紫红的曙光。瑶寨的重峦叠嶂在晨光中昂首挺立,大有刺破青天之势。

（2）警笛声声,

　　似军号长鸣;

　　脚步踏踏,

　　如战鼓催征。

　　在蒙蒙的夜色里,

　　在颤抖的大地上,

　　飞闪着队队红星……

（3）如果离开充分发扬民主,这种集中,这种统一,是真的还是假的? 是实的还是空的? 是正确的还是错误的? 当然只能是假的、空的、错误的。

（4）红花万朵,金霞万朵,霞浪万朵,

　　多壮丽的大江,俨然天下风光在这儿集合。

　　战歌千声,涛声千声,汽笛千声,

　　好沸腾的大江,仿佛五洲风雷在这儿巡逻。

（5）正当我返回的时候,天渐渐黑了。霎时四面八方,电灯明亮,像千万颗珍珠飞上了天! 这排排串串的珍珠,使天上银河失色,叫满湖碧水生辉。

（6）如果说,北京昆明湖是雍容华贵的皇室命妇,杭州西子湖是绰约多姿的名门闺秀,那么,扬州瘦西湖则是一位楚楚可人的小家碧玉。

（7）老泰山……大声对我笑着说:“瞧我磨的剪子,多快。你想剪天上的云霞,做一床天大的被,也剪得动。”

3. 辞格在你平时的学习和生活中有何作用？结合实际，谈谈你的看法。

**修辞第九节补充练习题**

1. 下列各句韵律搭配得不协调，请指出不协调之处并说明理由。

（1）树熊前足的第一、第二趾和其他三趾是对向而生的，使它能够紧抓住树干，即使睡着了，也掉不下来。

（2）他口头上说得冠冕堂皇，事实上并不实事求是。

（3）是四月天，天上没有一丝云，日光炎炎的。风是又闷又热，地上干裂了缝，有一指宽。这是副产区，以果菜为主。果树焦了梢，菜儿蔫了叶，一连八个月没有下一场像样的雨。……

（4）有时这些声音寄托于劳动号子，寄托于车队奔驰之中，仿佛令人感到战鼓和进军号的撼人气魄……

（5）砍来金竹万千条，做成笛子奏歌谣。

（6）种地要用好锄头，
歌唱要选好歌手，
今日歌手人人是，
长江唱得水倒流。

2. 指出下列各句选用不当的词语，并说明理由。

（1）我国著名动画家阿达同志因脑溢血于 2 月 15 日在北京协和医院不幸逝世……阿达，原名徐景达……现在是上海美术电影制片厂的导演，上海《漫画世界》编委……

（2）有个病人家属冲进病房，发了一通无名火，使得在场的医护人员瞠目结舌，叹为观止。

（3）计算机工业能不能迅速发展，能不能在各行各业得到广泛应用，关键在于加速培养技术人才。

（4）《汉语大词典》经过江苏、浙江、安徽、山东、福建、上海五省一市近四百多位专家学者同心协作，艰苦努力，终于大功告成。

（5）有人建议刑法增设"见死不救"罪，我认为是个好主意，当即表示附和。

3. 下列各句，句子表意不畅达，指出表意不畅达之处并说明理由。

（1）遍地硝烟,战火连天响,战斗在激烈进行。

（2）切忌不要放在厨房里,因厨房温度不够稳定。

（3）中秋节的夜晚,月亮分外地圆,分外地大,分外地明亮和皎洁。

（4）十月一日早晨,阳光万道,旭日东升。我们跨着雄健的步伐,排着整齐的队伍,迎着朝阳,唱着歌儿,高高兴兴地来到中山公园。

**修辞第十节补充练习题**

1. 以下面明代赵南星说的笑话为例,说明交际时需要遵循语体准则的重要性。

一秀才买柴,曰:"荷薪者过来。"卖柴者因过来二字明白,担到面前。问曰:"其价几何?"因价字明白,说了价钱。秀才曰:"外实而内虚,烟多而焰少,请损之。"卖柴者不知说甚,荷担去了。

2. 分析下面短文的语体特点。

## 脱离实际的"政绩"是劣迹

最近,记者在河南、安徽、吉林三个农业大省调查发现,一些部门和基层干部对什么是政绩、怎样创政绩认识不端正,个别人甚至把"政绩"当作升官晋级的敲门砖,进而提出不切实际的、过高的达标要求。

安徽省六安地区明年是全区的教育达标年,为此,去年已有 3000 万元的资金缺口放在那,明年还需 1 个亿。可全区还有 54 万人没有解决温饱,吃饭都没着落,怎么达标?

吉林省梨树县搞"普九"达标,要求农村各学校必须设三室:化验室、卫生室、图书室。学生课桌要标准化:长凳改为单人椅。还要搞围墙砖墙化,校园花坛化和体育器材标准化。仅 1995 年在合同外向农民收取的"普九"集资款就达 680 万元。

前不久,河南省林州市原康镇因非法集资搞教育达标,引起了 300 多农户状告镇政府,幸亏市政法委和法院领导及时赶到现场处理,向农户清退了 60 多万元的集资款才平息了事端。

安徽省涡阳县许多乡镇干部倾吐苦衷:加重农民负担并非我们乡镇干部的本意,可上级各部门搞这达标,那评比,逼得我们喘不过气,只好向农民伸手。你要是没达标,不是大会点名,就是通报批评,弄得你灰溜溜,抬不起头。吉林省副省长杨庆才说,有些部门还抛诱饵搞达标:我给你几十万,你再自筹一部分。不自筹就拿不到送到手边的这笔钱,咬咬牙,还是向农民伸手。这种现象在各省普遍存在。

不过,记者在采访中也接触到了不少一心为庄户人着想的好干部。长春市的农安县是全国产粮状元县,农民的确较富裕。国家规定,乡统筹村提留款最高可按农民上年收入的 5% 提取,而该县 1995 年和 1996 年比国家规定的最高提留标准共少提 6000 多万元。这笔巨款可以上几个"贴金工程",在干部的政绩表上加上增添光彩的一页,可县委副书记崔立群说得好,一个干部老是想着自己的政绩,甚至不惜牺牲农民的利益,这样的干部不可能造福一方,说不定还会祸害一方。

看来,正确认识什么是上级部门和基层干部的政绩,杜绝那些为创"政绩"而进行的超越农民承受能力的达标活动,对减轻农民负担,的确是一个十分关键的问题。(《法制日报》97.11.13 何世建等文)

3. 语体分类至今说法不一,请查阅资料,参考相关文章,谈谈你的看法。

# 绪论补充练习题答案

**绪论第一节补充练习题答案**

1. 为什么说现代汉民族共同语是在北方方言的基础上形成的？"官话"是不是阶级习惯语？

现代汉民族共同语是在北方方言的基础上形成的,宋元的"白话"和明清的"官话"是它的直接来源。宋元时期,由于旧的书面语(指文言)跟口语日益脱节,一种与北方话口语密切联系的新的书面语(白话)应运而生。宋元以来许多重要的文学著作,如《水浒传》、《儒林外史》、《红楼梦》等都是用这种"白话"写的。这些著作广泛流传,虽然都带着各自的地方色彩,但总的来说,它们的方言与北京话都是北方方言。口语方面,大约在白话文学作品流行的同时,以北京话为代表的北方方言也逐渐成了各方言区之间共同使用的交际工具。可以说现代汉民族共同语在北方方言基础上形成的过程中,北京话有着特殊的地位。唐代,北京地属幽州,是北方军事重镇;辽代,北京是五京之一;特别是金元建都北京以来,北京成了我国政治、经济和文化的中心。因此北京话的影响逐渐显著,地位日益重要。一方面,北京话作为官府的通用语言传播到了全国各地,而发展成为"官话";另一方面,白话文学作品更多地接受了北京话的影响。可见,远在数百年前,以北京话为代表的北方方言在整个社会中就已经处于非常重要的地位了。

"官话"虽然是当时官府通用的语言,但不是专为官吏阶层使用的官场雅语或阶级习惯语,而是对各阶级一视同仁的全民语言。

2. 语言的口头表达形式与书面表达形式不是完全对应的。有些口语不出现在书面语中,有些书面用语不宜用口语表达。你能举例说明吗？

口语中一些啰里啰唆、反复重复的语句，夹杂在句中的"这个"、"那个"、"啊"等个人习惯用语，在书面语中都不会出现。文艺作品中出现这类语言，仍属口语。书面语中有些词语，如"您们"，又如名词前边的长修饰语，口语中是不出现的。

3. 现代汉语有哪些方言？简要说明各种方言的分布情况。

根据目前的调查，现代汉语的方言可分为七种。在国内分布情况如下：

（1）北方方言。北方方言以北京话为代表。它分四个次方言：① 华北-东北方言，分布在京、津两市，河北、河南、山东、辽宁、吉林、黑龙江等省，还有内蒙古自治区的一部分地区。② 西北方言，分布在山西、陕西、甘肃等省和青海省、宁夏回族自治区、内蒙古自治区的一部分地区。新疆汉族使用的语言也属西北方言。③ 西南方言，分布在四川、云南、贵州等省及湖北省大部分地区（东南角咸宁地区除外），广西壮族自治区西北部地区，湖南省西北角地区等。④ 江淮方言，分布在安徽省、江苏省长江以北地区（徐州、蚌埠一带属华北-东北方言，除外）、镇江和镇江以西九江以东的长江南岸沿江一带。

（2）吴方言。典型的吴方言以苏州话为代表。分布在上海市、江苏省长江以南镇江以东地区（不包括镇江）、南通的小部分、浙江省的大部分。

（3）湘方言。分布在湖南省大部分地区（西北角除外），以长沙话为代表。

（4）赣方言。分布在江西省大部分地区（东北沿长江地区和南部除外），以南昌话为代表。

（5）客家方言。以广东梅县话为代表。客家人分布在广东、福建、台湾、江西、广西、湖南、四川等省，其中以广东东部和北部、福建西部、江西南部和广西东南部为主。

（6）闽方言。闽方言可分闽东、闽南、闽北、闽中、莆仙五个次方言。其中最重要的是闽东方言，分布在福建东部闽江下游，以福州话为代表。闽南方言分布在闽南二十四县、台湾及广东的潮汕地区、雷州半岛、海南省及浙江南部,以厦门话为代表。

现代闽方言主要分布区域跨越六省,包括福建和海南的大部分地区、广东东部潮汕地区、雷州半岛部分地区、浙江南部温州地区的一部分、广西的少数地区、台湾省的大多数汉人居住区。

(7)粤方言。以广州话为代表。分布在广东中部、西南部和广西东部、南部的约一百来个县,香港、澳门特别行政区。

**绪论第二节补充练习题答案**

1.《国家通用语言文字法》的使用领域和制约范围具体涉及什么?为什么作这样的界定?对于违反该法条款规定的语言文字的使用行为,应当如何处置?

《国家通用语言文字法》所涉及与制约的,着重在政府的行为、公共的行为以及社会企事业等诸方面。具体包括:政府机关、学校、新闻出版、广播电视、信息技术产品、招牌、广告、企事业单位的名称以及服务性行业、公共场所和公共设施等有关的语言文字的使用。显然,将这一系列领域纳入依法管理的范围,对于语言文字规范与标准使用,极具示范意义和推广作用。该法第三章为"管理与监督",规定各级语言文字工作部门的职责与权限,并就违反该法有关条款明文规定的语言文字使用行为,确定了处罚的范围及处罚的方式。这样,就为国家通用语言文字的规范及其健康发展,提供了法律的依据和支援。但是,由于语言文字作为社会公众约定俗成的信息载体和媒体的特殊性质,因此,对于违反该法条款规定的使用行为,一般采取批评教育和责令改正的办法,着重在引导和宣传。

2. 汉语规范化会不会妨碍语言的发展,使语言千篇一律,发生僵化?

汉语规范化不会妨碍语言的发展,因为规范化所要限制、剔除的是那些不合语言发展规律的内容,是为了克服语言内部的分歧和混乱。这恰恰是为了促使语言向更加健康、更加精密、更适合时代要求的方向发展。

规范化也不会使语言千篇一律,发生僵化。语言形式的多样化,是修辞的重要手段之一,作家的个人风格更是值得提倡,但个人语言风格及其丰富的表达手段都是在规范的全民的语言基础上形成的。在文艺作品里,方言俚语的使用在一定程度上是容许的,甚至是必要的。这与语言规范并不矛盾。文学语言是语言巨匠们在人民所创造和发展的语言基础上高度加工的结果,当然需要从活的方言俚语中吸收富有表现力的成分来丰富和充实自己。

# 第一章语音补充练习题答案

**语音第一节补充练习题答案**

1. 语音就是人类发音器官发出来的声音。这种说法对吗? 为什么?

这种说法不对。因为语音是人类发音器官发出来的具有词句意义的声音,如"shū",才是语音,它有"装订成册的著作"的意思,而我们咳嗽、打哈欠或者病痛的呻吟,尽管也是从人类发音器官发出来的声音,但它们并不包含词句意义,不能叫语音。

2. 为什么说语音的社会性是语音的本质属性?

语言是一种社会现象。一个民族、一个社会的人们使用这种语言进行交际。语音的物理性和生理性都是相同的,但一个民族、一个社会的语音却有它们各自的系统、各自的结构规律,是不相同的,所以语音的社会性是语音的本质属性。实际上,许多语音现象都要从这方面去分析才能得到合理的解释,便是证明。比如,为什么有的语音听起来相差很远却无须加以区别,而有的语音差别很小却必须分别清楚? 同样的语音为什么在不同的语言(方言)里可以有不同的结合方式? 诸如此类问题,离开了语音的社会性都是无法说明的。

3. 比较隔音字母、隔音符号在用法上的异同。

隔音字母是指 y、w 说的。隔音符号是指(')说的。它们的共同点是都起隔音作用,以免音节的界限发生混淆,但用法上有区别。(1)隔音字母 y,用在 i 行的韵母。i 行的韵母,在零声母音节中,要用 y 开头,如 i→yī(衣)。如果 i 后面还有别的元音,就把 i 改为 y,如 ia→ya(牙),iang→yang(央)。(2)隔音字母 y,还用在 ü 行的韵母。ü 行的韵母,在零声母音节中,也要用 y 开头,如 ü→yu(迂)。如果 ü 后面还有别的元音,就在 ü 的前面加 y,如 üe→yue(约)。可见,跟 i 行韵母相比。ü 行韵母,不管其后有没有别的元音,一律要在 ü 前加 y,加 y 后,ü 上两点要省去。(3)隔音字母 w,要用在 u 行的韵母。u 行的韵母,在零声母音节中,要用 w 开头,如 u→wu(乌)。如果 u 后面还有别的元音,就把 u 改成 w,如 uai→wai(歪)。(4)"a,o,e"开头的音节连接在其他音节后面的时候,如果音节界限发生混淆,就要用隔音符号(')隔开,如 xi' an(西安),dang' an(档案),否则就要跟 xian(先)、dangan(单干)相混了。

**语音第二节补充练习题答案**

1. 说出普通话语音中 22 个辅音形成 22 个不同音色的道理。

辅音音色的不同取决于辅音的发音部位和发音方法。普通话语音 22 个辅音共有七种不同的发音器官的受阻部位:b、p、m 是双唇阻,f 是唇齿阻,z、c、s 是舌尖前阻,d、t、n、l 是舌尖中阻,zh、ch、sh、r 是舌尖后阻,j、q、x 是舌面前阻,g、k、ng、h 是舌面后阻。发音部位相同又因发音方法不同而音色不同,如 b、p、d、t、g、k 是塞音,f、x、s、sh、r、h 是擦音,j、q、zh、ch、z、c 是塞擦音,m、n、ng 是鼻音,l 是边音。发音部位和发音方法都相同的辅音又有不送气和送气的区别,如 b 和 p、d 和 t、g 和 k 三对辅音,前一个是不送气音,后一个是送气音;j、q、zh、ch、z、c 三对辅音,前一个是不送气音,后一个是送气音。sh 和 r 也属于发音部位和发音方法相同的音,但 sh 是清音,r 是浊音。所以 22 个辅音有 22 个不同的音色。

2. 举例说明普通话音节中有哪两类声母。

普通话每个音节(字音)都有声母,共分两类:(1)辅音声母;(2)零声母。普通话语音共有 22 个辅音,除 ng 外,其中 21 个辅音都能作声母,只要声母是由辅音充当的,那就是辅音声母,如"普通话 pǔ tōng huà"三个音节中,p、t、h 就是辅音声母。

有些音节开头没有辅音,只有一个韵母独立成为音节,如爱 ài、遇 yù、五 wǔ、移 yí 等,它们在发音时音节开头部分往往带有轻微的摩擦成分。但是摩擦的明显与否往往因人而异,而且也都没有区别词义的作用,不能算音位。因此这种音节的声母叫"零声母"。

3. 辨别带着重号的字的声母的发音。("一、不"可按变调读写)

（1）组声母的发音是 z、c 的不同。

清早（qīng zǎo）　做了（zuò le）　一字（yí zì）

青草（qīng cǎo）　错了（cuò le）　一次（yí cì）

（2）组声母的发音是 zh、z、j 的不同。

主力（zhǔ lì）　短站（duǎn zhàn）　招了（zhāo le）

阻力（zǔ lì）　短暂（duǎn zàn）　糟了（zāo le）

举例（jǔ lì）　短剑（duǎn jiàn）　焦了（jiāo le）

（3）组声母的发音是 ch、c、q 的不同。

一成（yì chéng）　姓陈（xìng chén）　有翅（yǒu chì）

一层（yì céng）　姓岑（xìng cén）　有刺（yǒu cì）

一擎（yì qíng）　姓秦（xìng qín）　有气（yǒu qì）

（4）组声母的发音是 sh、s、x 的不同。

商业（shāng yè）　不少（bù shǎo）　诗人（shī rén）

桑叶（sāng yè）　不扫（bù sǎo）　私人（sī rén）

香液（xiāng yè）　不小（bù xiǎo）　昔人（xī rén）

4. 下列带着重号的字读音不止一个,哪个对？哪个不对？请把正确的指出来。

下列带着重号的字,正确读音是：

森林（sēn）　炽热（chì）　淙淙（cóng）　憧憬（chōng）

怆然（chuàng）　竦然（sǒng）　恫吓（hè）　嫩芽（nèn）

蹊跷（qī）　少憩（qì）　给养（jǐ）　混淆（xiáo）

**语音第三节补充练习题答案**

1. 从结构特征、韵头特征、韵尾特征上分析下列各词带着重号字的韵母有何不同。

从结构特征看,"行"的韵母是 ing,是后鼻尾韵母；"分"的韵母是 en,是前鼻尾韵母；"欣"的韵母是 in,是前鼻尾韵母；"正"的韵母是 eng,是后鼻尾韵母。

从韵头特征看,"行"和"欣"是齐齿呼,"分"和"正"是开口呼。从韵尾特征看,"行、分、欣、正"都是鼻音韵尾韵母。

2. 辨析下列各组韵母在发音上的主要区别。

下列各组韵母发音的主要区别是:

(1) e—o  e 发音时不圆唇,o 发音时圆唇。

(2) u—ü  u 发音时舌位靠后,ü 发音时舌位靠前。

(3) an—ang  an 发音时 a 舌位靠前,收音于前鼻音 n;ang 发音时 a 舌位靠后,收音于后鼻音 ng。

(4) ie—üe  ie 发音时开头不圆唇,üe 发音时开头圆唇。

(5) ua—uai  ua 发音到 a 时停止;uai 发音到 a 后,还要继续滑向 i,到接近 i 时收结,开口度大小不同。

(6) ian—üan  ian 发音时开头不圆唇,üan 发音时开头圆唇。

3. 比较说明下列两组韵母在发音和结构上的区别。

(1) o—uo

结构上:韵母 o 是单元音韵母;韵母 uo 是复元音韵母。发音上:单韵母 o 是舌后、圆唇、半高元音,发音时口形始终不变;复韵母 uo 发音时口形有变化,由 u 的高舌位向 o 的半高舌位滑动。

(2) ou—uo

ou 是前响复韵母,发音时前一元音 o 响亮清晰,后一元音 u 短而轻,结构上是韵腹和韵尾的组合。uo 是后响复韵母,发音时前一元音 u 短而微弱,后一元音 o 发音响亮,是主要元音,结构上是韵头和韵腹的组合。

4. 指出下列音节的四呼分类。

| | | |
|---|---|---|
| ya(齐齿呼) | zan(开口呼) | hua(合口呼) |
| xun(撮口呼) | wang(合口呼) | lang(开口呼) |
| hong(合口呼) | qin(齐齿呼) | duan(合口呼) |
| shi(开口呼) | an(开口呼) | duo(合口呼) |
| xia(齐齿呼) | yan(齐齿呼) | er(开口呼) |
| ti(齐齿呼) | qu(撮口呼) | you(齐齿呼) |
| huai(合口呼) | rong(合口呼) | |

5. 按发音特点分析下列各组音素的异同。

（1）i—ü

i、ü 同是舌面前高元音，但唇形圆展不同：i 是展（不圆）唇元音，ü 是圆唇元音。

（2）n—l

n、l 同是舌尖中浊音，但阻碍方式不同：n 是鼻音，l 是边音。

（3）e—ê

e、ê 同是舌面、不圆唇元音。但舌位前后、高低都不同：e 是舌后半高元音，ê 是舌前半低元音。

（4）sh—r

sh、r 同是舌尖后擦音，但清浊不同：sh 是清音，r 是浊音。

6. 带鼻音韵母 an、ian、uan、üan 里的 a，读音是不同的，不同在何处？请用国际音标加以描写。

an、ian、uan、üan 里的 a，读音是不同的。an、uan 里的是舌面前、不圆唇，低元音[a]，国际音标应写为[an]、[uan]。ian 里的 a，舌位比较高，接近于舌前、不圆唇、半低元音[ε]，国际音标应写为[iεn]。üan 里的 a 跟 an、uan 里的 a 相近，国际音标应写为[yan]，宽式标音时，鼻音韵母里的 a，一律标写为[a]。

7. er 是个卷舌、央、中、不圆唇元音，它带有卷舌色彩，称卷舌元音。其中的 r：

（1）不代表音素，只是表示卷舌动作的符号。（√）

（2）代表音素，不是表示卷舌动作的符号。（×）

（3）是辅音韵尾。（×）

（4）既代表音素，也表示卷舌动作的符号。（×）

8. 以叶剑英同志的《攻关》诗为例，比较说明押韵的"韵"与韵母有何不同？并指出这首诗押的是十三辙的哪一辙，十八韵的哪一韵？

要知道押韵的"韵"和韵母有什么不同，必须对《攻关》诗的"韵脚"进行分析。所谓押韵，指的是韵文中某些句子的末尾用上同"韵"的字。其同韵字称为"韵脚"。换句话说，凡是韵腹相同（如果有韵尾，韵尾也要相同）或相近的，都属于同一个"韵"，而不管韵头是否相同，都算押韵。《攻关》诗就是押韵的诗。

攻城不怕坚(jiān),攻书莫畏难(nán)。

科学有险阻,苦战能过关(guān)。

诗中第一、二、四句最后一个字的韵腹(主要元音)和韵尾都相同,所以这首诗是押韵的。即韵腹都是"a",韵尾都是"n"。而韵母不同,韵母是声母之后的全部音素,如"坚"的韵母是"ian",并非韵腹和韵尾"an","关"的韵母是"uan",并非韵腹和韵尾"an",所以它们的区别在于:韵母是一个音节中声母之后的全部音素,而押韵中的"韵"就不一定是声母之后的全部。

这首诗押的是十三辙的言前辙,十八韵的寒韵。

**语音第四节补充练习题答案**

1. 从声、韵、调的角度综合分析下列三组词语的音节有何不同。

(1) 不过—不破

后一音节声母不同:"过"的声母 g,是舌面后、不送气、清塞音。"破"的声母 p,是双唇、送气、清塞音。后一音节的韵母不同:"过"的韵母 uo,是复韵母,发音有动程,"破"的韵母 o,是单韵母,发音无动程。"过"和"破"声调相同,调类都是去声,调值都是 51。

(2) 迟暮—刺目

前一音节声母不同:"迟"的声母 ch,是舌尖后、送气、清塞擦音。"刺"的声母 c,是舌尖前、送气、清塞擦音。前一音节韵母不同:"迟"的韵母-i[ʅ],是舌尖后、高、不圆唇元音,"刺"的韵母-i[ɿ],是舌尖前、高、不圆唇元音。前一音节声调不同:"迟"的声调是调类阳平,调值35,"刺"的声调是调类去声,调值51。

(3) 不能—不冷

后一音节声母不同:"能"的声母是 n,舌尖中浊鼻音,"冷"的声母是 l,舌尖中浊边音。后一音节韵母相同,都是带鼻音韵母 eng。后一音节声调不同:"能"的声调是调类阳平,调值35,"冷"的声调是调类上声,调值214。

2. 古调类与普通话调类是什么关系?它们之间演变规律的明显特点是什么?

普通话调类是从古调类发展演变而来的。演变规律的明显特点是古调类的入声已经消失,它们中的次浊声母字(m、n、l、r声母字)都归入普通话的去声;而全浊声母的入声字归入普通话的阳平。至于清声母字分别归入普通话的阴平、阳平、上声、去声。演变规律的另一个明显特点是古调类上声中全浊声母字都归入普通话的去声,所以普通话的上声字比古调类上声字要少,而去声字却比古调类的多。

3. 用普通话读下列汉字,调值相同的归为一类:

调值相同的是:

(1)同为55的有嗔 chēn、科 kē、胶 jiāo、敲 qiāo,属阴平调类。

(2)同为35的有集 jí、帼 guó、龙 lóng、填 tián,属阳平调类。

(3)同为214的有版 bǎn、巧 qiǎo、舞 wǔ、喜 xǐ,属上声调类。

(4)同为51的有缔 dì、带 dài、录 lù、视 shì,属去声调类。

4. 没有入声方言区的人,要知道哪些字是入声字是很难的。但有相当一部分入声字可以根据普通话的读音来辨别,查查资料,你能说出几条主要规律供参考吗?

我们能说出的主要规律是:(1)属于鼻音韵母的字肯定不是入声字,如"安、景、红、寻、城"等。(2)读 zi、ci、si 和 er 的字肯定不是入声字,如"资、此、私、二、而"等。(3)读 zhuo、chuo、shuo、ruo 和 fa、fo 的字肯定是入声字,如"卓、绰、说、若、法、佛"等。(4)üe 韵的字,除"瘸 qué、靴 xuē"两个字以外,都是入声字,如"略、决、虐、确、学、月"等。属于(3)、(4)两类的常用入声字有五十个左右。(5)声母是 b、d、g、j、zh、z 的阳平字都是入声字,如"别、敌、革、急、竹、择"等。属于这类常用入声字比较多,共有一百个左右。总之,(3)、(4)、(5)三类共有常用入声字一百五十多个。这样,就掌握将近一半常用入声字了。

5. 两个方言调类相同,调值是否相同? 调值相同,调类是否相同? 举例说明。

两个方言调类相同,调值不一定相同。例如同是阴平调类,天津话的调值是 11,沈阳话的调值是 33,济南话的调值是 213。

两个方言调值相同,调类也不一定相同。例如调值同是 213 的沈阳话、济南话,沈阳话的调类是上声,济南话的调类却是阴平。调值同是 33 的长沙话、广州话,长沙话的调类是阴平,广州话的调类是阴去。

**语音第五节补充练习题答案**

1. 普通话字音结构的主要特点是什么?

普通话字音结构的主要特点是:(1)一个字音最多可以用四个音素符号(六个汉语拼音字母)来拼写(如"窗")。(2)元音在字音中占优势。每个字音总要有元音,元音符号可以多至三个,并且连续出现,分别充当韵头、韵腹和韵尾(如"郊")。如果一个字音只有一个音素,这个音素除极个别外都是元音。(3)字音可以没有辅音(如"俄")。辅音只在字音的开头或末尾出现(如"双"),在字音末尾出现的辅音只限于 n 和 ng。没有两个辅音相连的字音。(4)字音不能没有声调、不能没有韵腹(主要元音);可以没有辅音声母,可以没有韵头和韵尾。

2. 列表分析下列各字音的结构方式,指出在分析中容易犯的错误。

| 例字 | 结构方式 | | | |
|---|---|---|---|---|
| | 声母 | 韵母 | | 声调 |
| | | 韵头 | 韵腹 | 韵尾 | |
| 月 yuè | Ø | ü | ê | | 去声 |
| 决 jué | j | ü | ê | | 阳平 |
| 誓 shì | sh | | -i[ʅ] | | 去声 |
| 而 ér | Ø | | er | | 阳平 |
| 酒 jiǔ | j | i | o | u | 上声 |

在分析中容易犯的错误是:(1)把"月"的声母分析成 y,把 u 分析成韵腹,e 分析成韵尾。(2)把"决"的韵头分析成 u,韵腹分析成 e。(3)把"誓"的韵腹分析成前高展唇元音 i。类似的还有"四 sì",不要把韵腹误为 i,而应是 -i[ʅ]。(4)把"而"的韵腹分析成 e,把 r 分析成韵尾。(5)把"酒"中的 i 或 u 分析成韵腹。容易犯类似错误的还有"灰 huī"、"馄 hún"等,分析时不要把 i、u 误为韵腹,省写的 o、e 字母才表示韵腹 o、ê、e 的。

3. 普通话声韵配合规律主要是由什么决定的?举例说明。

普通话的声母、韵母配合规律主要由声母的发音部位和韵母的四呼关系决定的。声母的发音部位如果相同，和韵母的配合关系一般也相同。如声母的发音部位是舌尖中音 d、t、n、l，那么它们和韵母的配合关系一般也相同，如都能和开口呼、齐齿呼、合口呼韵母相拼，除 n、l 外，不和撮口呼韵母相拼。再如声母的发音部位同是双唇音的 b、p、m，它们和韵母的配合关系也相同，如都能和开口呼、齐齿呼、合口呼的（u）相拼，不和撮口呼相拼。反过来说，属于同一呼的韵母，和声母的配合关系一般也相同。如属于齐齿呼的韵母，i、ia、ie、iao、iou、ian、in、iang、ing 也能和双唇音 b、p、m 相拼或 d、t、n、l 相拼。

4. 写出同"开、齐、合、撮"四呼韵母相拼的声母。声母 j、q、x 能同哪些呼的韵母相拼？g、k、h 能同哪些呼的韵母相拼？

同"开、齐、合、撮"四呼韵母相拼的声母是舌尖中音 n、l。声母 j、q、x 只能同齐齿呼、撮口呼韵母相拼。g、k、h 能同开口呼、合口呼韵母相拼。

5.《汉语拼音方案》将 e、u 兼作两个元音音素，将 i 兼作三个元音音素，它们在使用时会发生混淆吗？为什么？

e 可以兼作两个元音音素 e[ɤ]和 ê[ɛ]，e 是舌面前、不圆唇半高元音，ê 是舌面前、不圆唇半低元音。ê 单独成音节只有语气词"诶"或叹词"欸"，使用频率并不高。为了和 e 区别，所以书写时加上"＾"符号。ê 主要用于 i、ü 之后，成为 ie、üe，而 e 只用于单元音韵尾-i 的前面作韵腹，如 ei、uei 中的 e，在上述条件下，ê 不会和 e 混淆。u 可以兼作两个元音音素 u[u]和 ü[y]，u 是舌面后、圆唇、高元音，ü 是舌面前、圆唇、高元音。它们也不会产生混淆，因为（1）单独成音节时，u 写成 wu，ü 写成 yu，省略两点。（2）和声母构成音节时，ü 主要拼 j、q、x；u 不拼 j、q、x；ü 可以写成 u，省略两点不会误读成 u，如"居 jū"、"去 qù"、"宣 xuān"。（3）u 和 ü 都可以和 n、l 构成音节，书写时 ü 不省略两点，如"女 nǚ"、"吕 lǚ"。i 可以兼作舌面元音 i[i]，舌尖前元音-i[ɿ]、舌尖后元音-i[ʅ]三个元音音素。但也不会发生混淆，因为舌面元音 i 可以独立成音节。独立成音节时写成 yi，如（衣 yī）；-i 不能独立成音节，舌尖前元音-i[ɿ]，必须用在 z、c、s 的后面，舌尖后元音-i[ʅ]必须用在 zh、ch、sh、r 的后面，如知 zhī、迟 chí、诗 shī、日 rì。

6. 从音节的连写规则看,为什么说下面句子的拼写是错误的?

音节连写的规则规定,同一个词的音节要连写,词与词分写。句子开头的字母要大写。按照这个规则看,(1)句有两处错误:一是句子开头的字母没有大写,应把小写字母 y,改成大写字母 Y;二是"工具"这个词的音节要连写,不应该把工具的"工"和"交际"这个词连在一起写。(2)句错在把前两个字母都大写了,应该是句子开头的字母"Z"大写,"H"应该小写成"h"。"力量"应连写。不应分写。(3)句有两处错误:首先是句子开头字母没有大写,应把小写字母 m,改成大写字母 M;其次是 fǎn ér(反而)的 ér 前缺少隔音符号",",应改写成 fǎn'ér。

7. 下面的专用名词、专用短语、文章标题的连写,都有程度不同的错误,请指出来,并说明理由。

(1)李玉明,是专用名词。按规定,姓和名分写,每个部分的第一个字母大写。"玉明"的"玉"第一个字母应把小写字母"y",改成大写字母"Y"。此外,应把拼写"玉明"的两个音节连写。(2)哈尔滨市,是专用名词,按规定,地名,第一个字母要大写,如有表示行政区划单位的词,要和地名分开写,第一个字母也要大写。错在表示行政区划单位的词"市"字和表示地名的"哈尔滨"连在一起写了,同时错在"哈尔滨"三个字没有连写,"市"字的第一个字母也没有大写。正确的写法是:Hā'ěrbīn Shì。(3)北京师范大学,是专用短语。按规定,专用短语中的每个词开头字母要大写,词与词要分写,词内部要连写。错在词内部要连写这一点没有做到。(4)关键在于思考,是文章标题。按规定,标题可以全部大写,也可以每个词开头的字母大写,有时为了美观,可以省略声调符号。例(4)理应按每个词开头字母大写的方法写标题,但第二个词"在于"和第三个词"思考"开头的字母都没有大写,应改写为Zaiyu Sikao。

8. 下面是在某些店铺出现的拼写错误,改正过来并指出错误的原因。

**HEI BAI TIE JIAGONGZU**(黑白铁加工组)。出现错误的原因是把大写字母 I 误认为 Y,(字母 Y 在拼写时是用来隔音的)。另外是平卷舌不分,"组"是平舌音 ZU,不是 ZHU。此外,词和词没有分写。

YAODIAN(药店)"店"的大写字母I误写为隔音字母Y。

ZHISENFUZHUANGDIAN(志森服装店),"森"的声母是舌尖前音(平舌音),不是舌尖后音(卷舌音);"服装"的大写字母U,误写为隔音字母W。此外,词和词没有分写。

JIAYONGDIANQI(家用电器)大写字母、小写字母混杂,把大写字母D、Q误写为小写字母d、q。此外,词和词没有分写。

SHUINUANQICAISHANGDIAN(水暖器材商店)"材"的声母是舌尖前音,不是舌尖后音。平卷舌不分造成错误。"水、器、材、店"的韵母都有大写字母I,都误写为隔音字母Y了。此外,词和词没有分写。

**语音第六节补充练习题答案**

1. 给下列成语注音,按变调标出"一、七、八、不"的调型。

一成不变 yì chéng bú biàn

一窍不通 yí qiào bù tōng

不卑不亢 bù bēi bú kàng

七拼八凑 qī pīn bá còu

七嘴八舌 qī zuǐ bā shé

七零八散 qī líng bá sàn

不破不立 bú pò bú lì

一毛不拔 yì máo bù bá

一五一十 yì wǔ yì shí

2. 用国际音标给下列词语标音,调值要标出本调和变调(例如"水果"$[\text{ʂuei}_{35}^{214}\text{kuo}^{214}]$),然后指出普通话上声变调的规则。

粉笔$[\text{fən}_{35}^{214}\text{pi}^{214}]$　　浅薄$[\text{tɕʰiɛn}_{21}^{214}\text{po}^{35}]$

海燕$[\text{xai}_{21}^{214}\text{iɛn}^{51}]$　　假如$[\text{tɕiʌ}_{21}^{214}\text{ʐu}^{35}]$

阻力$[\text{tsu}_{21}^{214}\text{li}^{51}]$　　几何$[\text{tɕi}_{21}^{214}\text{xɤ}^{35}]$

火柴$[\text{xuo}_{21}^{214}\text{tʂʰai}^{35}]$　　奶奶$[\text{nai}_{21}^{214}\text{nai}]$

总统府$[\text{tsuŋ}_{35}^{214}\text{tʰuŋ}_{35}^{214}\text{fu}^{214}]$

小老鼠$[\text{xiɑu}_{21}^{214}\text{lɑu}_{35}^{214}\text{ʂu}^{214}]$

索马里$[\text{suo}_{35}^{214}\text{mʌ}_{35}^{214}\text{li}^{214}]$

上声变调的规则是:(1)两个上声相连,前一个上声变 35,如粉笔。(2)上声在非上声(阴平、阳平、去声)的前面,调值由 214 变 21,如假如、海燕等。(3)两个上声相连,在原为上声改读轻声的字音前变21,如奶奶。(4)三个上声音节相连,根据词语内部结构的紧密度分出不同层次,然后再按上声变调规律变调,有下面几种情况:(1)三个音节内部结构层次为(A+B)+C,变调形式为(35+35)+214,如总统府。(2)三个音节内部结构层次为 A+(B+C),变调形式为 21+(35+214),如小老鼠。(3)三个音节内部结构层次为 A+B+C,变调形式为 35+35+214,如索马里。

3. 儿化和儿化韵是不是一回事?为什么?举例说明。

儿化和儿化韵不是一回事。儿化指的是一个音节中,韵母带上卷舌色彩的一种特殊音变现象。例如普通话里的"花儿"[xuʌr],在发[ʌ]的同时舌尖就向上卷起来,使韵母带上卷舌色彩的音变音色,并不是先念[xuʌ],然后念"儿"[ər]。这种音变现象就叫"儿化"。儿化韵是指产生儿化作用的韵母说的,如"花儿"的韵母[uʌr]就是"儿化韵",也叫卷舌韵。

4. 举例说明普通话韵母儿化后总数减少的原因。

原因就在于儿化后,韵母的读音往往会发生变化,许多原来不同的韵母,儿化后读音变得相同了。例如:

[i]、[in]→[iər]鸡儿、今儿

[a]、[ai]、[an]→[ar]把儿、盖儿、盘儿

因此,普通话的韵母儿化后数目就减少了,只剩下 26 个儿化韵,作诗押韵时,主要用两个儿化韵部。

5. 为什么说轻声不是四声外的第五种声调?

轻声不是四声外的第五种声调,因为轻声音节都有它原有的阴、阳、上、去的调值,它并不是四声之外的第五种声调。另外同一个音节在阴、阳、上、去后面变读轻声时,音高并不相同,它没有固定的调值,也不能另立一种调类。

6. 北京话里儿化和轻声现象特别多,分辨一下,下列的儿化、轻声现象,哪些算普通话成分,需要我们学习的,哪些不算,需要规范的,为

什么?

北京话里儿化和轻声现象特别多,都将其算为普通话成分,要全国人民学习是有困难的,也是没有必要的。一般说来,能区别词义和词性的可承认是普通话成分。为此,信儿、头儿、画儿可算普通话成分,牙刷儿、书本儿就不能算普通话成分,而应该算规范对象。把儿化的词和没有儿化的词进行比较,就可以分辨得非常清楚。如:

信儿(消息),与信(书信)不同。

头儿(为首的),与头(脑袋)不同。

画儿(名词),与画(动词)不同。

牙刷儿与牙刷,意义、词性也没什么区别。书本儿与书本,意义、词性没什么区别。

同理,轻声现象也是如此。如轻声的"东西"与不是轻声的"东西"意义不同,轻声的"本事"与不是轻声的"本事"意义也不同,所以这样的轻声现象应该算普通话成分。请比较:

东西(dōng xi,事物)与东西(dōng xī,方向)不同。

本事(běn shi,本领)与本事(běn shì,本来的故事情节)不同。至于"殷勤"、"衡量",第二个音节就不必念轻声了,因为念轻声和不念轻声,意义上并没有变化,当属规范的对象。

7. 语气词[A]前面字的尾音是[i]、[u]、[n]、[ŋ]、[ɿ]、[ʅ]时,读音会发生什么变化?写出[A]音变后的汉字。

| 前字尾音 | [A]的音变 | 汉字写法 |
| --- | --- | --- |
| [i] | [iA] | 呀 |
| [u] | [uA] | 哇 |
| [n] | [nA] | 哪 |
| [ŋ] | [ŋA] | 啊 |
| [ɿ] | [zA] | 啊 |
| [ʅ] | [zA] | 啊 |

**语音第七节补充练习题答案**

1. 举例说明音素和音位的联系与区别。

音素和音位是两个不同的概念。音素是最小的语音单位,音位是区别意义的最小语音单位。仅仅是最小的语音单位只能叫音素，又区别意义、又是最小的语音单位，才是音位。例如汉语普通话"柴、茶、长"三个词，音节里包含的主要元音即前[a]、央[ʌ]和后[ɑ]，它们是三个不同的元音音素，是三个不同的最小语音单位。但是把三者互换，仅仅是听感上不舒服，却不会区别意义，所以它们是一个音位。再如，dōng jì 可以表示"冬季"这个词义，如果把两个音节中的辅音音素（声母）改换成送气音，就成了 tōng qì 两个音节，它所表示的就是完全不同意义的"通气"了。这样，这两对送气与不送气的辅音音素都各是一个音位。可见，音素的最大特点是最小读音单位，它不管是否区别意义；音位的最大特点是区分意义，凡能彼此区别意义的音素就分别属于不同的音位。

2.《汉语拼音方案》实际使用的只有 25 个拉丁字母，它是怎样用 25 个字母描写普通话 32 个音素的呢？

《汉语拼音方案》的内容实际上就是根据普通话语音的音位系统制订的。它采用了 25 个拉丁字母（V 除外）分别描写了普通话语音的 32 个音素。它对 25 个字母作这样的分类：

元音音素 5 个　a o e i u

辅音音素 18 个 b c d f g h j k l m n p

　　　　　　　　　q r s t x z

y、w 不表示音素，表示元音、辅音的总共只有 23 个字母。《汉语拼音方案》规定了在条件许可下的几种方法，增补了另外 9 个音素。它们是：

增加符号：ê ü

兼职：　　 -i[ɿ]　 -i[ʅ]

双字母：zh ch sh ng er

这样，就用 25 个字母描写了普通话的 32 个音素。

3. 用国际音标写出下面四个词语带着重号的音节，指出这些音节共有多少辅音音位，多少元音音位，多少声调音位。

特 $t^{h}\gamma^{51}$　　　　责 $ts\gamma^{35}$

讲 $t\varsigma ia\eta^{214}$　　　不 $pu^{51}$

这四个音节共有四个元音音位,它们是/ɤ/、/i/、/ɑ/、/u/。五个辅音音位:/tʰ/、/ts/、/tɕ/、/ŋ/、/p/。三个调位:阳平、上声、去声。阳平是"责",上声是"讲",去声是"特"和"不"。

4. 举例说明元音音位/ə/和辅音音位/k/各有哪些音位变体。

/ə/的音位变体有[ɤ]、[ə]。[ɤ]出现的条件是在单韵母中,如哥[kɤ]、特[tʰɤ]。[ə]出现的条件是在鼻韵母中,如横[xəŋ]。[ə]也可作轻音节韵腹,如的[tə]。/k/音位的音位变体只有[g],[g]音位变体出现在元音前后,如五个的"个"[gə]。

**语音第八节补充练习题答案**

1. 举例说明语法重音和逻辑重音的区别。

语法重音和逻辑重音都是重音,既然都是重音,它们的目的应该是相同的,那就是读重音的地方是表意上突出的重点,在这个地方加重音量是为了吸引听众对它的注意。当然,它们也是有区别的。区别就在于语法重音是说话时自然就有的,出现在什么地方一般是有规律的。而逻辑重音是随着感情走的,是随着说话人的表达要求而变化的,它可以和一般的语法重音重合,也可以和一般的语法重音不重合,也就是说它是没有固定规律的。例如下面的一句话:我在听京剧。按语法重音说,重音应放在宾语"京剧"上。因为动语带宾语,宾语读重音这是规律。按逻辑重音说,那可就不一定了。哪些词语需要突出或强调,是要根据说话人的要求和情感的发展来确定的。确定的重音位置不同,句子的意思也不同。比如:

谁在听京剧?　我在听京剧。

你在听京剧吗?我在听京剧。

你在唱京剧吗?(不,)我在听京剧。

你在听什么?　我在听京剧。

可见,这个例子中,只有在回答听什么的时候,逻辑重音正好与语法重音重合。

2. 简述语法停顿与逻辑停顿的区别。

停顿是指语句或词语之间声音上的间歇。语法停顿是指为反映句子、句群等的结构关系而作的停顿。标点符号是语法停顿的主要标志,段落也可看作是语法停顿的标志。一般说来,停顿最短的是顿号,其次是逗号,再其次是分号,再其次是冒号和破折号,句号、问号、感叹号停顿时间长些,省略号停顿时间更长。段落之间的停顿要长于句子之间的停顿。但停顿的时间长短不是绝对的,要根据语言环境和表达的需要,准确、恰当地掌握。有时为了突出某一事物,强调某一观点,表达某种感情,而在句中没有标点符号的地方作适当的停顿,这就是逻辑停顿。

3. 以下面的郭沫若的《天上的街市》两节诗为例,说明这首诗的节奏及其作用。

语言的节奏是指音节和音节群的有规律的排列组合方式,即句子内部语音间歇和停顿的有规律出现的模式。节奏通过语词之间停顿的频数即顿数来体现。郭沫若的《天上的街市》的两节诗,其节奏为:

| | |
|---|---|
| 远远的/街灯/明了, | 3/2/2 |
| 好像是/闪着/无数的/明星。 | 3/2/3/2 |
| 天上的/明星/现了, | 3/2/2 |
| 好像是/点着/无数的/街灯。 | 3/2/3/2 |
| | |
| 我想/那/缥缈的/空中, | 2/1/3/2 |
| 定然/有/美丽的/街市。 | 2/1/3/2 |
| 街市上/陈列的/一些/物品, | 3/3/2/2 |
| 定然/是/世上/没有的/珍奇。 | 2/1/2/3/2 |

这两节诗从各行的顿数来看,从每一个顿数包含的音节来看,具有循环往复的回环美,既整齐匀称又错落有序,显示出节奏上整齐美与错综美的和谐统一。

4. 语调对表达说话人的思想感情有重要作用,以下面提供的语调以及语句重音为条件,读"这篇文章很好"这个句子,说明它们表达的思想感情是什么?

这篇/文章/很好↘。(一般的叙述)

这篇文章——很好↘。(沉吟)

这篇文章很——好↘。（感叹）

这篇文章很好↘。（那篇文章不好）

这篇文章很好↘。（非常之好）

这篇文章很好↗?（一般问句）

这篇文章很好↘!（好得出乎意料）

这篇文章很好↗?（升得快而高,表示不太相信）

这篇文章很好↘。（降得快而低,表示极端肯定）

**语音第九节补充练习题答案**

1. 汉民族共同语既然"以北京语音为标准音",为什么还有语音规范问题呢?

汉民族共同语是以北京语音为标准音的。但是,由于各方面的原因,北京语音内部还存在一些分歧现象。例如,有一小部分汉字存在一字两读现象:"飞跃"可以读成 fēiyuè,也可读成 fēiyào;"教室"的"室"有去声和上声两种声调;"明天"的"天"轻读与否,也是两可的。甚至北京口语还有些土音成分,把"太好了"读成"tuīhǎole",把"蝴蝶"读成"hútiěr"等。这样,各方言区的人学习普通话,遇到这些读音不固定的字,遇到这些土音成分很重的字,应该以哪一个作为标准,就是一个问题。所以我们必须加以明确的规范,各方言区的人才可以有标准遵循。

2. 举例说明异读词与多音字的区别。

异读词指的是同一个词表意相同,但有不同的读音。如"波浪"有bōlàng,pōlàng 的异读,"教室"有 jiàoshì,jiàoshǐ 的异读。多音字指的是字形相同,表意不同,读音也不同的汉字。如"曲",同一个字形,读 qū 意义是"弯曲",读 qǔ 意义是曲调。再比如"泊",读 bó 是停泊的"泊",淡泊的"泊",读 pō 是湖泊的"泊",血泊的"泊"。由于多音字所表示的意义不同,所以使用时必须掌握它们的读音。

3. 下面有三类语音现象,哪类语音现象属于异读词的规范问题。属于异读词规范的,指出它的规范读音。

第一类不属于异读词规范问题,而属于异义异读。因为"畜牧"与"牲畜","难受"与"灾难",它们每对的意义并不相同。

第二类属于异读词的规范问题,因为它们是同一个词,表意相同,但读音不同。"遍"的规范读音是 biàn,"俊"的规范读音是 jùn,"比较"的规范读音是 bǐ jiào,"刽子手"的规范读音是 guìzishǒu。

第三类有一部分是异读词规范问题。"装订"、"应许"是异读词。"装订"的规范读音是 zhuāngdìng,"应许"的规范读音是 yīngxǔ。"订单"、"应该",它们都有一种读音,谈不上是异读词问题。

# 第二章文字补充练习题答案

**文字第一节补充练习题答案**

1. 填空

(1) 世界上的文字可以分为表音文字和表意文字两大类,汉字属于表意文字,日文的假名属于表音文字。

(2) 现在除中国使用汉字外,使用汉字的国家还有日本、韩国、新加坡和马来西亚。

2. 语言是人类最重要的交际工具,文字是最重要的辅助性交际工具,既然都是交际工具,能否具体谈谈它们的区别呢?

语言和文字虽然都是人类交流思想的工具,但它们之间是有区别的。(1) 文字是在语言的基础上产生的。语言在先,文字在后,文字的历史要比语言的历史短得多。语言的起源据估计总在几十万年以前,而文字则只有几千年的历史。(2) 文字从属于语言,语言是第一性的,而文字是第二性的。"语言是思想的直接现实",离开语言,人们就不能进行思维,而文字则不同,文字是通过语言的中介,来同思想发生联系的。(3) 文字是记录语言的符号,它的人工性、假定性是很强的,它同语言没有必然的联系。一种语言可以用不同体系的文字来记写,一种字母也可以记录多种语言。(4) 语言不是上层建筑,它的发展是渐进的,而文字也不是上层建筑,但可以进行体系的改革,由使用一种体系的文字而更换为另一种体系的文字。文字改变了,语言并没有因此而变为另一种语言。(5) 语言和文字虽然同是交流思想的重要工具,但语言是交流思想的基本工具,文字是交流思想的辅助工具。因此,从这个意义上说,没有文字,语言就不能完成远距离、长时间的交际任务,仅有文字,没有语言,社会生产就会无法进行。可见语言和文字是相辅相成的,作用是相等的,不能分什么主次和优劣。

3. 从比较的角度谈表意体系的汉字同表音文字的本质区别。

表意体系的汉字同表音文字的本质区别是:(1)表音文字是用数目不多的符号表示一种语言里有限的音位或音节,作为拼写词语声音的字母,因此它与语音是直接联系的。汉字不是直接表示音位或音节的字母,而是用大量表意符号来记录汉语的词和语素,因此汉字同意义有直接的联系,同汉语语音没有直接的联系。(2)表音文字使用的表音字母直接表示语言一定的音素或音节,用音素字母拼写成词,字母一般是无意义的。汉字却不这样,一个汉字一般代表一个单音词或语素,从而也代表词或语素的读音。(3)表音文字一般实行词儿连写,即词内连写,词与词分写。汉字记录汉语不实行词儿连写,而是字字分写,即不用间隙来作词的界限。

4. 表音文字是表音的,形声字的声旁也是表音的,既然如此,为什么说形声字还是表意体系的文字?请辨析它们在表音上的不同。

表音文字是用音符、字母表音的,形声字的声旁是用义符表音的。虽然都表音,但形声字还是表意体系的文字。主要表现在:(1)表音文字是用数目不多的表音字母直接表示某种语言的音素或音节,而且什么字母表示什么语音是固定的;而形声字表音的声旁却不是固定的,各方言可读成不同的音。有的声旁在其他字里却是义符,如"羊"在"洋"字里是声旁,是表音,但在"羚"字里,却成为意符,并不表音。(2)形声字的声旁,就其来源看仍是象形字、指事字、会意字。如"沐"的声旁"木"是象形字,"祖"的声旁"旦"是指事字,"貅"的声旁"休"是会意字。可见,形声字的声旁尽管表音,但没有固定的音符。不能把声旁表示汉语音节的读音,跟表音文字的音节字母音素字母等同起来。因此,形声字并未冲破表意体系的体制,仍属表意文字,与表音文字本质不同。

5. 汉字是表意体系的文字,距今有三四千年的历史。试分析汉字长期停留在表意文字阶段的原因,并展望汉字的未来。

汉字长期停留在表意文字阶段,这说明它仍然适应汉语的需要。这是因为它同汉语的特点和我国的方言复杂、普通话尚未普及等社会条件有关。(1)汉字的表意性适应了汉语方言复杂的特点。地域广阔,方言分歧,汉字不用严格的表音字母,各方言可根据它所表示的语素的意义读出方言语素的读音,方言间读出来互相听不懂,但意义相同,可以看得明白。因此能起交际作用。(2)表意的汉字字形多,能区别汉语大量同音词,减少歧义现象,正适合汉族人民的需要。(3)汉字曾经适应了汉语在一个很长历史时期是单音节词占优势的特点。中国封建社会延续了两千多年,社会的停滞,书面语和口语脱节,汉字能长期被用来记写以单音词为主的"文言",适应社会的需要。(4)汉字信息处理经过语言文字学家和计算机科学家的长期努力,已经取得了很大成就。这说明汉字也适用于人机应用,也适用于利用电子计算机对汉字进行的各种类型的信息处理。看来,文字在相当长的历史时期内仍然是我国的通用文字。至于汉字的未来,要看汉语和社会条件的变化,比如汉语发展到同音词大量减少,普通话完全普及,那时社会需要制作半表音或表音的汉字也是有可能的。

6. 有人说汉字记录的语音单位是音节,因此汉字是音节文字。请谈谈你对这个问题的看法。

汉字虽然记录的语音单位是音节,但汉字并不是音节文字。音节文字是一个音节只用一个符号表示,一个符号也只表示一个音节。汉语一个音一般用许多汉字来记录,如 xī 音节,《新华字典》收"夕、汐"等 60 多个字;反之,同一个汉字有的可以表示几个不同的音节,如"和"有 hé、hè、huó、huò、hú 五个读音。

**文字第二节补充练习题答案**

1. 现代汉字的标准字体是楷书,主要辅助字体是行书,楷书和行书有何联系与区别呢?

"楷书"的意思是端端正正可为楷模的书体。楷书从隶书演变而来。它的特点是取消了隶书的波磔的笔法,笔画横平竖直,形体变扁平为方正。楷书过于严整,写时速度慢,有些拘谨。为了便于书写,把楷书的有些笔画变断为连,变折为曲,甚至变多为少,就成为行书。楷书如正襟危坐,行书如行走。一般说,行书是介于楷书与草书之间的一种字体,它是在楷书的基础上适当加入草书的特点而形成的。它没有楷书那么工整,也不像草书那么潦草,既便于书写,又字字独立,容易辨认,可以说是楷书的简易写法。

2. 现行汉字印刷体的标准字体是楷书以及楷书的各种变体,试用比较的方法谈谈楷书各种变体之间的区别。

印刷体标准字体楷书的各种变体有宋体、仿宋体、楷体、黑体等。它们之间的区别是:宋体,正方形,竖粗横细;仿宋体,笔画不分粗细,方正秀丽,讲究顿笔;楷体,近于手写楷书;黑体,笔画都粗,浓黑醒目,撇捺没有尖。

3. 简述制约汉字形体演变的原因。

制约汉字形体演变的内因是书写者对汉字简单易写的需求和美观的要求。随着汉字应用场合的扩大和识写人数的增加,汉字作为记录汉语的工具,人们越来越追求书写的快捷简便,从而引起汉字的形体朝着简单易写的方向发展。

制约汉字形体演变的外因是书写汉字的工具、方式以及书写材料的变化。甲骨文是用坚硬的工具刻在龟甲兽骨上的,线条必然细瘦,文折居多;金文是浇铸的,因而浑厚整齐,多肥笔;有了毛笔和具有弹性的布帛、纸张,才可能有篆书的圆转,隶书的波磔,楷书的各种笔画,有了印刷术,楷书才能更加方方正正,美观得体。

**文字第三节补充练习题答案**

1. 什么是独体字?什么是合体字?独体字在汉字系统中的地位如何?举例说明。

独体字、合体字都是由笔画构成的。由一个基础部件构成的字是独体字,如人、口、手、目、牛、羊、火、日、山、水、中、月、大、小等。独体字的字形具有整体性,从结构上不能分析,是单结构汉字。按"六书"说,象形、指事就是独体字。合体字是由两个或两个以上基础部件组成的汉字,如休、吾、胡、江、利、斯、相、路、峰、迎、惠、宋等。合体字的字形具有可分析性,从结构上可以分出组成的结构单位来。按"六书"说,会意、形声就是合体字。在汉字中,独体字只占很小一部分,大量的字是由两个或更多的基础部件组合而成的。

2. 指出下列汉字的笔画和笔顺。

凸　丨丿丄凸凸　（5画）

凹　丨凵冂凹凹　（5画）

毋　乚勹毋毋　（4画）

臼　丿亻亻臼臼臼　（6画）

肃　コ丬⺕肀肀肃肃肃　（8画）

比　一比比比　（4画）

叟　丨丨丨⺊臼臼臾臾叟　（9画）

巤　丿乂乄乆乢乤乥幽幽巤　（10画）

与　一与与　（3画）

率　丶亠亠亡玄玄玄峦峦峦率　（11画）

鼎　丨冂冃目目昇昇昇昇鼎鼎鼎　（12画）

曹　一⺊冂冋両曲曲曹曹曹曹　（11画）

3. 举例说明部件切分的原则是什么。

分析汉字的部件应当有一个切分的原则,这个原则应能使任何人对任何汉字的切分结果都是一致的。考虑到汉字的结构,这个原则就是从形切分的原则。从形切分就是把一个汉字从字形上分解为若干个组成部分,如"和"可以切分为"禾"和"口"两个部件;"培"可以切分为"土"、"立"、"口"三个部件;"解"可以切分为"⺈"、"用"、"刀"、"牛"四个部件;"戀"可以切分为"立"、"日"、"十"、"夂"、"工"、"贝"、"心"七个部件。

从形切分的原则还不能保证任何人对任何汉字的切分都是统一的。一个字如果只有两个部件,只有一种切分,如"和"。一个字如果有两个以上的部件,就可能有多种切分了。"解"既可以切分为"⺈"、"用"、"刀"、"牛",也可以切分为"角"、"刀""牛",也可以切分为"⺈"、"用"、"⺨",还可以切分为"角"、"⺨"。所以,为了正确和有效地分析汉字的部件,对多部件的汉字还得再用"成字"和"组配"两条具体规则来规定切分出来的结果。

"成字"是指切分下来的最小部分还能成字,如"解"的"用"、"刀"、"牛";"戀"的"立"、"日"、"十"、"工"、"贝"、"心"。"组配"是指切分出的部件虽不能成字,但有组配成其他字的功能。如"解"中的"⺈","戀"中的"⺷"等部件。"成字"和"组配"这两条规则有一个共同点,那就是"生成作用",即能作为其他字的构成部件,用这两条规则来衡量,"解"切分出的"⺉"是不符合成字规则的,"解"切分出的"角"也是不符合成字、组配规则的,按成字规则说,它可以分解为"用"字部件,按组配规则说,它还可以分出有组配功能的部件"⺈"。

4. 分析下列汉字部件和部件的组合方式。

辇　从整字看,是上中下结构,中间又是左右结构,方块结构图形是

瓢　从整字看,是左右结构,左面又是上下结构,方块结构图形是

掇　从整字看,是左中右结构,中部、右部又是上下结构,方块结构图形是

圆　从整字看,是四面包围,即全包围结构,内部则是上下结构,下部贝又可看做三面包围的上包围结构,方块结构图形是

燕　从整字看,是上中下结构,中间又是左中右结构,方块结构图形是

刷　从整字看,是左右结构,左部是左上包围结构,方块结构图形是

爨　从整字看,是上下结构,上部、下部又由多个部件构成,则方块结构图形很复杂:

5. 分析下列汉字的部件及其组合层次。

动：三个部件，二、厶、力。两个组合层次，第一层左右关系，第二层上下关系。

坐：三个部件，土、人、人。两个组合层次，第一层土、从，第二层人、人。

韶：四个部件，立、日、刀、口。两个组合层次，第一层左右关系，第二层上下关系。

要：两个部件，西、女。一个组合层次。

赢：五个部件，亡、口、月、贝、凡。两个组合层次，第一层上中下关系，第二层左中右关系。

劓：四个部件，自、田、丌、刂。两个组合层次，第一层左右关系，第二层上中下关系。

圄：三个部件，囗、五、口。两个组合层次，第一层四面包围关系，第二层上下关系。

邀：四个部件，辶、白、方、攵。三个组合层次，第一层左下包围关系，第二层左右关系，第三层上下关系。

6. 分析形声造字法成为占优势的一种造字法的原因。

形声造字法之所以成为占优势的一种造字法，是因为它有声旁和形旁。人们通过声旁可以知道它的读音，通过形旁可以知道它的意义类属，这样字的音、义问题大体上都能解决，比起象形字、会意字来，好读好认，减少了人们记忆上的负担，所以受到人们的特殊喜爱，加之有些表示心理活动和抽象概念的词语难以用形声以外的方法来造以及形旁和声旁的组合方式又多种多样，为造字提供了广阔的天地，因此形声造字法的能产性最高，造的字最多，形声字占了通用汉字的百分之六十以上，成了一种占绝对优势的造字法。

7. 简述转注、假借不是造字法而是用字法的理由。

转注、假借不是造字法而是用字法的理由是，第一，作为一种造字法，必须能产生新字；第二，作为不同的造字法，必须有自己独特的构造新字的方式，从而同其他的造字法区别开来。象形、指事、会意、形声这四种方法，尽管它们相互之间存在着联系，有传承发展的关系，但它们都有各自的特点："象形"以描画实物轮廓的方法造出新字，"会意"以会合两字意义的方法造出新字,"指事"以象征性符号或象形字加指示性符号的方法造出新字,"形声"以形旁加声旁的方法造出新字。它们既然都能造出新字,而且各具特点,因此是真正的造字法。转注和假借就不具备或不完全具备上面所说的造字法的两项基本要求,因而是用字法不是造字法。

先看假借字。它是借用原有的字来记录新词,使语言中原来没有书写符号的词有了书写符号。有人正是根据假借的这个特点,说假借是"不造而造",就是说是一种以不造字为造字的方法,这是有一定道理的。然而它毕竟没有产生新字,没有增加原有的字数。另外从字形构造看,假借象形字(如"我"、"来"),或者假借指事字(如"亦"),或者借会意字(如"北"),或者借形声字(如"权"、"编")。由于假借没有产生新字,因此是用字法。

转注和假借不同:假借不产生新字,转注却产生新字。不过转注产生的新字是与转注本字部首相同,语音相近,意义相关,可以互相注释的字。转注本字或是象形,或是会意,或是形声,而转注字一定是一个形声字。例如"考、老","老"是会意字,转注字"考"是形声字(从老省形、丂声),"颠、顶"这两个字的转注本字和转注字都是形声字。由此可见,转注虽然产生了新字,但是它造出的转注字归根结底还是个形声字。因此这种方法并不是一种独立的造字方法,应该把它归于用字法之列。

8. 从造字法看现代汉字,现代汉字的造字法跟古代相比发生了哪些变化呢? 请举例说明。

现代汉字的造字法和古代相比,还是发生了一些变化的。如现代一些新字的产生一般不再使用象形、指事的方法,新造的会意字虽然也有一些,但不如用形声的方法造字多。再比如有些新造字跟传统的六书并不一致,很难再用六书去解释了。

近100年来新出现的汉字主要采用的是形声造字法,如铀、氕、钡、噻、癌、氟、碘、啶、碚等。还应包括采用了形声的方法来简化,如积、沟、护、肿、惊、钻、极、补、奸等。一些简化字也采用了会意的方法,如泪、灭、尘、帘、笔、灶等。还有些简化字使用了既不表意也不表音的符号,如"赵、凤"等字的"乂","邓,难、鸡"等字的"又"。另外,还有些简化字采用了草书楷化的方法,如爲—为、書—书等。新造字中有些跟传统的六书不一致,如"甭"、"巯"、"羰"采用的是切音合形合义的造字法,"甭"(béng)从字音上看是"不"和"用"的切音,字形是"不"和"用"的合形;"巯"(qiú)字音是"氢"和"硫"的切音,字形是从"氢"和"硫"中各取一半构成,字义是"有机化合物中含硫和氢的基";"羰"(tāng)字音是"碳"和"氧"的切音,字形是从"氧"和"碳"中各取一半,字义是"有机化合物中含碳和氧的基"。还有的字是采用省形造字法造出的,如"乒"、"乓"是近音字"兵"通过省形、减少笔画形成的。这些新造字在现代汉字中并不多,但它是汉字大家族中的新兴成员,反映这些新成员的造字法,也可以说是汉字造字法的新发展。

9. 改正下列各字在造字法上分析的错误。

步(会意) 寸(指事) 旦(指事)

采(会意) 甘(指事) 石(象形)

荆(形声) 尖(会意) 篇(形声)

**文字第四节补充练习题答案**

1. 怎样认识汉字整理的成果?汉字能不断地简化吗?

汉字的整理取得了很大的成果,《通用规范汉字表》使简化字的总数增加到 2 546 个,淘汰异体字 980 个。《通用规范汉字表》共收印刷通用汉字 8 105 个。这些成果都确定了现代汉语用字的标准,使汉字进入了现代汉字的时代,对促进现代汉字的规范化、标准化、现代化起到了积极作用。

关于汉字能不能不断地简化问题,虽然看法不一,但我们认为由于文字在一定历史时期要保持相对的稳定性,也由于汉字自身发展规律和使用的限制,汉字不能不断地简化下去,现阶段对汉字的研究应主要集中在现代汉字的标准化上,以使汉字更好地适应信息时代的需要。

2. 怎样理解汉字简化"约定俗成,稳步前进"的方针?

"约定俗成"指的是简化工作要在社会习惯的基础上因势利导,简化字的字形尽可能采用社会已经流行的写法。"稳步前进"指的是全部简化工作不是一次完成,而是分期分批进行。只有坚持这个方针,汉字简化工作才能取得好的成绩。

3. 查字典,从字的音义说明:

(1)"晖"不能作为"辉"的异体淘汰,因为字义不同,"晖"是阳光义,"辉"是闪耀光彩的意思。

(2)"伕"能作为"夫"的异体淘汰,因为"伕"和"夫"的一个义项相同,它们都是"旧时称服劳役的人,特指被统治阶级强迫去做苦工的人"的意思,除此之外,"伕"并无他义。

(3)"桉"不能作为"案"的异体淘汰,因为二字的音义都不同。"桉"读 ān,是常绿乔木的意思;"案"读 àn,是桌案、方案的意思。

(4)"裌、袷"能作为"夹"的异体淘汰,因为这三个字音义完全相同,读 jiá,是双层的意思。根据从众从简的原则淘汰。

(5)"坂"作正体好,因两字音义相同,都读 bǎn,山坡、斜坡的意思,"坂"用得普遍,而且形旁也能准确表义。

4. 什么是常用字? 选定常用字应考虑哪些因素? 什么是通用字? 确定通用字有什么意义?

常用字是记录现代汉语经常要用的字,也就是基础教育要学习的字。常用字的选定应考虑四方面的因素:第一,使用频率高的;第二,学科分布广的;第三,构词能力和构字能力强的;第四,日常生活中常用的。1988 年 1 月,国家教育委员会和国家语言文字工作委员会联合公布了新编制的《现代汉语常用字表》,包括常用字 2 500 个,次常用字 1 000 个,共 3 500 个。经过检测证明,这 3 500 字的覆盖率达 99.48%。2013 年国务院公布的《通用规范汉字表》的"一级字表",收字 3 500 个,是一个最新的现代汉语常用字表。

通用字是记录现代汉语一般要用到的字,也就是出版印刷的一般用字。它除了包括 3 500 个常用字外,还包括一定数量的非常用字。这些非常用字有文言用字,如兮、叵等;口语用字,如夯、尥等;专业用字,如钛、氡等;地名用字,如圳、邛等;姓氏用字,如郇、郗、偰等;方言用字,如奀、凼等;拟声用字,如咩、咣等;译音用字,如哔、咖等。1988 年 3 月国家语言文字工作委员会和国家新闻出版署联合公布的《现代汉语通用字表》,收字 7 000 个。7 000 个通用字包括常用字和非常用字各

3 500 个。2013 年国务院公布的《通用规范汉字表》收字 8 105 个,是一个最新的现代汉语通用字表。确定通用字对汉字信息处理、字典编纂、汉字教学等都具有重要意义。

**文字第五节补充练习题答案**

1. 写出"乾、夥、藉、瞭、徵、兒"的简化字形,哪些词中该用简化字形的,下加横线标出:

(1) 乾(干):<u>乾</u>净  乾坤  乾隆

(2) 夥(伙):<u>夥</u>伴  合<u>夥</u>  <u>夥</u>同  <u>夥</u>办  一<u>夥</u>人  获益甚<u>夥</u>

(3) 藉(借):<u>藉</u>口  凭藉  慰藉  狼藉

(4) 瞭(了):<u>瞭</u>解  瞭望

(5) 徵(征):<u>徵</u>兵  <u>徵</u>粮  <u>徵</u>稿  象<u>徵</u>  特<u>徵</u>  徵候  宫商角徵羽

(6) 兒(儿):<u>兒</u>女  睥睨  端倪

2. 指出下列各组异体字中,哪个是入选的规范字,并在规范字下用横线标出。

凄凄悽    勳<u>勋</u>    删刪

灾<u>菑</u>灾栽    枒椏丫    嗷嗷

煙<u>烟</u>菸    焰<u>餤</u>    颖<u>穎</u>

頗韵    於于    靭靷靭韌

志誌    喆<u>哲</u>    杰<u>傑</u>

跡<u>迹</u>蹟    劫刼刧刼

# 第三章词汇补充练习题答案

**词汇第一节补充练习题答案**

1. 在下列语言单位中划出词(用 _____ 号)、语素(用 ~~~~~ 号)、字(用 △号),(如<u>互联网</u>)。

(1) <u>呼啦圈</u>

(2) <u>幽默</u>

（3）<u>幽静</u>　　　（4）<u>小鸟儿</u>
　~~ ~~　　　　~~ ~~ ~~
　△ △　　　　　△ △ △

2. 查字典,分析一下,"宫、降"各代表几个语素?为什么?

"宫"代表三个语素,因为它们的语音虽然相同,都念 gōng,但核心意义不同。宫₁是住所、场所的意思,如皇宫、文化宫。宫₂是表示古代的一种刑罚,如宫刑。宫₃是古代五音之一,如宫、商、角、徵、羽。

"降"代表两个语素。因为这两个语素音义都不相同。降₁是落下的意思,如降落、降价。读 jiàng。降₂是投降或降伏的意思,读 xiáng,如宁死不降、降龙伏虎。

3. 指出下列合成词的结构类型,并说明它们为什么不同。

这些合成词分三种结构类型。（1）主谓型:口红、眼热、体检、月亮。（2）偏正型:夏收、身受、身教、口授、眼看、体验、雪亮、雪花、雪景、花瓣、猫熊、桥墩、月球、心扉、脑海、手表、蜂房。（3）补充型:花朵、熊猫。

它们的不同是:（1）主谓型的合成词名素和动素或名素和形素的关系是陈述、说明与被陈述、说明的关系。如"体检"是"体格检查"的意思。（2）偏正型的合成词内部结构关系比较复杂。A. 状中式:名素和动素或名素和形素的关系是限定、修饰与被限定、修饰的关系。如"体验"是"亲身检验"的意思,"身教"是"用行动去教（做榜样）"的意思。B. 定中式:名素和名素的关系是限定、修饰与被限定、修饰的关系,它的语义重心是在后的。如"雪景"是"有雪的风景","猫熊"是"像猫一样的熊"。（3）补充型的合成词,其中有一种名素和名素是补充和被补充的关系,它的语义重心是在前的,此点与偏正型的定中式合成词不同。"熊猫"是"像猫似的熊"。可见,"猫熊"和"熊猫"所指虽然相同,但前者是偏正型,后者是补充型。

4. 下面的词哪些是叠音式的单纯词?哪些是重叠式的合成词?为什么?

铮铮、猩猩、孜孜、潺潺是叠音式的单纯词。因为它们是由两个相同音节相叠的一个语素构成的,分不出两个语素。

爸爸、哥哥、姐姐、娃娃、星星、偏偏、刚刚、仅仅、久久是重叠式的合成词。因为它们是由两个语音相同的语素相叠构成的。"骂骂咧咧、婆婆妈妈、形形色色"虽然不是两个相同语素相叠构成,但属于两个语素分别重叠合起来组成的固定短语。

5. 复合式的合成词除了联合型、偏正型、补充型、动宾型、主谓型外,还有没有其他构词方式? 请指出来。

有。比如还有连动型的合成词,它们的特点是两个词根具有动作先后的承接关系,如退休、认领、贩卖、抽调、割让、借用、撤换、报销、领养等。另外,还有兼语型合成词,这类合成词的特点是两个词根表示的动作之间隐含"兼语"(宾语兼主语)的成分,如"引见"是"引你见"、"逗笑"是"逗你笑"的意思。其他的还有请教、逼供、迫降、遣返、召见、召集、促进、劝退、诱降、讨嫌等。

6. 区分字面形式相同的词根语素和词缀语素。(在词缀下划横线表示)
(1) 老粗　老伴　老汉　<u>老</u>板　老虎　老乡　<u>老</u>鼠　老妪
(2) 胖<u>子</u>　裤<u>子</u>　独子　养子　房<u>子</u>　瞎子　鱼子　矮<u>子</u>
(3) 画<u>儿</u>　婴儿　健儿　女儿　个<u>儿</u>　头<u>儿</u>　破烂<u>儿</u>
(4) 山头　船头　苦<u>头</u>　工头　劲<u>头</u>　钟头　骨头　砖<u>头</u>
(5) 猛<u>然</u>　必<u>然</u>　欣<u>然</u>　果<u>然</u>　居<u>然</u>　偶<u>然</u>　井<u>然</u>
(6) 党<u>性</u>　可读<u>性</u>　男性　记<u>性</u>　　个<u>性</u>
(7) 美<u>化</u>　电气<u>化</u>　焚化　冰消雪<u>化</u>

7. 分析合成词的多层结构。

(1)
```
派　出　所
 |___| 补充
 |_____| 偏正
```

(2)
```
可　操　作　性
    |___| 并列
 |_____| 附加
 |_____| 附加
```

(3)
```
正　负　电　子　对　撞　机
|___|联合  |___|偏正  |___|偏正
 |_____| 偏正
         |_____| 主谓
             |_____| 偏正
```

词汇第二节补充练习题答案

1. 根据下面《日出》中顾八奶奶恭维陈白露的话,想一想顾八奶奶是一个什么样的人,你是从哪些地方得到这种印象的?

从这段话可以看出顾八奶奶这个有钱的寡妇是个知识浅陋、文化层次低、思想庸俗、生活腐化却又想附庸"风雅",极力赶时髦的女人。

(1)"杰作"只能用于物,不能用于人,用于人便成了讽刺。"香艳"、"肉感"是男人们使用的、带有玩弄性质的轻佻字眼,不宜当面称人,顾八奶奶是真心羡慕赞佩陈白露的,贬义褒用只能让人啼笑皆非。

(2)明明是喜欢,偏说成"赞成",明明是嫖客,偏说成"朋友",把放荡说成"浪漫",都是出于赶时髦的心态,但词义错了。后二者褒义贬用更是掩饰不良行为。

然而陈白露是厌恶这种生活的,顾八奶奶的称赞只能使陈白露更为反感。

2. 判断正误,并说明理由。

(1)"词义是概括的,但在使用时可以指整类的事物,也可以指其中个别的事物"这个说法是正确的。词义具有概括性,"人"的词义概括了一切"制造工具并使用工具进行劳动的高等动物"。所有具有这个本质特征的都是人。但词义在使用时又可以指整类事物中的某些或某一个个体。如"开调查会每次人不必多,三五个七八个人即够"。(《农村调查序言》)这里的两个"人",都指"参加会的人"。

(2)"'美丽'、'斑斓'有形象色彩义"这种说法不对。因为这些词是专门描述形象的,它们的理性义就是关于形象的描写,不能再说它们有什么形象色彩了。

(3)"词的音义联系最初是任意的,但一经确定便具有了强制性"这种说法是对的。因为词义具有社会性,个人不能任意改变。只有认真理解,掌握社会确认的意义才能准确遣词造句,达到预想的交际目的。这说明词义的社会性决定了个人用词要受到社会的制约。

词汇第三节补充练习题答案

1. 下面句子里的"活"有几个义项?根据义项之间的关系说明义项分类的层次性。

下面句子里的"活"有三个义项:(1)、(2)、(5)、(6)是一个义项,它们都指有生命、能够生存、能够生长的意思,跟"死"相反。这是"活"的基本义。

(3)、(4)、(7)是一个义项,它们都指灵活、不固定、可移动的意思。这是"活"的转义(引申义)。

(8)、(9)是一个义项,它们都有"逼真"的意思。这是"活"的转义(比喻义)

根据这三个义项之间的关系,可见义项分类是有层次性的:

$$
\text{"活"的词义}\begin{cases} \text{基本义:(1)、(2)、(5)、(6)} \\ \text{转义}\begin{cases} \text{引申义:(3)、(4)、(7)} \\ \text{比喻义:(8)、(9)} \end{cases} \end{cases}
$$

2. 根据所列义项的意义,判定哪些词是多义词,哪些词是同音词:

根据所列义项的意义,"领港、突出"是多义词,"倒"是同音词,"怪"(1)、(3)义项是多义词,(2)、(4)义项是同音词,(1)、(3)义项与(2)义项是同音词,与(4)义项也是同音词。

3. 以"伯伯、叔叔、姑姑、姨、婶"这一组亲属词为例,说明义素分析的原则和步骤。

"伯伯、叔叔、姑姑、姨、婶"都是亲属词,义素分析可用矩阵表示:

| 词目 | 义素 | | | | | |
|------|------|------|------|------|------|------|
|      | 亲属 | 长辈 | 父系 | 血亲 | 男性 | 长于父 |
| 伯伯 | + | + | + | + | + | + |
| 叔叔 | + | + | + | + | + | − |
| 姑姑 | + | + | + | + | − | ± |
| 姨 | + | + | − | + | − | ± |
| 婶 | + | + | + | − | − | ∓ |

义素一般采用两相对立的形式设计。"父系"跟"母系"对立,"血亲"跟"姻亲"对立……,用"+"号表示"是",用"−"号表示"非"。"±"号表示两种可能都有,"∓"号表示相反的情况更多一些。分析的原

则是：

（1）对等性原则,分析出来的义素组合必须与义项所指范围相等,不能过宽或过窄。（2）系统性原则,义素分析必须在一定的词义系统中进行,因为义素是比较一组相关的词而分析出来的语义特征。（3）简明性原则,义素分析力求简单明确,突出揭示同组词词义的个性与共性。

义素分析的步骤是:(1)确定范围,明确分析对象。义素分析一般总是在一些相关的词(同一语义场)中进行,只有相关的词才可以比较,才更容易选择适用的义素。（2）比较异同,揭示个性与共性。义素分析的核心就是比较相关词义的异同,找出代表其共同特征与区别特征的相应义素。（3）义素确定之后,采取种种方法表达。可用上面的矩阵式,也可用平列式。平列式中,义素用[　]表示,如:

灌木——[＋植物][＋木本][＋矮小][＋丛生]

乔木——[＋植物][＋木本][－矮小][－丛生]

**词汇第四节补充练习题答案**

1. 下列各组词是不是同义词？为什么？

（1）组不是同义词。因为意义不同,"题材"是构成文学和艺术作品的材料;"体裁"是文学作品的表现形式,如诗歌、小说、散文、戏剧等。

（2）组是同义词。"才能、才华、才智、才干"都含有能力、技术、特长的意思。

（3）、（4）组不是同义词。"粮食—大米、小米、苞米","跑—赛跑、逃跑"是类属关系的词。

（5）组不是同义词,但它们可以分别是同义语素。因为"活"、"走"是词,"生"、"行"是语素,同义词是词义与词义的关系,不是词义和语素义的关系。

（6）组不是同义词,是一个词的不同书写形式,是异形词。

（7）组不是同义词,"慌张—慌里慌张","考虑—考虑考虑"是同一个词的形态变化形式,不是同义关系。

（8）组不是同义词,"个—个个","家—家家"是词的形态变化形式,不是同义关系。

2. 下列各组词是不是反义词？为什么？

（1）组不是反义词。"夸张"和"缩小"不属于同一意义范畴。"夸张"是言过其实的修辞手法；"缩小"是使范围由大变小。

（2）组是反义词。"师傅"和"徒弟"是互为依存、同时存在、缺一不可的反义词。有师傅才有徒弟,有徒弟自然有师傅。

（3）组不是反义词。"热"的反义词是"凉",而不是"凉丝丝",因为在词的结构上不对称。

（4）组不是反义词。"大"和"细小"的意义范畴不同。"大"指体积或面积,"细小"指横剖面小的条状物,与"粗大"是反义词。

（5）组不是反义词。"美观"和"粗糙"不属于同一意义范畴。"美观"指物体的样式好看,"粗糙"指物体的表面不精细、不光滑。

（6）组是反义词。"迅速"和"迟缓"都指速度,是有中间状态的反义词。

（7）组不是反义词。"良好"是词,"不良"是短语,词和短语不能构成反义词。

（8）组不是反义词。"聪明"和"傻子"虽有反义关系,但不是反义词。"聪明"指智力发达的性状,"傻子"指智力低下、不明事理的人,意义范畴有差别。

（9）组不是固定词汇材料中的反义词。"小众化"是在与"大众化"对举的语言环境中临时创造的,是修辞上的仿词现象,不是词汇材料中的反义词。

3. 下边这段文字中的括号里列举的词,用哪个最合适？为什么？

这段文字中的括号里列举的词,用"认识"、"违背"、"期求"、"根据"、"认识"、"发挥"、"创造"、"促使"最合适。因为"不能违背客观规律"这个真理,正是指人的头脑对客观世界理性的反映,所以只能用"认识"。同时与客观规律不符合,用"违背"最合适。"期求"是希望得到的意思,体会上下文,说"期求工作的胜利"是符合原意的。"根据"是"把某种事物作为结论的前提或语言行动的基础"的意思,而"充分发挥主观能动性"的前提,正是建立在对客观规律认识基础上的,所以只能用"根据"。"主观能动性"只能"发挥"不能"发展",用"发挥"合适。"条件"原先没有,而现在有了只能说"创造"。使事物向有利于改革的方面转化也只能用"促使"。

4. 写出 A 组词的反义词,B 组词的同义词。

A. 真理(谬论)　　绝对(相对)　　静止(运动)
公开(秘密)　　一般(特殊)　　暧昧(明朗)
冷淡(热情)　　贫乏(丰富)　　高涨(低落)
肤浅(深刻)　　团结(分裂)　　清澈(混浊)
崎岖(平坦)　　稀疏(稠密)

B. 朴素(朴实)　　精确(准确)　　区分(区别)
声望(声誉)　　繁荣(繁华)　　光辉(光芒)
激烈(猛烈)　　摧残(摧毁)　　解除(消除)
执行(实行)　　糟蹋(浪费)　　豪爽(豪迈)
挽救(拯救)　　保持(维持)

5. 简述绝对反义词(互补反义词)和相对反义词(极性反义词)在使用上的不同。

(1) 绝对反义词和相对反义词都可用否定词"不"否定,但表达的含义不同。绝对反义词如"死—活"、"人—鬼",可以说成"不死不活"、"不人不鬼",这里并非表示有中间状态,而是表示尴尬、不伦不类的含义,有贬义色彩。相对反义词可说成"不快不慢"、"不大不小",指"适中"、"正好"的意思。

(2) 相对反义词可用"没"否定,表示该区分而没有区分,大多具有斥责的色彩,如"没大没小"指行为方式应分清大人、小孩而没有区分,其他还有"没上没下"、"没老没少",等等。绝对反义词没有这种用法。

6. 举例说明多义词与反义词、同义词与反义词的关系。

多义词与反义词的关系是多义词可以有不同的反义词。多义词有几个意义,它的每个意义都可能有反义词,这样就形成一个多义词可以有几个不同的反义词。多义词"开",有"开放"的意思,如花开;它的反义词是"谢",如花谢。也有"打开"的意思,如开门;它的反义词是

"关",如关门。还有"张、开"的意思,如开口;它的反义词是"合、闭",如合口、闭口。

同义词与反义词的关系是:(1)同义词可以有相同的反义词,也就是一个词(反义词)可以同同一组同义词组成反义词。如"冷"和"凉"是同义词,它们的共同反义词是"热"。同样,"胜利"和"成功"是同义词,它们的共同反义词是"失败"。(2)同义词可以有不同的反义词,反义词不同,可以显示出同义词之间的细微差别。如"虚假"和"虚伪"是同义词,但是它们的反义词不同。"虚假"的反义词是"真实",不真实就是虚假。"虚伪"的反义词是"诚实",不诚实就是虚伪。

**词汇第五节补充练习题答案**

1. 一个词在辞书中所注的义项和一个词在具体语境中使用时所产生的意义有什么不同?举例说明。

一个词在辞书中所注的义项是它的固定义,也被称为静态义;而在具体语境中使用时产生的意义是修辞义、临时义,也被称为动态义。这就是它们的不同。例如"辐射"一词,在辞书中所注的义项是"热的传播方式之一,从热源沿直线直接向四周发散出去"。这是它的固定义、静态义。可是,同样是"辐射",在上下文语境中使用时,再这么解释就不行了。如"人类高贵的精神的辐射,填补了自然界的贫乏,增添了景色。"这里的"辐射"就不能理解成"热的传播方式之一,从……",而应理解为"(人的精神生活对环境的)影响"了。这就是它的修辞义、临时义、动态义。可见固定义、静态义和临时义、动态义是不同的。我们在使用和理解词义时,既要了解它的静态义、固定义,也要了解它的动态义、临时义。

2. 下面都是拿"水"来作比喻的句子,指出在具体语境中"水"的意义有何不同?

(1)"水"的意义表示淡泊。

(2)"水"的意义表示平允。

(3)"水"的意义表示柔顺。

(4)"水"的意义表示善变。

(5)"水"的意义表示轻盈。

（6）"水"的意义表示多姿。

正因为"水"具备这些特性，所以能产生如此丰富的拿"水"来作比喻的比喻体。

**词汇第六节补充练习题答案**

1. 辨识下面这些词，哪些是基本词汇里的词，哪些是一般词汇里的词，并说明理由。

"风、云、太阳、油、船、牙、妹、喜欢、美、你、这、怎样、晚、春、千、尺、个、很、因为、虽、吗、了、但、和"是基本词汇里的词。这些词使用率高，生命力强，为全民所共同理解。

"贷款、刨刀、犬子、老爷儿、金乌、老鼻子、函数、休克"是一般词汇里的词。这些词是方言词、古语词、行业词语，它们不一定像基本词那样为全民族成员所普遍掌握。

2. 从下面的一段话中挑出哪些是历史词，哪些是文言词，并说明理由。

"太子、高祖、降、手敕、皇太子、诏"等是历史词。这些词是历史上出现过的人、事物的名称。

"之、入、令、旋、悉、委"等是文言词。因为这些词是古汉语中用过的词，有些在书面上一直沿用至现代。它们已为平行的现代语词所替代。

3. 指出下面外来词的类型。

（1）音译外来词：海洛因、夹克、欧佩克、冬不拉、克格勃、萨其马。

（2）半译音半译义外来词：霓虹灯、摩托车、爱克司光、马克思主义。

（3）音译加注汉语语素的外来词（意译是外加的表示义类的汉语语素）：来复枪、加农炮、道林纸、高尔夫球、恤衫、厄尔尼诺现象。

（4）借形的外来词：（字母词）一种是拉丁字母直接进入汉语：DNA、BBC、WC、APEC。一种是拉丁字母加表示义类的汉语语素：AA制、三 K 党、pH 值、AB 角。

4. 下列句子中的用词有什么错误？为什么？怎样改正？

例（1）滥用文言词，使表义不明晰。"夫"、"之情"应删，"苟延"、"何以堪"应换为相应的现代词，比如"难以生存"、"怎么受得了"之类。

例(2)滥用方言词,"张三"是"狼"的意思,不是东北方言区的读者是难以理解的,应改为"狼"。

例(3)的"怡情"是令人费解的生造词,"怡情"可能是"怡然自得",也可能是"心情愉快",也可能哪个也不是,不如删去。

例(4)用词不伦不类,文白夹杂,不如把"均"、"皆"改成"都"。

**词汇第七节补充练习题答案**

1. 分析下列成语的内部结构关系。

(1)偏正结构:一衣带水　满载而归

(2)动宾结构:中饱私囊　莫衷一是

(3)主谓结构:风雨飘摇　波澜壮阔

(4)补充结构:流芳百世　处之泰然

(5)联合结构:正本清源　披肝沥胆　兼收并蓄　自怨自艾　源远流长　令行禁止

(6)连动结构:恃才傲物　含沙射影　望洋兴叹　画蛇添足

(7)兼语结构:利令智昏　望眼欲穿

2. 辨析下列两组成语的异同点。

A组:处心积虑　呕心沥血

相同点:都有"用尽心思,费尽心血"的意思。

相异点:(1)"处心积虑"的"处心"是存心,"积虑"是长期考虑。整个成语是"费尽心机,存心很久"的意思。"呕心沥血"的"呕"是"吐","沥"是"滴"。比喻用尽心血。(2)"处"多指在不好的事情上挖空心思,用作贬义;"呕"多指为好的事业费神劳心,用作褒义。

B组:小心翼翼　谨小慎微

相同点:都有"小心谨慎"的意思。

相异点:(1)"小心翼翼"是严肃虔敬的意思,现在多形容举动十分谨慎小心,一点不敢疏忽。"谨小慎微"是"对于一切琐细的事情小心谨慎,以致流于畏缩",故是贬义。(2)"小心翼翼"是一种情态,一般用来形容动作、行动;"谨小慎微"是一种态度,有时也指作风、性格。

3. 填出下列成语的同义形式。

积沙成塔(集腋成裘)　一语道破(一针见血)

望而生畏（望而却步）　　言听计从（百依百顺）

不可一世（狂妄自大）　　一箭双雕（一举两得）

水到渠成（瓜熟蒂落）　　得意忘形（忘乎所以）

多此一举（画蛇添足）　　井井有条（井然有序）

千钧一发（一发千钧）　　为虎作伥（助纣为虐）

进退两难（进退维谷）　　自作自受（自食其果）

水落石出（真相大白）　　寻根究底（刨根问底）

一叶蔽目（一叶障目）　　完美无缺（十全十美）

4. 下列歇后语用什么方法表示它的实际意义。

（1）谐音双关　（2）比喻　（3）谐音双关　（4）意义双关

（5）比喻　（6）谐音双关　（7）谐音双关　（8）比喻

5. 简述惯用语的结构特点以及惯用语与成语的区别。

惯用语的结构特点是以动宾结构、偏正结构为主。例如动宾结构：走过场、说大话、打圆场、扣帽子、泼冷水等。偏正结构：敲门砖、冤大头、保护伞、拦路虎、耳边风、绊脚石、恶作剧等。其他如主谓关系：鸟兽散、鬼画符，并列关系：假大空、短平快等。

惯用语与成语的区别是：惯用语多为三字格，成语多为四字格。比如随大流——随波逐流；开倒车——倒行逆施；放空炮——坐而论道。同为四字格时，惯用语多为1+3、3+1式，如扯——老婆舌、打——落水狗，眼皮子——浅；成语多为2+2式，如海底——捞月、过河——拆桥。在语源上成语多有出处，惯用语均无出处；语义上成语有褒有贬，惯用语贬多褒少；在风格上成语庄重典雅，惯用语活泼随便；在结构上成语定型凝固，惯用语灵活自由。

6. 下列各句某个词语的运用有毛病，先弄清错误性质，然后改正。

（1）"先后"一词使句意不清，应改作"分别"。（2）句的句意是两种做法、两种结果的对比，"面面相觑"和"顺水推舟"不是结果，应改为"一筹莫展"和"左右逢源"。（3）句环境不能"适应"大熊猫，应改作"适宜"。（4）句的"司空见惯"、"双管齐下"、"左右开弓"与文意不合，可分别改为"了如指掌"、"挥洒自如"、"得心应手"。（5）句的"混揽"是生造词，应改为"混合"。

词汇第八节补充练习题答案

1. 词汇规范化的主要原则是什么?

词汇规范化的主要原则有三:(1)必要性原则,就是说要考虑一个词有无存在的必要,是否有其独特的表达作用;(2)普遍性原则,就是说要考察一个词的使用范围,是否普遍;(3)明确性原则,就是说要注意词的意义,必须明确无误才能易于理解和接受。

2. 什么是新词? 新词与生造词有什么不同? 举例说明。

新词是语言中新产生的词。随着生产和社会生活的发展,科学技术的发展,语言中就会不断产生新词。新词是用新的形式表示新的内容。新词一般都要利用原有的语素,按照已有的构词方式来创造。新词出现后要经过一段时间的应用,为社会所接受,才能在语言中扎根,如超市、代沟、大腕、买单、钟点工等。词在使用过程中产生了新义,不算新词。如"热点",原指"温度高于周围的局部地区",现在常用来指"在一定时期内引人关注的事物或地方",这是旧词产生了新义,不是新形式表示新内容,不算新词。

新词与生造词不同。生造词是任意编造出来的词,不符合语言规范,不能使用,如"这篇报告忠实而简扼地记述了事件的过程",这里的"简扼"就是生造词,一般说"简明扼要"。

3. 指出下列词义发展变化的类型。

(1)包装,词义的扩大;(2)热烈,词义的转移;(3)去,词义的转移;(4)丈夫,词义的缩小;(5)烈士,词义的缩小。

4. 从词汇规范化的角度,辨识下列各词哪些是规范的对象,并说明理由。

从词汇规范化的角度,下列各词应该是规范的对象。(1)腻虫、蚜虫、珍珠粟、苞米、棒子、苞谷。因为它们与"蚜虫"、"玉米"比较起来,不符合普遍性原则。(2)牜子、洋火、胰子。这些词在北方话中个别地方流行,因为已经有了完全同义的、比较流行的"公牛"、"火柴"、"肥皂",就不应该吸收到普通话里来,不符合必要性的原则。(3)擘画、悖谬、拥箒。这些词都是丧失了生命力的古语词,什么叫擘画、拥箒?人们已经不知道了,连"悖谬"人们也不常用了,不符合普遍性、明确性的原则。(4)厨子、跑堂、老妈子、伙夫。这些词反映旧的观念,已经死亡,不符合必要性原则。(5)麦克风、司的克、盘尼西林。这些都是外来词,吸收外来词,应尽量采用意译方式,意译更接近民族语言习惯,便于理解和记忆。因此不用"麦克风",用"话筒",不用"司的克、盘尼西林",用"手杖"、"青霉素"。这样符合明确性、必要性原则。由此看来,词汇规范化工作应以"必要性"、"普遍性"、"明确性"三原则为标准,来决定词语是否规范的问题。

# 第四章语法补充练习题答案

### 语法第一节补充练习题答案

为什么要学习语法?有人说:"不学语法,也能说话写文章。"你认为这种说法对吗?为什么?

人从孩提时代就学会了说话,也学会了理解别人所说的话,也就是说已经学到了感性的语法知识,不自觉地运用语法规律了。因而才有"不学语法,也能说话写文章"的论调。其实这种说法是很片面的。因为人们所说的"不学语法,也能说话写文章"的现象是建立在语法知识的感性阶段上的,只有对语法提高到理性认识的高度,自觉地运用它,才能把话说得更好,把文章写得更好。随着我国对外开放和交往的发展,学习汉语的外国人越来越多,为了适应这种迅速发展的新形势,我们也应该学好自己的母语语法。尤其是 21 世纪是一个电子计算机在社会生活中发挥巨大作用的时代,为了提高工作效率,使计算机真正做到处理汉语的程序化、自动化,就必须深入研究汉语的语法规则,使之有效地为汉语的计算机处理服务。而且学会了汉语语法,还可以有效地提高语言教学的效果,在学习其他语言时,还可以自觉地进行对照和比较,较快地学会一门或几门外语。学会了分析语法的方法,对训练科学的思维方法也是大有益处的。

### 语法第二节补充练习题答案

1. 指出下面各组内的词的词性,并说明它们在功能上的区别。

(1)组:"高级"是形容词兼区别词,"初级"是区别词。在功能上的区别是:"高级"作为形容词,可以说"非常高级";"初级"不行。尽管它们都能修饰名词。"高级"可以说"由初级阶段到高级阶段",其中的"高级"是区别词。

(2)组:"一概"是副词,"一致"是形容词。"一概"、"一致"虽然都能修饰、限制动词,但"一致"可以受程度副词的修饰,可以作谓语,定语,"一概"不行。

(3)组:"家务"是名词,"医务"是区别词。"家务"可作主语、宾语(家务繁重/操持家务),"医务"只能修饰名词(医务人员、医务部门),否定时用"非"(非医务人员)。

(4)组:"常常"是时间副词,"往常"是时间名词。"常常"修饰、限制动词(常常出去),"往常"可以用在介词的后面(因为有事,所以比往常回来得晚)。

2. 指出下列各句副词"都"的语义指向。

(1)句"都"指向"这些画册"。(2)句脱离语境是有歧义的,"都"可以同时指向"这些画册"和"我们",也可以只指向"这些画册"和"我们"中的一项。(3)句"都"的语义指向是指向"我们"。

3. 有的书把形容词分为性质形容词和状态形容词两类。有的书则把状态形容词不叫形容词,而叫状态词。因为形容词能受"不、很"的修饰,状态词不能(如很白——﹡很雪白,不白——﹡不雪白)。形容词都能带补语,状态词不能。(如红得很——﹡通红得很,白得耀眼——﹡白茫茫得耀眼)。谈谈你对这两种说法的看法。

(答案略)

4. 目前,对叹词、拟声词的看法不一。有的把它们看作实词,有的把它们看作虚词,有的既不把它们归入实词,也不把它们归入虚词,而归入特殊词类。你是怎样看的? 请说明理由。

(答案略)

5. 怎样认识根据词性给词定性归类时必须分清一般规律和特殊现象呢?

根据词性给词定性归类时必须分清一般规律和特殊现象。不能以一般而抹杀特殊,也不能以特殊来否定一般。如名词受数量词组修饰,这个特点都只是一般。专有名词、集合名词则不能，这是特殊。名词一般不受副词修饰，也有受副词修饰的，如"屋里光书"，这也是特殊。这说明不管哪一类词的语法特征，都不能完全对外具有封闭性，对内具有普遍性。重要的是，首先要掌握一般，在这个基础上，进一步了解特殊。实际上，只要掌握语法特征综合运用的分析方法，所谓的"特殊"，也是不难解决的。例如"激情"这个名词，不受数量词组修饰，这可以说是特殊，但是，能不能因为它特殊，就不能确定词性呢？不是的。因为综合起来看，尽管它不受数量词组修饰，但是它有名词的其他语法特征：不能肯定否定相叠表示疑问，说成："激情不激情?"不能受副词修饰，说成"很激情，都激情"，不能直接作谓语，说成"我激情"，但能作主语或宾语，说成"他心里充满着激情"。可见，从总的方面衡量，"激情"还是名词的语法特征多，应属于名词。

6. 把人称代词、疑问代词、指示代词以及它们相当于哪类词的语法功能用图表标示出来。

| | 相当于哪类词 | 人称代词 | 疑问代词 | 指示代词 |
|---|---|---|---|---|
| 代名词 | 一般名词 | 我、咱、你、您、他、她、它<br>我们、咱们、你们、他们、她们、它们<br>自己、自个儿、别人、大家、大伙儿、彼此 | 谁<br>什么<br>哪 | 这<br>那 |
| | 处所名词 | | 哪儿　哪里 | 这儿　这里 |
| | 时间名词 | | 多会儿 | 这会儿　那会儿 |
| | 数词 | | 几　多少 | |
| 代谓词 | 谓词 | | 怎样　怎么<br>怎么样 | 这样　这么样<br>那样　那么样 |
| 代副词 | 副词 | | 多　多么 | 这么　那么 |

**语法第三节补充练习题答案**

1. 比较下面每组中的虚词在用法上的不同。

（1）只有—除非　　（2）向—朝

（3）从而—进而　　（4）因而—因此—所以

（1）只有—除非

只有：连词,表示必要条件,常与"才"合用,组成"只有……才"格式。

除非：连词,表示唯一条件,也常与"才"合用,组成"除非……才"格式。

（2）向—朝

向：介词,常用在名词性词语前,共同组成介词短语,作状语和补语,表示动作的方向。

朝：介词,引进动作的方向或对象,用法相当于"向"、"对"（兼有动词和形容词、量词的用法）。例如"朝前看、大伙儿都朝他笑""向"可以用在动词后,"朝"不能。

（3）从而—进而

"从而"和"进而"都是连词,都用于下文的开头。"从而"表示结果、目的或进一步行动,相当于"因此就"；"进而"表示在原有的基础上进一步。二者的区别是："从而"强调与上文的结果或条件关系,"进而"只强调进一步的行动。

（4）因而—因此—所以

三者都是说明因果的连词,可以单用,也可合用,合用时"所以"常与"因为"配合,"因而"、"因此"常与"由于"配合。单用时用在下文的开头,作用相当于"因为……所以……"。区别是："因此"关联的分句含有"因为这样,所以……"的意思,"因而"关联的分句所叙述的事实有连续关系。

2. 指出下面五组句子中"在"、"给"、"比"、"拿"、"连"的词性,并说明理由。

（1）组的例①"在"是动词,例②"在"是介词。因为介词不能单独作谓语,不能用肯定否定相叠的方式表示疑问,动词可以。例③"在"

是副词,因为它是修饰、限制动词性词语"看书"的。

(2) 组例①的"给"是介词,例②的"给"是动词。因为介词后面不能带动态助词"着、了、过",动词一般可以。

(3) 组例①的"比"是介词,例②的"比"是动词。因为介词不能重叠,动词可以。

(4) 组例①的"拿"是介词,例②的"拿"是动词。因为动词"拿"的后面带了动态助词"着",而介词"拿"则不行。

(5) 组例①的"连"是动词。因为"连"可带动态助词"着","心连心"就是"心连着心"。例②的"连"是语气助词,去掉它并不影响句子的原意,只是语气减弱罢了。例③的"连"是介词,它引进了批评的对象"我"。例④的"连"是语气助词。"连"字前可加"甚至",表示强调。这个"连"字去掉后,句子基本意思不变,但语气减弱了。

3. 分析下列句子中的"和、跟、同、与"的词性,并说明理由。

例(1)的两个"和"是连词,"同"是介词。例(2)的两个"和"也是连词,"同"也是介词。例(3)的"和"是连词。例(4)的"和"是介词。例(5)的"与"是介词。例(6)的"跟"是介词。

判定它们是连词还是介词的理由是:(1)从意义上看"和"字前后两项调换位置,意思不变的是连词,意思变了的是介词。(2)从形式上看,介词"和"的前面有能愿动词、趋向动词、连词等,而连词前是没有的。"跟、同、与"的判定标准与"和"相同。

4. 汉语的语气词在表意上是非常丰富的,试就下列三句的语气词,分析它们在表意上的差别。

例(1)的"了吧","了"表示确实已然的语气,"吧"表示半信半疑的猜度。例(2)的"了啊","了"表示事物的变化,"啊"表示对变化的感叹。例(3)的"的啦",就是"的了啊","啦"是"了啊"的合音。"的、了"分别表示确实已然的语气,后面再接"啊",表示感叹。

5. 指出下列各词是同音词、兼类词还是词的活用。

"共同"是兼类词(区别词、副词)。"究竟"是同音词。"直"是同音词。"矛盾"是兼类词(形容词、名词)。"来"是同音词。"阿Q"是词的活用,名词用如动词。"非法"是兼类词(区别词、副词)。"感动"

是兼类词(形容词、动词)。

**语法第四节补充练习题答案**

1. 简述短语结构类和功能类的关系。

从短语的结构类和功能类的关系看,一类是单功能性的,如同位短语、的字短语、方位短语只具有体词性功能;动宾短语、中补短语、连谓短语、兼语短语只具有谓词性功能。另一类是多功能性的,如联合短语、偏正短语、量词短语、主谓短语,这些短语中的一部分具有体词(名词)性功能,另一部分则具有谓词性功能。需要注意的是:短语的功能类相同,结构类型不一定一样;短语的结构类型相同,短语的功能类也不一定相同。例如:

① 他和弟弟赶快跑过来。

② 他弟弟赶快跑过来。

③ 弟弟他赶快跑过来。

这三个例子,就主语来看,例①是联合短语,例②是偏正短语,例③是同位短语,可以说结构类型不同,但它们都是名词短语,功能类是相同的。再如短语的结构类相同,都是联合短语(工人和农民、纯洁和高尚、讨论并通过)但它们的功能类也不一定相同的。工人和农民是名词短语,纯洁和高尚是形容词短语,讨论并通过是动词短语。

2. 怎样理解有些词或短语加上句调就可独立成句? 举例说明。

有些词或短语加上句调就可独立成句,是正确的。它说明有些词或短语加上句调也不一定就能独立成句。哪些词或短语加上句调能独立成句,哪些词或短语加上句调不能独立成句呢? 请看下面的例词或短语:

(1) 唉  啊  嗯  轰隆隆  啪嗒

(2) 塔  鱼  请  好  红旗飘扬  美丽的山城  买三碗  慢走  学得好  好得很

(3) 我  你  他  一  二  三

(4) 关于  和  不仅  所  吗  被巨浪  所想

(5) 善于  予以  主张  亮堂堂  漆黑

(6) 彩色  西式  袖珍  格外  最

上述六组词或短语中,加上句调能独立成句的,是(1)、(2)、(3)组。(1)组是叹词和拟声词,这两类词的语法特征就是能独立成句。(2)组是名词、动词、形容词或大部分名词短语和动词短语、形容词短语。(3)组是代词和数词。名词、动词、形容词、代词、数词都是实词,这些词加上句调后在一定的语境中都能独立成句,大部分名词短语和动词短语、形容词短语也是如此。(4)、(5)、(6)组的词或短语加上句调是不能独立成句的。(4)组是虚词里的介词、连词、助词、语气词以及介词短语、所字短语,这些词或短语在任何情况下都不能独立成句。(5)组、(6)组虽然都是实词,但它们是实词里的谓宾动词、状态形容词和区别词,这些词加上句调是不能独立成句的。因为(5)组谓宾动词"善于"、"予以"、"主张"的出现,总是和它们的宾语连在一起的,它们通常不能单独使用,当然也就不可能独立成句了。(5)组中的"亮堂堂"、"漆黑"是状态形容词,状态形容词同性质形容词不一样,它通常也缺乏独立成句的能力。(6)组是区别词和副词。区别词只作名词的修饰语,副词只作动词、形容词的修饰语,除少数几个副词"不"、"也许"等,一般都不能独立成句。所以我们可以这样认为,加上句调能独立成句的只是一部分实词和大部分短语。

   3. 用层次分析法分析下列句法结构:

(1) 喜 欢 读 巴 尔 扎 克 的 小 说

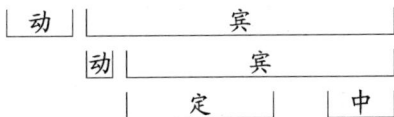

(2) 拿 这 个 观 点 解 释 历 史 的

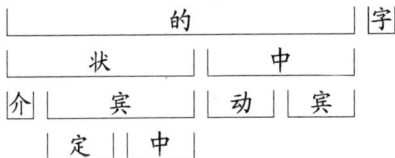

(3) 一 对 夫 妇 只 生 一 个 孩 子 好

主 ｜ 谓

主 ｜ 谓

定 ｜ 中 ｜ 状 ｜ 中

动 ｜ 宾

定 ｜ 中

(4) 当 她 走 进 教 室 的 时 候

介 ｜ 宾

定 ｜ 中

主 ｜ 谓

动 ｜ 宾

中 ｜ 补

(5) 要 求 我 们 俩 准 时 出 席

动 ｜ 宾

主 ｜ 谓

同 ｜ 位 ｜ 状 ｜ 中

(6) 查 完 病 房 回 到 家 里 躺 下 就 睡

连 ｜ ｜ ｜ 谓

动 ｜ 宾 ｜ 动 ｜ 宾 ｜ 中 ｜ 补 ｜ 状 ｜ 中

中 ｜ 补 ｜ 中 ｜ 补 ｜ 方 ｜ 位

(7) 请 张 总 回 来 开 会

动 ｜ 宾

主 ｜ 谓

连 ｜ 谓

动 ｜ 宾

(8) 教 我 们 一 支 新 的 歌

动 ｜ 宾

动 ｜ 宾 ｜ 定 ｜ 中

数 ｜ 量 ｜ 定 ｜ 中

（9）指导员领导巡逻组巡逻

    A. 指导员 领导 巡逻组 巡逻 （谓语是兼语短语）

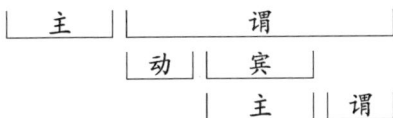

| 主 | 谓 |
| --- | --- |
| | 动 \| 宾 |
| | 主 \| 谓 |

    B. 指导员 领导 巡逻组 巡逻 （谓语是连谓短语）

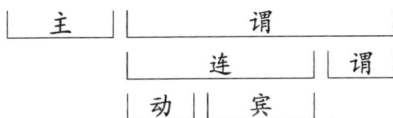

| 主 | 谓 |
| --- | --- |
| | 连 \| 谓 |
| | 动 \| 宾 |

4. 用语义分解法说明下列短语的多义性。

（1）山上架着炮

A. 山上正在架炮　　架着：［+动作进行］

B. 炮架在山上　　架着：［+状态持续］

（2）最喜欢的是她弟弟

A. 她弟弟最喜欢　　弟弟：［+施事］

B. 最喜欢她弟弟　　弟弟：［+受事］

（3）女子理发店

A. 女子是理发师的店　　女子：［+施事］

B. 给女子理发的店　　女子：［+对象］

（4）这个人谁也没问过

A. 这个人没问过任何人　　这个人：［+施事］

B. 任何人都没问过这个人　　这个人：［+受事］

（5）在楼上看到了老彭

A. 被看到者老彭在楼上　　受事老彭：［+在楼上］

B. 看到者在楼上　　施事：［+在楼上］

C. 看到者和被看到者都在楼上　　施事和受事：［+在楼上］

5. 介词短语的语法功能主要作修饰成分状语，少数作定语，所以有的书把介词短语看作是加词性短语，你认为如何？能说说看法吗？

（答案略）

6. 分析下列各句产生歧义的原因,并指出消除歧义的方法。

例(1)产生歧义的原因是两种句型重叠在一起,因为它可以有两种不同的切分:

A. 下 午 我 们 小 组 讨 论 （主谓谓语句）

```
|  状  |        中        |
       |  主  |    谓    |
              |  主  |  谓  |
```

B. 下 午 我 们 小 组 讨 论 （一般动词谓语句）

```
|  状  |        中        |
       |     主     |  谓  |
       |  同  |  位  |
```

可用重新组织句子的方法消除歧义:A. 我们下午小组讨论。或说成"下午我们以小组为单位讨论。"B. 可说成:"我们小组下午讨论"。

例(2)产生歧义的原因是宾语"炒鸡蛋"有两种结构关系。"炒鸡蛋"可以是偏正短语,也可以是动宾短语。可用增添词语的方法消除歧义。若是偏正,则可以说:"炒鸡蛋我喜欢吃"。若是动宾,则可以说:"我喜欢把鸡蛋炒着吃"。

例(3)产生歧义的原因是主语里的定语"两个"的关系两可造成的,因为主语既可理解为(两个中医学院)的"学生",也可理解为(中医学院)的(两个)学生,或(两个)(中医学院)的学生。可用变换法消除歧义。把"个"变换成"所",全句为"两所中医学院的学生来了"。或者,把"个"更换成"位",全句为"两位中医学院的学生来了"。

例(4)是语义关系不明造成歧义。因句中的"青年人"可以是演员,也可以是剧中人。可用增添词语和变换词语的综合方法消除歧义。如果"青年人"是演员,全句可改为"扮演的人是一个青年人"。"如果"青年人"是剧中人,全句可改为"他演的是一个青年人。"

例(5)产生歧义的原因是谓宾动词"打算"的宾语"试验改良品种"是两种结构重叠在一起。

一种是：试验 改良 品种

| 动 | 宾 |
| 定 | 中 |

一种是：试验 改良 品种

| 动 | 宾 |
| 联 | 合 |

消除歧义的方法是重新组合和增添词语的综合方法。若是前一种，全句可改为"我们打算对改良品种进行试验。"若是后一种，全句可改为"我们打算试验并改良品种。"

**语法第五节补充练习题答案**

1. 及物动词按所带宾语的性质分为名宾动词、谓宾动词、名谓宾动词。请分析一下，下面这些词分别属于哪一类？

属于名宾动词的有：驾驶、搜集、姓、采取、出席、砸、出现、调动、攻击

属于谓宾动词的有：妄加、继续、感到、加以、受到、计划、准备、值得、配、愿意、主张、敢于、觉得

属于名谓宾动词的有：喜爱、反对、知道、讨论、邀请、忍受、注意、领导、批准、问、劝、争取、相信、申请

2. 名词的修饰语是定语，动词、形容词的修饰语是状语，这种说法对吗？为什么？

这种说法不严密。因为有些动词、形容词前的修饰语也可以是定语，比如他的到来、大海的美、经济的发展、灯火的辉煌、狐狸的狡猾等，这些都是定中短语。同样，名词前的修饰语也可以是状语，比如才两天、已经春天了、刚星期二、只三个人、净水等，这些都是状中短语。所以定语、状语的正确说法应该是：定语是名词性短语里中心语前面的修饰语；状语是谓词性短语里中心语前面的修饰语。这样也可以符合成分对成分的原则。

3. 从语法结构关系来说，补语是对前面动词性、形容词性词语的补充、说明，但是从语义结构关系即语义指向说，补语不一定和前面的动词性、形容词性词语发生关系，你能举例说明这个问题吗？

这种例子是很多的,例如:

(1)他看得眼睛都疼了。

(2)他走累了。

(3)衣服洗干净了。

(4)钢精锅擦得锃亮。

从语法结构关系说,这四句的补语虽然是与动词发生直接关系的,但从语义结构关系说不是指向动词,而是指向主语、宾语所表示的事物。例(1)、(2)的补语是说明动词的施事"他"的。例(3)、(4)的补语是说明动词的受事"衣服"、"钢精锅"的。

4.分析下面短语的结构类型。

分析清楚(主谓/中补)　　考虑周密(主谓)

说话慢一点儿(主谓)　　说慢点(中补)

清理完毕(主谓/中补)　　清理完(中补)

看了三十分钟(中补)　　浪费了三十分钟(动宾)

科学技术(联合)　　技术科学(定中)

没说清楚(状中)　　不说清楚(状中)

晚上演出(状中)　　晚上的演出(定中)

记得这一切(动宾)　　记得很真切(中补)

水声淙淙(主谓)　　从哪里来(状中)

白布一尺(主谓)　　来一下(中补)

来一瓶(动宾)　　他去请(主谓)

我让他去请(主谓)

5.分析下面有符号的句法成分的意义类型。

问〈明白〉(结果)　　写诗(结果)

[傻]笑(描写)　　照 X 光(中性工具)

洗〈干净〉(结果)　　洗得〈干净〉(可能)

差〈一点〉(程度)　　放〈下去〉(趋向)

来了客人(施事)　　躲清静(中性·目的)

放得〈下去〉(可能)　　有空位(中性·处所)

[后天]见(限制)　　过大桥(中性·处所)

(微型)电脑(限制)　　　　下雨了(施事)

等〈一会儿〉(时量)　　　　美得〈很〉(程度)

(这几句)话(限制)　　　　看朋友(受事·对象)

[大概]有(限制)　　　　踢前锋(中性·角色)

万幸,电话通了(独立语·表感叹)
△△

小鸟‖叫(施事)　　　　飘来艾蒿香(施事)

唱高音(中性·方式)

你大不了再认个错(独立语·表对程度的估计)
△△△

聊〈一聊〉(动量)　　　　[当然]房子得修(限制·语气)

透出笑意(施事)　　　　窗花‖剪好了(受事)

走消息了(施事)　　　　这事‖别怪她(中性)

躲雨(中性·原因)　　　　存活期(中性·方式)

6. 用框式图解法分析下面的多层定语、多层状语。

(1) 我 的 那 位 开 汽 车 的 好 朋 友

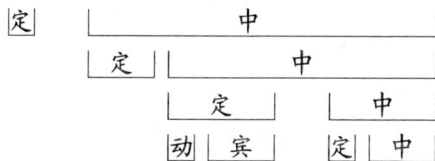

| 定 | 中 |
| 定 | 中 |
| 定 | 中 |
| 动 宾 | 定 中 |

(2) 漫 无 涯 际、枝 柯 参 天 的 热 带 森 林 的 奇 特 景 象

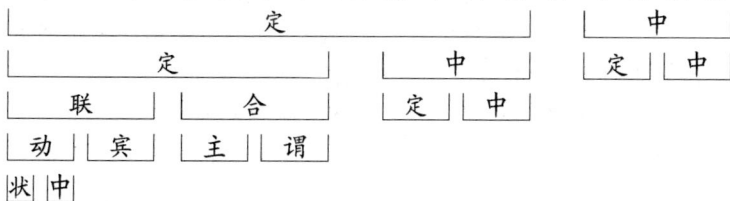

| 定 | 中 |
| 定 | 中 | 定 中 |
| 联 | 合 | 定 中 |
| 动 宾 | 主 谓 |
| 状 中 |

(3) 举 世 闻 名 的 迷 人 的 游 览 胜 地

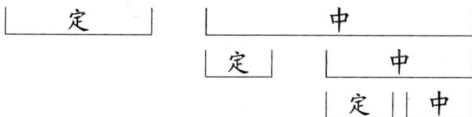

| 定 | 中 |
| 定 | 中 |
| 定 中 |

（4）高高兴兴、平平安安地和我们一起回来

| 状 | | 中 | |
|---|---|---|---|
| 联 | 合 | 状 | 中 |
| | | 介 宾 | 状 中 |

（5）以 最快的速度、最有效的方法 把 剩下的这些 难关 一个一个地 攻下来

| 状 | | | 中 | |
|---|---|---|---|---|

介 | 宾
联 | 合 | 介 | 宾 | 状 | 中
定 | 中 | 定 | 中 | 定 | 中 | 联 | 合 | 中 补
状 中 | 状 中 | 定 | 中 | 数 | 量 | 数 | 量
指 量

（6）很 不满意 地 朝他 看了看

| 状 | | 中 | |
|---|---|---|---|
| 状 | 中 | 状 | 中 |
| 状 | 中 | 介 宾 | 中 补 |

**语法第六节补充练习题答案**

1. 简述句类和句型的关系。

句类和句型是两个不同的概念。根据句子的语气分出的叫句类，所以句类也就是句子的语气类,如陈述句、疑问句、祈使句、感叹句。根据句子的结构分出的叫句型,所以句型也就是句子的结构类,如单句、复句、主谓句、非主谓句等。句类和句型的关系是同一句型可以是不同的句类;同一句类也可以是不同的句型。例如:

（1）他考上大学了。　　（2）他考上了大学了？

（3）咱们快走吧。　　（4）小伙子好棒！

以上四个句子分属于四种句类,但它们是同一句型,即主谓句。再如:

（1）他不会去的。　　（2）夏天的傍晚。

（3）出太阳了!　　（4）太阳出来了!

前两个句子就句类说是相同的,都是陈述句。就句型说是不相同的,（1）句是主谓句,（2）句是非主谓句。例（3）（4）都是感叹句,但句型不同,例（3）是非主谓句,例（4）是主谓句。

2. 划分句类的标准,有人凭句子的用途,有人凭句子的语气,有人凭用途和语气。你觉得应该怎么划分?

句子的语气和用途在有的句子里常常能一致,在有的句子里就不一致,后者如"难道你不觉得我们的战士是可爱的吗?"这句有反问语气,是疑问句,但从内容上看,表达的是陈述句的内容,即"你会觉得我们的战士是可爱的"。再比如"我渴了",能起到叫人倒茶水或买饮料的作用。它是陈述句的语气而有祈使句的用途。这说明句子里的语气与用途不完全一致。因此不宜用用途作标准,也不宜用语气和用途两个标准,而是以语气为主要标准,参考用途。

3. 举例说明句型和句式的区别和联系。

句型和句式都是为了说明句子结构方面的不同所定的类名。比方把句子分为单句和复句,可以说是一级句型。把单句分为主谓句和非主谓句两个下位句型,可以叫二级句型。把主谓句分为动词谓语句、形容词谓语句等三个下位句型,可以叫三级句型,在这些大大小小不同级别的句型中,类与类之间都是互相排斥的,即在一句之内不同类的句子不能共存共现的,可叫句型。例如是动词谓语句就不能同时又是名词谓语句,凡是只按结构某一特点定的名,我们习惯称它为句式,比如把字句、兼语句、连谓句等,这些句式不互相排斥,有可能在一个句子内先后共存共现,例如"领导叫他打电话把王医生请来看病"。总之,句型、句式是大同小异,有联系而又有区别。句型是着眼于全体句子或某一范围内所有句子根据结构不同分出互相排斥的类名,句式是着眼于局部句子的结构特点定出的类名。把两者都叫句型或句式,不细分两种也是可以的。因为两者都是结构类,本质相同。如果要细分,句型是大类,句式是句型中的小类。

4. 下列句子哪些是连谓句?哪些是兼语句?哪些既不是连谓句也不是兼语句?为什么?

(1)连谓句,连谓短语作谓语,述说同一主语。

(2)兼语句,兼语短语独立成句。

(3)兼语句,两个动词述说的主语不同。

(4)兼语句,两个动词述说的主语不同。

（5）双宾句，近宾回答谁，远宾回答什么。

（6）主谓短语作宾语，"相信"是名谓宾动词，在这里带的是谓词性宾语。

（7）兼语句，两个动词述说的主语不同。

（8）兼语句，两个动词述说的主语不同。

（9）连谓句，连谓短语作谓语，述说同一主语。

（10）紧缩句，有关联词语"一……就……"，表示承接关系。

（11）联合短语作谓语，联合的两项颠倒之后意思不变。

（12）顺承复句，由主语相同的三个分句构成。

（13）主谓谓语句，大主语是受事的主谓谓语句。

（14）兼语句，前后谓词有因果关系。

（15）兼语句，前后谓词有因果关系。

5. 谈谈对双宾句"给他什么?"是二分好还是多分好的看法。

（答案略）

6. 举例说明非主谓句与省略句的区别。

非主谓句与省略句是有区别的。省略句由于语言环境的帮助，省略了的成分是确定的，如果要补是能准确地补出来的，如：他上哪儿了？答：上公园了。而非主谓句本身是完整的，不必补上什么意思就很明白，如：票。工作证！

7. 简要说明"把"字句和"被"字句跟其相应的平行句型在句法结构和语义、语用上的不同。

"把"字句和"被"字句一般都有与其平行的基本句型，即主语+动词+宾语，如：我们把凶手抓住了。它的平行句型就是"我们抓住了凶手"。"凶手被我们抓住了"，它的平行句型也是"我们抓住了凶手"。"把"字句和"被"字句与其相应的平行句型三者的语义成分和语义结构都相同，都有施事、受事和动作三者。但在句法结构上有区别：（1）语义成分的位置因为"把"字，"被"字的引入而变化，如在平行句里，受事"凶手"在动词"抓住"的后面，而"把"字句则把受事"凶手"提到了动词"抓住"的前面，"被"字句则把"凶手"提到主语的位置上。（2）要求谓语动词采用复杂形式，即"把"字句、"被"字句谓语动词前后,一般总有别的成分,动词一般不能单独出现,尤其不能出现单音节动词。如:我们把凶手抓住了。"抓"的后面有"住了"。与其平行的句型不受这个限制。如可以说"我们抓凶手"。在语义方面也有不同,"把"的宾语以及被字句的受事主语在意念上必须是有定的、已知的人或事物,而与其平行的基本句型则不一定是有定的。在语用价值上也有不同,"把"字句着重说明的是对事物如何处置而与其平行的句式则着重说明的是做了什么事情。如"我们把凶手抓住了",着重说明的是对凶手的处置,即对凶手不但要去抓他,而且要把他抓到手。"我们抓凶手",着重说明的只是我们做了什么,有抓凶手这件事而不问结果。同样,"被"字句着重说明的是受事主语的某种遭遇,而与其平行的句型则没突出某种遭遇。可见,它们的语用价值也是不相同的。

8. 比较下列各句句型的异同。

(1)同:都是主谓句,动词谓语句。

异:a. 存现句　　b. 兼语句

(2)同:都是存现句

异:a. 非主谓句中的动词句　　b. 主谓句中的动词谓语句

(3)同:都是主谓句,动词谓语句

异:a. 把字句　　b. 被字句

**语法第七节补充练习题答案**

1. 简述检查病句的方法有哪些。

检查病句通常使用的方法有两种:一种是类比法,一种是压缩法。类比法就是对一个句子的语法结构发生怀疑时,可以按照原句的格式(词类系列)仿造若干句,放在一起比较。如果仿造出来的句子都能成立,那就说明原句是正确的;如果仿造的句子都不能成立,那就表示原句是不正确的。例如:

(1)不愉快的一件事　　(2)不干净的一件衣服

(3)不结实的一辆车　　(4)不正确的一种看法

后三句显然不能说,可见原句"不愉快的一件事"是错误的。正确的说法是:"一件不干净的衣服""一辆不结实的车""一种不正确的看法""一件不愉快的事"。

运用类比法要注意的问题是:(1)仿造的句子在格式(词类系列)上应力求跟原句相当,这主要包括三个方面:①词类相当;②保持原句的结构;③原句里头重要的虚词要保留下来,不加改动。(2)仿造的句子最好用日常生活里常说的话,因为我们对这些话最熟悉、最敏感,对与不对,一听就知道。

压缩法就是把结构比较复杂的句子化简以后进行检查。拿到一个句子,先把它的"主干"和"枝叶"区别开来。"主干"指的是去掉枝叶剩下的部分,能显示句子的基本结构,就主谓句来说,就是主语、谓语和宾语的主要部分,"枝叶"指的是主语、谓语和宾语内部的修饰成分。分析的时候,先撇开枝叶——定语状语补语,看看主干是否有毛病。因为抓的是主干,结构自然比较简单,头绪也比较少,有没有毛病很容易发现。例如:

它每年的发电量,除了供给杭州使用外,还向上海、南京等地输送。

此句撇开修饰成分之后,剩下主干,就容易看出主语中心"发电量"和谓语中心"输送"搭配不当。因为"输送"的是"电",而不是"发电量",所以"的发电量"应改为"发的电"。

运用压缩法要注意的问题是:(1)压缩的时候,必须保留状语否定词或不可缺少的定语;(2)把句子的某一部分简缩之后,如果意义显得不连贯,可在删节的地方填上代词;(3)压缩法适宜于检查长句或句子内部一个长段落的基本结构。短句适宜于用类比法检查。事实上,简缩法和类比法往往可以结合起来使用。碰到一个长句子,先用简缩法把基本结构找出来,如果我们对于这个简缩以后的格式是否正确不能判断,就可以用类比法来检查。

2.对于病句,有的著作归类并不相同。比如同样认为是暗中更换主语,有的归为主谓搭配不当,有的归为主语残缺。这说明关于病句的理论尚须作进一步的研究。请以"他戴的那顶台湾草帽,已经用了十几年光景,省吃俭用,过日子一定很艰难"这个病句为例,谈谈你对判定搭配不当,结构残缺标准的看法。

(答案略)

3. 指出下面句子的句法错误。

(1) 主谓搭配不当。"停止"的受事主语应由有开始有结束这类事物的名词充当,"鞭炮"谈不上开始和结束,所以与"停止"搭配不当。可改为"……鞭炮声停止了",因为声音可以发出,可以消失。

(2) 主宾搭配不当。"永久"指的是"永久"牌自行车,它是产品,不是人。"我们"怎么能争取成为一种产品呢? 可改为"我们的产品要争取成为羊毛衫行业中的'永久'"。

(3) 状中搭配不当。"趋向……方向发展"语义重复,不能搭配。有两种改法:一是将"趋向"换成"朝着",一是去掉"的方向发展",并在"艺术"、"阔气"之间加上"和"字。

(4) 定中搭配不当。"诸如火鸡、肉汁、果酱之类的"修饰"晚餐",不合逻辑。因为火鸡之类不是晚餐,而是食品。句子的后一部分可改为"有时竟能享受到诸如火鸡、肉汁、果酱之类食品的丰盛晚餐"。

(5) 动宾搭配不当。"值得"这个动词要求带动词性宾语,"宝贵"是形容词,不能作"值得"的宾语,可改为"珍惜"或"珍视"。

(6) 动补搭配不当。"殆尽"的含义是差不多完了,但没有全完。"全被其挥霍"就是全挥霍掉了。这样,补语"殆尽"就用得不恰当了。可改为"净尽"。

(7) 谓语残缺。本句的谓语应该是个动宾短语,可是这个宾语太长,而把谓语中心判断动词"是"给淹没了,应在"采用"之前加个"是"字。

(8) 定语残缺。"行为"的定语不完整,如果改成"每个公民应对自己违反交通规则的行为负责任"就合乎情理了。

(9) 宾语残缺。本句"给予罚款一百元"表意不明。如果"罚款"作名词理解,违规经营的旅店反而得了一百元,显然不合情理;如果作动词理解,"罚款一百元"这个动宾结构是不能作"给予"的宾语的。这个句子的毛病出在宾语中心残缺上,在句末加上宾语中心"的处分"就行了。为了简洁,当然也可以删去"给予",让"罚款"明确成为动词。

(10) 定语错放在状语位置上。"形象地进行"令人费解,"形象"移到"进行"之后,"地"改为"的"作"总结"的定语。"三千多年"数目不符实际。

（11）语序不当。"很受欢迎"的是"小食品"，现在却成了"家家户户"。如果将"家家户户"移至"很受"之后，就没毛病了。

（12）多层状语语序不当。谓语"去找"前面有两个状语，一个是方式状语"偕老伴"，一个是原因状语"因……"按排列顺序，原因状语应在前，方式状语应在后，紧挨着谓语中心。

（13）"身心都"多余，应删。

（14）前后牵连。把"他创造性地丰富了唢呐的表现力"和"这是很可贵的"这两句话纠缠在一起了。在"是"前，加上逗号和"这"就可以了。

（15）两种说法混杂。或者说"以四五人至六七人为宜"，或者说"四五人或六七人即可"。改为"以四人至七人为宜"比较好。

4. 病句不仅表现在句法方面，而且还表现在语义、语用方面。下面的句子在句法方面是没有错误的，指出它们在语义、语用方面的错误。

（1）把"一个生命终止"的客观事实说成了"一个名字消失"，符号偏离了客观对象，属关联性语义偏离。可把"名字"改为"人"。

（2）"祝愿每一位朋友都能中奖"是不可能的。这是把"祝愿朋友们当中有人能够中奖"说成了"祝愿每一位朋友都能中奖"了。这是一种属中性语义偏离。

（3）该职业高中是要把本校的毕业生分配出去，不是准备聘用别的毕业生，文中把"毕业生待聘"说成"预聘毕业生"了，这就颠倒了主客关系，造成了语义悖反。

（4）"刍议"是谦辞，指自己的议论。这里报纸编者把谦用语用在别人身上了，这是在处理谦敬关系上违反了语用规则。

（5）电台主持人说听了他们上次的节目后，听众"深受启发"，这样自己夸自己是不符合汉文化背景下的语用关系原则的。

5. 有人说动宾动词是不能带宾语的，否则就是病句，可是近年来经常见到动宾动词带宾语的用法，例如：

（1）物理学教授讲学中南海。

（2）跨国公司进军浦东陆家嘴。

（3）第六代电脑能媲美人脑吗？

你认为这种用法对不对？合不合语法？请发表意见。

（答案略）

6. 一般来说在什么情况下用简缩法，在什么情况下用类比法呢？为什么？

一般来说，在检查长句子或句子内部的一个长段落的基本结构是否正确的情况下用简缩法。因为长句子结构比较复杂，关系密切的词语往往被修饰成分或并列成分隔开，有时两个相关成分在句子里离得很远，很容易使我们忽略它们之间的联系。这时运用简缩法把横亘在当中的修饰成分、并列成分删去或化简，句子的主干和脉络就会显现，相关成分之间的联系就会突出，搭配是否得当就容易看出，句子有没有毛病，哪里出了毛病就很容易被发现了。短句子或句子内部的短段落之所以短，是因为枝叶少，甚至没有枝叶，简缩法的作用不大，一般不用。

当我们对一个句子或短语的语法结构发生怀疑，但又说不清它有没有毛病的情况下就可以用类比法来检查它是否有毛病。因为可以按照所怀疑的地方的格式仿造一些句子或短语，放在一起比较。如果仿造出来的句子或短语都能成立，那就表示语言里有这样的格式，原句或短语是正确的；如果仿照的句子或短语都不能成立，那就表示这个格式有问题，因此原句或短语也是有问题的。

7. 人们都说简缩法和类比法是检查语法错误很有效的两种方法，但是能不能说所有的语法错误都能用这两种方法来解决呢？为什么？

不能说所有的语法错误都能用这两种方法来解决。因为语言现象是复杂的，解决办法也不能设定就这么两种。比如简缩法的实质就在于芟除句子里繁茂的枝叶，由此显示出句子的主干和脉络，但不能说所有的句子都是可以这样。有些句子带点枝叶反而是正确的，剔除枝叶就由正确变成错误的了。如"于福的老婆是小芹的娘"，简缩后就成了"老婆是娘"了；"他哭湿了半个枕头"，简缩后就成了"他哭枕头"了，这样都不成话。再比如类比法不能因为不许说"不管它四七二十八"、"不管它五七三十五"就认为"不管它三七二十一"也不准说了。可见简缩法和类比法的使用,是有限度的。不能说所有的语法错误只能用这两种方法检验,至于用什么方法解决,可视需要而定。

**语法第八节补充练习题答案**

1. 用图表列出现代汉语的复句意义类型,每类各举一个有代表性的关联词语。

| 复句<br>(意义类别) | 联合复句 | 并列复句 既 A,又 B |
| --- | --- | --- |
| | | 顺承复句 先 A,然后 B |
| | | 解说复句 A,即 B |
| | | 选择复句 要么 A,要么 B |
| | | 递进复句 不但 A,而且 B |
| | 偏正复句 | 转折复句 虽然 A,但是 B |
| | | 条件复句 只要 A,就 B<br>只有 A,才 B |
| | | 假设复句 如果 A,就 B |
| | | 因果复句 因为 A,所以 B |
| | | 目的复句 A,以致 B |

2. 复句的分类向来存在分歧:有的分为联合复句和偏正复句两大类,有的不分。有的即使分成两大类,但大类内部的小类又不同。请查查资料,找些根据,谈谈你的看法。

(答案略)

3. 用下列关联词语造句,并比较各组内关联词语在意义和用法上的异同。

(1)"何况"跟"况且"都表示在已经举出的理由之外,再追加或补充一层新的理由。相当于口语里的"再说"。例如:

① 你去接他一下,这儿不好找,何况他又是第一次来。

② 路不算太远,况且还是快车,准能按时赶到。

"何况"还有用反问语气表示比较起来更进一层的意思,相当于口语里的"甭说","况且"没有这种用法。如：

③ 再大的困难我们都克服了,何况这么一点小事?

（2）虽然、尽管、固然都是兼表让步与转折两重意思的。即先让步,承认某件事,然后再转过来指出相反的一面,因此常常跟表转折的"可是、但是、然而、却"等词相配。例如：

① 天气虽然已暗,但一切仍可看得清楚。

② 他尽管身体不好,可是仍然坚持工作。

③ 工作固然很忙,但还是可以抽出一些时间来的。

这三个词的区别是："固然"另有一种用法,它跟"也、更"等连用,表示承认,肯定某一件事情,但更肯定与之相对的另一件事。例如：

④ 他骂你固然不对,你打他就更不对了。

"虽然"和"尽管"没有这种用法。"虽然"和"尽管"只有风格色彩的不同："虽然"比"尽管"语气要轻些；"虽然"书面上用得多,"尽管"口语里用得多。

（3）"以便"、"以免"都是表示目的关系的关联词语,它们的偏句都表示行为,正句都表示行为的目的。它们的不同在于:表示目的关系的类别不同。"以便"表示希望达到什么目的,会得到什么。如：

① 我们要努力掌握科学技术知识,以便更好地为实现四个现代化服务。

"以免"表示要避免什么,要避免不希望的情况发生。如：

② 把水龙头开小一点儿,以免浪费。

4. 下列复句的层次有 A、B、C 三种分析,指出错误的分析,并说明原因。

A 是错的。因为①和②③不是转折关系；①和②才是转折关系。C 也是错的。因为①②和③构不成条件关系,"只有"也不是表条件关系的连词。

5. 辨别下面的句子是单句还是复句?单句分析句法成分,复句分析层次和关系。

（1）① 同自己谈话,既是一种能力和智慧, <sub>并列</sub>| ② 又是一种德行,

<sup>解说</sup>
‖③ 一种高贵的人格境界。

（2）<u>目击者看到的</u> ‖ 是(流星或者是气球或者是探照灯光在云彩中)的反射

（3）① 唱歌的时候，一队有一个指挥，| ② 指挥多半是多才多艺<sup>顺承</sup>的，‖ ③ 既能使自己的队伍唱得整齐有力，Ⅲ④ 唱得精彩，<sup>并列</sup>Ⅲ⑤ 又有<sup>解说</sup><sup>并列</sup>办法激励别的队伍唱了再唱，Ⅲ 唱得尽兴。<sup>并列</sup>

（4）<u>(英国)伦敦</u> ‖ 有(一位)钟表修理员安东尼·阿希尔[用柠檬]制〈成〉了(一部)"发电机"。(这里把"成"看作补语，取消"成"字下的着重号，着重号表示谓语中心或核心，下同。)

（5）① 虽然彼此并不认识，| ② 然而他谈过鲁迅先生的文章，<sup>转折</sup>Ⅲ<sup>并列</sup>③ 深信鲁迅先生对革命事业的忠诚，‖ ④ 决定把生命的最后时刻写<sup>因果</sup>成的信件和文稿，送到鲁迅先生手里。

（6）① 一篇好的文章或一篇演说，如果是重要的带指导性质的，‖ ② 总要提出一个问题，Ⅲ ③ 接着加以分析，Ⅲ④ 然后综合起来，<sup>假设</sup><sup>顺承</sup><sup>顺承</sup>Ⅲ⑤ 指明问题的性质，Ⅲ⑥ 给以解决的办法，| ⑦ 这样，就不是形<sup>顺承</sup><sup>并列</sup><sup>条件</sup>式主义的方法所能济事的。

（7）<u>(她)的衣服</u> ‖ [都]放〈在妈妈给她买的那只牛皮箱子里〉。

（8）<u>不论是知识分子，还是青年学生</u>，‖ [都][应该][努力]学习。

6. 下面有两个多重复句，分析得不一样，请谈谈你的看法。

（答案略）

7. 有人说紧缩句是用单句的形式表达了复句的内容，因而紧缩句是既不同于单句又不同于复句的独立的句子；有人说紧缩句由复句紧缩而成，因而它是紧缩复句或特殊复句。你对此有何看法呢？

（答案略）

8. 改正下面复句中的错误，并说明理由。

（1）"况且"用得不对，应改为"何况"。因为"何况"才有表示更进一层的意思,表示郝摇旗平时就不喜欢严格的纪律,打了败仗当然更是如此。

（2）"原因"和"因为"连用,不仅叠床架屋,而且意思也讲不通。应或者删去"因为",说"……的原因是……",或者删去"的原因",保留"因为"。

（3）"由于"管到哪儿,不清楚,缺少必要的与"由于"相呼应的连词,宜在第二分句(自问世以来……)开头加上连词"因此"或"所以"。

（4）语序不对,缺少表目的的关联词语。本句四个分句,三分句与四分句应调换顺序,并且在四分句前加上关联词语"以"。全句应调整为"本品容易受潮,用后盖紧,并放在干燥处,以防止结块"。因为一分句是原因,正因为"容易受潮"才需要用后盖紧并放在干燥处,达到"以防止结块"的目的。

（5）第二个复句用不着转折,"虽"、"但"应删。因为"年轻少妇""是美的",顺理成章。第三个复句"虽然……但"用在这里欠妥,按文章意思,宜将"虽然"换为"不仅","但"字删去。

（6）因果关系不明。一分句是原因,"眼睛失明"是它的结果,怎么变成下面转折句的偏句呢?所以全句应改为"尽管由于遭到种种折磨,眼睛失明了,他却看清了打击报复与反打击报复的真正分野"。

**语法第九节补充练习题答案**

1. 举例说明找出句群中心意思的方法。

找出句群中心意思的方法有:（1）抓中心语句的方法。有时中心意思在句群中由某个语句点明。如① 四个现代化,关键是科学技术的现代化。没有现代化科学技术,就不可能建设现代农业、现代工业、现代国防。没有科学技术的高速度发展,就不可能有国民经济的高速度发展。

这个句群由三句话组成,第一句就是中心句,也就是句群的中心,后两句都是围绕这个中心说的。

（2）概括的方法。有些句群,它的中心意思不一定非得通过中心句表现出来,有些句群可以没有中心句,它的中心意思是潜在的、内蕴的,要由读者去概括。如② 天空的霞光渐渐地淡下去了,深红的颜色变成了绯红,绯红又变成了浅红。最后当这一切红光都消失了的时候,那突然显得高而远了的天空,则呈现了一片肃穆的神色。

这个句群由两个句子组成,都不是中心句,但并不说明该句群没有中心意思,也并不说明它不是句群。我们应该从句群中概括出中心意思来,那就是海滨黄昏时天空的变化。

2. 下面这个自然段由几个句群构成? 每个句群的中心意思是什么? 自然段的中心意思又是什么?

这个自然段由两个句群构成。第一个句群由两个句子组成,中心意思讲的是绿色开花植物的根系。第二个句群由三个句子组成,中心意思讲的是绿色开花植物的叶子。这个自然段的中心意思是指出绿色开花植物的两个原料来源。

3. 用画线法分析下列多重句群的层次关系。

(1)我所记得的故乡全不如此。‖‖我的故乡好得多了。‖ 但要我记得他的美丽,说出他的佳处来,却又没有影像,没有言辞了。‖‖仿佛也就是如此。∣ 于是我自己解释说:故乡本也如此,——虽然没有进步,也未必有我所感的悲凉,这只是我自己心情的改变罢了,因为我这次回乡,本没有什么好心绪。

(2)人没有生来就会吹竽的。‖ 南郭先生不会吹竽,本来无可厚非。∣ 但是,他不该不会装会,弄虚作假,冒充内行,而且一味装下去,靠蒙骗过日子,以致落得个逃之夭夭,贻笑天下的结局。

4. 将下列复句改为句群。

(1)把第一个逗号和第五个逗号改为句号。

(2)把分号改为句号。

5. 调整下面句子的语序,组成一段有条理的话。

这段话可以这样调整和组织:

短文章就没有分量? 那不见得。文章不在长短,要看内容如何。内容有分量,尽管文章短小,也是有分量的;如果内容没有分量,尽管写得多么长,愈长愈没有分量。所以不能用量压人,要讲求质。写毫无内容的、冗长的文章,在今天来说,是一种犯罪的行为,浪费自己的时间不说,还浪费了纸张,浪费了排字工人的时间,浪费了所有读者的时间,罪过实在不小!

6. 分析下面句群错误的性质并说明理由。

一切科学的研究,就其来源说是实践,就其功用说是指导实践。但总的说来,还是要对指导实践起作用。如果科学研究离开了指导实践,它还有什么用呢? 语言科学的研究最终也要归结到指导语言实践上来。——当然,对于指导实践不能理解得太狭窄,有的研究课题在指导实践上不是那么直接,不是那么立竿见影。

该句群错误的性质是前后矛盾、语序混乱。[一]句与[二]句前后矛盾,[一]句说科学研究就其来源和功用说,离不开实践和指导实践,[二]句怎么又说总的说来要对指导实践起作用呢? 难道还有对实践不起作用的吗? 所以不如让[一]句说完对指导实践起作用后,就让[五]句对指导实践的内涵进行具体补充。然后再让[五]句与有转折关系"但是"的[二]句和[三]句、[四]句连接,使"总的说来"既有实指又落到实处,所以句群的语序应调整为:[一]、[五]、[二]、[三]、[四]。即:一切科学的研究,就其来源说是实践,就其功用说是指导实践。——当然,对于指导实践不能理解得太狭窄,有的研究课题在指导实践上不是那么直接,不是那么立竿见影。但总的说来,还是要对指导实践起作用。如果科学研究离开了指导实践,它还有什么用呢? 语言科学的研究最终也要归结到指导运用语言实践上来。

**语法第十节补充练习题答案**

1. 简述标号同口气的关系。

标号是用来表示书面语言里词语的性质或作用的。用了标号,不但能使意义更加明确,而且能使语言更加精练。在标号中,有的可以表达特定的口气。

(1)破折号可以用来表示说话中断或口气的突然转换。例如:

①"好香的干菜,——听到了风声么?"赵七爷站在七斤的后面七斤嫂的对面说。

(2)省略号常用来表示断续、迟疑的口气。例如:

② 对……对不起！我……大概认错人了。

（3）引号有"特别提引"的作用，无论正面提引或反面提引，所提引的词语在说话时都用强调的口气。例如：

③ 在群众面前把你的资格摆得越老，越像个"英雄"，越要出卖这一套，群众就越不买你的账。

这里的"英雄"，有"所谓英雄"的意思，属反面提引。

2."点号仅仅是口语中的停顿在书面上的转化"，这种看法对吗？为什么？

点号表示口语里不同长短的停顿，所以用不用点号，用什么点号，首先要根据口语中停顿的情况选用。但是，我们不能以为点号仅仅是口语中的停顿在书面上的转化。因为（1）口语中的停顿有些是根据句子结构的需要，此外还可以根据其他需要，如换气、便于记录，等等。点号所表示的停顿必须同句子的结构相适应。结构上不能隔开的地方不能用点号。（2）同句子结构有关的停顿并不一定都须用点号表示出来。（3）点号的作用不仅在表示停顿，同时还表达语气。

3. 括号有时表示注释，破折号有时也表示注释，它们的区别在哪儿？

区别在哪儿，先看它们是怎样注释的：

（1）这里选的一段是写杨志替北京大名府（现在河北省大名县东）留守梁世杰（蔡京的女婿）押送生辰纲往东京，在途中被晁盖、吴用等夺取的经过。

（2）我国古代的三大发明——火药、印刷术、指南针对世界历史的发展有伟大贡献。

通过比较，可以得知破折号表示解释说明的话语，是要连着正文一块念出来的，而括号里的注释，是不一定非念出来不可的。

4. 有人喜欢用"?!""!!""!!!"，你觉得好不好？为什么？

应否叠用两三个叹号或问号加叹号，目前还有争议。有人认为这是突破常规的用法，是属标点灵活运用范围，不算错，有人认为这都是一种滥用现象。我们认为语气强烈主要应该用语言文字来表达，在可叠用可不叠用时以不用为宜。当然语言文字不足以表达时，也可以叠用。这属于超常使用范围。

5. 有人写文章,一逗到底,逗号、分号、句号不分。怎样才能分辨它们呢?

写文章一逗到底,逗号、分号、句号不分,究其原因主要是缺乏明确的句子概念,以及不理解逗号、分号、句号的用法。表示陈述句末尾的停顿以及语气舒缓的祈使句末尾的停顿都用句号。表示句子内部一般性停顿的逗号,可用在主语谓语之间、联合短语之间、分句之间以及倒装的两个句子成分之间的。复杂的宾语之前,句首状语之后,独立语的前面或后面,或前后,都可用逗号。分号主要表示复句中并列分句之间的停顿,有分清分句层次的作用。复句中用逗号也能表示并列关系。分句内部已用了逗号,并列分句之间就用分号。非并列关系(如转折、因果等)的多重复句,第一层的前后两部分之间有时也用分号来分清层次。分行列举的多项之间,行文简短,也可用分号;最后一项末尾用句号。

6. 下面是某省、某地区中考卷上误用标点的例子,指出其错误并说明理由。

(1)此句错在前一个问号,问号应改为逗号。因为选择问句中间的停顿一般用逗号,句末用问号。

(2)错就错在见到疑问代词就用问号。此例中的两个问号都应改为逗号。因为"不知道哪里是路,不晓得前后左右都有什么"里的"哪里"、"什么"并无疑问的语气,两个疑问词是虚指任指的用法。

(3)叹号前后的分句之间关系紧密,没有强烈感情,应将叹号改为逗号。句末是反问语气,句号宜改为问号。

(4)羚羊对猎狗说后的冒号应改为逗号。因为提示语在引用的原话之前,其后跟":";在原话中间,其后跟",";在引用结束之后用"。"。本句提示语在原话中间,所以应改冒号为逗号。

(5)叹号放在引号外不对。因为所引用的是曹植的全诗,是完整的原话,所以叹号应放在后引号里面。《七步诗》是该诗诗名,应该用书名号,用引号也不对。

(6)文尾的句号放在引号的里面不对。因为引号内的"快"是作为整个句子的宾语出现的,是句子的一部分,所以文尾的句号应放在引号的外面。

(7)句中"今天就抛弃吧"的后面的逗号应改为分号。因为二重以上的复句,如果第一层是并列的关系,这种并列关系又没有关联词语表示,就必须用分号。

(8)"童装设计与缝制技术"只是一个班名,而非书报名,应用双引号而不应当用书名号。

# 第五章修辞补充练习题答案

## 修辞第一节补充练习题答案

1. 什么是修辞?

"修辞"一词有三个含义:第一,指运用语言的方法、技巧和规律;第二,指说话和写作中积极调整语言的行为,即修辞活动;第三,指以加强表达效果的方法、规律为研究对象的修辞学或修辞著作。通常情况下,总是把修辞理解为对语言的修饰和调整,即对语言进行综合的艺术加工。所以修辞是在适应表达内容和语言环境的前提下积极调动语言因素,获取最理想的表达效果的对语言的加工。

2. 结合修辞在当代社会生活中的作用,说明修辞学习的必要性和迫切性。

修辞在当代社会生活中广泛应用,可以说我们每天都离不开修辞。因为任何为了一定目的而运用语言的交际行为都是一种修辞行为。比如我们平常说话或写文章,词用得确切不确切,句子造得是不是明白而有力,整段的话、整篇的文章条理清楚不清楚,生动不生动,这都是修辞的事。可见修辞在当代社会生活中时时都要用,处处都会派上用场的。尤其是在当今世界经济飞速发展、世界形势瞬息万变的情况下,我们更离不开修辞,更感到修辞学习的必要和迫切。比如经济方面的商务合同,就要以修辞策略来调整交际双方的经济利益;外交关系上就要以修辞行为来调节国家与国家之间的关系;司法工作上就要以讲究修辞的艺术解决各式各样的矛盾;在计算机对自然语言处理上,就更要加强对修辞软件人工智能系统的研究;等等。

**修辞第二节补充练习题答案**

1. 指出下列例句在语音上的修辞特色。

（1）层层、缕缕:叠音;零星:叠韵;仿佛、渺茫:双声。

（2）叮叮咚咚、哗哗啦啦:拟声;委婉:双声;缠绵、细密:叠韵;绿莹莹:叠音;各式各样、低沉委婉、缠绵细密、高昂激奋、山间谷底:四字格配合,音节整齐匀称。

（3）担、弯、雁:押韵;弯弯:叠音;咕,咕:拟声;千担万担、月牙弯弯:四字格配合,音节整齐匀称。

2. 下面几例是作家原稿与改稿的比较,哪种说法比较好? 为什么?

改稿的说法比较好,原因是:

（1）"降低"经常与"温度、价格、要求、标准"等词搭配,"经济负担"不能说"降低",只能说"减轻"。

（2）"烟气"所指比较广泛,可以指各种物质燃烧不充分而发出的气体,"硝烟"专指弹药所生的"烟"。这里改用"硝烟"比原用"烟气"要明确。

（3）"弯弯河流"只摹"形","流水潺潺"既摹"形",又拟"声",而且重在写声,给人以"动"的"活"的印象,给人以听觉方面的感受,改句比原句生动。

（4）用"春光"好,"春光"与"秋色"相对,准确协调,比"春天"妥帖。

（5）原文有两个介词短语作状语,比较拗口。

（6）"心事"指心里感到为难的事,这里用得不准确,可改为"心思"。

3. 分析下例中标着重号的量词的修辞效果。

过了八公里长的瞿塘峡,乌沉沉的云雾突然隐去,峡顶上一道蓝天,浮着几小片金色浮云,一注阳光像闪电样落在左边峭壁上。

"道"本来指狭长的路,此处则显示窄峡对峙,形成一线天,连蓝天也只能看到狭长的一条。"片"本来修饰轻而薄的东西,此处形容云彩,就像羽毛似的,有一种又轻又飘又透明的感觉。"注"本来形容又细又长的水流,此处描写阳光透过云隙,似乎也像水流一样有泻下来的动感。这三个量词与名词的搭配都属于超常规的,因而都产生了奇特的修辞效果。

**修辞第三节补充练习题答案**

1. 下面的文字是从鲁迅《中国人失掉自信力了吗》一文中节选下来的,分析这些文字所用的句式以及表达效果。

这里使用了多种的句式,颂扬历史上"中国的脊梁",连用四个肯定判断的整句,形成排比,给人以无可辩驳之感。写到"中国脊梁"的遭遇时,转用主动句、被动句鲜明对照,其中"有确信,不自欺""消灭于黑暗中,不为大家所知道"为肯定句、否定句正反对比,增强了文章雄辩的气势。

2. 下面是毛泽东《实践论》的一段话,试分析这段话所选用的句式及其表达效果。

首先选用一个长句展开论述,之后用一个短句作出结论,给人一个明确肯定的认识。再用一个长句补充论述,便把"真理的标准只能是社会实践"这一观点表述得很有力。

3.《红楼梦》第十七回有这么一段话:"且一树花木也无,只见许多异草:或有牵藤的,或有引蔓的,或垂山岭,或穿石脚,甚至垂檐绕柱,萦砌盘阶,或如翠带飘飘,或如金绳蟠屈,或实若丹砂,或花如金桂……"这段话用的是什么修辞手法?有什么修辞效果?

"且一树花木也无,只见许多异草",用的是"散句",如果写成"不见一树花木,只见许多异草",就成为"整句"了。接下去,作者用十个分句对异草加以描写,形成五个对偶。从这个角度看,用的是整句,但是从这一对偶跟另一对偶比较上看,又用的是散句。又如,"垂檐绕柱"跟"萦砌盘阶"构成对偶,这是"整"的;"垂檐绕柱,萦砌盘阶"跟它前面的"或垂山岭,或穿石脚",或者跟它后面"或如翠带飘飘,或如金绳蟠屈"联系起来看,又是"整"中有"散","散"中有"整",参差错落,富有变化。这样,整句和散句交错运用,可以取得使语言波澜起伏、引人入胜的修辞效果。

4. 按要求回答问题:把下面的(1)句由短句化成长句;(2)句由主动句变成被动句;(3)句由否定句变成肯定句。

(1) 一日,王庆到营西武功牌坊东侧,一个修合丸散,卖饮片,兼内外科,撮熟药,又卖杖膏药的张医士铺里,买了几张膏药,贴疗杖疮。

(2) 在我们厂里,他是有名的技术革新能手。去年,他被厂里定为技术员;今年,他又做出了优异的成绩。

(3) 巴考属于那种性格,爽快又多话,你问一句他会详细地说一百句。

5. 指出下列句子由于句子格式选用不当而造成的毛病,改过来并说明理由。

(1) 前后两个分句格式不调和,该用同一种格式,却杂用了两种不同的格式。要么用前一分句的格式,把后一分句的"比谁都"提到主要动词前,改为"可是比谁都做得少";要么保留后一种说法,把前一句的"比谁都"移到主要动词后、"动听"之前,改为"他说得比谁都动听"。看来,后一种说法比较好,能突出"说"和"做"两个主要动词。

(2) 多用了否定副词,用错了否定句,把话说反了。"不犯"应改为"会犯","没有缺点"应改为"会有缺点"。

(3) 整句(对偶句)大小轻重失当,互相包容。"粮食堆成了山",其中粮食就包括了下句的玉米。

(4) 这句的"为了"后面缺少"阻止"之类词语,把意思说反了,成了裁判所烧死布鲁诺是为了传播"日心说"。补上"阻止",就可保留"把"字句。如果保留状语"为了……"不改,就要用被字句让布鲁诺为话题(主语),说成布鲁诺被×××烧死了。谁作主语,用"把"字句还是用"被"字句,可根据语境而定。

**修辞第四节补充练习题答案**

1. 什么是修辞格?只要使用了修辞格,修辞效果就一定能提高吗?请举例说明。

修辞格是具有特定的构成方式和相应的表达效果的格式。每种修辞格都有自己独特的构成方式。有的是特意安排甚至刻意经营语句的结构,如对偶,突破了语句参差错综的一般形式,让上下语句特别整齐对称;有些辞格是有意让词语或者句子发生临时的语义变异,安排词语的超常组合,如比喻、借代,故意用有相似性或相关性的其他事物来称述本体事物。每种修辞格又都有自己独特的表达效果,如对偶使表达具有均衡美,比喻使表达更易于理解,借代使表达特征鲜明。每种修辞格的构成方式都是独特的,表达作用也自有特色,并且两者之间是相对应的,缺一不可。总之,修辞格是异乎寻常的表达形式及其表达效果的格式。这种表达格式形成一个个特定的类聚,就是各种修辞格。

修辞格各有其独特的表达效果。使用得当,可以使语言的表现力显著提高,但如果不该使用而用了,则又会降低语言的表现力。不能误以为使用修辞格就必定比不用修辞格好。中国古代的骈文,通篇使用对偶,反而不及散文受到欢迎,因而没有什么生命力,这就是明证。

2. 为什么说夸张和浮夸不同? 举例说明。

夸张是故意"言过其实"的一种修辞方法,既然是"言过其实",那就说明夸张是建立在真实基础上的。它是以现实为基础,用饱满的感情将事物加以铺饰张大,目的在帮助人们认识现实。而浮夸不是植根于现实生活,而是脱离真实,一味虚夸与吹牛,因此它不能如实反映现实生活。鲁迅对夸张有过精辟的见解,他说:"'燕山雪花大如席'是夸张,但燕山究竟有雪花,就含着一点诚实在里面,使我们立刻知道燕山原来有这么冷。如果说'广州雪花大如席',那可就变成笑话了。"可见,夸张不能拘泥于事实,要使人一看就知道是夸张,不致误认为事实;同时夸张又不能离开生活真实,必须以生活真实为基础。否则,脱离生活真实的"夸大其词",不能叫夸张,只能叫浮夸。例如有人为了刻画"大"的形象,一味夸大,写芝麻是"一粒芝麻顶破天",写肥猪,说"猪背上可以踢足球、落飞机",写流眼泪,说"流眼泪像自来水管喷射出来一样"等等。这些都是失真的浮夸,不是夸张。

3. 比喻、比拟与夸张为什么会存在联系呢? 举例说明。

比喻、比拟与夸张之所以存在联系就是因为比喻、比拟都必须把两种不同的事物相提并论,而这两种事物一方面要有某种联系,另一方面却又要在性质上或者程度数量上有着一定的差别。当这种差别非常悬殊的时候,就产生了夸张的意味。例如"眼光正像两把刀","天热得发了狂",都由于把两个差别非常悬殊的事或明或暗地放在一起相提并论,从而造成了夸张的效果。

4. 有人认为下列文字中画线处使用了借代辞格,有人认为使用了借喻辞格,还有人认为使用了借代式借喻辞格,你认为哪一种说法正确,为什么?

<u>"芦柴棒"</u>着急地要将大锅子里的稀饭烧滚,但是倒冒出来的青烟引起了她一阵猛烈的咳嗽。她十五六岁,除了老板之外,大概很少有人知道她的姓名。手脚瘦得像芦柴棒一样,于是大家就拿<u>"芦柴棒"</u>当了她的名字。

（夏衍《包身工》）

我们认为"芦柴棒"是借喻辞格比较正确,不宜说成是借代辞格。因为借代的代体是"代而不喻",借喻的喻体是"又喻又代"。"她"的"手脚"与"芦柴棒"一样"瘦",二者之间存在着相似的关系,"芦柴棒"代替"她",属又喻又代,因此"芦柴棒"是借喻不是借代。至于说"芦柴棒"是借代式借喻的说法也不足取,因为借喻的本身就具有"又喻又代"的特点,为什么还要制造出一个借代式借喻的说法呢!

5. 有的同学问:高尔基的《海燕》,用暴风雨中的海燕象征无产阶级革命先驱者,说成比喻行不行?茅盾的《白杨礼赞》,用白杨树象征抗日根据地的农民,说成抗日根据地的农民像白杨树一样,不是也行吗?比喻与象征到底怎样区分呢?

比喻与象征是既有联系又有区别的。比喻的喻体和本体之间是有相似点的,象征则本体和象征义之间也往往有相似处。所以在这样的情况下,当两个概念的外延交叉时,就既可以称之为比喻,也可称之为象征。象征与比喻的这种联系,正好说明象征往往是以比喻为基础的,而象征在某种情况下正是比喻的扩大。以上所问的那两个问题都是属于比喻和象征相联系的类型。当然,比喻和象征也是有区别的。它们的区别是:(1)从概念的内涵来看,比喻和象征是两个不同范畴的事物。比喻是修辞范畴里的一种辞格;象征是通过某一特定的具体形象来表现某种人的品质或社会现象的本质特征,它是文艺创作的一种表现手法。(2)从表现形式来看,比喻主要表现在造句上,它往往是一句话或好几句话。而象征,既然要通过形象来表现人或事物的本质特征,就需要对具体形象作一番细致而深刻的描绘,这样形象内含的象征义才会表现出来。因此象征义的完成并非一句话、几句话所能奏效,它往往需要文章用好几段甚至全篇才能完成。(3)比喻和象征构成的基础不同。比喻中被比的事物(本体)和用来打比方的事物(喻体)是两个不同的事物,它们构成的基础是相似点,不相似的两个不同事物不能构成比喻。因此比喻能构成"本体像喻体"的格式。象征是用具体的东西表现事物的某种意义,它是"托义于物"。因此象征体和象征义之间构成的基础可以是相似点(在此情况下象征和比喻兼有)也可以不是相似点,而是相关点。这些相关点能使人产生联想,产生类似的思想感情。在此情况下象征就不能换成像比喻那样的格式,即"象征体像象征义"。如"鸽子象征和平"、"黄河象征中华民族"就不能说"鸽子像和平"、"黄河像中华民族"。(4)比喻和象征的作用不同。比喻是拿熟悉或形象的事物去说明另一与其相似的事物,目的是把事物说得通俗、易懂、形象、生动,便于理解和感受。象征是拿具体、形象的事物去表现人的品质或社会现象的本质,目的是激发人们的感情,深刻地认识这些本质特征。

**修辞第五节补充练习题答案**

1. 阅读下文,找出谐音双关的语句,并分析其修辞效果。

开始做年糕了。年过八旬的爷爷高兴地在做"寿桃"……大伯做了个"穿山甲"……爸爸早年一高兴就会编快板,这时也做了个"金元宝"举起来说:"元宝金,元宝好,中央送来大元宝,包产到户责任制,农民个个都叫好,经济发展粮食多,家家户户年糕捣,年糕年糕年年高,一年更比一年好。"众人听了哄堂大笑。

年糕的"糕"和提高的"高"谐音双关。作者本意不在年糕之实,而是着重歌颂党的十一届三中全会以来,农村经济政策得到落实,农民生活水平逐年提高的社会现实,言在此而意在彼。运用双关使文句具有较高的立意,收到生动活泼幽默风趣的效果。

2. 双关和反语有何不同? 举例说明。

双关和反语尽管都不能停留在字面上理解,而要透过字面的意思去琢磨字面外的意思,但它们还是有很大不同。双关的两重意思可以同时并存,在同一上下文中都顺乎情理,讲得通,但说话者的重点却在字面外的意思上。例如"夜正长,路也正长,我不如忘却不说的好吧",这里的"夜"和"路"在本句中可以是实指,但更重要的意思却在于它们暗指黑暗的社会和革命的征途。而反语是故意说反话,所以反语字面上、字面外两重意思与双关不同,只有字面外的意思顺乎情理,合乎说话者心中的意思,听话者完全不能照字面上的意思去理解,否则就会歪曲原意。例如"流氓欺乡下佬,洋人打中国人,教育厅长冲小学生,都是善于克敌的豪杰"。"豪杰"的本义与整个句意不能并存。

此外,反语的两重意思一定截然相反,或者是感情色彩上对立的,对立越鲜明,反语的效果也越明显。双关的两重意思有轻有重,不一定要求对立。

3. 说明反义义仿和类义义仿在表达性质上的差别。

仿词虽然能取得新鲜、幽默、风趣的修辞效果,但反义义仿和类义义仿在表达性质上还是有差别的。反义义仿侧重于使表达带上同中有异的对比性质,类义义仿则侧重于使表达带有异中有同的类比性质。例如:

(1)"您真是个天才!"

"我是个地才,博士!"女科学家冷冷一笑,"正如生命起源于土地一样,我的认识也是脚踏实地地摸索出来的。" (张扬《第二次握手》)

(2) 作诗的人,叫"诗人",说作诗的话,叫"诗话"。李有才作出来的歌,不是"诗",明明叫作"快板",因此不能算"诗人",只能算"板人"。

(赵树理《李有才板话》)

例(1)是反义义仿,通过"天才"、"地才"的对比,说明女科学家的一切认识都是植根于现实,从社会实践中总结出来的。例(2)是类义义仿,通过作诗的人是"诗人",那么就类比出写快板的人是"板人"。它们是异中有同的两类人,一类是写诗的,一类是写快板的,不过它们都是能写的作家。

4. 仿词与生造词有什么不同?举例说明。

仿词虽然没有取得语言中词语的正式资格,但不能说它就是生造词。因为仿词有它特定的仿造意义相反或相类语素的构成方式以及具有相应的新鲜、活泼、幽默、风趣的表达效果,合乎辞格类聚系统的条件,所以它是一种人们认可的、喜闻乐见的辞格。生造词却不同,生造词是任意改变原有词的形式或随意造出来的词。例如:

(1)不能帮凶手掩遮凶器和犯罪事实。

(2)公路在太阳照晒下闪闪发光。

例(1)的"掩遮"改变了原有词的形式"掩藏"、"遮盖",这是不能允许的。因为词有它固定的形式,任意改变其形式,表达不畅,意义不明,令人费解。例(2)"照晒"是随意造出来的词,不合乎约定俗成的原则,更不可取。

**修辞第六节补充练习题答案**

1. 简述排比与对偶的关系与区别。

排比与对偶的"正对"相似。它们都要求结构相似,意义密切联系这两个条件。基于此,有人才说,排比是在对偶的基础上发展起来的,排比脱胎于对偶,排比是对偶的扩大。尽管排比与对偶联系密切,但二者的区别泾渭分明:(1)排比由三项或三项以上的内容构成,而对偶仅限于上下两联内容。(2)排比不拘泥于字数,而对偶要求字数相等。(3)排比的各项以出现同形词语为常规,而对偶的上下两联忌用同形词语。排比所以往往出现同形词语,目的是用它来提挈全组,加强语气的作用。对偶所以忌用同形词语,为的是在有限的文字中容纳更多的内容,充分显示对偶的概括力。(4)对偶的上联与下联从意义上看是表达相似(正对)相反(反对)或相关(串对)的意思,而排比只能表达意义相近的意思,它不可能像对偶的"反对"那样,还有意义相反的意思。(5)排比与对偶的修辞效果不尽相同。排比侧重于加强语势,把话一连串地说出来,能够收到节奏和谐、情绪激动、语气连贯的效果。对偶由于字数相等、结构相同、句子成对,所以能够收到写出来整齐美观、读起来朗朗上口、听起来悦耳动听、记起来便于记忆的修辞效果。

2.下面的语言材料用的是顶真格还是回环格?为什么?

(1)房子里有箱子,箱子里有匣子,匣子里有盒子,盒子里有镯子;镯子外有盒子,盒子外有匣子,匣子外有箱子,箱子外有房子。

该例共八个分句,从一到八,以分号为中心,整体上看是回环,形成了从外到内,再从内到外的循环往复,层次清楚,整齐匀称,有节奏感。

(2)……因为苏州菜有它一套完整的结构。比如说开始的时候是冷盆,接下来是热炒,热炒之后是甜食,甜食的后面是大菜,大菜的后面是点心,最后以一盆大汤作总结。

"冷盆""热炒""甜食""大菜",几个词前后蝉联,是一直向前的关系,因而是顶真。用顶真格既说明苏州菜上菜时先后有序,又显示了"苏州菜有它一套完整的结构"。

(3)远远的街灯明了,好像是闪着无数的明星。天上的明星现了,好像是点着无数的街灯。

这两句话可以看作宽式回环。"天上的明星现了"同"闪着"、"明星",仅"明星"一个主干词语相同,"点着"、"街灯"同"远远的街灯明了",仅"街灯"一个主干词语相同,但这不妨碍整体构成回环。

3.下列广告词很有特色,指出修辞上的特点。

(1)十六铺家具城:城中求诚,诚中求成
对偶、顶真、双关

(2)双鹿爱人人　人人爱双鹿——双鹿电冰箱
回环、比拟

(3)精益眼镜　贵在求精　精益求精　精无止境
顶真、双关

(4)买彩电就要买金星,买金星就如买放心
对偶、顶真、比喻

(5)钻石音响——音响中的钻石

回环、比喻、双关

（6）六神花露水：一瓶独秀  众人皆求  六神有主  一家无忧

对偶、对比、双关

（7）天大地大  博爱神  博爱无涯

映衬、拈连

4. 层递、排比能合成一格吗？有的观点把层递也算作排比，你认为如何？为什么？

层递和排比不能合成一格，应自立门户。有的观点把层递也算作排比，这并不妥当。层递和排比在形式上有相近之处，都是多项排列。但是，它们在内容上是有区别的：层递表达的内容（递升或递降）有级差性（等次性），排比表达的内容是平列性。内容决定形式，它们应分为两个辞格。

**修辞第七节补充练习题答案**

1. 阅读下面两段描写，并回答：（1）写赛里木湖以前，为什么要先写西湖、东湖等，这在修辞上有什么作用？（2）第二段的比喻有什么特色？

作者写赛里木湖，先写西湖、东湖等，实际用的是映衬手法。因为写西湖、东湖等是为了衬托出赛里木湖的与众不同，突出它梦一般的意境。第二段的比喻承上而来，采用曲喻手法，即先从反面设喻，两个否定，再从正面设喻，从而使比喻的意境更上一层楼。

2. 举例说明对偶与对比的关系与区别。

由于对比是把两种根本对立的事物或者同一事物两个矛盾的对立方面放在一起来说，使事物的性质、状态、特征更加鲜明突出的修辞方法，因此就意义来看，对比与对偶里的"反对"就很相似。例如：

"横眉冷对千夫指，俯首甘为孺子牛。"

从修辞的角度看，大家公认这是对偶句。可是也有人说这是对比句。因为上下两联同是反映鲁迅先生对剥削者以及劳苦大众的截然不同的立场和态度，所以当属一体两面对比。我们认为这种看法也是正确的。这句诗可以看作对比与对偶的兼格。这说明对偶与对比是难于区分的。对偶里的"反对"可以看作对比，但是"对

比"能不能全看成是对偶里的"反对"呢?不能。因为对偶与对比还是有区别之处的:

对比的基本特点是"对立",对偶的基本特点是"对称"。对偶是从结构形式上说的,它要求结构相同,字数相等;对比是从意义上说的,它要求意义相反或相对,而不管结构形式如何。对偶里的"反对",就意义说是对比,就形式说是对偶。这是辞格的兼属现象。当然对比不一定都是对偶,这要取决于它的结构形式是否"对称"。例如:

是谁说,你们的劳动,只是"一本书、一杯茶、一支烟",像在排云殿前欣赏一湖绿水、清池荷花那样轻闲? 去看看陈景润那三麻袋数目字与方程式,侯光炯那一提包替换水果的泥土吧,去问问陈汝铃那一罐使不完的液化气,华罗庚那永不停息的脚步吧!

就意义说该句表达的意思相反,就结构形式说结构形式不同,字数也不相等,因此该句只能是对比,不能是对偶。

3. 设问是无疑而问、明知故问,反问也是无疑而问、明知故问,请问它们的区别何在?

它们有明显的区别:

(1) 从形式上看,设问是自问自答或自问不答;反问必须是问而不答。例如:

① 五四以来,中国青年们起了什么作用呢? 起了某种先锋队的作用,这是全国除了顽固分子以外,一切的人都承认的。

② 1949 年前,什么人似虎狼张牙舞爪? 什么人似牛马终日苦劳。

③ 射箭要看靶子,弹琴要看听众,写文章做演说倒可以不看读者不看听众么?

例①是自问自答的设问句。例②是自问不答的设问句。例③是问而不答的反问句。例②例③都是问而不答,但有区别:问而不答的设问句不是没有答案,只因答案是不言而喻的,不说出答案反倒简洁,富有启发性罢了。问而不答的反问句是根本不需要答案的,它的答案直接蕴涵在反问句里。

(2) 设问不表示肯定什么或否定什么,反问明确表示肯定或否定的内容。反问句中有否定性的词语,则表示肯定的内容;反问句中有肯

定性的词语,则表示否定的内容。例如:

④ 小屋点缀了山,什么来点缀小屋呢? 那是树!

⑤ 池水涟漪,莺花乱飞,谁能说它不美呢?

⑥ 五黄六月会飘雪花? 太阳会从西边出来吗?

就例④的设问句"什么来点缀小屋呢?"来说,它本身并不表示肯定什么来点缀小屋或否定什么来点缀小屋。肯定什么,否定什么,需要从答案里解决。就例⑤、⑥的反问句来说,表达的意思是确定的。"谁能说它不美呢?"有否定词语"不",表示肯定的内容;"五黄六月会飘雪花?""太阳会从西边出来吗?"有肯定词语"会",表示否定的意思。

（3）设问和反问的修辞效果不同。设问的修辞效果是为了引起读者的注意和思考,便于更好地论证问题;反问的修辞效果是为了加强语气,用不容置辩的口气表明思想。为了获得双重的修辞效果,设问和反问有时连用,连用时往往设问在先,反问在后。例如:

⑦ 谁说一见钟情总是轻浮的呢? 在某种机缘下,突然遇见自己或朦胧向往或苦苦追求而始终未能获得美好的事物,怎能不一见生情呢?

（冯君莉《青海湖,梦幻般的湖》）

例⑦第一句是设问,后一句是反问,以反问回答前面的设问。

4. 反语和反问都有以反为正,或以正为反的特点,那么怎么区分它们呢?

区分它们的办法是:（1）反问用的是疑问句的形式,反语多用词或短语的形式,即使有时也用句子的形式,但也不用疑问句而用陈述句。例如:

① 当年用自己的血汗保卫过第一个红色政权的战士们,谁不记得井冈山上的青青翠竹呢?

② 而最宽仁的王化政策,要算广西对付瑶民的办法。据《大晚报》载,这种宽仁政策是在三万瑶民之中杀死三千人,派了三架飞机到瑶洞里去"下蛋"。使他们"惊诧为天神天将而不战自降"。

例①是用疑问的否定形式表示了"谁都记得井冈山上的青青翠竹"的肯定内容,是反问。例②"最宽仁的王化政策,要算广西对付瑶民的办法"是反语,实际表达的意思是广西对付瑶民的血腥镇压政策是残酷的。这是用句子形式表示的反语,是个陈述句。

（2）二者的修辞效果有明显的差异。反语,虽然是说反话,但反说正用可以起到赞扬或促人猛醒的作用,正说反用可以获得诙谐、幽默、讽刺的表达效果。反问主要是加强语气,激发感情,使话说得坚决、有力,不容置辩。

5. 举例说明排比与反复的异同。

排比与反复的相同点就在于排比与反复合流,或叫排比与反复的兼用。例如:

① 时间就是生命,时间就是速度,时间就是力量。

例①是排比,也是反复。排比着眼于结构相似,语气一致,多项并举;反复着眼于词语或句子字面上的重复。当一个排比句用相同的词语作"提示语"时,这就叫排比与反复的合流。

相异点是:（1）排比与反复着眼点不同。当排比没有出现相同的词语或句子,只能叫排比,不能叫反复。例如:

② 电光闪闪,雷声隆隆,螺号声声。

同样,当反复不具备结构相似、多项并举的条件时,也只能叫反复,不能叫排比。例如:

③ 我也早觉得有写一点东西的必要了,这虽然于死者毫不相干,但在生者,却大抵只能如此而已。倘使我能够相信真有所谓"在天之灵",那自然可以得到更大的安慰——但是,现在却只能如此而已。

例③是隔离反复,反复的词语是"只能如此而已",不能叫排比。

（2）排比与反复的修辞作用不同。排比的修辞作用主要是加强气势,提高表达效果。古人说"文有数句用一类字。所以壮气势,广文义也"。这说的就是排比的作用。反复的修辞作用主要是突出思想,强调感情,增强节奏感。

**修辞第八节补充练习题答案**

1. 从词语选用、句式特点以及修辞格三个角度对下列句子进行综合分析:

吞噬光阴的是懒惰和无聊

赢得时间的是勤奋和智慧

"光阴"与"时间"为同义词配合使用,"懒惰"与"勤奋"为反义词配合使用,句式为整句;辞格为对偶、对比、拟物、拟人。

2. 指出下列各例都使用了哪些辞格,它们分别属于辞格综合运用的哪种类型。

(1)夜雨刚过,东方透出一束紫红的曙光。瑶寨的重峦叠嶂在晨光中昂首挺立,大有刺破青天之势。

辞格的连用:比拟与夸张连用。

(2)警笛声声,

　　似军号长鸣;

　　脚步踏踏,

　　如战鼓催征。

　　在蒙蒙的夜色里,

　　在颤抖的大地上,

　　飞闪着队队红星……

总体看是辞格的连用:对偶和比拟、借喻的连用。

(3)如果离开充分发扬民主,这种集中,这种统一,是真的还是假的? 是实的还是空的? 是正确的还是错误的? 当然只能是假的、空的、错误的。

辞格的套用。从整体看是设问,其中的问句和答句又都有排比。辞格之间的关系是包容和被包容的关系,即:

$$
设问\begin{cases} 问:排比 \\ 答:排比 \end{cases}
$$

(4)红花万朵,金霞万朵,霞浪万朵,

　　多壮丽的大江,俨然天下风光在这儿集合。

　　战歌千声,涛声千声,汽笛千声,

　　好沸腾的大江,仿佛五洲风雷在这儿巡逻。

辞格的套用。从整体看是对偶,上下两联又各有排比、反复和比喻。层层相套的关系如下:

```
                    ┌ 排比
            ┌ 上 ┤ 反复
            │      └ 比喻    套用拟人
    对偶 ┤
            │      ┌ 排比
            └ 下 ┤ 反复
                    └ 比喻    套用拟人
```

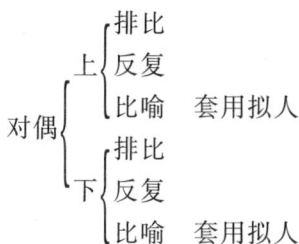

（5）正当我返回的时候，天渐渐黑了。霎时四面八方，电灯明亮，像千万颗珍珠飞上了天！这排排串串的珍珠，使天上银河失色，叫满湖碧水生辉。

这段文字既有辞格连用，又有辞格兼用。"霎时四面八方，电灯明亮，像千万颗珍珠飞上了天"是明喻中兼用比拟；"这排排串串的珍珠"是借喻，"使天上银河失色，叫满湖碧水生辉"是对偶。

（6）如果说，北京昆明湖是雍容华贵的皇室命妇，杭州西子湖是绰约多姿的名门闺秀，那么，扬州瘦西湖则是一位楚楚可人的小家碧玉。

三个暗喻的连用。

（7）老泰山……大声对我笑着说："瞧我磨的剪子，多快。你想剪天上的云霞，做一床天大的被，也剪得动。"

辞格的套用。夸张里套用了暗喻。

3. 辞格在你平时的学习和生活中有何作用？结合实际，谈谈你的看法。

提示：

本章修辞分别讲解了二十个辞格，各个辞格都有自己的特点和表达作用。你平时在学习和生活中，遇到不同类型的辞格，要多加思考，深入理解，体会效果。

**修辞第九节补充练习题答案**

1. 下列各句韵律搭配得不协调，请指出不协调之处并说明理由。

① 树熊前足的第一、第二趾和其他三趾是对向而生的，使它能够紧抓住树干，即使睡着了，也掉不下来。

"抓住"是双音节，前面的状语也要求双音节成分，"紧"应作"紧紧"，"紧抓住"从音节上说不合汉语习惯。

② 他口头上说得冠冕堂皇,事实上并不实事求是。

"事实上并不实事求是"不顺口,如改成"他口头上说得冠冕堂皇,实际上并不实事求是"就好多了。

③ 是四月天,天上没有一丝云,日光炎炎的。风是又闷又热,地上干裂了缝,有一指宽。这是副产区,以果菜为主。果树焦了梢,菜儿蔫了叶,一连八个月没有下一场像样的雨。……

最后一句"场像样"三字语音很相近,加上这一句多是仄声字,念起来很吃力。

④ 有时这些声音寄托于劳动号子,寄托于车队奔驰之中,仿佛令人感到战鼓和进军号的撼人气魄……

音节配合不协调,"战鼓"是双音节,"进军号"是三音节。最好是单音节配单音节,双音节配双音节,四音节的短语配四音节的短语,不如改成"……仿佛令人感到咚咚战鼓和进军号角的撼人气魄……"

⑤ 砍来金竹万千条,做成笛子奏歌谣。

"条"、"谣"押"ao"韵,但"奏歌谣"是勉强凑韵。因为不用乐器伴奏的歌曲叫作"谣",所以"奏歌谣"于理不通。

⑥ 种地要用好锄头,
　歌唱要选好歌手,
　今日歌手人人是,
　长江唱得水倒流。

句中前三个顿歇,或者是"仄—仄—平",或者是"平—仄—仄",平仄交错做得欠缺一些,音响效果自然就差些。如果改成:

种田要用好锄头,
唱歌要选好歌手,
如今歌手人人是,
唱得长江水倒流。

这就好多了,因为每一诗句的前三个顿歇,或者是"平—仄—平",或者是"仄—平—仄":句中平仄交错,抑扬顿挫,自然音响效果就好。

2. 指出下列各句选用不当的词语,并说明理由。

(1) 我国著名动画家阿达同志因脑溢血于 2 月 15 日在北京协和医院不幸逝世……阿达,原名徐景达……现在是上海美术电影制片厂的导演,上海《漫画世界》编委……

人既然已去世,就不能再说"现在是……",宜将"现在"改为"逝世前"。

(2) 有个病人家属冲进病房,发了一通无名火,使得在场的医护人员瞠目结舌,叹为观止。

"叹为观止"为褒义词,常用来赞叹某件事好到了极点,此处是批评的话,应为贬义词,或干脆删去。

(3) 计算机工业能不能迅速发展,能不能在各行各业得到广泛应用,关键在于加速培养技术人才。

前文涉及"能不能"两个方面,后文却只有"加速培养技术人才"一个方面,无法照应,宜改为"关键在于能否加速培养技术人才"。

(4)《汉语大词典》经过江苏、浙江、安徽、山东、福建、上海五省一市近四百多位专家学者同心协作,艰苦努力,终于大功告成。

或者说"近四百位",或者说"四百多位",不能像原句中的两种说法杂在一起,可删"近"或"多"。

(5) 有人建议刑法增设"见死不救"罪,我认为是个好主意,当即表示附和。

"附和"常用作贬义词,可改为中性词"附议"。

3. 下列各句,句子表意不畅达,指出表意不畅达之处并说明理由。

(1) 遍地硝烟,战火连天响,战斗在激烈进行。

上下句之间语序不当,照应不周,宜改成:战斗在激烈进行,战火连天,硝烟遍地。

(2) 切忌不要放在厨房里,因厨房温度不够稳定。

"切忌"和"不要"都表示否定,否定之否定等于肯定。"切忌不要放在厨房里",意思成了"要放在厨房里",把话说反了。宜删去"不要",或者改"切忌"为"切记"。这属于双重否定句用错。

（3）中秋节的夜晚，月亮分外地圆，分外地大，分外地明亮和皎洁。

"明亮"和"皎洁"意思重复，应删去一个。

（4）十月一日早晨，阳光万道，旭日东升。我们跨着雄健的步伐，排着整齐的队伍，迎着朝阳，唱着歌儿，高高兴兴地来到中山公园。

思路不清，前后语句次序混乱。应该先是"旭日东升"，然后是"阳光万道"才合乎事实。后面的句子也应该调整为："我们排着整齐的队伍，跨着雄健的步伐，迎着朝阳，唱着歌儿，高高兴兴地来到中山公园"。

**修辞第十节补充练习题答案**

1. 以下面明代赵南星说的笑话为例，说明交际时需要遵循语体准则的重要性。

一秀才买柴，曰："荷薪者过来。"卖柴者因过来二字明白，担到面前。问曰："其价几何？"因价字明白，说了价钱。秀才曰："外实而内虚，烟多而焰少，请损之。"卖柴者不知说甚，荷担去了。

这是买柴秀才不顾语体准则，将书卷语体语言充作了谈话体，而导致交际失败的笑话。随着人们交际范围、目的、对象的不同，人们运用的语言材料是不同的，使用的语体也是不同的。根据谈话的对象是卖柴的劳动者来看，他的文化素养、知识水平是较低的。和这样的人交际最好用谈话体，口语词多些，短句多些，让语言通俗易懂，不宜用书面语体，说些劳动者听不懂的书面语词、古语词。通过这则笑话，说明我们运用语言进行交际，不仅要遵守语音、词汇、语法的准则，而且还要善于使用各种相应的语体，否则就与语境不协调，影响表达效果，甚至造成交际失败。

2. 分析下面短文的语体特点。

《脱离实际的"政绩"是劣迹》这篇短文是政论语体，具体而言是政论语体的新闻通讯。其特点是：

（1）短文有宣传鼓动性的特征。所谓宣传鼓动性就是政论语体观点明确，旗帜鲜明，论述带有强烈的思想感情。如文中一开始的几句话："一些部门和基层干部对什么是政绩，怎样创政绩认识不端正，个别人甚至把'政绩'当作升官晋级的敲门砖,进而提出不切实际的、过高的达标要求。"这几句话就表明了作者的观点、立场鲜明的爱憎情感。

（2）短文有综合性的主要特征。所谓综合性就是政论语体可以综合运用逻辑和形象思维,把科学的论证和形象的描绘交织在一起。如文章第一段先表明作者的观点:个别干部和部门脱离实际求"政绩"的做法是错误的,然后从三个省份的实地调查来说明自己的观点,最后提出解决问题的途径是"看来,正确认识什么是上级部门和基层干部的政绩……的确是一个十分关键的问题"。文章思路清晰,论证严密,逻辑性强。同时,短文在分析为什么乡镇干部要加重农民负担搞"政绩"时也用了不少的形象思维的语句,描绘其无可奈何的苦样,诸如"这达标,那评比,逼得我们喘不过气,只好向农民伸手","要是没达标,不是大会点名,就是通报批评,弄得你灰溜溜,抬不起头","不自筹就拿不到送到手边的这笔钱,咬咬牙,还是向农民伸手"等。

（3）短文有政论语体在语言运用方面的特点。① 在用词上具有广泛性,比如多用政治性词语:政绩、达标、普九、乡统筹、村提留;多用带有感情色彩的词语:敲门砖、没着落、喘不过气、伸手、灰溜溜、抬不起头等。② 在句式上,与文艺语体相比,政论语体在句类的选择上较多运用陈述句,如"这种现象在各省普遍存在。""记者在采访中也接触到了不少一心为庄户人着想的好干部。"有时也运用反问句,如"可全区还有 54 万人没有解决温饱,吃饭都没着落,怎么达标?"在句型上多用主谓句、长句、复句,如"前不久,河南省林州市原康镇因非法集资搞教育达标,……才平息了事端。"③ 在修辞方式上,政论语体为了使议论和说理深入浅出,生动形象,多用比喻、对比、反语、夸张等辞格。如运用比喻的,"个别人甚至把'政绩'当作升官晋级的敲门砖","有些部门还抛诱饵搞达标"的"抛诱饵","这笔巨款可以上几个'贴金工程'"的"贴金工程"等。运用对比的,"这样的干部不可能造福一方,说不定还会祸害一方"。运用反语的,"脱离实际的'政绩'是劣迹"的"政绩"等。运用夸张的,"上级各部门搞这达标,那评比,逼得我们喘不过气",等等。

3. 语体的分类至今说法不一,请查阅资料,参考相关文章,谈谈你的看法。

(答案略)

# 陆 教学和自学参考资料

## 一、句子的句法、语义、语用分析

### 孙汝建

从严格意义上来讲,成分分析法和层次分析法不是句子的分析方法,而是短语的分析方法,充其量也只是对抽象的句子所作的句法分析,这种传统的所谓句子分析方法注重句法兼及语义,但排斥语用,分析的"句子"实际上是排除句调以及"挂在句子身上的语用零碎"以后剩下的词语组合。汉语的句子有具体和抽象之分。具体的句子是形式、意义和内容的三位一体,可以进行句法、语义、语用的分析。抽象的句子只有形式和意义,没有内容,只能进行句法、语义分析,而不能进行语用分析。句子的句法、语义、语用分析把静态分析与动态分析相结合,既可以分析抽象的句子,也可以分析具体的句子,是一种比较理想的析句方法。

#### (一) 具体的句子和抽象的句子

具体的句子不同于抽象的句子:具体的句子与现实的联系是实现了的,抽象的句子与现实的联系是隐含的、尚未实现的。具体的句子是形式、意义和内容的三位一体,而抽象的句子只有形式和意义,它没有内容。如"他现在饿了。"作为抽象的句子,它有一连串的语音形式,其意义是"说话人在说这句话时认为第三者饿了",而句子的内容则无法判明,如"他"指谁?"现在"指什么时间? 这些都没有具体的内容。因为抽象的句子和现实的联系是隐含的、尚未实现的,所以,抽象的句子只有形式和意义,没有内容。一旦抽象的句子与现实发生了外显的联系,它就增加了内容。如 1806 年 1 月 6 日下午 2 时,约瑟芬谈到拿破仑时说"他现在饿了。""他"是指拿破仑,"现在"指"1806 年 1 月 6 日下午 2 时"。1920 年 1 月 7 日下午 3 时,克鲁普斯卡娅谈到列宁时也说过"他现在饿了。"这里的"他"是指列宁,"现在"指"1920 年 1 月 7 日下午 3 时"。在理解抽象的句子时,只要通过句子的形式理解句子的意义就行了,而具体句子的理解,除了通过形式理解意义之外,还要在特定语境中通过形式和意义来理解内容。对抽象的句子一般是作句法、语义的分析,对具体的句子进行分析时,除了作句法、语义的分析之外,还要作语用的分析。具体说来,区分具体的句子和抽象的句子有两个标准:(1)指称有无内容。具体的句子在指称上有具体的内容,而抽象的句子在指称上无具体内容(抽象的句子只有形式和意义而没有内容)。(2)陈述有无具体时间。具体句子的陈述有具体时间,而抽象句子的陈述无具体时间。

**(二)句法分析的优与劣**

句法分析研究句中词语与词语(符号与符号)之间的关系,词语与词语按照一定的方式组合起来,构成一定类型的句法结构。对句法结构进行分析就是句法平面的分析。对单句进行句法分析常采用两种析句方法:句子成分分析和层次分析。

句子成分分析法是对句法结构内部词语与词语之间的关系进行成分分析,着眼于句子成分的确定和结构方式的判别。传统语法把句子分成若干成分,如主语、谓语、宾语、定语、状语、补语等,研究各类实词能充当什么句子成分。与确定句子成分有联系的,就是结构类型的判别,结构类型决定于结构成分之间的关系,即取决于结构方式。由此分出主谓结构、动宾结构、偏正结构等。汉语的析句法,最初是从国外移植过来的,1924 年黎锦熙在《新著国语文法》中系统运用了图解法,在语法学界产生了很大影响。黎氏语法分析的理论核心是"句本位",即中心是句,句的重点成分是主语和述语。如果说"句本位"是他图解的理论基础,那么,以图解辨别词品就是他的首创。黎氏试图通过图解解决两个问题:(1)划分句子成分;(2)划分词类。从这样的理论和目的出发,他确立了一套系统的图解公式,并且严格地规定了图解的程序。图解法在理论和实践上都有缺陷,黎氏看到了这一点,因此于 1950 年提出简捷的"读书标记法"来代替"完全的图解法……想纠正过去一起首就流于琐细的缺点"(《新著国语文法》)。"读书标记法"由张拱贵、廖序东改造成图解法的简捷形式——句子成分标记法,并系统地用之于《文章的语法分析》一书,书中运用句子成分分析法分析了十四篇文章。诚如吕叔湘先生所评价的那样,句子成分分析法"有提纲挈领的好处,不仅对语言教学有用,对于科学地理解一种语言也是不可缺少的"(吕叔湘《汉语语法分析问题》)。后来的《暂拟汉语教学语法系统》大都采用了这种析句法,使之几乎全面占据中学和多数师范院校的语法教学讲台。成分分析法规定词和句子成分相对应,原则上是一个词充当一个句子成分,析句时把各种成分放在同一线性层面上,不太能反映句法结构成分的层次性,优点是有助于确定句型。

层次分析法是对句法结构中词语之间的层次关系进行分析,着眼于句法结构的层次切分,它把句法结构中词语之间的关系分为直接成分和间接成分。层次分析是西方结构主义语法用来分析句子的方法,丁声树等《现代汉语语法讲话》首次系统引进并用于汉语语法分析。层次分析法便于清楚地看清句法结构的层次,但看不清句子的句型。

成分分析法和层次分析法具有互补性,正因为如此,有人试图把二者结合起来,在句法分析时既进行成分分析又进行层次分析,但不能令人满意。其主要原因就是不考虑语义和语用,只对句子的句法结构进行静态分析,分析句子时先排除句调,句调是语气表达的重要手段,任何句子都必须有语气,没有语气将句不成句。从句子的组成来看,"一个句子首先应该分成两个部分:(a)构成句子的词语,和(b)语调。"(吕叔湘《汉语语法分析问题》)。一个句子除了包含句法、语义平面的要素之外,还有语用平面的东西,如语气。丢开语气,仅仅是词和词的组合,这种组合是短语,退一步讲是抽象的句子,而绝不是具体的句子。

以往的析句方法大都反映出排除语义和语用的倾向。在分析句子时具体采取两种方法:

一是"减法"。析句时先排除句调、语气词、叹词、呼语、评注性成分之类的"挂在句子上的零碎",在排除语用因素后,再对"句子本身"进行静态分析。如传统语法是先切除句调和句末语气词,对构成句子的词语作句子成分分析。结构主义语法也是先一刀砍去句调和句末语气词，对构成句子的词语作层次分析。转换生成语法继承结构主义语法的层次分析，实际上也是分析排除句调后剩下的词语组合。

二是"加法"。在对句子作静态分析之后，加进语用因素进行动态分析。

在分析一个句子时对句调所作的"加减运算"，实质上反映了两种倾向：静态分析排斥语用因素，以抽象的句子为分析对象。动态分析结合语用因素，以具体的句子为分析对象。

语法研究大致有这样一种趋势：当语法研究在解释一种具体语言的时候，都无法回避语用因素，或者说，都是把语用因素作为其解释对象的。以往的语法研究大致分为描写性和解释性两种。传统语法描写的目的是使语法事实系统化、规范化。结构主义语法告诉人们如何运用一套规则去描写陌生的语言。转换生成语法不是描写性的，它倒是解释性的，不过它解释的是人类的语言能力，而不是某种具体语言的语法现象。近年来，语法研究出现了注重解释的趋向，国外语法理论大致可以分为形式主义和功能主义两大学派，这两大学派都承认语言事实中有句法因素和语用因素，现代形式学派的代表人物乔姆斯基在《深层结构、表层结构和语义解释》中已提出"预设"、"焦点"等语用因素，并指出它们与表层结构相关，但是乔姆斯基并没有研究语用因素。功能学派注重研究语法结构与社会交际功能的关系。在国内的汉语语法研究中，吕叔湘提出"静态单位"、"动态单位"、"静态研究和动态研究相结合"。胡裕树、张斌提出句法、语义、语用三个平面的思想，朱德熙提出"结构、语义和表达三个不同的平面"，邢福义提出"语表、语里、语值的三角关系"，这些都反映出注重语用因素的趋势。

而长期以来，对汉语句子的分析往往是作静态分析，撇开语用因素，把它作为抽象的句子来分析，即使在静态分析和动态分析相结合时，也是先把一个句子变成一个抽象的句子作静态分析，然后回复到具体的句子作动态分析。

### （三）与句法有关的语义分析

句子的语义分析是研究句中词语所指的客观事物（所指与所指）

之间的关系。语义平面所说的语义不同于词义(词汇意义),它是指词语在句法结构中才获得的结构意义。语义关系多种多样,跟句法有关的语义主要有以下内容:

1. 名词的"格"

"格"指名词跟动词组成语义结构时所充当的语义角色,如施事、受事、与事、工具、处所、时间、来源等。如:

① 王老师批评了小张。

② 小张被王老师批评了。

从句法关系来看,例①中作主语的是"王老师",而例②中作主语的是"小张",例①是"主—谓(动—宾)"句,例②是"主—谓"句,句法关系不同。但是这两句中名词与动词的语义关系没变。"王老师"在例①中是施事(动作行为的发出者),在例②中也是施事。"小张"在例①中是受事(动作行为的接受者),在例②中也是受事。因此,在例①和例②中存在着共同的语义关系:王老师(施事)、批评(动作)、小张(受事)。句法结构和语义结构可以是一致的,如"我请小李去车站接人。""小李"是兼语(是"请"的宾语又是"去"的主语),从语义结构来看,"小李"是"请"的受事,又是"去"的施事。句法结构和语义结构也可以不一致,如"吃食堂、吃面包、吃大碗、吃救济"在句法上都是动宾结构,但它们有不同的语义结构:动作—处所、动作—与事、动作—工具、动作—来源。

有些句法结构在语义平面上有歧义,如"母亲的回忆","母亲"可以是施事,也可以是受事。"这个人连我都不认识","我"可以是施事,也可以是受事。"鸡不吃了"中的"鸡"可以是施事,也可以是受事。借助于语义分析可以排除歧义。

2. 动词的"向"

"向"(Valency,Valence,亦称配价、价)这一术语来自化学。化学中提出"价"(化合价、原子价)这一概念是为了说明分子结构中各元素原子数目间的比例关系。如水分子式中的一个氧原子总是跟两个氢原子化合,所以氧的原子价是二价。动词的"向"是动词在语义平面上的重要分类。动词可以分为一向动词("跌、病、休息"等)、二向动词

（"吃、读、保卫"等）、三向动词（"给、供"等）。如：

　　① 他病了。

　　② 我饭已经吃过了。

　　③ 我给你一本书。

例①中"病"是一向动词，与"他"发生语义关系，"他"为施事。例②中的"吃"是二向动词，与"我（施事）"和"饭（受事）"发生语义关系。例③中的"给"是三向动词，与"我（施事）"、"你（与事）"、"书（受事）"发生语义关系。

　　3. 语义指向

　　语义指向是指词语在语义平面上支配或说明的方向，定语、状语、补语有语义指向。如：

　　① 我找不到人帮忙。（"帮忙"指向"人"）

　　② 我圆圆地画了一个圈儿。（"圆圆"指向"画"和"圈儿"）

　　③ 我热热地喝了一杯牛奶。（"热热"指向"我"和"牛奶"）

　　④ 这几部戏我都看过了。（"都"指向"这几部戏"）

　　⑤ 我们战胜了敌人。（"胜"指向"我们"）

　　⑥ 我们战败了敌人。（"败"指向"敌人"）

　　4. 词的语义特征

　　研究词的语义特征，有助于说明词语之间的选择限制，有助于在语义平面上给词的次范畴进行分类。如"名+动"在句法上可以构成主谓结构，具体的词进入这种句法结构时，有一定的语义限制。如"人死"可以搭配，"桌子死"通常就不能搭配。"死"一定跟有生命的事物搭配，"桌子"是无生命的，因此"死"有［+生物］的语义特征。"动+名"可以构成动宾结构，"吃饭"可以搭配，"喝饭"就不能搭配。"喝"跟表液体的事物搭配，它具有［+液体］的语义特征。再如"我借他一本书"，"借"有［+向心］和［+离心］两个语义特征，内向的"借"是借进，外向的"借"是"借出"。根据词的语义特征可以给词的次范畴进行分类。

　　**（四）与句法有关的语用分析**

　　语用分析研究句中词语与使用者（符号与人）的关系，语用分析属于动态分析。与句法有关的语用，主要研究以下内容：

1. 话题和说明

"话题—说明"是句子常见的语用结构，话题的不同反映说话人的着眼点不同。如"我吃过饭了"和"饭我吃过了"句法结构不同而语义结构相同：

句法结构：① 我吃过饭了。（主动宾句）
　　　　　② 饭我吃过了。（主谓谓语句）

语义结构：我（施事）、吃（动作）、饭（受事）

同样的语义结构为什么要用不同的句法结构来表达呢？从语用上看，一个句子通常有话题和说明。话题表示旧信息，说明表示新信息。例①中的"我"和例②中的"饭"作为话题，表示旧信息，例①中的"吃过饭了"和例②中的"我吃过了"作为说明表示新信息，话题反映说话人关心的是什么，例①中说话人关心的是"我"。例②中说话人关心的是"饭"。通过句子语用结构的分析，我们可以研究句子中词语与说话人的关系，了解说话人的表达意图。

在一个句子中，话题和主语可以重合，也可以不重合，两者的区别是：

第一，主语与作谓语的动词或形容词在语义上有选择关系，而话题除了兼作主语的情况以外，则没有这种关系。即作谓语的动词、形容词可以决定主语，而不能决定话题。如"昨天我去了学校。"与动词"去"发生语义选择关系的是"我"（主语），而不是"昨天"（话题）。

第二，话题一定出现在句首，而主语不一定出现在句首。如"昨天小王去北京了。""昨天"是话题，在句首。"小王"是主语，不在句首。

第三，介词短语不作主语，却可以作话题。"关于这个问题我们还没讨论。"话题是介词短语"关于这个问题"。

第四，话题和主语不重合时，话题处在主谓短语的外层，如"青春，这是多么美好的时光啊。""青春"处于主谓短语"这是多么美好的时光"的外层。"青春"在句法上称提示语，在语用上叫话题。

2. 表达重心

表达重心（又称"表达重点"）是指句法结构中由于表达需要而着

重说明的成分。表达重心不同于结构中心,两者分别属于语用平面和句法平面。如:

定心结构:我的书

状心结构:慢慢儿走

动宾结构:看电影

动补结构:洗干净

中心语"书、走、看、洗"是结构中心所在,它们作为向心结构的核心,与所在的结构具有同等功能。"我、慢慢儿、电影、干净"是表达重心,表达重心与结构中心是互补的。表达重心常在定语、状语、宾语、补语的位置上。但有时也在谓语上。如:

甲:你是怎么受伤的?

乙:我是跌伤的。

乙的答话是针对问话中的疑问点"怎么"的,表达重心"跌"作谓语。

3. 焦点

焦点是说明中的重点,即新信息中的着重说明之点,它是表达重心的一种。它是陈述句中所传递的新信息的核心和重点,一般位于句末的实词语上,这时称为句尾焦点。如:

我们克服了困难。("困难"是焦点)

我们把困难克服了。("克服"是焦点)

焦点成分是说话人着意强调的部分,反映了说话人的意图。焦点可以用对比重音来表示,还可以用"是、的是"作焦点标记,这样的焦点称为对比焦点。如:

我是昨天丢了车钥匙。("是"轻读,"昨天"是焦点成分)

我昨天是丢了车钥匙。("是"轻读,"丢"是焦点成分)

我昨天丢的是车钥匙。("的是"是焦点标记,"车钥匙"是焦点成分)

值得注意的是焦点和重音的关系:焦点是说明中的重点,即新信息中的着重说明之点,常用"是、的是"作焦点标记。重音不仅可以在说明中表示焦点,还可以出现在话题中,同样可以反映说话人的意图,但是,只有在说明中出现的重音才是表达焦点的手段。

## 4. 语气(modality)和口气(tone)

语气只有四种:陈述、疑问、祈使、感叹。根据语气给句子分出的类叫句类。口气包括肯定、否定、委婉、迟疑等。语气和口气都属于句子的语用成分,研究语气可以了解句子的目的或用途,如"房间里真冷!"是个感叹句,可以表示"祈使"的目的或用途:让人把开着的窗户关上。对在教室里抽烟的人说"你是否知道教室里不许抽烟?"这个疑问句的目的或用途是"祈使":让对方停止吸烟。语气与目的或用途可以一致,也可以不一致,这反映了说话人所说句子的语气类型和言语行为类型的复杂关系。口气往往能反映说话人的情感和态度,语气副词、语气词等通常是表达口气的。"我认识他。"是陈述。"我认识他的。"中,语气词"的"表示"确认"的口气。

## 5. 评议

句子中往往有评议性的词语,如表推测的"看起来、看样子",表确定的"老实说、说真的",表估计的"也许、恐怕",表主观态度的"依我看、依我想"。研究评议词语可以了解说话人的态度。

## 6. 句式变化

句式有常式和变式之分。在常式中,词语的位置是相对固定的,但进入语用后会发生变化,产生变式。像省略句、移位句就属于变式。如"晚上他走进后花园,轻手轻脚地。"状语移位表示说话人对"轻手轻脚"的强调。

### (五) 句法分析、语义分析和语用分析的相互制约关系

句法、语义、语用是相互制约的。从说话人的角度看,句法是关键,心中想表达什么意思,要选用相应的形式来表达。从听话人的角度看,语义是关键,听话人要通过形式去理解句子的意思。从说、听者的交际来看,语用是关键,句子合格与否要看语用情况。传统语法主要讲句法,有时也讲一点语义(施事、受事等),有时也讲语用(句类、插说、语气、口气等),但总体上讲,对语义、语用的分析还是比较零散的,更没有注意到三个平面之间的相互制约关系。

## 1. 句法和语义相互制约

① 我(施事)想(动作)他(受事)

② 他(施事)想(动作)我(受事)

③ 喝水、吃饭

④ *喝电灯、*吃思想

"我"和"他"在①、②中语义的不同是由于它们在句法结构里的地位不同。③能说而④不能说,是因为"水"、"饭"是受事,而"电灯"、"思想"不能作"喝"、"吃"的受事,在语义特征上没有搭配的可能性。那么,"西北风"为什么能"喝"?与动词"喝"搭配的名词具有[+液体]的语义特征,而液体又具有流动性,风也具有流动性,但是其他的风为什么又不能"喝"呢?为什么只有"西北风"能"喝"?因为"西北风"最强烈,给人的印象最深刻,所以就"取其一点,不及其余"。

2. 句法和语用相互制约

句法离不开语用,任何语用成分总是依附在句法上的,如说明一般是以谓语的形式出现的。焦点总是在谓语中出现的。话题可以与主语重合,或者是某种特殊的句子成分(如句首状语),语气副词表达口气也和状语重合。句式由于语用的需要可以改变成变式,名词在动宾句中不作谓语,但由于语用需要,也可以转化为动词来用,如"春风风人"、"夏雨雨人"。

3. 语义和语用的相互制约

"高的人很矮"在语义上有问题,但是在"高的人很矮是矛盾的说法"中就能成立了,这是由语用决定的。"你真坏"用于情人之间可以表示"你真好",语义的变化也是由语用决定的。相反,语用也受语义制约,如"我的学问比你的学问大"可省略说成"我的学问比你大"。但"我父亲的学问比你父亲的学问大"就不能说成"我父亲的学问比你大"了。

我们可以运用句法、语义、语用三个平面的理论进行语法分析。

歧义句可以进行三个平面的分析。如"鸡不吃了。"从句法上来分析:鸡不吃了。(主谓句);从语义上来分析:鸡(施事或受事)不吃了。从语用上来分析:鸡(话题)不吃了(说明,"不吃"是焦点)。

语序也可以从三个平面来分析。"草莓甜"是主谓结构,"甜草莓"是偏正结构。这种语序的变化属于句法平面。"我请你"和"你请我"

中，"我"由施事变成受事，"你"由受事变成施事。这种语序的变化属于语义平面。"你怎么了?"和"怎么了,你?"句法关系相同,语义关系相同,表达重心不同,这种语序的变化属于语用上的。

虚词也可以进行三个平面的分析。如"读书"和"读的书",不用"的"是动宾结构,用"的"是偏正结构,"学生的家长"与"学生和家长"分别为偏正结构、并列结构,这是句法平面的。"我把旧书报卖了"和"旧书报被我卖了"中,"把"后面的名词性词语"旧书报"是受事,"被"后面的名词性词语是施事,这是语义平面的。"关于、对于、至于"是点明话题的,是话题标记,这些介词属语用平面。

语病的判别也可以从三个平面来分析。有的语病出在句法上,如"我感到荣誉和高兴"。"荣誉"作为名词不能作"感到"的宾语,不和副词组合("非常周末、非常可乐"是"非同寻常的周末、非同寻常的可乐"的简略形式)。有的语病出在语义上,如"石头读书","读"要求施事是有生名词。说"我吃大碗"、"我吃馒头"可以,说"我吃大碗和馒头"就不行,在语义上,工具格和对象格不能并列作宾语。有的语病出在语用上,如"把生产搞上去,把人口降下来"本无语病,但把它写在火葬场的围墙上就有了语病,它不适合于语境。

# 二、语　用

孙汝建

语用学(Pragmatics)这个术语,最早是由美国逻辑学家莫里斯在1938年出版的《符号理论基础》一书中首先使用的,莫里斯研究符号理论,提出把符号学分为三个部分:语形学(即句法学),研究符号与符号之间的关系;语义学,研究符号与所指之间的关系;语用学,研究符号与使用者之间的关系。语用学作为一门新兴学科得到确认,是以1977年在荷兰正式出版《语用学》杂志为标志。

自从莫里斯提出语用学以来,语用学的研究就存在着很大的分歧,关于语用学的定义、研究对象和范围、理论和方法、语用学与语义学的关系、语用学与修辞学的关系、语用学与言语学的关系等问题,在哲学界、逻辑学界、语用学界、语义学界、修辞学界、社会语言学界、心理语言学界、社会心理语言学界都存在着不同的看法。

语用学的研究出现了三大领域:形式语用学、描写语用学和应用语用学。形式语用学研究语用学的形式和范畴,主要研究语用学形式化的最适宜的方法,在意义与文化、语言逻辑、言语行为与模式等领域探索语言在人类活动中的表现;描写语用学对语言与情境结合而出现的各种用法进行描写,描写人类来自经验性的语言应用原则,解释话语中词语和结构意义受语境制约的种种因素;应用语用学研究语言教学包括母语和外语教学、人—机对话、人工智能、异类语言的语用对比。

以往的语用学研究大体包括以下内容:

大语用:包括现在列于社会语言学、心理语言学、神经语言学等许多学科或分支下的内容。莱文森认为是广义的语用学。

中语用:包括言语行为、语境、指示、预设、语用含义、会话含义、合作原则和礼貌原则、话语结构等问题。这些内容是目前国内语用学界基本公认的语用学研究对象。

小语用:包括与句法有关的主题、述题、焦点、表达重心、语气和口气、评议以及与语用有关的句式变化、语序变化等问题。它们被国内语法学界认为是与句法有关的语用问题。

关于大语用,也就是语言学的交叉学科,限于篇幅,不作介绍,可参考有关文献资料。关于小语用,即与句法有关的语用问题,参阅本书《句子的句法、语义、语用分析》专题。这里只介绍中语用研究的主要论题。

语境。简单地说就是语言运用的环境。一般分为微观语境和宏观语境两类。宏观语境指的是语言运用的社会文化历史背景,就交际主体来说表现为一种世界知识。微观语境包括当下情境和上下文。

会话含义。话语所表达的意义一般可分为两种:一种是说话者所说出的话语所表达的字面意义。另一种则是说话者通过说出的话语想要传递的字面意义背后的意义,即"会话含义",格赖斯的会话含义理论正是以这种"会话含义"为研究对象的。

合作原则。合作原则是美国语言学家和哲学家格赖斯提出的一套日常交际需要遵守的最低限标准。格赖斯认为，谈话是受一定条件制约的，即在交谈中交际双方都应当"按需要作出应有的贡献"，包括四个准则——量准则、质准则、方式准则和相关准则。

礼貌原则。里奇对言语行为中的礼貌现象进行了深入细致的研究以后在其《语用学原则》一书中提出的人们在言语交际中一般都遵守的原则。"礼貌原则"包含六条准则：得体准则，即减少表达有损于他人的观点；慷慨准则，即减少表达利己的观点；赞誉准则，即减少对他人的贬损；谦逊准则，即减少对自己的表扬；一致原则，即减少自己与别人在观点上的不一致；同情准则，即减少自己与他人在感情上的对立。

语句的恰当性。语句的恰当性是语句具有交际价值的先决条件，也是语句具有真假值的必要条件。比如"请开门！"这个祈使句，要使其具有交际价值，就必须满足"门是关着的"、"听话人有把门打开的行为能力"、"说话人对听话人的意愿或行为有一定的支配能力且听话人愿意接受一定限度的支配"，等等。在实际话语中，所有的语句都必须是恰当的，但不是所有的语句都有真假值，只有恰当的句子才是有真假值的。

间接言语行为。根据交际意图的实现方式的不同，可以把言语行为分为直接言语行为和间接言语行为。所谓"间接言语行为"是指采用某一种行事行为的表达方式来完成另一种行事行为。间接言语行为理论是英国哲学家塞尔提出来的。塞尔指出，要理解间接言语行为这个概念，先得接受"字面用意"的概念。"字面用意"是句子形式所固有的言外之力（用意），间接言语行为就是从"字面用意"推断出来的间接用意。

指示语。指示语是指依赖于语境才能确定其含义的词语。任何一种语言中都有大量的本身不含有确定语义的词语，其中有些词语如"我、你、他"、"现在、一会儿"、"这里、那里"等，在被用到实际话语中后，其具体的所指对象必须结合说话人和听话人所处的具体的情景语境才能加以确定。这样的一些词语就是指示语。

话轮。会话是一个有序衔接的过程，参加的人在没有预先安排的情况下一个接着一个说话。轮流发话中的发话人从开始到结束，看作一个话轮。话轮是会话结构中的最小单位。话轮至少是一个句子，只要当中没有插进过对方的话语,无论有多少个句子都属于一个话轮。

邻接对。"相邻对"是话语结构的基本单位,指的是具有以下特征的一前一后的两个话轮:(1)邻接的,(2)由两个说话人分别说出,(3)分为始发语和应对语,(4)始发语和应对语之间在功能上要相配,比如问—答、提议—认可或拒绝,等等。

语篇衔接语。语篇衔接语又称篇章关联成分,是保障语篇连贯的衔接手段之一,专指那些在语篇构成中起衔接作用的词语,比如"总而言之"、"换句话说"、"因此"、"不过"、"然而"、"其实",等等。

语篇连贯。连贯是将一个个词语、小句连成更大的语义结构的一种逻辑机制,连贯是交际成功的重要保证之一。连贯的语篇有一个内在的逻辑结构从头到尾贯通全篇,将所有概念有机地串结在一起,达到时空顺序明晰、逻辑推进层次分明的效果。

照应关系。"照应关系"指的是实际语篇中两个或两个以上的成分之间在语义指称上存在的依赖关系,这种语义关系通常用代词等语法手段来表示。主要有人称照应、指示照应、比较照应、内外照应等。

话题的延续性。话题的延续性是指在实际的语篇中通过话题的延续以保障语篇连贯效果的特性。话题延续性分成三种,即主题延续性、行为延续性、话题-参与者的延续性。

# 三、三论框架核心分析法

## 黄伯荣

我在1999年发表《框架核心分析法》①,其后又写了《框架核心分析法答客问》并于2005年发表②,得到了学术界同仁的关注,先后有冯

---

① 黄伯荣:《框架核心分析法》,《汉语教学》1999年第6期。

② 黄伯荣:《框架核心分析法答客问》,《赤峰学院学报》2005年[文中符号错误甚多,应以《汉语教学与研究文集》(高等教育出版社2005年版)的同名论文为准——作者注]。

志伟①、戚晓杰②、邵霭吉③等的文章,对"框架核心分析法"加以评介,他们一方面肯定这种新的析句方法,另一方面又从更多层面对"框架核心分析法"进行了更广泛的探讨,对完善"框架核心分析法"的理论体系和分析操作有积极作用。本文将补充我现在的新看法。

"框架核心分析法"又叫层次核心分析法,是一种既讲核心和框架又讲层次和位次的语法分析法。框架即结构或组合体,主要由句法成分系列或词类系列构成。各种短语、句子都是一个框架,X 不 X 也是框架。"看不看"是句法框架,动词、名词、形容词等的合成词都有词法框架,框架主要讲句法框架。句子和短语大都是有核心的。所谓核心,就是语句中的谓语中心或主体词语,是决定短语或句子的性质的成分。多数框架有一个核心,如主谓短语、动宾短语。名词短语也有核心,如"好大的胆子"也有框架,即定中框架,其中"胆子"是主体词。也有多核心的,如兼语结构。还有难定核心的框架,如助词结构(我的)、介词结构(把他)。语句中有几个中心成分的话(如下面例①的"厂、试制、产品"),核心是各中心的中心(试制)。核心同短语和句子中较多的成分挂钩即发生关系,抽走核心,整个语句就散了架,大都不能表义。"框架核心分析法"的关键就是要找准语句的核心。

我们可以用层次分析法来寻找语句的"核心"。例如:

① 我 们 厂 最 近 试 制 成 功 了 两 种 新 产 品。

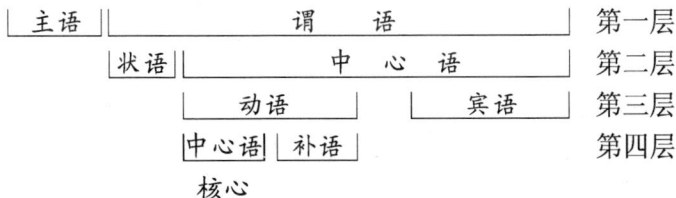

| 主语 | | | | 谓　　语 | | | | | 第一层 |
| 状语 | | | 中　心　语 | | | | | | 第二层 |
| | | 动语 | | | 宾语 | | | | 第三层 |
| | 中心语 | 补语 | | | | | | | 第四层 |
| | 核心 | | | | | | | | |

---

① 冯志伟:《框架核心语法与自然语言的计算机处理》,《汉语学习》2002 年第 2 期。

② 戚晓杰:《评框架核心分析法》,《青岛教育学院学报》2001 年第 2 期。

③ 邵霭吉:《框架核心分析法与句框架问题》,《青岛大学师范学院学报》2006 年第 1 期。

上面是层次分析图,第一层分析出来的是主语、谓语,核心在决定主谓结构性质的谓语里面,所以需要在谓语里找;第二层是对谓语"最近试制成功了两种新产品"的分析,分析出来的是状语"最近"和中心语"试制成功了两种新产品",核心在决定状中结构性质的中心语里面;第三层是对中心语"试制成功了两种新产品"的分析,分析出来的是动语"试制成功"、宾语"两种新产品",核心在决定动宾结构性质的动语里面,所以需要对动语继续分析;第四层是对动语"试制成功"的分析,分析出来的是中心语"试制"和补语"成功",最后的中心语"试制"就是句子的核心。

我们也可以用"成分符号减半法"直接在句子里画成分符号以显出"核心"和框架(先看例②)。具体画法是:第一步在全句的主语、谓语里,只在主语"我们厂"下面标上(＿＿＿),有主语必有谓语,为了避免符号重重叠叠,所以减去谓语符号(＿＿＿),不标自明。第二步把谓语分析出状语和中心语,由于核心在中心语里面,中心语还要分解,所以只给状语"最近"标上符号([    ]);表明后头是中心语,减去中心语符号(。。。)。第三步把中心语"试制成功了两种新产品"分析出动语和宾语,由于核心在动语"试制成功"里面,所以对动语不标符号,只在宾语"两种新产品"下面标上宾语符号(〜〜〜)。第四步从动语中分析出来的是中心语"试制"和补语"成功",这时的中心语就是我们要找的句子的核心,除了给补语"成功"标上补语符号(〈  〉)外,还在句子核心"试制"下面标上表示句子核心的符号(..)。下面例②共用五种符号,表示了基础句的五个位次。

② 我们厂 ‖ [最近] 试制 〈成功〉了几种新产品。

| 主语 | 状语 | 核心 | 补语 | 宾语 |
|------|------|------|------|------|
| 主位 | 状位 | **核位** | 补位 | 宾位 |

我们把例②的这种图解方法叫作"符号减半图解法",简称"符号减半法"。它是"框架核心分析法"特有的图解法。

"框架核心分析法"认为,句法成分有"带核成分"、"向核成分"之分,谓语、中心语、动语,三者都是包含核心的成分,叫"带核成分";主语、状语、宾语、补语,是向着核心的成分,叫"向核成分"。四者都能跟"带核成分"相配对,也能跟核心发生同样的四种关系,因此,核心可作带核成分的代表。在分析句子的时候,我们只给"向核成分"画上符号,而配对的"带核成分"则省略不画,这样就做到了"符号减半",避免了符号重重叠叠,又能把几层的向心成分线性排列出来,凸显了句法成分位次和句型框架。

在动句(即动词性句子,是动词性主谓句和动词性非主谓句的总称,也是简称)中,不与核心直接发生语法关系的定语不是"直接组成成分",是间接成分。它的存在与动句类型无关,在寻找动句句型时可以不作分析。简单的定语也可在原句画上符号,例如上面的例子也可以分析为:

　(我们)厂‖[最近]试制〈成功〉了(两种)(新)产品。

定语是成分内的成分;复杂的定语则在需要时抽出来另行分析,可分析到实词为止。

虚词(连词、助词、语气词等)不画句法成分符号,它和独立语一样,是句法成分以外的"句法零碎"。

运用"框架核心分析法"分析动句,可以记住下面口诀:"动前有主、状,动后有补、宾"(是及物动词句);"动前有主、状,动后有补无宾"(是不及物动词句,包括"来、去")。

例②是动句,下面举形句、名句为例,也可用"符号减半法"表示。

　③　西湖‖[的确]美得〈很〉。(形句)

　④　小李‖(黄)头发。(名句)

　⑤　(好大)的胆子!(名句,非主谓句)

例③是形句,核心是形容词,它是"形前有主、状,形后有补无宾"。与不及物动词句的框架相同。例④和例⑤是名句。对于名句,记住:"名前有定语,名后无补、宾",如例⑤。或"名前有定语、主语,名后无补、宾",如例④。

"框架核心分析法"把"主、状、核、补、宾"的位置叫作"位",因此

动句(见例②)的框架可以写成:

"主位+状位+核位+补位+宾位"。

"框架核心分析法"讲位次,但与《马氏文通》、《新著国语文法》所讲的位次并不相同。"框架核心分析法"的主位就是主语的位置,状位就是状语的位置,补位就是补语的位置。位居主位,就是作主语。"动前有主、状",就是说动词前可以有主语和状语(或状语和主语)两个成分位置。一个状位可有几个状语,多层状语也是占一个状位。动后补位可以有两三层补语,宾位可以有两层宾语,如"给他三次钱"。主位可以有大主语套小主语,如"<u>这件事</u> ‖ <u>你</u> [怎么] [会] [不] 知道?"兼语句、连谓句可以有几个核心位置,例如"<u>领导</u> ‖ <u>派</u> <u>他</u> 去北京:开会。"这句就有三个核位。有的省略句可以不出现核位,例如问"你 ‖ 吃饭了吗?"答:"[没有]。"要补出答语所省略的成分,如"<u>我</u> ‖ [没有] 吃饭"才有核心"吃"。名句中核心名词前有定语的位置,多层定语也是占一个定位。

讲位次是出于讲分布的需要,词可凭它在句中分布的位置定词类。在基础句的框架(主位+状位+核位+补位+宾位)里,可以填入核位的必是及物动词,名词、形容词不能占这种位置,因为名词、形容词后头不能带宾语。形容词可以占"主位+状位+核位+补位"里的核心位置,即"形前有主、状,形后有补无宾"。名词就不能占这种位置。这种凭词所占的框架位置即凭它与左邻右舍的关系定其词性,就是通常说的"凭功能定词类",其实质是凭分布位次分词类。词类以分布功能为主要依据,参考其形态和意义,这就是能贯彻形式和意义相结合的语法研究总原则的分类办法。让学生记住"动前有主、状,动后有补、宾"的词是动词中的及物动词,"前有主、状,后有补无宾"的是不及物动词或形容词。分辨不及物动词或形容词,可以参考意义和形态来进行,对于难分辨的,还可以辅以具体鉴定字和特定框架,例如用"很~"和"比它~"、"~得很"来鉴定形容词。虚词本身无居核心和占句法成分位置的可能,也无形态可言,可凭它分布或依附在哪类实词的前后或语句的末尾,参考它的意义和作用定类。

"框架核心分析法"讲位次不光有助于辨认词性确定词类,也有助于快捷辨认句法成分。记住了"动前有主、状"和主、状的异同,就可解决动词前的成分类别问题,同理,记住"动后有补、宾"和补、宾的异同,就可解决动词后的成分类别问题。记住"名前有定语,名后无补、宾",可以确认名词。记住"形前有主、状,形后有补无宾",可以确认形容词。形后有宾的兼属动词。

"框架核心分析法"继承了句子成分分析法找中心这一合理内核,但抛弃了它不让短语或部分短语不作句子成分的限制,以及成分和词类对当关系的规定,比句子成分分析法更合理。句子成分分析法在我国流行的 50 年中,演化为几种分析法,主要有三种,早期以 20 世纪 20 年代黎锦熙《新著国语文法》为代表,中期以《暂拟汉语教学语法系统》为代表,后期以黄伯荣和廖序东《现代汉语》(第一版)为代表,三者的不同在于对待短语作句子成分的态度越来越宽,规定越来越多的短语可以整体地作句法成分。

试拿句子成分分析法对例②所做的分析与"框架核心分析法"的分析比较:

⑥ A. (我们) 厂 ‖ [最近] 试制 〈成功〉了(几种)(新)产品。

　　定语 主语　状语 谓语 补语　　定语 定语 宾语

　　　　　　　　　　　　(句子成分分析法)

　 B. (我们)厂 ‖ [最近]　试制　〈成功〉了(几种)(新)产品。

　主语　　　状语 核心动词 补语　　　宾语

　　　　　　　　　　　　(框架核心分析法)

可以看出,"句子成分分析法"基本上是让每一个实词充当一个句子成分,例⑥A 全句 8 个实词就被分析为 8 个成分;而"框架核心分析法"只有 5 个成分,其中主语"我们厂"和宾语"几种新产品"是由短语充当的,同句子成分分析法不同。

前期、中期、后期三种句子成分分析法对例⑥的分析结果都是一样的,但如果把例⑥改成例⑦,就可以看出他们的分析结果不一样,跟

"框架核心分析法"的分析也有很大的区别：

⑦　A.　(试制)〈成功〉(几种)(新)产品的工厂[最近]搬〈走〉了。

　　　　定　　补　　定　　定宾　主　状　谓　补

　　　　　　　　　　　　　　　　（早期中期成分分析法）

　　　B.　(试制成功几种新产品)的工厂[最近]搬〈走〉了。

　　　　　　　定　　　　　主　状　谓　补

　　　　　　　　　　　　　　　（后期成分分析法）

　　　C.　(试制成功几种新产品)的工厂 ‖ [最近] 搬 〈走〉了。

　　　　　　　主　　　　　　　　状　核　动　补

　　　　　　　　　　　　　　　（框架核心法分析法）

第 1 种分析是早期和中期成分分析法的分析,把一个句子分解成"定语＋补语＋定语＋定语＋宾语＋主语＋状语＋补语"9 个句型成分,全句不成格局。第 2 种分析是后期成分分析法,因规定短语可以充当定语、状语、补语,于是把例⑦分析成"定语＋主语＋状语＋谓语＋补语"5 个句型成分。第 3 种分析是"框架核心分析法"的分析,分析为"主语＋状语＋核心动词＋补语",只有 4 个句型成分,句子格式最清楚。

　　20 世纪 70 年代末至今在我国大为流行的"层次分析法"的分析,也跟我们的"框架核心分析法"的分析不同,如上句。"层次分析法"只凭第一层分出的主语谓语,认为这是主谓句,第二层次以下各层次与句型无关。只能说明与例①都是主谓句和动词谓语句,但是例⑥、例⑦两句的差别在哪儿,层次分析法要说明就困难了,所以说层次分析法分析句型较粗疏。

　　归纳句型较粗疏的原因是局限于二分,有三个成分相连的"SVO"或"SOV"两种类型的句子,就都难于用层次分析法去说明。句子成分分析法讲主干和枝叶,对于动前有主、状,动后有补、宾等简单单句,的确比层次分析法描写得细致,但是遇到有复杂定语,特别是定语内有复杂的动词短语,如例⑦,句型分析就乱套了,就会像例⑦A那样,出现"定语修饰补语"、"补语后带定语"、"宾语修饰主语"等不好解释的句型。

"框架核心分析法"把动句中的定语作为非句型成分,定语是位于名句(如例④、例⑤)里核心名词前的句型成分,或名词的修饰成分。

从语义的角度即从句法分析的结果能否符合原意或能否符合句法成分定义的角度来说,句子成分分析法的分析结果好多不符合原意,不符合成分定义。它把"他不反对"分析出来的主语谓语是"他反对",这就不合原意,也不合定义,因为陈述主语的谓语不应是"反对"。"层次分析法"和"框架核心分析法"都认为谓语是"不反对",这才符合谓语的定义。"句子成分分析法"分析"祥林嫂‖死了丈夫"时,认为其主干是"祥林嫂‖死",分析"美国‖爆炸了原子弹"时认为其主语谓语是"美国‖爆炸","层次分析法"和"框架核心分析法"都把句子一分为二,双竖线后面所有的词都是谓语,谓语陈述主语。谓语都合原意。这也说明,"框架核心分析法"吸收了"层次分析法"的合理内核。

从分析句内语义成分(施事、受事等)的角度来比较,层次分析法一分为二,只能表示两个成分的关系,分析过粗,句子成分分析法一分为多,但把短语肢解得过细,往往把语义成分肢解了,它对例⑦的分析就是如此。"框架核心分析法"便于说明格语法中的语义成分,格语法的语义成分主要是核心动词和分布在核心前后的"主、状和补、宾"这些成分,即与动作发生施事、受事、与事、工具、时地等关系。三个平面新学说十分重视语义成分、语义指向、语义特征的分析。"框架核心分析法"最便于作三个平面的语法分析。

从语法教学的角度看,讲语法主要就是教会学生辨词析句,即正确指出句子的词类和句法成分及整体类型并辨析正误等。掌握以动词、形容词和名词为核心的三个基础句的结构,就可以较快地分析各种格式的句子。

"框架核心分析法"在上述三方面比句子成分分析法和层次分析法都有略胜一筹的地方。

句子有核心，当以吕叔湘在《句型和动词学术研讨会开幕词》中说得最明确。他说，动词是句子的中心、重心、核心①。他在《现代汉语八百词》动词句表中就把"动前有主、状，动后有补、宾"的句型都列出来了②。我国在 20 世纪后期产生了多种名称不同的核心分析法，除了"框架核心分析法"外，还有陆丙甫在《主干成分分析法》中提出的"主干成分分析法"③（在 1984 年《对成分分析法和层次分析法相结合的一些看法》称"核心层次分析法"④），史有为在《语言的多重性与层—核分析法》中提出的"层—核分析法"⑤。把核心分析法写进教材的，有钱乃荣，他的《现代汉语》教材用的是"向心多分析句法"⑥。我和廖序东主编的《现代汉语》（增订三版、增订四版⑦）里对核心分析法也有介绍，特别是"增订四版"《句法成分小结及例解》一节中画出的"太阳系图"及其解说，是对"框架核心分析法"的形象化的说明。最近，邵霭吉发表《论"向心切分析句法"——〈现代汉语概论〉的析句法》⑧一文，他所主编的《现代汉语概论》⑨教材使用了这种主谓双核心分析法，也是核心分析法的变体。

"框架核心分析法"的长处，有些也是其他核心分析法的共同优点。如果拿几种核心分析法来比较，它们也各有长短。总之，已有的任何一种析句法，或多或少都有它的局限性。今后如何通过进一步的深

① 吕叔湘：《句型和动词学术讨论会开幕词》，中国社会科学院语言研究所现代汉语研究室：《句型和动词》，语文出版社 1987 年版。

② 吕叔湘：《现代汉语八百词》，商务印书馆 1980 年版。

③ 陆丙甫：《主干成分分析法》，《语文研究》1981 年第 1 期。

④ 陆丙甫：《对成分分析法和层次分析法相结合的一些看法》，《汉语析句方法问题讨论集》，上海教育出版社 1984 年版。

⑤ 史有为：《语言的多重性与层—核分析法》，《汉语析句方法问题讨论集》，上海教育出版社 1984 年版。

⑥ 钱乃荣：《现代汉语》（修订本），江苏教育出版社 2001 年版。

⑦ 黄伯荣、廖序东：《现代汉语》（增订三版）（增订四版），高等教育出版社 2001、2007 年版。

⑧ 邵霭吉：《论"向心切分析句法"——〈现代汉语概论〉的析句法》，《盐城师范学院学报》2010 年第 2 期。

⑨ 邵霭吉：《现代汉语概论》，中国社会科学出版社 2009 年版。

入探讨使"核心分析法"日臻完善,这有待大家共同努力。

（在本文写作过程中,邵霭吉、戚晓杰、秦存钢三位教授提出过宝贵的意见,在此表示感谢。）

# 四、从黄廖本《现代汉语》析句法的演变看汉语析句法的发展趋势

## 戚晓杰

黄伯荣、廖序东先生主编的《现代汉语》（简称黄廖本）,以其简洁适用、妥帖完备受人青睐,在国内外产生了广泛的影响,其使用面之宽、印刷量之大,居同类教材之首位,被誉为"一部受欢迎的《现代汉语》教材"[①]。仔细观察,20多年来,随着现代汉语研究的不断深入,黄廖本教材也在不断修订改进,这在句子的分析方法上尤显突出。对此加以探讨,可以透视出汉语学界析句法的演变轨迹及其发展趋势。

析句法是指把句法结构加以分割、解剖,并对分解出来的一个个单位加以定名的方法。它是语法体系的重要组成部分,比较语法体系的异同常常从析句法入手。析句法是建立在对语言性质认识的基础上而产生的。"对语言性质的感性认识的大量积累,可以升华为对语言性质的理性认识（即形成'假说'）,并导致一种分析方法的产生。而一种比较正确、合理的语言分析方法又可以帮助我们深入、系统地揭示语言的某种性质。"（史有为,1984）黄廖本教材的析句法是其语法体系的重要组成部分,黄廖本教材的价值与其析句法日趋符合汉语实际、较易深入人心不无关系。黄廖本教材析句法的改变与整个汉语学界析句法研究的发展与深入息息相关。

黄廖本教材从1979年出版到现今,历经二十余载,多次修订,从其析句法的变化来看,我们可以分为以下几个阶段来加以阐述。

---

① 《高教战线》1986年第6期。

## 一、1979 年试用本

黄廖试用本教材,更多地体现的是中心词分析法的特点,即"结合了层次分析法(又称直接成分分析法或二分法)因素的中心词分析法(又称多分法)"。这与当时的语法大环境是相适应的。我国从 20 世纪 50 年代开始重视语法教学,但各家语法体系很不一致,为了减少中学语法教学的分歧,产生了"暂拟汉语教学语法系统"(简称"暂拟系统")。"暂拟系统"是各派专家集体讨论的产物,它融会了当时我国从《马氏文通》以来几十年许多语法学者的研究成果,集各家的精粹于一个系统,为中学语法教学提供了共同遵循的比较好的依据,减少了分歧。"暂拟系统"出台后产生了巨大而广泛的影响,在高校里也使用,如胡裕树主编的《现代汉语》统编教材等。受结构主义层次分析法的影响,"暂拟系统"对 20 世纪 20 年代黎锦熙先生《新著国语文法》采用的典型多分法作了一些有益的变革。具体体现于以下几个方面。

1. 承认难找中心词的词组可以整体充当句子成分。典型的多分法的析句原则是词组不充当句子成分,尽量让一个一个的实词充当句子成分,一个句子成分由一个一个实词充当。"暂拟系统"让分不出中心词的联合词组和主谓词组整体充当句子成分①,对于"的"字结构、介词结构、方位结构等不容易分割的结构,也让它们整体作句子成分。

2. 像层次分析法那样,把主谓句一分为二,分出主语部分、谓语部分,但这两个"部分"不算作正式句子成分。

在析句方法上,"暂拟系统"基本上是多分法。偏正词组(包括补充词组)和动宾词组这些能找出中心词的词组,析句时必须"溶解"为一个个实词,充当一个个句子成分②;多层的定语、状语,都是逐个直接修饰中心词的,没有词或词组修饰偏正词组、动宾词组的说法。在高等

---

① 黎锦熙《新著国语文法》把联合短语分解为复成分(复主语、复宾语等),用"子句"的说法取消了主谓短语充当句子成分的资格。分别见商务印书馆 1998 年版,163~164、187 页。

② 也有例外,"这张桌子三条腿"里的"三条腿"不分析为定语和谓语,两个成分可整体作谓语。

学校使用"暂拟系统"的过程中,人们不断提出各种修订方案①。在如何改革"暂拟系统"析句法的问题上,人们的认识尤为分歧。但在"暂拟系统"析句法必须改革这一点上人们的认识则是一致的。1979年黄廖试用本教材就是在此背景下产生的。作为教学语法,黄廖本教材不可能完全脱离学生已熟知的"暂拟系统"而另起炉灶,它要考虑尽量吸收一些成熟的、多数人可以接受的观点,让学生学起来容易,老师教起来顺手,为此黄廖试用本教材设计出一套"既讲层次又讲中心的双轨析句法",析句原则是"从大到小,基本二分;寻枝求干,最后多分"。如:

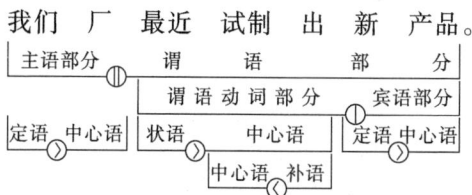

| 我们 | 厂 | 最近 | 试制 | 出 | 新 | 产品。 |

```
主语部分        谓   语   部   分
                谓语动词部分        宾语部分
定语  中心语  状语    中心语      定语 中心语
            中心语  补语
```

（定语）　主语　[状语]　谓语　〈补语〉（定语）　宾语

1979年黄廖本试用本教材与"暂拟系统"析句法的不同主要体现在以下几点。

1. 讲层次。在"暂拟系统"主语部分、谓语部分的基础上,把谓语部分又分析为谓语动词部分、宾语部分,两两相对,并以主语部分、谓语

---

① 胡裕树《现代汉语》在1962年的版本中基本上采用"暂拟系统",但也做了一些必要的修改。承认有两个合成谓语:判断合成谓语、能愿合成谓语,动词、形容词后面有趋向动词,表示附加意义,不是合成谓语。承认宾语提前,但借助介词"把、连、对"帮助这一类宾语提前视为介词结构作状语,又增加一种宾语提前的情况,即宾语为列举式("我上海也去过,天津也到过,几个大城市都到过")。取消复杂谓语的说法,分别称为连动式、兼语式。承认两种复指成分:称代式复指、总分式复指,把重叠复指称同位词组,一起作句子成分。除联合词组、主谓词组一起充当句子成分外,同位词组也可以一起充当句子成分;动宾词组、连动词组、兼语词组除不能一起充当谓语外,可以一起充当其他句子成分;偏正词组中,除状中型、中补型不一起充当谓语,定中型不一起充当主语、宾语外,可以一起充当其他句子成分。除主语部分、谓语部分外,增加宾语部分,以与动词相对。这些修改在黄廖试用本教材中大都得以采用或进一步发展。见胡裕树:《〈现代汉语〉使用说明》,上海教育出版社1962年版,第12~21页,参见高更生:《汉语语法问题试说》,山东人民出版社1981年版,第361页。

部分、谓语动词部分、宾语部分、定语、状语、补语来说明句子的结构层次,它们都可以由短语充当,这些都是向层次分析法靠拢的结果。"暂拟系统"只有主谓两个部分由词组充当,定状补都不能由偏正、动宾词组充当。

2. 给主语、谓语、宾语下的定义与"暂拟系统"名同实异。如主语是主语部分的主要成分,主语部分才是陈述对象,以避免"小芹的娘是于福的老婆"摘取中心词后成了"娘是老婆"这样的笑话;而"暂拟系统"认为,主语"娘"才是陈述的对象。

3. 取消了三种"合成谓语"的术语和讲法。把判断合成谓语"是学生"的"学生"定名为宾语,把能愿合成谓语"能来"中的"能"定名为状语,把趋向合成谓语"走出来"中的"出来"定名为补语。

4. 取消"复杂谓语"的名称和讲法,把"上街买菜"定名为连谓式,把"请医生来"定名为兼语式。

5. 取消三种"复指成分"。把同位复指"市长陈波"定为同位词组,把总分复指"他的两个弟弟,一个当兵,一个当工人"中的"他的两个弟弟"定为主语,把称代复指"青春,这是多么美好的时刻"中的"青春"定为主语。

6. 取消宾语前置的说法。把"把书拿走"中的"书"分析为介词宾语;把"他书也不看"中的"书"分析为作谓语的主谓词组的主语。

7. 黄廖试用本自己有整套析句符号,它来源于黎锦熙先生读书标记法,经过多次改造而成,现已广为流传,连"中学教学语法系统提要"(以下简称"中学提要")也放弃"暂拟系统"的加线符号,采用黄廖本的析句符号。这套析句符号是指主语(＿＿＿)、谓语(＿＿＿)、宾语(﹏﹏﹏)、定语(( ))、状语([ ])、补语(〈 〉)、中心语(....),用于原句图解。此外还设计一套用于层次分析的符号"‖、丨和)、]、〈"等,用于框式图解。①

_____

① 在框式图解法里,用‖表示前后是主语部分和谓语部分,用丨表示谓语部分中前头是谓语动词部分,后头是宾语部分,符号)置于定语和中心语之间,符号]置于状语和中心语之间,符号〈置于补语和中心语之间。

1979 年黄廖试用本对"暂拟系统"析句法的改革代表了 20 世纪 70 年代末析句法的新倾向。上面第 3、4、5、6、7 点的改革为后来的"中学提要"所采用。它在传统的多分法的基础上,吸取层次分析法的合理因素,按照结构层次,让尽可能多的词组充当句子成分,在对句子进行分析时,既注意结构关系,又照顾到结构层次。这比不重视结构层次,让不同平面上的句子成分杂乱地平列在一个层面上的多分法,无疑是前进了一大步,让人更便于了解句子的格局及其意义。黄廖试用本析句法"从大到小,基本二分",体现了句子的层次性;"寻枝求干"就是找出枝叶成分(定语、状语、补语)和主干成分(主语、谓语、宾语);"最后多分"就是用多分法术语给各中心成分命名,把分析结果平列在一个平面上。它用层次分析法的层次性简化了多分法的分析程序,分析句子到找出附加成分定语、状语、补语和主干成分主语、谓语、宾语为止,便于显示句子格局,又不会把句子分析得过于烦琐。特别是为了简化分析手续和成分符号,黄廖试用本还采用并改造了已有的简易符号标记法来标记句子成分,即不处处采用层层叠叠的分析手续,而用线条和括号表示最后结果。例如:

(我们)厂 ‖ [最近]试制〈出〉|(几种)(新)产品。

但其分析过程与前面框式图解法则是一致的。先分析出主语部分和谓语部分,中间用双竖线"‖"隔开。再在谓语部分里分出谓语动词部分和宾语部分,中间用单线"|"隔开。然后再找出附加成分和中心语。由于这种分析方法具有很强的合理性,能与中学语法教学接轨,所以接受起来比较容易,运用起来也得心应手。这也许正是黄廖试用本问世之后风行全国,发行量一跃而为同类教材之冠的重要原因之一。

**二、1983 年修订本**

1981 年至 1982 年,我国语言学界为配合教学语法"暂拟系统"的修订,展开了一场析句法的论争。人们对多分法和二分法这两种析句方法进行了比较深入的讨论。大多数学者认为这两种析句方法各有长短,层次分析法更能反映语言的层次性,二者应该结合。至于两者应该如何结合,意见还不太一致。但在语言结构具有层次性、所有词组都可以和词一样充当句子成分等问题上达成了共识。在此情况下,黄廖试用本精简了双轨析句法的过多的术语,主语部分、谓语动词部分等用主语、述语来代替,取消了人

为规定,基本采用层次分析法,即"结合少量中心词分析法因素的层次分析法"。如:

| 我们 厂 | 最近 试制 成功 | 几种 新 产品。 |
|---|---|---|
| 主　语 | 谓　　　　语 | |
| 定语)中心语 | 述　语 | 宾　语 |
| 状语] 中心语 | 定语 )中心 语 | |
| 中心语 〈补语 | 定语)中心语 | |

在"中学提要"1984 年公布之前,1983 年出版的黄廖修订本在析句法上作了以下的改变。

1. 让所有词组一律平等,都可整体充当句子成分,不加人为限制,不规定某些词组能或不能充当什么成分。

2. 简化术语,将两套析句术语改为一套句子成分。把主语部分改为主语,谓语部分改为谓语,谓语动词部分改为述语①,宾语部分改为宾语。设立三个中心(主语中心、谓语中心、宾语中心),作为主谓句的三个主干,这也是后来"中学提要"设立的三个主干。黄廖修订本还认为谓语中心决定整个主谓词组的性质,主谓谓语句可根据谓语中心的词性而分别划归到动词性、形容词性、名词性谓语句里面去。

3. 明确认定一般句子成分有八个:主语、谓语、述语、宾语、中心语、定语、状语、补语,这八种句子成分不在一个平面上,它们是配对共存共现的:主语与谓语相对,述语与宾语相对,定语与它的中心语、状语与它的中心语、补语与它的中心语分别相对。

**三、1990 年增订版**

1990 年黄廖增订版所采用的析句法仍属于结合中心词分析法的层次分析法,在定名法和析句手续上有所变动。

1. 为了与中学教学语法术语接轨,将"词组"改为"短语",采用传统和"中学提要"的"动宾短语"一名,但不采用"动词+宾语"的说法,

---

① 黄廖本教材中的"述语"与黎锦熙《新著国语文法》中的"述语"、朱德熙《语法讲义》中的"述语"名同实异。黎锦熙《新著国语文法》中的"述语"与主语相对,相当于他后来著作中的"谓语"。朱德熙《语法讲义》中的"述语"是"述宾结构"、"述补结构"的前项,可以与宾语相对,也可以与补语相对。黄廖本的述语只与宾语相配对。

为了"语"对"语",改为"动语+宾语"的说法,即把修订本中的述语改称为动语,限定只与宾语配对,不与补语配对。

2. 在切分手续上,对于可以作两种切分法的状动宾结构,由以前的一般先宾后状,即先切分出宾语,再切分出状语,改为一般先状后宾,即先切分出状语,再切分出宾语,以求更切合汉语的实际。① 如:

```
全 体 同 学 都 做 完 了 语 法 作 业。
|——————————————|——————————————————————————|
|     主 语      |          谓 语            |
|—————————|————| |————|————————————————————|
|(定语) 中心语  |状语]     中 心 语          |
              |——————————|—————————————|
              |  动 语    |    宾 语     |
         |——————————|——| |————————|————|
         |中心语〈补语| |(定语 ) 中心语|
```

在一些句式的分析上也作了新的调整。

1. 对双宾格式的切分,"动+宾+宾"可用多分法,也可用二分法,各有利弊。黄廖增订本采用了二分法,先切远宾语,后切近宾语②,如:

```
给 他 钱
|——|——|——·|
|——|—————|
```

2. 对"拿出书来"格式的切分,黄廖修订本认为"出"和"来"是一个补语,中间插进一个宾语,"出来"在一个层次上;增订本改为"出"和"来"是在两个层次上,切分时首先切出补语"来",最后切出补语"出",如:

```
拿 出 书 来
|————————|〈———|
|————|———————|
|——|〈——|
```

---

① 为便于理解掌握此分析程序,黄廖本教材用以下口诀加以概括:一、以动为心,(先找出动词,作为短语的中心)二、先切动前,(先切出动词前头的状语)三、后切动后,(后切出动词后头的宾语)四、先远后近。(如果动词前头有不止一个状语,先切远的,后切近的;如果动词后头的成分有几个,也是先远后近。也可以说是先外后内,先外层后内层)黄伯荣、廖序东:《〈现代汉语〉教学参考与自学辅导》,高等教育出版社 1998 年版,第 33~34 页。

② 胡裕树《现代汉语》(1984 年)认为双宾语句"送我一本书"作层次分析时可以分析为〔(送+我)+一本书〕,见该书 358 页。

3. 对"暂拟系统"定名为"称代复指"的格式(如"青春,这是多么美好的时刻")①,黄廖本为少立名目,将句首的被复指成分看做陈述对象,定名为一般成分主语,后头是主谓谓语。黄廖本增订版把句首被复指的成分只要是"这"字意义上能管得了的结构,一律看作主语,而不管它是词、非主谓短语还是主谓短语,甚至连大于主谓短语的复句形式也看作主语,不看作复句的分句。而 1983 年修订本是区别对待的,只把"这"字前头的词和非主谓短语看作主语,把主谓短语和复句形式看作解说复句的分句。

4. 对"暂拟系统"定名为"总分复指"的格式(如"他的两个妹妹,一个是医生,一个是工人")②,黄廖增订版称它为主语,后头分说部分是谓语,谓语是一个复句形式。

**四、黄廖未来版**

黄廖未来版析句法指的是黄伯荣先生在《框架核心分析法》③一文中提出的框架核心析句法。这种析句法目前虽尚未被全面采用,不过,黄伯荣先生表示将来时机成熟即大家熟悉框架核心析句法的时候,可以在修订黄廖本教材时试用这种析句法。框架核心析句法是一种既讲核心又讲层次、既讲框架又讲位次的分析句子的方法,简称"核心法"。它尽最大可能把不同层次的几个句法成分放在同一线性平面上,便于细致地显示各种句型框架,便于显示句型框架核心以及核心与向核成分之间的语义关系,因而便于讲解句式变换和格语法。如:

我们厂¹［最近］²试制⁴〈成功〉了³几种新产品。
　主位　　状位　动词　补位　　　宾　位　　　(框架位次)

核心法具有以下几个特点。

1. 重视句子核心的地位,句型分析到找出核心为止(短语分析到词为止)。所谓核心是指句中关系到句型、决定全句性质、意义上和结构上联系最广泛的词语,句中的其他成分都与它发生直接或间接关系。

---

　① 胡裕树《现代汉语》(1984 年)将"暂拟系统"的句首被复指的成分定名为提示成分,有的书改名为外位语。
　② 胡裕树《现代汉语》(1984 年)把句首的总说部分称为提示成分。
　③ 《汉语学习》1999 年第 6 期。

抽出核心,句子成分就会失去联系而散了架。如前面例句,核心为"试制",它可以分别同前面的主语、状语和后面的补语、宾语相关联,构成"我们厂试制"、"最近试制"和"试制成功"、"试制几种新产品"等简单框架。在这个句子里,如果抽掉了"试制"这个核心,整个句子就会失去交际功能;而抽出核心之外的任何一个成分之后大都仍成结构。

2. 重视句子的结构框架。所谓框架即语言成分(句子、短语或句调等)的格式、模式。如上例的"主位·状位·动词·补位·宾位"就是汉语动句的基本框架,它是由简单框架复合而成的。句子的基本框架是句子生成变化的基础。它可简可繁,构成不同的变体形式。儿童学话就是在不断充实词语库的同时逐渐形成从简单到复杂的框架,学会只要往框架里填合适的词语,就可生成从未说过的句子。

3. 重视语法结构的层次性。核心法把不同平面的切分结果置于同一线性平面上加以显现,它的分析过程仍具有层次性。上例的1、2、3、4就是层次的切分顺序,分别表示四个不同的切分层次。如果需要,核心法也可以展开作层次描写。

4. 重视句中各成分的位次。核心法强调八种一般句子成分是配对共存共现的,各配对而共存的句子成分在句中有固定的位次。框架中的各个位次都有自己的构成成分。各个位次的词语是互相制约的,牵一发而动全身。一个位次用了不同性质的词语,另一位次就应作相应的改变。

5. 核心法比流行析句法更易表现出格语法这种普遍语法理论所揭示的格关系,便于作句子的语义分析。核心法加上汉字和字母符号,可以表示不同的格。这种格的分析对于辨别同形异构框架现象有重要作用。

6. 核心法最大的特点是便于显示句型,像吕叔湘《现代汉语八百词》中所列句型。各种句子抓住核心及与之相关联的向核成分,框架类型一目了然。

黄廖增订版教材析句法基本上是层次分析法,层次分析法是不找核心的,它无法说明核心成分和向核成分之间的语义关系。层次法层层二分,分析出来的结果,不易显示主干,不便于显示句型,如果复杂一点的句子,分析七八层,最后切成几十个成分,有如一棵树砍成了几十个碎片,像一堆柴火,使人看不清是什么树形。核心法能弥补目前黄廖本教材析句法的不足,使其语法体系趋于严密、完整。目前的黄廖本教材虽讲求中心,也可看出句型,但还是不明显。换用框架核心析句法,在讲求层次的基础上,寻找句子的核心,便于抓住主干,句子类型一目了然。

核心法的出现绝非偶然,它是在已有析句法的基础上,吸收我国各种核心法以及框架语法思想的合理内核,融会贯通、推陈出新而形成的,体现了汉语析句法发展的总趋势。

在我国核心法的历史并不长。吕叔湘主编的《现代汉语八百词》和张志公主编的《现代汉语》、《中学教学语法系统提要》虽然都没有明确提出"核心"这一名称和有关理论,然而它们的语法观对后出的核心法的产生有很大的启发和影响。我们不妨把它视作核心法产生的主要源头。明确提出核心法观点的是陆丙甫《对成分分析法和层次分析法相结合的一些看法》、史有为《语言的多重性与层—核分析法》。钱乃荣主编的《现代汉语》的语法部分也贯穿有核心法的分析原则。特别是在近几年对外汉语教材中,在对语法点的阐述上,有的也采用核心法观点(黄政澄,1997),产生了很好的教学效果。分析句子寻找核心,语法阐释重视句子核心的地位,代表了我国近几年来析句法发展演变的一种倾向。吕叔湘在"句型和动词学术讨论会"开幕词中曾经指出,"动词是句子的中心、核心、重心"。李临定(1989)曾就句子的总格局提出了"两个平面"的观点来分析。"一个是主语(话题)、谓语(说明、叙述)平面,另一个是以动词为中心的平面。作者认为应该把分析的重点放在以动词为中心的平面上,特别是对非汉族人研究、学习汉语来说更应该如此。因为这样便于观察、揭示句子构造的具体规律及特征。动词在句子里是处于中心地位。其他成分都和它发生关系。"不过,总的来看以往的核心法"从总名到成分切分法和成分定名法都有差异,对多成分动词短语的层次问题最为分歧。"(黄伯荣,1999)它与以往的各核心法均有所不同①。

---

① 黄伯荣在《框架核心分析法》一文中已经论述,本文暂不涉及。

近年来,基于对汉语语法特性的认识,人们越来越注意到汉语句法结构框架的重要性。季羡林指出:"汉语没有形态变化,只看单独一个词儿,你就不敢判定它的义。必须把它放在一个词组或句子中,它的含义才能判定。使用惯了这种语言的中国人,特别是汉族,在潜意识里就习惯于普遍联系,习惯于整体观念。"①王希杰(1996)也指出:"现代心理学告诉我们,人们的心理并不是一块什么东西也没有的'白板'。人们在感知对象的时候,意识中事先就有了一个感知的模式,正是这个感知的模式决定了人们的感知活动的方向。在人们的感知活动中,有一条基本的规则是:整体大于部分。在我们听话或者阅读的时候,我们并不是一个音节一个音节地或一个汉字一个汉字地进行我们的解码活动,而是抓住一些主要的特征,及时形成自己的模式或框架,再用这样的模式或框架来同对方的话语相匹配。如果匹配了,就感觉到顺利通畅;如果不能匹配,就或者是怀疑自己的模式或框架有毛病,或者怀疑对方的话语有了问题,暂时地中断解码活动。"可以说框架核心法是经过严密的逻辑思考而形成的一种与框架理论相结合的析句体系,它比较切合汉语的客观实际。

纵观黄廖本教材析句法的变化,我们可以看出,黄廖本教材析句法与整个汉语学界析句法的研究密切相关,汉语学界析句法研究的新成果都可以在黄廖本教材中得到体现。但它又并非是对已有的现成的析句法加以照搬,而是在吸收各种析句法合理内核的基础上,综合各方面的因素,融会贯通,发展成为一种可以为大多数人认可的又具有超前意识的有创见的析句法。黄廖本教材析句法的变化,体现了二十年来汉语学界析句法的演变轨迹,同时也折射出汉语析句法的发展,这就是由典型的多分法,逐渐向二分法靠拢,按照句子结构的层次,让越来越多的词组充当句子成分;再到吸收多分法的合理成分,重视语法结构关系,实行层次分析法的二分,把多分法与层次分析法的优点集于一身,到最后的适应汉语客观实际,在吸收各种析句法(包括格语法分析)合理内核的基础上,走出一条具有中国特色的寻找句子核心、重视结构框

---

① 季羡林:《〈中国文化语言学丛书〉总序》,广东教育出版社1997年版。

架的分析句子方法之路。用一个简单的公式可表示为:典型多分法—结合了层次分析法因素的多分法—结合了多分法因素的二分法—核心法。核心法代表了汉语析句法发展演变的总趋势,具有很强的生命力。

在印欧语中(如英语、法语),句子核心(动词)的地位更加突出。"实际上,印欧语有定性范畴的核心是谓语动词,每一个句子必须有一个定式动词,而且也只允许有一个定式动词,它的时、式、体等必须是有定的,而主语却可以是无定的,甚至可以出现如 it, there 这样的虚位主语。印欧语的语法理论之所以有生命力和解释力,基本的原因就是它的各种语法理论,不管是传统的还是现代的,基本上都是以有定性的谓语动词为中心建立起来的,因而取得了成功,对世界上其他地区的语法研究产生了深远的影响。"(徐通锵,1999)从这一角度看,析句方法向着核心法方向发展符合人类语言的普遍规律;就这一点来说,核心法的探讨在语言学理论上也具有重要意义。

任何一种析句方法的提出,在它创立之初都不可能是完美无缺的。框架核心分析法亦是如此,它只是一个提纲性的东西,有些问题尚有待于进一步改进与完善。本文只涉及单核动词句,单核形容词句、单核名词句怎样划分,一些特殊句式如何处理,多核句、无核句怎样分析,一些特殊句式如何处理,都需要探讨。也许随着人们对汉语认识的不断深入,框架核心分析法所提出的一些具体方法会有所改变,但框架核心分析法所提出的分析句子重核心、重框架的思路只会更加清晰、完备,而决不会被彻底否定。

目前计算机汉语信息处理进展缓慢,人机对话不尽如人意,计算机造出的句子五花八门,许多不合规范。究其原因,这与我们词类的划分、句子分析法还存有一定的不切合汉语实际之处密切相关。框架核心析句法就是针对此种情况而提出来的。框架核心析句法的位次理论为汉语词类的划分提供了基点,把位次与词类的划分联系起来,按位次确定词类,有助于解决汉语词类划分问题:以动词为核心,在框架中说明每一动词所连带的各种成分,便于计算机从形式上识别汉语语法。我们相信,框架核心分析法的提出对于探讨一种真正切合汉语实际、能与计算机语法接轨的析句法,会起积极的推动意义,而这也正是黄伯荣提出框架核心析句法的初衷。

参考书目：

[1] 史有为 1984《语言的多重性与层—核分析法》《汉语析句方法讨论集》，上海教育出版社。

[2] 黄伯荣、廖序东 1979，1983，1990《现代汉语》，1990 增订版之前为甘肃人民出版社，之后为高等教育出版社。

[3] 黄政澄 1997《标准汉语教程》，北京大学出版社。

[4] 李临定 1989《如何分析句子》，《语言教学与研究》第 2 期。

[5] 黄伯荣 1999《框架核心分析法》，《汉语学习》第 6 期。

[6] 王希杰 1996《修辞学通论》，南京大学出版社。

[7] 徐通锵 1999《说"本位"》《汉语现状与历史的研究》，中国社会科学出版社。

[8] 吕叔湘 1980《现代汉语八百词》，商务印书馆。

[9] 陆丙甫 1981《对成分分析法和层次分析法相结合的一些看法》《中国语文》第 4 期。

[10] 钱乃荣 1990《现代汉语》，高等教育出版社。

[11] 黄伯荣 1981《谈句法分析》，《中国语文》第 5 期。

[12] 1984《汉语析句方法讨论集》，上海教育出版社。

[13] 江蓝生、侯精一 1999《汉语现状与历史的研究》，中国社会科学出版社。

[14] 黎锦熙 1998《新著国语文法》，商务印书馆。

# 五、现代汉语方言语音、词汇、语法的差异

## （一）汉语方言语音差异

汉语方言之间的差异表现在语音方面最为突出。这些差异通过比较，联系汉语语音的发展和共同语语音、古代语语音的音系，可以看出主要表现为音值差异、音类差异和音读差异等几个方面。现略作介绍：

### 1. 音值差异

各个方言的声母和韵母组合方式不一，有的方言又有各自独特的声母和韵母；声调方面调值和调型也不尽一致。这些我们统称之为音值差异。音值差异使得每个方言的声母、韵母、声调数目不同，音系的繁简程度也很不一样。

声母方面:汉语的声母一般都有 p、pʰ、m、f、t、tʰ、n、l、ts、tsʰ、s、k、kʰ、x(或 h)等①,另有一些辅音,不是普遍共有的,例如 pf、pfʰ、t̪、t̪ʰ 出现在西北关中方言;ɬ 出现在闽方言的莆仙话,粤方言的广东四邑话、阳江话和广西玉林话中;ŋ 出现在粤方言,客家方言和北方方言的广西桂林话、柳州话中;tɬ、tɬʰ 出现在徽州话中;b、d、g、dz、ɦ 等浊辅音声母出现在吴方言中;ʔb、ʔd 等只出现在闽方言的海南闽语中。这些都是很显示特色的。

韵母方面:普通话韵母中的元音 ɑ、o、r、i、u、y 等为多数方言所共见,而其中 y,在客家方言、闽方言等的一部分方言中却没有。此外,有些方言又各有自己的一些元音,如粤方言、吴方言和闽方言中的闽东次方言都有 œ、(ø、ө)等圆唇元音;闽方言中的潮州话和北方方言中的西南次方言武汉话有 ɯ 元音;粤方言中的广州话的 ɑ 有长短之别(短 ɑ 音值为 ɐ,长 ɑ 音值为 ɑː);闽方言中的闽南次方言、北方方言中的西北次方言有鼻化韵母 ã、ł 等。在复韵母的组成上,各地方言也表现出一些差异性。例如 o 和 i 在粤方言、客家方言中都可以组成 oi 韵,œ 和 y 在粤方言中的广州话、闽方言中的福州话中都可以组成 œy 韵,闽方言中的闽南次方言、客家方言和北方方言中的西南次方言 ɑ 前大都可以加 i 构成 iɑ,等等。总的来说,南方各地方言韵母丰富多彩,比起共同语和北方各地方言来,韵母数目要多一些。例如吴方言(苏州)49 个,粤方言(广州)53 个,赣方言(南昌)65 个,客家方言(梅州)67 个,而闽方言中的闽南次方言(厦门)多达 87 个,比之共同语竟多一倍多。

声调方面:汉语声调的数目最少有 3 个,最多可达 11 个。北方方言在 3～5 个之间,多数跟共同语一样有 4 个声调,即阴平、阳平、上声、去声。其他方言在 5～10 个之间,其中都有一个入声。如吴方言中的上海话有 5 调,苏州话有 7 调,温州话有 8 调;湘方言中的长沙话、赣方言中的南昌话、客家方言中的梅州话都有 6 调;闽方言中的福州话、厦门话都有 7 调,潮州话有 8 调;粤方言中的广州话有 9 调,玉林话有 10 调,等等。在调值和调型方面各有特色,同是四个声调,但北方方言中

---

① 本文中的国际音标均省略了方括号。

的济南话却是降升 213（阴平）、高降 42（阳平）、高平 55（上声）、低降 21（去声），至于其他方言声调调值的分歧，那就更大。调型方面甚至有双曲调型，如北方方言中的陕西商州话的 3231 调和 2141 调，就很为特别。

在音素的组合方式上，各地方言也显示出一些不同，例如 f 在共同语中是不能和 i、y 组合的，而在吴方言苏州话、粤方言玉林话中，却有 fi 这样的音节；又如客家方言、粤方言、吴方言，凡有入声调的，入声调一般只出现于带塞音韵尾的韵母中；有浊声母 b、d、g 的方言（如吴方言），基本上不能和阴平调组合，等等。

2. 音类差异

音类差异一般是联系古音来进行比较，可从声类差异、韵类差异和调类差异三方面来考察：

声类差异：古音有清浊声母的分别，例如"爬、定、共、字"等属于古浊声母的字，在共同语和粤、闽、客家、赣等方言中都念为清声母字。吴方言和湘方言中的老湘语还保留着清浊声母对立的现象，苏州话"爬"是 b-，"定"是 d-，"共"是 g-，"字"是 z-。唇齿音声母是古代的"轻唇音"，来源于古非、敷、奉等声母，在共同语和吴、湘、赣、客家、粤等方言中都念为 f 音，唯有闽方言别具一格，根本没有唇齿音 f，在口语中保留上古时期汉语"轻唇归重唇"的特点，都念为 p、pʰ 声母，而在读书时则念为 h 声母，例如"飞"字，闽方言区都是口语为 p-，读书音为 h-。塞擦音和擦音的分合方面，共同语和各方言有不少独特之处：共同语有 ts、tsʰ、s、tʂ、tʂʰ、ʂ 和 tɕ、tɕʰ、ɕ 三套，一方面反映了古声母精组和知、照组的区别，同时又发展出一种新的情况：古精组和见组的细音韵母字念为 tɕ、tɕʰ、ɕ，从而构成三套不同的读音。在许多方言中，或三套合而为一，如粤方言；或三套保留其二，如吴方言、湘方言和北方方言中的西南次方言；另外也有一些方言虽然只保留了一套塞擦音和擦音，却又把古知组的字念为舌尖塞音 t、tʰ，如闽方言"知"为 ₋ti，"陈"为 ₋taŋ，这实际上是保留了上古汉语中"古无舌上音"、"舌上归舌头"的特点。

韵类差异：主要表现在韵母中"四呼"的分合、复韵母的转化和辅音韵尾的存废变化等。四呼齐全是共同语的一个突出特征。粤方言

"无介音"，不存在"呼"的问题；闽方言、客家方言一般都缺少"撮口呼"；有的方言又存在着"转呼"的现象，如在共同语中保留古合口韵的字，在有些方言中转化为开口韵，即脱落了韵头的u-，拿古果摄合口一等的字来看，"朵、锁、坐、果、锅、所"等在共同语中都是 uo 韵，但在粤、闽、湘、赣、客家等方言中全都是 o 韵，在吴方言中虽不是 o 韵，却也转为非合口呼的韵，如苏州念 əu 韵。正因为这样，方言区的人学习普通话时，很容易把"多"念为 ₌to，把"罗先生"叫作 ₌lo 先生，听起来好像差不多，其实少了一个 u 韵头，应该是 ₌tuo（多）₌luo（罗）才对。现代汉语的复元音韵母是从古汉语沿袭下来的，例如古代 ai、ei、ɑu、ou 等韵，发展到了现代，一些汉语方言转为单韵母了，吴方言尤为突出。例如苏州话"才"是 ₌zɛ，"开"是 ₌kʰɛ，"美"是 ᶜmɛ，"到"是 tæ˩，"臭"是 tsʰɤ˩。属于北方方言中的山东济南话和广西桂林话，也存在 ai、ɑu 转为单韵母的现象。例如"才"济南话念 ₌tsʰɛ，桂林话念ts'æ，"包"济南话、桂林话都念 ₌pɔ。与之相反，也存在着原属单韵母现转变为复韵母的现象，如粤方言中的广州话"毙"念为 pei˩，而闽方言中的福州话"毙"又念为 pei˩；"具"广州话念为 kœy˩，而福州话念为 køy˩，这些字在共同语中都是属单韵母的。古音中原有-m、-n、-ŋ三个鼻音韵尾和-p、-t、-k 三个塞音韵尾，发展到现代汉民族共同语只保存-n、-ŋ两个，-m、-p、-t、-k 已消失了，但在南方各地方言中，越往南保留得越多。吴方言-p、-t、-k 三个合并为一个-ʔ，往南到了赣方言、闽方言，塞音韵尾就多起来了。客家方言和粤方言一般都完整地保留-m、-n、-ŋ、-p、-t、-k 6 个辅音韵尾；闽方言中虽然福州话只有-ŋ、-ʔ 两个辅音韵尾，但一到闽南，厦门话除了有-m、-n、-ŋ、-p、-t、-k 韵尾外，还多出一个-ʔ韵尾，共 7 个。总的来说，在北方方言中辅音韵尾以-n、-ŋ 这两个的覆盖面最广，但有的方言有-n、-ŋ 混读现象，保存其中的一个；至于-p、-t、-k 这几个塞声韵尾，则大都丢失了。

调类差异：汉语自古有平上去入四类声调，在现代方言中，古平声调绝大多数已分化为阴平和阳平两类，烟台、滦县话等少数方言保留平声不分化，它们只有平上去三个声调。北方方言地区大都没有入声。多数是"入派三声"，也就是说古入声字分别归入平声（包括阴平、阳平)、上声、去声里面去了。但在西南次方言中,古入声字一般都归入阳平调了。此外,古上声、去声在分合演变中也有差异,这里就不一一列述了。

3. 音读差异和音变差异

除音值差异和音类差异外,汉语各地方言和共同语还存在着音读上的差异和音变上的差异。某一个字出现在不同的场合,有的方言会有不同的音读,而有的方言却并无变化,这就造成方言间的音读差异。例如读书音和说话音的不同,通常叫作"文白异读"的,不同方言有很大的不同。北京语音文白异读的现象并不突出。有的方言有文白异读的字很多,范围很广;有的方言却只有少数一些字存在着文白异读。最突出的是闽南次方言厦门话、泉州话,几乎各自形成系统,粤方言比之就少得多。有的方言还存在着"训读"的现象,即把几个同义的字念成同一个音,例如闽方言中的海南方言,"训读"现象之普遍堪称典型,"乌"与"黑"都读 ⊂ou,"思"和"想"也同义训读,结果"思想"就成为 tio tio 了。此外,还有一些古代汉语留下来的多音字,通过不同的音读来区别不同的字义,有的汉语方言把此类"音随义转"的多音现象继承下来了,有的方言却没有继承,这也就会造成音读上的差异。例如"华"用作姓氏时应念去声 xua ⊃,但在粤方言中,一样念平声。一些地名的读音,有本地人的传统读法,如广东番禺的"番",粤方言就念 ⊂pʰun(潘),照"名从主人"的原则,普通话也不念 ⊂fan 而念 ⊂pʰun。音变的差异以连读变音现象最为突出。在现代汉语方言中几乎普遍存在连读变调,只是变调的规律不一而已。民族共同语中两个上声相连,前一个上声要变读为阳平,这类变调现象不多。南方有的方言,连读变调现象覆盖每一个声调,形成一整套的变调规律,闽、吴方言大都如此。粤、客、赣方言等变调比较少。个别方言,例如闽方言中的福州话,还有连读变声母的现象,例如"菜头"tsʰai lau 的"头"本来是 tʰau,因受前一音节韵尾 i 的影响变为 l 了。此外,有些方言有合音字,像北方话的"甭"pəŋ,吴方言中的"嬲"fiɔ,闽方言的"莓"boi 等,还有北京话中的轻声、儿化现象等,都属于音变的范围,也是构成方言语音差异的因素。

## （二）汉语方言词汇的差异

由于社会各种因素的影响,汉语各方言在发展过程中形成了一定数量的独特词语。方言词汇和共同语词汇之间的差异,是学习、推广普通话中务必高度重视的内容。

汉语方言词汇之间的差异五花八门,多彩多姿。粗略归纳起来,可分为以下两个方面:

### 1. 形同实异

形同实异在汉语方言中有几种不同的表现:

（1）所指概念较大。例如"水"这个词,在客家方言中兼指"雨","下雨"客家方言就说"落水";"毛"在闽方言各支系中都用来兼指头发,福州、厦门、潮州以至台湾、海南等地的闽方言,都把头发叫作"头毛";"鼻"在闽方言的一些地方用来兼指"鼻涕"和"鼻子",如潮州话"流鼻"是"流鼻涕","伊个鼻比别人大"是"他的鼻子比别人大";"吃"在共同语中使用的范围就不如许多方言大。如吴方言中就有"吃茶"、"吃酒"之说。如此等等,都显示出方言中某个词所指的概念是比较大的。

（2）所指概念较小。最典型的例子莫过于作为食品的"面"这个词。几乎所有南方方言,包括吴方言、闽方言、湘方言、客家方言、粤方言等,都普遍只用来指用面粉擀制成条状的"面条",但在共同语和它的基础方言——北方方言中,"面"的词义范围明显要大得多,它用来泛指面粉和其他杂粮的制成品,如小米面、棒子面等,如果加上"儿"尾,说成"儿化"的"面儿",又可用来指碾成粉末的东西,如"胡椒面儿"等。又如"打"这个词,在南方各方言中所能表示的词义范围就远不如北方方言和共同语大。"打人"、"打球"这样的用法各地比较普遍,但"打毛线"、"打鱼"、"打水"、"打灯笼"之类的用法,在南方方言中就不多见了。

（3）所指概念转化。有的是部分转化,仍可看出其间联系,例如"月光"在闽、粤、客家等方言中都是指共同语所说的"月亮",而不是指"月亮的光芒";"古"在闽、粤、客家等方言中指的都是共同语中的"故事","讲古"就是"说故事";"冤家"在闽方言各地普遍用作动词,指的是"吵架"的意思;"地"在客家方言中都可用来指"坟墓","做地"就是"修建坟墓";"细"在闽、粤、客家诸方言中都用来指"小",如粤方言形容人"个儿小"叫"细粒",排行最小的也用"细":"细叔"、"细婶",甚至还有"细老婆"(小老婆)的说法。有的词义转化以后已使人看不出跟词形的联系,这可说是完全转化了。例如赣方言的"清汤",指的是"馄饨"这一食物,相去实在太远了;又例如闽方言福州话说"对手"是"帮忙"的意思,如此等等,所指的概念都很难跟词形联系起来理解。

2. 实同形异

同样的事物,同样的概念,在不同方言中用不同的词形来表现,这种实同形异的现象数量很大,可说是汉语方言词汇中最为普遍的差异。实同形异有各种不同的形式,主要的是:

(1) 词义相同,词形完全不同的。这有多种不同的表现。首先是各地方言往往运用各自特有的构词语素和构词方式来为某些事物、某些概念立词,这就可能出现一批和共同语及其他方言词形大相径庭的同义词。例如粤方言有一个独特的方言词"嘢",表示"东西"、"事物",跟着利用"嘢"作语素,就衍生出一系列带"嘢"的独特词语来:"坚嘢"(质量好的东西)、"流嘢"(质量差的东西)、"正嘢"(上乘的东西)等;甚至引申到带有贬义的说法用来指人,有"老嘢"(老头子)、"衰嘢"(人品低劣的人)等。各地区的人们对于同一概念、同一事物的理解未必完全相同,各自根据不同的理解,用不同的方式创造方言词,也是形成形异实同的一个重要原因。例如"聊天"这个常用的词,广州话是"打牙较",闽方言潮州话是"拍嘴鼓",四川话是"摆龙门阵",等等;"萤火虫"这一常见的昆虫,由于不同地区的人们以不同的方式进行描写,便有了"亮火虫"(成都)、"火金姑"(厦门)、"游火虫"(上海)、"火蓝虫"(梅县)、"蓝尾星"(福州)、"火夜姑"(潮州)等不同的叫法;情况相似的如"向日葵"一词,各地也随着不同描写而出现"朝阳花"(济南、长沙)、"朝阳饼儿"(昆明)、"阳佛花"(温州)、转日莲(宿迁)等各种不同的名称。方言地区的人们为一些事物、概念取名儿,不免还受到本地区独特的自然地理条件和风土习俗、心理取向等因素的影响。例如南方冰雪不分,就带来一些跟冰雪有关的具有特色的方言词,凡共同语用"冰"的词,粤方言一律代之以"雪",例如"冰箱"叫"雪柜","冰棍"叫"雪条","冰激凌"叫"雪糕","冰镇"叫"雪藏","溜冰"叫"滑雪","溜冰鞋"叫"雪屐",等等。又如由于风俗习惯或个人心理上的原因,各地方言或多或少存在一些忌讳语。粤、闽、客家诸方言因"伞"、"散"同音,忌"散"而把"伞"改用"遮";粤方言因"舌"、"折"(亏本)同音,忌"折"而把"舌"改为"脷"(与"利"同音,加肉旁),"舌头"也就叫作"脷"了,湖北有的地方干脆把"猪舌头"叫"猪赚头",这同样也反映出各地人民避凶趋吉的心态。有一些方言词跟"存古"和"外借"不无关系。各种汉语方言,不同程度地保留了一些古汉语的语词,例如粤方言中管"走"叫"行",管"喝"叫"饮",管"叙谈"叫"抖抖";闽方言管"眼睛"叫"目",管"房屋"叫"厝",管"筷子"叫"箸",管"铁锅"叫"鼎",管"绳子"叫"索",等等。与"存古"同时,在汉语的发展过程中,共同语和各地方言又都有可能因和其他民族语言的接触而产生互相融合与互相借用的现象。由于借入的源头和借入的方式并不一致,无疑也扩大了汉语方言之间的词汇差异。和外族语言接触较多的南方方言,借词也较多。粤方言中借自英语的,例如"恤衫"(衬衣)、"菲林"(胶卷)、"的士"(出租汽车)等;闽方言借入了一些印尼—马来语的语词,例如"洞葛"(手杖)、"雪文"(肥皂)、"道郎"(帮忙)等,还有东北地区的北方方言也借入了一些俄语的语词,例如"列巴"(面包)、"沙油子"(工会)等。值得注意的是:同样一个外来的语词,由于借入的方式不同,你用音译,我却用意译,各用各的,加上方言区人民的社会文化背景、心理因素等也渗透到借词中来,这就使得外来词的词形受方言的影响而缺乏规范,增加了方言词汇间的差异性。例如改革开放以来一些进口商品的标名,南方方言和北方方言及共同语就有不少差别:共同语叫"夏普"(Sharp)的电器,粤方言叫"声宝";共同语叫"佳能"(Canon)的照相机或复印机,粤方言叫"锦囊";共同语叫"马自达"(Mazda)的汽车,粤方言叫"万事得";还有"索尼"(Sony)叫"新力","奔驰"(Benz)叫"平治"等,不胜枚举。人名地名的音译也各用各的,很不一致,早年一个Сталин就有"史大林"、"斯大林"、"史太林"等不同译名,后来是规范化成"斯大林"的。现在经常见诸报刊的外国各界名人,依然有不同译名的现象出现,英国的"梅杰",不是有的地方译做"马卓安"吗? 这类音译外来词的不规范,扩大了方言和共同语的词汇差异,是汉语规范化进程中不容忽视的一环。

(2) 词义相同,词形部分不同的。① 语素颠倒。有的语词,语素相同,但由于构词方式稍有改变,结果致使词形颠倒,例如闽方言、粤方言、客家方言都有管普通话"客人"叫"人客",管"秋千"叫"千秋"的;闽方言还把"热闹"叫"闹热",把"拖鞋"叫"鞋拖";粤方言又把"拥挤"叫"挤拥";② 部分语素不同的,如"酱油",广州话叫"白油"、"豉油",成都话叫"豆油";"汽船",广州话叫"电船",潮州话叫"火船";"手套",广州话叫"手袜"等;③ 缺少词尾,换用词尾,增加词尾,增加词头。例如共同语说"裙子"、"鸭子",南方闽、粤、客家等方言都只说"裙"、"鸭";"鼻子"闽方言就叫"鼻",没有了词尾,而吴方言叫"鼻头",粤方言叫"鼻哥",客家方言和赣方言叫"鼻公"。有趣的是,词尾"子"的使用范围,粤、闽、客诸方言比共同语小,吴方言、湘方言比共同语大,这也牵涉语法间的差异,将在后面谈。

### (三) 汉语方言语法的差异

汉语方言与共同语之间存在的语法差异比起语音差异、词汇差异来要小一些,主要差异可从以下几个方面反映出来:

#### 1. 构形和构词的词形变化

汉语中表示某种语法意义的形态变化主要有两种方式:重叠和附加。先拿重叠来看,共同语名词的重叠范围窄,也不表语法意义。但在某些方言中,能重叠的名词范围和作用就比较大,如陕西话中,单音名词可以重叠后作定语,如"盒盒粉"是指"盒子装的粉";闽方言中的莆田话,一些单音名词重叠后可以作谓语,如"人猴猴"(瘦得像猴子)。共同语中的动词重叠表示少量或短时,在某些汉语方言中,重叠动词的作用并不限于此。如闽方言的潮州话,单音动词重叠可以表示动作的概遍性,"收收起来"是"全部收起来"的意思;浙江的吴方言单音动词重叠还可用来表示动作、行为的完成,如"信寄寄就来"是"寄了信就来"的意思。双音动词的重叠,在重叠形式上共同语和不少方言都是

ABAB式，但在闽方言的莆田话中，却有"商量—商商量"（AAB）的重叠方式，意思也是"商量一下"。共同语单音节形容词可以重叠或带上重叠语缀，一般是AA式、ABB式，如红红、红彤彤等，双音节形容词是AABB式，如干干净净等。但在某些汉语方言中，如上海话、洛阳话都另有AAB的重叠方式，洛阳话说"雪雪白"和说"雪白白"意思差不多；上海话用AAB式表示加重形容的程度，如"血血红"是非常红的意思，用ABB式却表示减弱形容的程度，如"亮晶晶"是有一点儿发亮的意思。上海话双音形容词既有AABB式也有ABAB式，如"行行情情"（许许多多），"蜡黄蜡黄"（很黄）。此外，单音形容词有一次重叠，如"红—红红"，有的方言却可以多次重叠，如闽方言厦门话就可以说"红—红红—红红红"，"红红红"则表示更高级。山西晋语有六叠式：AAA—AAA，是极度的形容。但有许多方言，重叠和一定的语音变化伴随而来，用以表示某种语法上的意义。如粤方言形容词"白"重叠后"白白"的前一音节如念为高升变调 $pak^{22}_{35}pak^{22}$，就起了强化形容程度的作用，如再加一个后附加成分"哋"，说成 $pak^{22}pak^{22}_{35}tei^{35}$，则反而表示形容程度的减弱。

　　"附加"这一语法手段在汉语中普遍存在。"子"尾遍布汉语各大方言，但使用范围、表现方式、语法意义却不尽相同。四川话中用"子"的范围比共同语大，例如"树子"、"羊子"等，吴方言、湘方言"子"的使用范围更大，上海话有"学生子"、"前日子"、"格日子"、"礼拜日子"等，湘方言有"老鼠子"、"老鸦子"、"星子"等。闽、粤方言极少用"子"尾，但却有"子"的变体，例如粤方言的"仔" $^{c}t\int ei$ 多用于小义。闽方言的次方言中有名词词尾 $^{c}a$，形容词、动词语素后面加 $a$，就成为名词，例如"憨 $^{c}a$"（傻孩子）。如加在动词后就表示动作程度轻微，例如"帮忙 $^{c}a$"（稍微帮一点忙）。"儿"尾是构成名词的一种方式，共同语这个"儿"表示儿化，浙江吴方言"儿"尾，并不"化"进去，而是自成音节，例如杭州话中"凳儿"就念作 $t\partial\eta^{\circ}\, {}_{c}el$。除了"子"、"儿"词尾外，名词词头"老"，共同语专用于指人名词的前面，例如"老李"，这在南方方言中也可见到，闽、粤方言一般是不用的，近十多年来受共同语影响而用起来了。南方方言中另有用于人名或称谓之前的"阿"，例如"阿英"、"阿叔"等,而北方方言却是不说的。共同语中,"们"限用于表人的群体的名词,例如"工人们"、"我们"等,这个"们"在北方方言的某些地点方言中,把使用的范围扩大到指人名词以外的事物上。例如河北藁城的"树们"、"衣们",兰州的"肉们"、"米们"。粤方言代词词尾"哋"tei$^{\urcorner}$客家方言词尾"兜"$_{\llcorner}$teu,也都是表群体的,但使用范围比"们"窄,粤方言、客家方言只能附在人称代词后面,例如"佢哋"、"佢兜"(他们);但不能说"工人哋"(粤)、"农民兜"(客)等。吴方言苏州话有词尾"笃"例如"俚笃"(他们)、"朋友笃"(朋友们),但随着普通话的推广,已大有被"们"取而代之的趋势。此外,词尾"头"在方言中,使用的范围、构词的能力不大一样,在上海话中用得特别多,例如"竹头"(竹子)、"鼻头"(鼻子)、"盖头"(盖儿)、"绢头"(手绢儿)。有些词在共同语中是不能加"头"或"子"、"儿"的,例如表示时间和方位的词,在上海话中却可以说成"早晨头"(早晨)、"中浪头"(中午)、"隔壁头"(隔壁)、"里厢头"(里面)等。

　　除了上述重叠和附加这两种方式外,在汉语方言中也还存在着通过语音变化表现出来的差异。例如粤方言中个别动词可以运用声调的变换来表示一定的动态,说 ŋ$_{\llcorner}$$^{13}$ ʃlk$^{22}$la$^{33}$(我吃啦,不表示"实现态"),ʃlk 由 22 调变为 35 调,这一声调变换就表示了实现态。又如闽方言潮州话和粤方言阳江话都是运用语音(韵母和声调)的变化来表现人称代词的单复数,请看:

| 共同语 | 我 | 你 | 他 | 我们 | 你们 | 他们 |
|---|---|---|---|---|---|---|
| 潮州 | $_{\llcorner}$ua | $_{\llcorner}$lɯ | $_{\llcorner}$i(伊) | $_{\llcorner}$u(a)ŋ(阮) | $_{\llcorner}$niŋ(恁) | $_{\llcorner}$iŋ(伊们) |
| 阳江 | $_{\llcorner}$ŋ | $_{\llcorner}$nei | $_{\llcorner}$kʰei(其) | ŋok$_{\lrcorner}$(傽) | nɛk$_{\lrcorner}$(偌) | kʰ$_{3}$ɛK$_{\lrcorner}$(佡) |

　　此外,有的方言还通过语音的变化交替来区分指示代词中的近指和远指。例如潮州话:

近指　tsi$^{53}_{24}$ko$^{213}$(只块)　　　　这儿

远指 $\begin{cases} \text{hɯ}^{53}_{24}\text{ko}^{213}(许块,较远) \\ \text{hɯ}^{53}\text{ko}(许块,更远) \end{cases}$ 　　　那儿

2. 语词组合上的差异

粤方言、闽方言中,量词可以在无数词的情况下单独与名词结合,用于"确指",如"只鸡"("这只鸡"或"那只鸡"的意思),与"一只鸡"的泛指是有区别的。称数法的省略形式,共同语和某些方言也有出入。共同语中多位数的末位如遇到前位数不是零时,便可省略,例如"二千五百"可省为"二千五",但如果最后有个量词时就不能省了,"二千五百桶"不能省说为"二千五桶",而在闽、粤方言中就可以。在量词的应用上,什么样的量词与什么样的名词、动词搭配,在汉语许多方言中都各具特色,例如广州话说"一张刀"的,在潮州话说"一支刀",而在共同语就应是"一把刀"。

3. 语序和句式的差异

各地汉语方言几乎全都和共同语一致,但大同中也有少数的小异。闽、粤、客家、吴等南方方言,不同程度地存在着某些状语置于中心语之后的现象,例如广州话"饮多几杯酒"(多喝几杯酒),厦门话"汝行在先"(你先走),梅县话"着多一件衫"(多穿一件衣服),浙江温岭话"你走开先"(你先走)等。共同语中表可能与否的补语通常紧挨动语中心词,放在宾语前面,南方一些方言,例如吴方言、闽方言、粤方言等,却存在着宾语插在中补短语之间的现象。如广州话"我打佢唔过"(我打不过他),潮州话"我咀伊唔过"(我说不过他),上海话"我讲伊勿过"(我讲不过他)等。

下面谈几种句式的差异:

(1)双宾句的语序,例如广州话"我畀一本书佢"(我给他一本书),南昌话"你拿一本书到我"(你给我一本书),梅县话"你分一本书催"(你给我一本书),福州话"书驮蜀本我"(给我一本书),上海话"拨本书伊"(给他一本书)等,指人宾语位于指物宾语之后,共同语则相反。

(2)比较句的"相等式",例如"我和他一样大",各地方言也基本一致,没有什么差异。但是比较句的"不等式",就不尽相同了。粤方言、闽方言除了可用和共同语一样的句式外,还有另外的句式:

共同语:上海比广州大。

广州话:上海大过广州。

厦门话:上海较大广州。

福州话:上海大过广州。

梅县话:上海比广州过大。

（3）被动句在各地的差异主要表现为介词的不同。例如:

广州话:佢畀贼佬偷咗嘢。（他被贼偷了东西）

上海话:伲拨伊吓嗷一跳。（我被他吓了一跳）

厦门话:伊互人拍一下。（他被人打了一下）

梅县话:催分佢打 e 一拳。（我被他打了一拳）

上面介词"畀、拨、互、分"等都兼属动词,无专用的介词"被"。

值得注意的是:有少数方言以处置式"把字句"中的"把"来兼作被动句的"被"使用,如湖北浠水话:"小李把他哥骂了",江苏扬州话"他把狗咬了一口",这时我们只能从整个句子的意念来理解这里的"把"是用做处置式还是用做被动式了。

（4）处置句在各地方言中大都存在,句子结构跟共同语也基本相同,只是很少用"把"这个介词,例如:

广州话:佢将本书撕烂咗。（他把这本书撕破了）

梅县话:佢将茶杯打烂。（他把茶杯打破）

福州话:风将树吹倒。（风把树吹倒）

浙江嘉善话:拨葛只鸡杀脱。（把这只鸡杀掉）

潮州话:伊对块玻璃扣破去。（他把这块玻璃打破了）

闽方言中的闽南话如厦门、潮州等地,处置句另有一种句式:把宾语提到最前面,然后跟着一个"甲伊"kaʔ ᵓᵢi（把它）表示处置,构成"受事+甲伊+动词"的句式。例如:

厦门话:牛甲伊牵出去。（把牛牵出去）

潮州话:碗糜甲伊食落去。（把这碗粥吃下去）

浙江吴方言还有另一种处置句,把受事提到句首以后再出现施事,然后再来一个"介—代"结构,用代词复指句首的受事,构成了"受事+施事+介代结构+动词"这样的句式。例如:

葛只疯狗我拨伊杀脱嗷。（我把那只疯狗杀掉了）

（5）疑问句在有的方言中,对于"∨不∨"式正反问句有不同的表现方式:粤方言是在"∨不∨"中间插入一个宾语,共同语则常把宾语放在"∨不∨"后头。例如:

你考研究生唔考?（你考不考研究生?)

佢睇电影唔睇?（他看不看电影?)

部分闽方言和吴方言的正反问,是在陈述句末尾加一个否定副词表示。例如:

海南闽语:你去看电影无?（你去看电影吗?)

上海吴语:侬要看戏哦?（你看不看戏?)

北方方言的西南方言、赣南客家方言和吴方言等方言还有一种在谓语前加一个疑问副词以表示正反问的句子结构。例如:

上海话:侬阿要看电影?（你看不看电影)

江西龙南话:你暗不看电戏?（你看不看电影)

昆明话:你可看电影?（你看不看电影)

（6）表示"来"、"去"的句子,共同语通常说"我们上北京去"、"他们到广州来",句式是"主语+上（或'到'）+处所词+去（或'来'）",而南方许多方言,却习惯于用简洁的说法:"主语+去（或'来'）+处所词",例如:

广州话:佢去北京。（他上北京去)

你来办公大楼。（你到办公大楼来)

上海话:侬啥辰光来上海?（你什么时候到上海来)

我去宁波。（我上宁波去)

潮州话:你去课室,我去图书馆。（你上教室去,我上图书馆去)

梅县话:佢秋晡日去兴宁。（他昨天上兴宁去)

在闽方言中,这类句子还有一种特殊的现象,当第一人称（包括听话者）作主语而要表示一种"将要"的意向时,往往就用"来去"代替了"去",例如:

厦门话:俺来去广州佚陀。（咱上广州去玩玩)

潮州话:俺来去城内睇戏。（咱上城里去看戏)

（7）方言中的"有无句",用"有"、"无"放在谓语中心前头,表示

动作完成,例如:

　　厦门话:伊有来,我无去。(他来了,我没去。)

　　潮州话:伊有参加,我无参加。(他参加了,我没参加。)

　　方言中还可以把"有无"放在谓语中心前表示询问动作是否完成,如"伊有无来?"(他来了没有?)这种"有无句"在南方方言中出现较多。有人已承认是普通话中的方言句式了。

　　汉语方言语法间的差异,还从虚词中反映出来。各地方言虚词从形式到内容都不尽相同,主要表现在语气词、助词,其次是介词、连词,这里就不一一说明了。

# 六、我们是怎样编写《现代汉语》教材的

## 黄伯荣

　　黄伯荣、廖序东主编《现代汉语》教材(简称黄廖本,曾称兰州本)面世已 30 多个春秋了,它正好与我国的改革开放相同步,至今,一直呈现着欣欣向荣的景象。初版到现在,总发行量近 500 万部,年发行量在国内同类教材中也位居榜首,打破历史纪录。它的长盛不衰,是我们所始料不及的,这确有点儿近乎奇迹。而这个奇迹又是怎样产生的呢?在谈为何受欢迎和怎样编写之前,让我们先谈谈这部教材产生的背景吧。

　　在十年文化浩劫之后,我国开始了和平崛起的新时期,被停开近十年之久的现代汉语课得以恢复。各高校任课老师大都不以 1962 年出版的《现代汉语》统编教材①为满足,自发组织编写的新教材、讲义②,

----

　　①　也叫通用教材,指由教育部组织编写的或经审定认可或推荐的教材;这里指以胡裕树为主编,由复旦大学、北京师范大学、上海师范学院等七校派教师参加编写的《现代汉语》(上海教育出版社出版),简称上海本。

　　②　1978 年有由江苏省教育厅组织徐州、南京、苏州、南通四所师范学院合编的,还有天津师范学院、湖南师范学院、开封师范学院、哈尔滨师范学院、广西师范学院、齐齐哈尔师范学院等校自编的 10 多部铅印或油印的教材。

犹如雨后春笋。由郑州大学张静等三校教师发起的全国现代汉语教材协作会议于1978年3月在郑州召开,竟有23所高校参加。会上,大家都想要编出有创新观点、能联系实际的一部新教材。但由于观点分歧较大,遂决定分别编写两部新教材,制定了第一、第二方案两套编写大纲①,并分工编写初稿。同年6月,教育部在武汉召开文科教材编选会议。在全国各地申报的众多教材之中把23校的协作教材(1部)列入编选规划(指定由上海教育出版社出版)。8月,全国现代汉语协作教材会议在昆明召开扩大会议,又有30多所新校踊跃参加,与会教师100多人。会议首先讨论了以第二方案为基础把两个方案的教材初稿合编成一部教材的可能性。但是,仍因观点难于统一,决定还是编出两部各有特色的教材,上报教育部审定。会议推选黄伯荣和廖序东为第一方案教材(兰州本)的正副主编,张静和刘世儒为第二方案教材(郑州本)的正副主编②;并对两套教材的初稿重新分配了修改任务。1979年3月,在兰州和郑州两地分别召开第一和第二方案教材的定稿会,都扩大了编者队伍,第一方案增加了殷焕先、葛本仪、钱曾怡、詹伯慧、许绍早、宋玉柱、徐青、胡安良、吴天惠、李行键、向光忠、林端、徐思益、李兆同等21人。

在黄廖本问世之前,胡裕树1962年主编的《现代汉语》是唯一的统编教材,该教材于1979年进行了第一次修订。因此,20世纪80年代初,就有了三部现代汉语统编教材,当时分别被简称为兰州本、郑州本、上海本,供全国各高校选用。

20世纪80年代初,我国开始了高等教育自学考试制度。现代汉语科目最初由各省从三部统编教材中自主选定一部作为自考指定教

---

① 郑州会议推举起草第一方案和第二方案编写大纲的主持人。廖序东因意见分歧大,不想介入,会议中途退席,返校主持江苏四所师范学院教材(见注②)的编写工作。

② 后来两个方案的副主编都有变动。廖序东参加昆明会议,在兰州会议协助定稿,黄伯荣把他改为第二主编。第二方案的教材《新编现代汉语》(即郑州本)则取消副主编。因第二方案新观点多,第一方案目录与胡裕树本接近,而上海教育出版社只能接受一本教材的出版,故婉拒第一方案教材的出版,第一方案的教材后来由甘肃人民出版社出版,故曾简称兰州本。

材。后经调查发现,各省自考办和各省高校本专科普遍选用兰州本,教育部竟成同志据此在教育部刊物《高教战线》发表了一篇题为《一部受欢迎的现代汉语教材》(1986 年第 6 期)的文章,对兰州本作了充分的肯定。至今,黄廖本仍是受众多院校欢迎的指定教材。

从问世到如今,黄廖本教材何以能一直受到广大教师的欢迎?它究竟有哪些与众不同的地方?社会上对它有过哪些评论?而我们编者又是怎么做的?在出版 30 周年纪念之前,我们想作一次经验总结,以利于扬长避短,继续前进,也让关心教材建设工作和使用本教材的同志从中获得教益与启发。下面分九点来加以说明。

1. 好教、好学、效果好

曾问过一些教师,为什么选用黄廖本教材?有人说,黄廖本比较实用,用起来顺手;有人说,黄廖本教材有三好:好教、好学、效果好。而这些一直是我们编者努力追求的总目标。怎样使教材做到三好?本教材的教学大纲与观点尽量采用为大家所普遍认同和接受的。因为是公认的基础理论和基本知识,教师比较熟悉,备课也就容易,教学上可以驾轻就熟。举例来说,现代汉语的"兼语式"是为许多教师所熟悉和认同的观点。如果教材取消"兼语式",改称其他几种句式,那么,不少教师就会感到不好教,学生质疑就不易说明。教材内容在"讲什么"、"讲多少"、"怎么讲"三方面的问题我们都力求处理得恰到好处。争取做到内容完备,分量适中,系统分明,重点突出,要求明确,简明易懂。黄廖本教材十分注意上述"三好"和"三讲"。首先能重点抓语法章,因语法问题比较多,分歧大,语法观点失民心,教材就不会受欢迎。我们把语法的重点放在句法上,而句法的重点则在有系统地逐次分析句法成分。通过对句法成分的多角度剖析,可以使学生掌握各类句子(内部结构)的区别及其运用规律和条件。说到这里,我们不能不佩服朱星教授的先见之明,他在 1980 年审阅本教材试用本时看到上述这些思路,就曾预言:此教材今后将取代现有最流行的教材(大意如此)。当时我们以为,这不过是溢美之词罢了。

2. 衔接中学,不即不离

评论黄廖本教材的语法史专著①和文章,大都指出本教材的语法十分注意与我国中学汉语教学相接轨。20 世纪 70 年代末期,黄廖本教材的析句体系用了过渡期的双轨制(亦即两结合)析句法,其口诀是"从大到小,基本二分,寻枝求干,最后多分"。它继承了当时流行的《暂拟汉语教学语法系统》(简称《暂拟系统》)的"主语部分和谓语部分",新增了谓语动词部分和宾语部分。同时指明,这四个部分以及定语、状语、补语都能用词组(短语)充当,凭此可对句子进行层次分析(请参看本文第 3 点的图解 B)。它同时吸收了《暂拟系统》的成分分析法并加以改造,向二分法靠拢。这种二分和多分相结合的分析法,很容易为当时教师们所采纳。黄廖本教材在采用《暂拟系统》的成分定名法和术语的基础上还进行了大胆的革新。比如在修订本之前就摒弃了《暂拟系统》的合成谓语、复杂谓语等概念,其定名法与 1981 年出版的《〈暂拟汉语教学语法系统〉的修订要点和修订说明》的删和补如出一辙。可见,教材的革新是适应时代潮流的。到了 1984 年,当时所公布的《中学教学语法系统提要(试用)》(简称《中学提要》)和黄廖修订本(1983)的切分法和定名法不谋而合。黄廖本跟着《中学提要》把"词组"改为"短语",但摒弃了定语标记"的"与状语标志"地"合用"的"和复句由单句组成等说法。

此外,更重要的是黄廖本密切关注中学的汉语教学和学生汉语知识的水平。有人觉得黄廖本教材单薄而陈旧,理论少,起点低,"与中学语文课本里的汉语知识有几成是重复的"。像句子成分,中学讲了六大成分,大学里还是反复地、详细地讲这些。像复句,中学讲了十几种关系,大学为何还要重复一遍?我们的看法是既要保持系统性,又要温故知新。虽然学生在中学时粗略地学过句子成分和复句的类型,但往往是"一听就会,一做就错"。大学课程应该把中学基础知识加以提高、加深加厚,但为了进一步地系统化,就很难避开中学讲过的最基本的东西。要知道,八九十年代中学语文教学中风行淡化语法的主张,高考又难见语法试题。在这种情况下,大学"现代汉语"课程就更不应脱

---

① 龚千炎:《中国语法学史》,语文出版社 1997 年版。

离学生实际。正因为黄廖本的教学内容十分注意与中学衔接,能循序渐进,所以才有人觉得它好用。

3. 重视句法,符号齐备

黄廖本教材对汉语句法的重视不光表现为句法篇幅较多,还表现为它使用自己的符号,抛弃了《暂拟系统》的句子成分符号。它的句子成分符号能起到减省文字说明和简明形象的作用。如下面的符号和图解:

（1）A（我们）<u>厂</u>[最近]<u>试制</u>〈成功〉了（几种）（新）<u>产品</u>。（成分符号）

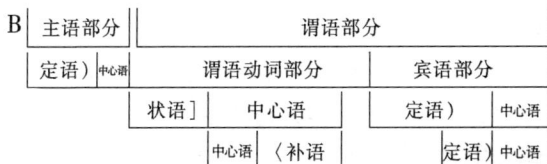

B

| 主语部分 | 谓语部分 | |
|---|---|---|
| 定语) 中心语 | 谓语动词部分 | 宾语部分 |
| | 状语] 中心语 | 定语) 中心语 |
| | 中心语 〈补语〉 | 定语) 中心语 |

（层次法图解）

例（1）A 是在试用本、正式本中所使用的读书标记法;（1）B 是框式图解法。

（2）A（我们）<u>厂</u> ‖ [最近]<u>试制</u>〈成功〉了（新）<u>产品</u>。

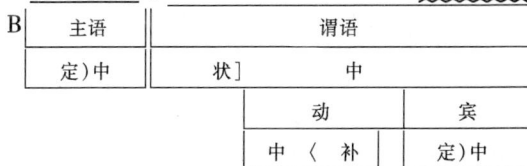

B

| 主语 | 谓语 | |
|---|---|---|
| 定)中 | 状] 中 | |
| | 动 | 宾 |
| | 中 〈 补 | 定)中 |

例（2）A 是增订版的层次分析法的成分符号表示法;例（2）B 是后期所使用的框式图解成分符号标记法。影响所及,后出的《中学提要》放弃了《暂拟系统》所用的成分符号(指<u>主语 谓语 宾语 定语 状语 补语</u>),而使用了黄廖本的六大成分符号,用来分清句子的主干和枝叶。

4. 由易到难,循序渐进

黄廖本教材就每一个问题所作的讲解,都很注意把握"由小到大、由浅到深、由故到新、由简单到复杂、由具体到抽象、由一般到特殊"的认知原则。从讲语音以至语法,都是从小单位讲到大单位。易懂的具体事例先讲,难懂的、抽象的规律和理论后讲。既坚持学术系统性,又讲究易懂性。多使用大家熟悉的传统术语,少采用新术语。用术语时,必加以简洁明了的定义或解释。有时,保留旧的术语,但给予新的定义。

5. 正反配合,相得益彰

教材既从正面讲规律,讲该怎么说,也从反面讲不合规律,不该怎么说,正反相辅相成,相得益彰。语音有正音和声韵调辨正,文字有正字,词汇讲用词不当的表现。语法章最典型,每节都讲误用问题,修辞则集中一节,讲"常出现的问题"。黄廖本的特点是反面例子分析得较多较全,从讲析病例的分量上看,可说是同类教材之冠。周祖谟先生说:

> 要想同学真正了解学习语法的重要意义,必须拿许多不合语法的句子给他看,叫他运用学过的语法知识去改正它,……如果他改对了,就有了收获,自然会产生学习兴趣。而且学到的知识会更加巩固一些……,学了语法能改正自己的文章,就达到了提高理解、分析和运用现代汉语的能力的目的。①

好多人说黄廖本实用性强,可能与此有关。同时,在正文之外黄廖本的附录也较多,其中不少是为了纠正错误而设计,很有实用价值。

6. 恪守基础,无奇制胜

有人说,黄廖本教材平易近人,或者说内容单薄。原来,本书编者内部有个不成文的规定:教材只讲学科中成熟的、公认的和相对稳妥的基础理论和基本知识,不讲编者个人或他人独特的而尚待检验的新见解;同时严守本门基础课的阵地,不侵犯相邻基础课(语言学概论、写作等)或专题课的知识领域和边缘地带;多讲共时的,尽量不讲或少讲历时的;多讲对学生理解本族语所必需的基础理论和正确运用语言所必须掌握的基本规律,少讲或不讲对学生运用语言无直接帮助的规律和知识。这样一来,容易使人感到内容单薄、平淡无奇,似乎满纸缺乏出奇制胜的内容。编者内部经常就具体问题提出不同的意见,在有重

---

① 胡安良编:《现代汉语统编教材审稿会大会发言汇编》(油印本),西北师范大学中文系汉语室 1980 年版。

大分歧时,就采取投票方式或进行民意测验,以求诸于大多数公决①。黄廖本教材之所以能长期受欢迎,或许恰在于这部教材力求提供一个相对平稳、妥帖、完备的现代汉语基础知识体系,为现代汉语教师在教学工作中发挥自我、体现个性、创造性地进行现代汉语教学留下了广阔的天地。

7. 雅俗共赏,适用面广

在一些指瑕文章的开头,大都指出黄廖本使用面广②,影响深远。据了解,综合性大学用,师范院校也用;本科生用,专科生也用;全日制学生可用,自学考试学员也用;甚至留学生本科教学也使用。教师中水平低的用它,水平高的也用它。之所以形成如此局面,是因为参与黄廖本教材编写的单位本来就多,大家都希望这部教材能适合多种类型的学校使用。这样就要将本科、专科应讲的主要内容和基本规律都有涉及,以形成一个前面提到的现代汉语知识底座,各种水平的教师可以以此为基奠,根据不同的教学对象,在备课和教学过程中灵活增加各种教学内容。作为综合性大学本科的教材,教师可以拓宽现代汉语基础理论,在"深"和"广"二字上下功夫。作为师范院校的教材,则可在此基础上,适当加强所讲知识的师范专业特性,着重语文教学中的实用性。而作为留学生的本科教材,教师可补充有助于留学生了解现代汉语状况和基本特点的内容。也正是由于黄廖本教材讲述的现代汉语基础知识内容比较稳妥、完备,不少单位还把黄廖本教材列为秘书资格和外语等级等考试的指定教材,或把它定为研究生入学考试的主要参考书。

8. 海纳百川,汲取精华

黄廖本教材参编者之多③,提意见者之众,请提意见的渠道之广,

---

① 例如,对于是否吸收语法研究中的三个平面这个新学说等少数问题,教材作者内部存在不同意见。因此,在教材的不同版本中曾出现过反复变动的情况。

② 焦成名:《黄廖本〈现代汉语〉教材若干问题探讨》,《现代语文》2006 年第 10 期。

③ 教材编者多达 44 人,缺点是"人多手脚乱"。正如有人所说的"那么多人一哄而起,难办哪!"编者多、主编多、意见多,水平不同,观点分歧,但是只要处理得好,就可使它变成"集腋成裘","众人拾柴火焰高"。本教材与编书常规不同的是没列出章节执笔人的名字,因为同一章节先后执笔的人多,而且变动和改动也大,每次修订时又让执笔修订人交叉审改,一节教材稿子,不是个别人的劳动成果。这是本教材的特点。

也为国内同类教材所少见。从各版的前言里可以看出,国内本专业的大师和专家几乎一个不漏。还有一些人前言里可列名而未列名,大都因意见不多,篇幅有限,无法一一列举。在请提意见这方面,各教材各有千秋。我们争取通过教育部邀请众多专家到青岛开教材审稿会,事前将试用本发给会内会外的专家们审阅,每个与会者都准备三四个小时的发言稿(详见上页胡安良注和本教材的网上现代汉语资源库),不少专家还把一些意见写在试用本上,给我们过录。如果教材只请一位专家审阅,也可通过审定,但效果就大不一样了。黄廖本教材不仅争取到较多的专家的指点,而且虚心向广大教师请教,通过举办五期暑假现代汉语讲习班、召开七次现代汉语教学研讨会①和七次现代汉语教材修订会(包括两次扩大会议)来征集意见。20多年来,评论黄廖本教材的文章比同类教材的多,作者几乎都是长期使用本教材而深有体会的老师。我们一直非常重视来自教学第一线的意见,汲取其精华,作为历次修订和增订的参考。大量意见,如王力先生指出的"二合三合元音不是由两个三个元音组成",吕叔湘先生的"编教材有三难"(详见本教材网上资源库),我们都是认真接受了的。因此可以说,这部教材之所以至今仍受欢迎,打破多项纪录,首要的是因为集中了众人的智慧。仅仅依靠我们编者自己努力,恐怕是难以做到的。

9. 反复修订,与时俱进

黄廖本教材遵循传统、恪守基础,但并不墨守成规。为了与时俱进,这本教材出版以来先后经历了七次修订,每次都在吸收学科新成果和接受广大师生的新见解基础之上更新内容,增加字数,从开始的37万字增至现在的61万字。1979年试用本出版后,次年8月在教育部同意召开的青岛审稿会上,根据专家们口头和书面意见,及时对教材作

---

① 在开封、庐山、敦煌、承德、青岛等地办班,请朱德熙、张志公、王均、张斌、吴宗济、林焘、陈章太、邢福义、王维贤等专家和本教材许多编者给中青年教师(近千人)讲专题,讲本教材中的问题,交流教学经验,征求意见。在庐山、敦煌、青岛、阳江等地开五次现代汉语教学研讨会,讨论现代汉语教材、教学中的问题,在兰州、青岛、开封、天津、承德、曲阜、济南、北京等地开8次修订会。办讲习班时往往和研讨会或修订会在一起,班会两结合,如在开封开现代汉语修订会时办班,在庐山、敦煌办班时开研讨会。这也是教材的特点。

了修订,并于 1981 年出版正式本。1981 年暑假,全国语法教学研讨会在哈尔滨召开,会后发表了《暂拟汉语语法教学系统的修订要点和修订说明》,其中提到词组可以充当句子成分,这是该语法系统的一个重要修正。黄廖本教材遂于当年相应地着手修订,放弃了两结合析句法(见本文第 3 点例(1)A 和 B 的图解),开始完全采用层次分析法(见本文第 3 点例(2)A 和 B 的图解),于 1983 年出版修订本。1986 年 1 月,国家教育委员会和国家语言文字工作委员会联合召开第一次全国语言文字工作会议,规定了新时期语言文字工作的方针和任务,黄廖本教材于当年暑假即在承德召开修订会,随即在绪论中增加"新时期语言文字工作的方针和任务"一节。到了增订版,词汇一章大大加强义素分析等新成果。现在讲短语的字数增加了五倍多(由 3000 字增至 1.6 万字),上下册总字数增加近一倍(由 37 万增至 61 万)。就反映新成果而言,如果把语法研究的三个平面理论体系算作八九十年代以来的新成果的话①,黄廖本已在增订二版(1997 年)和增订三版(2002 年)中逐渐吸收,增订四版则在明确加以定义并概括介绍之外增加了语义分析和语用分析以及变换分析等新内容。这在同类统编教材中并不多见。

黄廖本教材还有两点与本文有关。(1)配套教辅种类最多,有《现代汉语教学与自学参考》、《现代汉语资料选编》(甘肃版)、《现代汉语知识丛书》23 分册等,还附有录音磁带。最新的增订四版并附有光盘,与此同时,还在互联网上专门开设了有内容丰富的参考资料的网站"现代汉语资源库"。(2)多次受到上级的鼓励。除了省级鼓励之外,得到教育部的鼓励和肯定就有四次:1986 年,报道黄廖本是一部受欢迎的教材;1987 年,颁发全国优秀教材二等奖;1999 年审定并公布其为文科推荐教材;2006 年,又将其列入国家"十一五"规划教材。

---

① 编者内部个别人认为它不是什么新成果,"三个平面倡导者尚且在自编和修订的教材中根本不提三个平面这个术语,对句法、语义、语用也不下定义和解释",咱们何必"人弃我取"。但经过调查研究和编者投票,主张讲的人多,认为应与时俱进,并对它的不足之处略作修改补充。

以上,提到了各家的评论以及我们的想法和措施,希望能对今后现代汉语教材建设工作有参考价值。但限于水平,不妥之处在所难免,更希望老师们、同学们和语言学界同仁能对本教材和本文不吝赐教。

边兴昌、高更生、戚晓杰等曾对本文提出过修改建议和意见,在此谨表谢忱。

# 七、怎样自学《现代汉语》

## 廖序东

### (一)"现代汉语"课的性质

"现代汉语"课是高等学校中文系、科的一门基础课。它既是一门基础理论和基本知识课,又是一门基本技能训练课。

1. 它是以马克思主义理论为指导,以国家的语言政策为依据的一门课。语言是人类最重要的交际工具,它随着社会的产生而产生,并随着社会的发展而发展。它具有全民性,没有阶级性。汉语是语言的一种,其性质也是如此。这些就是马克思主义语言学的观点。国家的语言政策,包括制定和推行汉语拼音方案,推广普通话,进行汉字改革和整理,实现汉语规范化等。这在教材各章节的内容中都有体现。

2. 它是有严密系统性的一门课。语言是一种体系,也就是一种系统,语言的三个组成部分——语音、词汇和语法不是杂乱无章堆积在一起,而是相互协调,相互制约,处在合乎规律的关系之中,从而形成一个统一的整体。一切语言都是有声语言。没有语音,就没有词,词是独立运用的最小的语音语义结合体。一种语言里所有的词就是这种语言的词汇。词汇是语言的建筑材料。如果只有词汇,而没有语法,那还不能成为语言。语法是组词造句的规则,词只有按照语法规则组织起来,才能成为一句一句的话。所以语音、词汇、语法共同构成语言的体系,即系统,文字是记录语言的符号,修辞则是为了提高语言的表达效果,对于语音、词汇、语法等最恰当的运用。教材在绪论之后便是语音、文字、词汇、语法、修辞,一共六大部分。本学科的体系性,即系统性,是很明确的。

教材自"语音"章以下五章也自成体系,即系统。它们内部也是由相互协调、相互制约的几个部分构成的。

3. 它是实践性很强的一门课。这门课贯彻理论联系实际的原则,系统地讲述现代汉语语音、文字、词汇、语法、修辞等方面的基础理论和基本知识,培养学生理解、分析和运用现代汉语的实际能力。基础理论和基本知识,是学生用来指导自己的语言实践的。学了汉语拼音方案,就要会用汉语拼音字母拼写,拼读。学了语音知识,就要学说普通话,而且要说得合乎标准。学了文字,就要书写合乎当前规范的汉字。学了词汇、语法,运用词语,就要力求准确,构造句子,就要力求合乎语法。学了修辞,就要不断提高自己语言的表达效果。如此等等。

**(二)《现代汉语》的构成部分**

《现代汉语》教材是由下列三个部分构成的。

1. 正文。这是主要的部分。教材正文有不少用来说明规律的术语,即本学科的专门用语。这些术语用来准确地表达各个特有部分的概念。术语所表达的概念是彼此联系并构成一定的体系的,各部分的正文用语言事实,如例词、例句、短文来阐明这些术语的含义,形成了各部分的基础理论和基本知识的体系。

2. 附录。这是正文的补充。教材绪论、语音、文字、词汇、语法各章都有附录:附表或附图。当然它们的作用并不相等:

有的简直是正文不可缺少的,如汉语拼音方案、普通话声韵配合表、简化字总表、句子分析例解。

有的是使正文某一内容具体化、形象化的,如现代汉语主要方言区示意图。

有的是提供练习材料的,如声母辨正、韵母辨正等节所附录的字表。

有的是供从某一方面作进一步学习时参考的,如现代汉语方言语音主要特点表、国际音标简表。

有的是备检查兼作练习材料的,如《同韵字表》、《常见的别字》、

《容易读错的字》。

3. 思考和练习。这是同正文紧密配合的部分。它依着正文章节的顺序提出思考和练习题，使学生通过这些作业掌握汉语知识，培养分析、理解并运用现代汉语的能力。

思考和练习题的形式是各种各样的。正文各部分的性质有不同，思考和练习题对学生的要求也有所不同，练习的方式也随之而异，语音部分的练习方式自然不完全同于语法部分的练习方式。

思考题主要是复习性质的，答案已经在正文里面了。这种题目是巩固所学到的基础理论和基本知识的。

语音部分有发音练习、正音练习，还有"发音练习"的内容。通过"发音练习"可以辨别疑似的声母、韵母，熟悉四声，掌握轻声、儿化的规律，极为有用。

有不少练习是要求作语言结构的分析的，如音节结构的分析，汉字构造方式的分析，合成词构成方式的分析，短语和句子结构的分析，修辞格的分析等。

还有不少练习是要求辨别近似的语言现象的，如辨别近似的偏旁，辨析同义词，辨别词的词性和用法，辨别修辞格的异同等。

还有不少练习是要求改正语言运用中的错误的，如改正语音拼写的错误，改正词语中的别字，改正词语运用的错误，改正各种类型的病句，改正使用不当的标点符号，改正修辞运用的错误等。

还有一些练习是要求根据一定条件造句、写短文的，如用同一个词的基本义和转义造句子，用短语、用关联词语造句子，用指定的修辞格写短文等。

从以上所举出的练习题的内容看，要求学生所掌握的技能是多方面的。

（三）自学的方法和要求

自学《现代汉语》不能东看一节，西看一段，满足于知道所谓重点，而要掌握教材的全部内容，并把知识转化为熟练的技能。下面从学习方法和要求方面谈几点意见。

1. 看到。这就是说要把教材的全部内容都看到，不要有遗漏。正文自然要首先看,附录也要看。思考和练习题不看怎么去做呢?连脚注也要看,如语音部分有一条注说"半元音是擦音中摩擦很小的一种音,因为它接近高元音,性质介于元音和辅音之间,所以叫作半元音"。不看这条脚注,就不知道半元音的发音特征了。又有一条注说"ao、iao"两韵母的"o","只表示从[ɑ]到[u]的滑动方向。不标作 u,而标作 o,是为了字形清晰,避免手写体 u 和 n 相混。"看了这条脚注,就知道 ao、iao 的实际读音。

当然不是一口气把所有的内容都看到,而是要有计划地去看。先把教材浏览一遍,知道教材的梗概,再仔细看各部分的正文和有关的附录,然后就着重看那些重点内容以及不容易理解的地方。作练习时,再参看有关的章节。

2. 懂得。《现代汉语》涉的方面是很广的,各个部分都可以成为独立的学科,如现代汉语语音学、文字学、语法学、修辞学等,所以要求学生弄懂的基础理论和基本知识不少。教材的每个部分,每个细节,都看到了还不行,还要弄懂,不懂就无法掌握,也无法运用。所以看了要力求懂。

怎样去弄懂教材中所用的一些术语呢?

(1)从所举实例去体会。如从"展览"(zhǎnlǎn)、"苍茫"(cāng máng)等实例去体会其中韵母发音的特征,从而懂"鼻韵母"这个术语的含义。

(2)从相近的概念的比较中去体会。如连谓句、兼语句,经过比较,掌握其区别性的特征,也就懂了这两个术语的含义。

(3)从概念的特定用法去体会。如声母都是辅音,但它是处在一个音节开头的辅音。不处在音节的开头,就不是声母。辅音可以用在音节的末尾,作为韵尾。从用途和在音节中的位置上看得出声母和辅音不是相等的术语。

3. 记住。记住是为了运用。首先应该记住重点的内容。所谓重点是指那些与各部分体系即系统有关的内容,如与汉语语音体系有关的是声母、韵母、声调、音节等方面的理论和知识,这就是重点。各个部分都有它的重点。

有代表性的实例如例句、例词、短文也应记住,因为可以用它们作标准去理解分析类似的语言现象。

记住某些附录的内容也是有益的。如用心记一记《常见的别字》、《容易读错的字》两个附录的内容,反复记认自己写错读错的字,就能避免写与之同样的别字,读错那些经常被人读错的字。

4. 用熟。这是熟练地运用的意思。熟练地运用学到的那些基础理论和基本知识,就是培养理解、分析、运用现代汉语的能力。这首先要认真地做思考和练习题,除了复习性的,都要做在练习簿上。

至于语音部分的练习,有些是口耳的练习。口要能发某些音,耳要能辨别某些音,是要经过一番比较严格的训练和反复磨炼的。

教材中的基础理论和基本知识要随时用来指导自己的语言实践。

（四）自学要点

下面谈各部分自学时应掌握的要点,但须注意,这儿没有提到的,也不是不需要掌握的。

1. 绪论部分

（1）语言的功能:就人与人的关系说,语言是人们交际、交流思想的工具。就人与世界的关系说,语言是认知世界的工具,语言中的词表明了事物的类别和事物之间的关系。就人与文化的关系说,语言是文化信息的载体,人们利用语言积累知识,形成文化。

（2）语言具有全民性,没有阶级性。

（3）口语和书面语的关系:口语是基础,是书面语得以产生和发展的依据,而书面语对口语的统一和发展又起着积极的促进作用。文学语言是经过加工和规范化的书面语言,比一般书面语更丰富,更富有表现力。

（4）民族共同语是在一种方言的基础上形成的,这是与经济、政治、文化等因素分不开的。现代汉民族共同语是以北京语音为标准音,以北方话为基础方言,以典范的现代白话文著作为语法规范的普通话。

（5）现代汉语主要有七大方言:北方方言、吴方言、湘方言、赣方言、客家方言、闽方言、粤方言。它们各有分布的地区和作为代表的地点方言。

（6）同别的语言作比较，现代汉语有它的特点。语音方面，没有复辅音，元音占优势，由复元音构成的音节不少，元音收尾的音节多，有声调。词汇方面，语素以单音节为基本形式，用词根复合法构造新词，双音节词占优势。语法方面，词序和虚词是表达语法意义的主要手段，词法、句法结构基本一致，一种词可以充当多种句子成分，量词丰富，有语气词。

（7）现代汉语不仅是我国汉族人民的交际工具，同时也是我国各民族人民之间的交际工具。汉语是联合国六种工作语言之一，在国际交往中，它发挥着很重要的作用。

（8）全国语言文字工作会议提出了新时期语言文字工作的方针和当前的主要任务。工作方针是："贯彻执行国家关于语言文字工作的政策和法令，促进语言文字规范化、标准化，继续推动文字改革工作，使语言文字在社会主义现代化建设中更好地发挥作用。"主要任务是："做好现代汉语规范化工作，大力推广和积极普及普通话；研究和整理现行汉字，制订各项有关标准；进一步推行《汉语拼音方案》，研究并解决它在实际使用中的有关问题；研究汉字信息处理问题，参与鉴定有关成果；加强语言文字的基础研究和应用研究，做好社会调查和社会咨询、服务工作。"

（9）现代汉语规范化就是树立并推广现代汉民族共同语明确的一致的标准。语音、词汇、语法等方面都须进一步消除分歧，树立规范。这是社会主义现代化建设的需要。

2. 语音部分

（1）语音是一个严密的系统，教材是按我国传统音韵学的观点来描写这个系统的，所以声母、韵母、声调等方面的内容自然是自学的重点。

（2）音素是最小的语音单位，分辅音和元音两大类。声母和辅音不相等，声母指音节开头的辅音，辅音在音节末尾那就不叫声母。韵母和元音也不相等，韵母有元音构成的，也有元音带辅音构成的。

（3）辅音声母21个（加零声母，就是22个），按发音方法分，有塞音、塞擦音、擦音、鼻音、边音五类，其中有的又有清音、浊音，送气、不送气之分。按发音部位分,有双唇音、唇齿音、舌尖前音、舌尖中音、舌尖后音、舌面音、舌根音等 7 类。应该记住每个声母的发音部位和发音方法及其实际发音的要领。

（4）韵母 39 个。按发音口形分,有开口、齐齿、合口、撮口 4 类。按结构,即按组成成分分,有单韵母、复韵母、鼻韵母 3 类。单韵母 10 个,再分舌面元音、舌尖元音、卷舌元音 3 类。从舌位的高低、舌位的前后、唇的圆不圆可给舌面元音再分类。复韵母 13 个,再分前响、后响、中响 3 类。鼻韵母 16 个。应该记住每个韵母的类属及其实际发音的要领。

（5）调类、调值、调号是几个含义不同的术语。调值主要是由音高决定的。普通话有四种调类,也就是有四种调值。

（6）汉语音节结构有它的特点。一个复杂的音节可以作这样的分析:

| 声母 | 韵母 | | | 声调 |
| --- | --- | --- | --- | --- |
| | 韵头<br>（介音） | 韵腹<br>（主要元音） | 韵尾<br>（元音或辅音） | |

一个音节最多可以用四个音素符号拼写,形成"声母+韵头+韵腹+韵尾"的结构。最少只一个,作韵腹的主要元音。

每个音节都有声调。

应该学会分析任何音节的结构。

以上（1）—（6）都是应该掌握的最基本的语音知识,至于进一步学习,就要掌握变调、轻声、儿化和音位等方面的内容。

（7）学国际音标应先学会标注普通话语音用得着的那些音标。从附录《汉语拼音字母、注音符号和国际音标对照表》可以学会一些国际音标,汉语拼音字母怎么发音,相应的国际音标也就怎么发音。

（8）通过语音部分的学习,起码应该具有这样的技能:①用汉语拼音字母给常用汉字拼注普通话读音,能读准每个字音。② 给用汉语拼音字母拼写的词、短语、句子、短文注出汉字来,能朗读每个短语、句子和短文。

(9)《同韵字表》有多种功能,须经常使用它,熟悉它。

3. 文字部分

(1) 汉字是表意体系的文字,同表音文字有本质的区别。由于现行汉字一般是记录汉语的单音节语素的,所以有人称为语素文字。又因现行汉字绝大部分是形声字,如果按照构成汉字的偏旁的作用来划分,现行汉字可以称为意音文字。

(2) 汉字不是直接表音的,因而具有一定程度的超时空性。汉字能较好地在不同历史时期、不同方言之间起到交际工具的作用。

汉字历史悠久,我国光辉灿烂的古代文化,哲学、政治、经济、军事、科技、历史、文学艺术等的重大成果都靠汉字记载下来,成为中华民族和全世界人民的共同财富。

汉字在历史上有过不可磨灭的功绩,直到今天仍然为我们所使用,在社会生活的各个方面发挥着重要的作用。

(3) 汉字自产生以来,形体不断地演变,出现过甲骨文、金文、篆书、隶书、楷书五种正式字体以及行书、草书等辅助字体。它们各具特点,但都是朝着简化易写的方向发展的。

(4) 汉字的构造法主要有象形、指事、会意、形声四种(加上转注、假借就是所谓六书),而以形声为汉字构造的主流。应该注意四种构造法的区别和一般形声字形旁、声旁的分析。

(5) 现行汉字经常运用的是楷书、行书。现行汉字又有印刷体和手写体的区别。印刷体有几种字体:宋体,仿宋体,楷体,黑体等。又依字体大小分成不同的字号。

(6) 现行汉字的构造单位有笔画和部件两级。基本笔画只有一(横)、丨(竖)、丿(撇)、丶(点)、乛(折)五种,而复合笔画有横类、竖类、撇类、弯类 4 大类 23 小类。正确计算笔画数目,对于汉字教学、查字典和索引都是必要的。

偏旁也是笔画组成的。偏旁可分为成字偏旁和不成字偏旁,又可分成单一偏旁和复合偏旁。分析和研究汉字偏旁对于汉字的学习和使用可以收到以简驭繁的效果。

(7) 1949 年以后,汉字整理工作取得了很大的成绩:一是简化了汉字的笔画。二是精简了汉字字数。汉字标准化,要求对汉字进行四定,即定量、定形、定音、定序。

(8)汉字能不能实现拼音化,问题极为复杂。要作出确切的结论,还需要在长期的实践中进行更多更深入的科学研究。

(9)现在以及今后相当长的时期中还要继续使用汉字,这就给我们提出了一个"正确使用汉字"的要求。要认真地学习《简化字总表》,注意类推简化的范围,简化字的细微差别,笔画和笔顺,一般用法和特殊用法。认真地翻查《常见的别字》、《容易读错的字》,不写错字、别字,不读别字。

4. 词汇部分

(1)词汇又称语汇,是一种语言里所有的(或特定范围的)词和固定短语的总和。语素分成词语素、不定位不成词语素、定位不成词语素三种。固定短语是特殊短语,可分专名和熟语两类。

(2)须了解语素、词、字三者的关系。语素是最小的语音语义结合体。词是能自由运用的最小的语音语义结合体。语素要是能单说,就是能自由运用,它就是一个词,如"风、我"。语素不能单说的,如"言",就要同别的语素如"语"合起来成为一个词。有的词是由几个语素构成的,如"运动、自行车"。词和语素都是语言单位,字是记录语言的符号,是书写单位。语素有的是一个字,如"言、风";有的是几个字,如"枇杷"。词和字的关系也如此。

(3)词分单纯词和合成词两大类,这是看词由一个语素还是几个语素构成而区分的。

单纯词多音节的有联绵词、音译外来词等类,都是不能拆开来讲的。

合成词再分复合式、附加式、重叠式三类,而复合式又可分联合型、偏正型、补充型、动宾型、主谓型,附加式又有词缀附加在词根之前或之后的不同。须注意分析复合式的各型。有的型容易混淆,须注意区别,如偏正型的"鸟瞰、雪白",不要分析成主谓型,"鸟瞰、雪白"是像鸟那样俯视,像雪那样白的意思。附加式和复合式也有须注意区别之处,如"莲子"是复合式,"刀子"是附加式,两个"子"前者是词根,后者是词缀。

（4）词义是词的内容。词义具有概括性、模糊性、民族性。

词义是由多种因素构成的。词义中同概念有关的意义部分叫作理性义,它是词义的核心。词还有附属的色彩意义,叫作附属义,包括感情色彩、语体色彩、形象色彩以及地方色彩、行业色彩等。

（5）义项是词的理性意义的分项说明。只有一个义项的是单义词,有两个或两个以上义项的是多义词。多义词的义项至少有一个是基本的、常用的,叫基本义,其他的义项是由基本义发展转化来的,叫转义,包括引申义和比喻义。

（6）义素是构成词义的最小意义单位,也就是词义的区别特征。

义素分析一般总是在一些相关的词（即同一语义场）中进行,找出其间的共同义素（即共同特征）与区别义素（即区别特征）。义素分析可以准确地掌握、解释、理解词义。

（7）语义场是通过不同词之间的对比,根据它们词义的共同特点或关系划分出来的类。语义场有不同的层次,上一层次的称作母场,下一层次的称作子场。

根据成员相互之间的关系,语义场可以分为类属义场、顺序义场、关系义场、同义义场、反义义场。

（8）同义词的存在是词汇丰富的标志,应该学会从上下文的语境中,从不同的角度辨析同义词的细微差别。

（9）现代汉语词汇的组成可同词汇的发展和规范化结合起来学习。现代汉语词汇一方面须从方言、外国语、古汉语汲取营养,一方面也须注意规范化,反对滥用方言、外来词、古汉语词,反对生造词语。

成语是现代汉语词汇中一种特殊的成员,须掌握一定数量的成语。所谓掌握,指了解它的来源,了解它的构成成分的意义和整体意义,会正确地使用它。学习成语,须注意正确的读音,如怙（hù）恶不悛（quān）,正确的书写,如米珠薪桂（不是"贵"）、名落孙（不是"深"）山。

（10）词汇是在不断地发展变化的,主要表现在新词不断地产生,旧词逐渐地消失,词义和词的语音形式也不断地发生变化。

应探索新词产生的原因,注意新词的音节特点、构词类型、简称,新词的来源。词义是不断发展变化的,或扩大,或缩小,或转移,须注意词义的时代性,以便了解词的现在的确切含义。

5. 语法

(1)语法是词、短语、句子等语言单位的结构规律。跟语音、词汇相比,语法具有更明显的抽象性、稳固性、民族性。

(2)词类是词的语法的分类。分类的依据是词的语法功能、形态和意义,主要是词的语法功能。

现代汉语的词首先分为实词和虚词两大类。实词能单独充当句子成分;虚词不能单独充当句子成分,它的作用主要是表示语法意义。实词再分为名词、动词、形容词、区别词、数词、量词、副词、代词、拟声词、叹词十类。拟声词、叹词是特殊的实词。虚词再分为介词、连词、助词、语气词四类。

有的书把区别词叫作非谓形容词,附在形容词一类里。区别词能直接修饰名词,作定语,不能作谓语,有它的特点,可以单列为独立的一类。

(3)学习词类,须注意某些词类的区分,如名词、动词、形容词的区分,区别词和形容词的区分,副词和形容词的区分,介词和动词、连词的区分。同一类词,须注意用法上的差异,如"不、没有、莫、别"都是否定副词,但用法和意思不同。同一个副词,如"就",同样是做状语,也能表示多种意思,须结合所在的短语或句子去仔细体会。

(4)短语是由词构成的,有实词和实词构成的短语,有实词和虚词构成的短语。前者除有主谓短语、动宾短语、偏正短语、中补短语、联合短语等五种基本类型外,还有同位短语、连谓短语、兼语短语、方位短语、量词短语等结构类型,后者有介词短语、助词短语等结构类型。短语的功能类型有名词性短语(或体词性短语)、动词性短语、形容词性短语等类型。后两种可合称为谓词性短语。内部不止一个层次的叫复杂短语或多层短语。

词和短语是语言的备用单位,是"材料";句子是语言的使用单位,是"成品"。词和短语加上语气、语调才从备用单位变成使用单位——

句子。

须注意容易混淆的短语的区分。如"飞机起飞"和"上海起飞"(回答"从哪儿起飞?")是不同类型的词组。前者是主谓短语,后者是偏正短语。

孤立的一个短语,可能有歧义。如反对(造谣生事的)人(这说的是一件"事"),(反对造谣生事的)人(这说的是一种"人")。

(5) 句子结构的分析采用层次分析法,也叫直接成分分析法。一个长的句子可以逐层分析它的直接成分。分析的结果,用图解表示。①

　　甲式　由大到小,由外到内

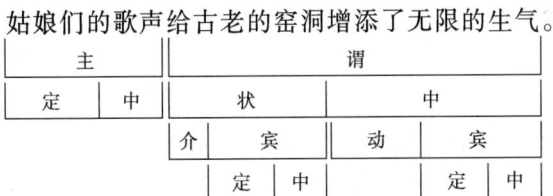

姑娘们的歌声给古老的窑洞增添了无限的生气。

| 主 | | 谓 | | | |
|---|---|---|---|---|---|
| 定 | 中 | 状 | | 中 | |
| | | 介 | 宾 | 动 | 宾 |
| | | 定 | 中 | 定 | 中 |

　　乙式　由小到大,由内到外

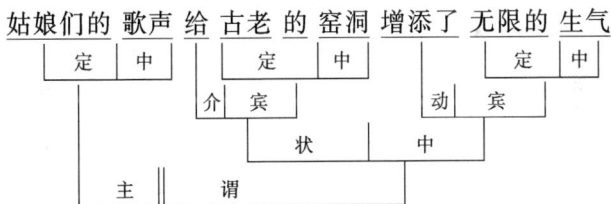

姑娘们的 歌声 给 古老 的 窑洞 增添了 无限的 生气

| | | | | | | | | |
|---|---|---|---|---|---|---|---|---|
| 定 | 中 | | 定 | 中 | | | 定 | 中 |
| | | 介 | 宾 | | | 动 | 宾 | |
| | | 状 | | 中 | | | | |
| 主 | | 谓 | | | | | | |

　　丙式　用线条符号标志句子成分,画成直线。

(姑娘们)的<u>歌声</u>‖[给(古老)的窑洞]增添了|(无限)的<u>生气</u>。②

---

① 教材没有给介词短语的内部结构的分析作出规定,这儿是把介词后的词语看作宾语的,那么介词短语就可以改称为介宾短语。

② 作者这个图的双横线表示主语中心,单横线表示谓语中心,波浪线表示宾语中心,才与上面两图一致起来。——编者注。

采用丙式,省地位,省时间,最为简便,但应理解为有层次的。

采用别的表示法也可以,只要能表明层次和各直接成分之间的结构关系。

(6)句类、句型的学习。句子根据语气分的类叫句类:陈述句、疑问句、祈使句、感叹句。根据结构分的类叫句型。句型的学习,应以兼语句、连动句为重点,应注意两种句型的区分与套用,应注意兼语句与主谓短语作宾语的句子、与双宾语句的区分,连动句与紧缩复句的区分。把字句、被字句,应注意它们构成的条件。特殊的句型怎样用图解表示分析的结果,教材中有范例可供参阅。

(7)学习复句,首先应注意单复句的区分,其次应记住表示分句间各种意义关系的关联词语,包括单用的,成套用的。多重复句的分析是句法学习的一个重点。

多重复句分析的任务是分析它的层次和各层次分句间的意义关系,不作分句的句子成分的分析。

分析多重复句首先应确定其中有几个分句及其起讫,然后给分句分组,第一次分组就得出第一个层次,然后作第二次、第三次分组,就得出第二、第三个层次,分析到一个分句为止。

关联词语是确定分句间意义关系的根据,也往往是划分层次、划分分句的根据。标点符号也往往有分清层次的作用。

(8)教材中搜集了不少病句,有词类运用错误的,有句子结构错误的,有标点符号用错的,并作了系统的排列,指明了病在何处,如何改法。自学这部分的内容,要随时检验自己有没有发现自己或别人文章中的病句并加以改正的能力。

6. 修辞

(1)在表达内容和语言环境确定的前提下,积极调动语言因素和非语言因素,以最完美的语言形式来获取最理想的表达效果,这种语言加工的实践活动就是修辞。

(2)语言环境也称语境。表达效果的好坏,不完全在于语言本身,还要看在具体语境中怎样修饰、调整语言形式。语境是进行言语活动的依据,也是检验修辞效果的依据。

（3）修辞与语音、词汇、语法既有区别，又有联系。修辞是从表达方法、表达效果的角度去讲究语音、词汇、语法的运用的。

（4）写文章怎样锤炼词语，怎样讲究音节匀称、音调和谐，怎样选择句式，都须从实践中去体会。

（5）修辞格是很重要的修辞手段。它是指修辞上有特定表达效果的语言结构形式。常见的、广泛使用的修辞格有二十多种。

（6）修辞格形式多样，各有特点，须从典型的用例加以比较，区别容易混淆的修辞格，如借喻和借代，对偶和对比；区别修辞格里的小类别，如比喻中的明喻、暗喻和借喻，比拟中的拟人和拟物。

（7）修辞格的连用、兼用与套用，能收到突出的表达效果。同类辞格或异类辞格在一段文字中的接连使用是连用，一种表达形式兼有多种辞格是兼用，一种辞格里又包含着其他辞格，形成大套小的包容关系是套用，均须善于从不同的角度去观察，去分析。

（8）修辞部分的自学成绩主要表现在：① 能对别人的文章作修辞的分析，② 能有意识地恰当地运用修辞手段提高自己语言的表达效果。

**结语**

《现代汉语》涉及的方面很广，但汉语是我们的母语，下功夫去学是完全能够掌握的。上面所谈关于自学的要求、方法、要点等既不全面，也不见得完全妥当，聊作一次向导罢了。

# 一、全国高等学校自学考试现代汉语试题示例

## 1999 年上半年试卷

### 第一部分　选　择　题

**一、单项选择题**(本大题共 30 小题,每小题 1 分,共 30 分。在每小题列出的四个选项中只有一个选项是符合题目要求的,请将正确选项前的字母填在题后的括号内)

1. 下列各项中,两个音节的韵腹相同的是

　　A. 轮流　　B. 论文　　C. 军人　　D. 顺从

　　　　　　　　　　　　　　　　　　　　　【　　】

2. 下列各项中,韵尾为 i 的是

　　A. 累　　　B. 吃　　　C. 击　　　D. 衣

　　　　　　　　　　　　　　　　　　　　　【　　】

3. 下列各项中,两个都是擦音的是

　　A. f c　　B. q j　　C. h t　　D. x s

　　　　　　　　　　　　　　　　　　　　　【　　】

4. 下列各项中,读音按"阴阳上去"排列的是

　　A. 山重水复　　　　B. 一视同仁

　　C. 汪洋大海　　　　D. 心慈手软

　　　　　　　　　　　　　　　　　　　　　【　　】

5. 下列各项中,两个音节的拼写方式都正确的是

　　　　qīwàng　　　　　　　xüèyuán
　　A.　期望　　　　　　B.　血缘

　　　lióuyuén　　　　　　yiěwèi
　　C. 流云　　　　　　D. 野味

　　　　　　　　　　　　　　　　　【　　】

6. 下列各项中,每个韵母都是合口呼的是
　　A. 衰竭　　B. 黄昏　　C. 木头　　D. 规矩

　　　　　　　　　　　　　　　　　【　　】

7. 普通话中把"鞋刷"说成"鞋刷儿",这是儿化音变现象中的
　　A. 脱落　　B. 增音　　C. 更换　　D. 同化

　　　　　　　　　　　　　　　　　【　　】

8. 下列各组中,发音部位相同的是
　　A. z　zh　j　　　　B. c　s　x
　　C. m　n　ng　　　　D. n　l　t

　　　　　　　　　　　　　　　　　【　　】

9. 下列各组中,每个成员都是词的是
　　A. 的　鬼　该　　　B. 令　拒　啤
　　C. 又　霹　客　　　D. 莉　据　俩

　　　　　　　　　　　　　　　　　【　　】

10. 下列各项中,按"词根+词根"方式构成的是
　　A. 阿妹　　B. 忽然　　C. 说法　　D. 石头

　　　　　　　　　　　　　　　　　【　　】

11. 下列各组中,加点的词之间属于多义词关系的是
　　A. 头发剃光了　　光说不做
　　B. 天高云淡　　味道淡
　　C. 别费劲了　　别上校徽
　　D. 买米　　一米布

　　　　　　　　　　　　　　　　　【　　】

12. 下列各组中,每个成员都是词组的是
　　A. 黑夜　熬夜　　　　B. 大路　公路
　　C. 心好　心软　　　　D. 说明　说完

　　　　　　　　　　　　　　　　　【　　】

13. 下列各组中,两个词属于反义关系的是
    A. 赞扬 奉承　　　　B. 算计 合计
    C. 回绝 谢绝　　　　D. 朴实 华丽
                                        【　　】

14. 下列各组中,每个成员都是外来词的是
    A. 手机 沙拉　　　　B. 模特儿 卡拉 OK
    C. 中巴 超市　　　　D. 激光 因特网
                                        【　　】

15. 下列各组中,两个词词类相同的是
    A. 不但 假如　　　　B. 从 仅
    C. 也 及　　　　　　D. 伟大 扩大
                                        【　　】

16. 下列各项中,加点的词属于词类活用的是
    A. 这位代表代表大家发了言。
    B. 有同情心的人都会同情他的遭遇的。
    C. 他呀,比卓别林还卓别林。
    D. 那封信忘了封口儿了。
                                        【　　】

17. 下列各项中,属于连动词组的是
    A. 该来了　　　　　　B. 学会了
    C. 想玩了　　　　　　D. 去玩了
                                        【　　】

18. 下列各组中,词组的结构关系不同的是
    A. 认真对待 分别对待　B. 格外方便 舒适方便
    C. 一群人 老实人　　　D. 石狮子 大狮子
                                        【　　】

19. 下列句子中,有歧义的是
    A. 他说不去。　　　　B. 听说他不去。
    C. 你说去不去?　　　 D. 谁说不去?
                                        【　　】

20. "围观的人群中响起了喊喊喳喳的声音。"这个句子是
    A. 存现句　　　　　　　B. 主谓谓语句
    C. 双宾语句　　　　　　D. 连动句
                                    【　　】

21. 下列句子中,没有插说语的一句是
    A. 这种变化,简单地说,就像水结成冰一样。
    B. 看上去他很开心。
    C. 这篇文章从头到尾都在探讨环保问题。
    D. 那件衣服,说实在的,真不算贵。
                                    【　　】

22. 下列句子中,属于复句的是
    A. 只有小王来,我们才能完成任务。
    B. 只有你,我才信得过。
    C. 无论谁介绍来的人,他都热情接待。
    D. 无论谁,也没有想到事情会解决得这么顺利。
                                    【　　】

23. 下列句子中,属于紧缩句的是
    A. 黑丫头一声比一声高地连叫婶娘。
    B. 心不细就容易校对错。
    C. 我们也骑自行车来。
    D. 我就陪他一起去吧。
                                    【　　】

24. 下列复句中,属于因果复句的是
    A. 北方这几年,即使下雪,也不会太大。
    B. 没顾上吃药,这感冒竟好了。
    C. 出去散散心也好,只是别走远了。
    D. 既然有了结论,何必还讨论呢?
                                    【　　】

25. 下列词组中,动词带谓词性宾语的是
    A. 唱歌跳舞　　　　　　B. 讨厌说谎

C. 抓住不放　　　　　　D. 说他坏话

26. 下列句子中,属于倒装句的是
　　A. 电视剧《水浒》,许多人都爱看。
　　B. 棒极了,这场球!
　　C. 不过是说说罢了,何必当真?
　　D. 您有六十了吧,老人家?

　　　　　　　　　　　　　　　　　　　　【　　】

27. 下列句子中,没有用比喻的是
　　A. 看他那认真的样子,倒真像是我家的一位至亲。
　　B. 她成了她姨父的拐杖,姨父走到哪里,她就跟到哪里。
　　C. 他很讲究穿戴,衣服是他的第二生命。
　　D. 法网恢恢,疏而不漏。

　　　　　　　　　　　　　　　　　　　　【　　】

28. 下列句子中,正确的是
　　A. 汉字横排的种种好处,对于每一个同文字打交道的人,都是
　　　　深有体会的。
　　B. 要把人类的各种潜能尽可能地开展出来。
　　C. 经过工艺改革,收到了事倍工半的效果。
　　D. 美德好比宝石,它在朴素背景的衬托下反而更加美丽。

　　　　　　　　　　　　　　　　　　　　【　　】

29. 下列各组中,每个字都是形声字的是
　　A. 幕　项　丧　　　　B. 顶　渐　盟
　　C. 肃　软　前　　　　D. 盆　辩　伐

　　　　　　　　　　　　　　　　　　　　【　　】

30. 下列各组中,每个字都是多音多义字的是
　　A. 畜　室　　　　　　B. 看　街
　　C. 觉　都　　　　　　D. 咸　质

　　　　　　　　　　　　　　　　　　　　【　　】

**二、多项选择题**(本大题共 5 小题,每小题 2 分,共 10 分。在每小题列出的五个选项中有二至五个选项是符合题目要求的,请将正确选项前的字母填在题后的括号内。多选、少选、错选均无分)

31. 下列各项中,韵母属于齐齿呼的有
    A. 飞    B. 密    C. 霞
    D. 知    E. 将
    【    】

32. 下列各项中,声母完全相同的有
    A. 藏族    B. 梗概    C. 知己
    D. 辨别    E. 理论
    【    】

33. 下列各项中,结构方式属于并列式的有
    A. 反正    B. 水果    C. 心虚
    D. 改革    E. 皮鞋
    【    】

34. 下列各项中,属于同位词组的有
    A. 首都北京    B. 姐妹俩    C. 张明先生
    D. 木头房子    E. 长江黄河
    【    】

35. 下列各项中,属于主谓谓语句的有
    A. 这家商场的管理水平是一流的。
    B. 这位老人什么苦都吃过。
    C. 台下不时地响起热烈的掌声。
    D. 姑娘的歌声优美动听。
    E. 美丽的西湖景色宜人。
    【    】

## 第二部分  非选择题

**三、分析题**(本大题共 7 小题,第 36 题 5 分,第 39 题 4 分,第 42 题 2 分,其余每小题 6 分,共 35 分)

36. 按表格所示,分析下面"武""艺""超""群"四字音节结构成分以及各自按"四呼"划分的韵母类别。

| 音节 | 声母 | 韵母 | | | 声调 | | 按"四呼"划分的韵母类别 |
|---|---|---|---|---|---|---|---|
| | | 韵头 | 韵腹 | 韵尾 | 调类 | 调值 | |
| 武 wǔ | | | | | | | |
| 艺 yì | | | | | | | |
| 超 chāo | | | | | | | |
| 群 qún | | | | | | | |

37. 将下列 12 个词填入表内。

花儿　聪明　雷同　哆嗦　动员　哥哥　蜘蛛　老兄　证明　奶奶　眼红　坦克

| 单纯词 | | | | 合成词 | | | | | | |
|---|---|---|---|---|---|---|---|---|---|---|
| 单音词 | 复音词 | | | 复合词 | | | | | 重叠式 | 附加式（词根加词缀） |
| | 联绵词 | 叠音词 | 译音词 | 支配式 | 补充式 | 陈述式 | 并列式 | 偏正式 | | |
| | | | | | | | | | | |

38. 比较下列各组里两个词的相同点和不同点。

（1）确实　　的确

（2）确定　　肯定

39. 指出下列各词所属的词类。

（1）重要（　　）　　　（2）重新（　　）

（3）重点（　　）　　　（4）重视（　　）

40. 用层次分析法分析下列词组,到词。要求分出层次,指出结构关系。

（1）拿一份材料让他看看

（2）扎得出了血

41. 用画线加注法分析下列多重复句中分句间的层次和关系。

我们的确已经取得了很大成绩,但是如果因为有了这些成绩,就骄傲起来,并且认为可以歇一歇脚,那就不妥当了。

42. 用横线标示出含有修辞格的部分,并指出属于哪种辞格。

（1）桃花时节,也是万物繁生的时节。雪团也似的海鸥会伏在岩石上自己的窝里孵卵。

（2）但是我,下有驴子,上有帽子眼镜,都要照管,又有迎风下泪的毛病,常要掏手巾擦干。当时真恨不得生出第三只手来才好。

**四、评改题**(本大题共2小题,第43题3分,第44题6分,共9分)

43. 史年明在他的家乡,名字常被写成"史连民",因为在他们的方言里"年"和"连""明"和"民"读音一样。另外,在这种方言里,因为"史"和"死"同音,所以人们把姓"史"说成姓"吏"。于是史年明有时就成了"吏年明"或"吏连民"了。请以"史、死、年、连、明、民"这六个字为例,指出这个地方的人学习普通话语音需要注意哪些问题。人们把姓"史"说成姓"吏"作用何在?

44. 用横线标示出有错误的词语,并予以改正。

（1）我们是面向未来、掌握未来的。我们的最终目的是实现共产主义,当前首当其冲的是实现四个现代化。

（2）塑料有不受酸碱腐蚀的独到之处,为钢铁所不及。

（3）斗鸡时,如果争斗的双方旗鼓相当,往往是斗了一段时间就自行休战,待苟延残喘后重新开战。

**五、简答题**(本大题共3小题,第45题4分,第46题3分,第47题4分,共11分)

45. 下列词组中的补语属于何种类型?

（1）飞得高高的（　　　　）　　　（2）糟透了（　　　　）

（3）晾干了（　　　　）　　　　　（4）冲出去（　　　　）

46. 下列各句哪一个是一般复句,哪一个是紧缩句,哪一个是单句?

（1）你不能不去。

（2）你不想去也得去。

（3）你去,我也去。

47. 下面的多义词组各含有哪些意义,造成这种词组多义的原因是什么?

(1) 进口汽车零件

(2) 海外投资政策

**六、论述题**(本题 5 分)

48. 沈先生和范先生初次见面,互递名片,沈先生说:"噢,您姓这个'範',不多见。"范先生说:"您姓的这个'瀋'也很少啊。"介绍他们相识的李先生在一旁听了感到奇怪,把名片拿来一看,问道:"你们怎么都改了姓了?"沈先生说:"'瀋'和'沈'不是一个姓吗?"范先生说:"'範'不就是'范'的繁体吗?"请问:沈范二位先生的说法对不对? 为什么? 并请对当前文字使用上的这类问题发表一点看法。

# 2000 年上半年试卷

## 第一部分 选 择 题

**一、单项选择题**(本大题共 30 小题,每小题 1 分,共 30 分)在每小题列出的四个选项中只有一个选项是符合题目要求的,请将正确选项前的字母填在题后的括号内。

1. 下列各项中,两个音节的声母按清浊音顺序排列的是
   A. 诗歌　　B. 酷热　　C. 美丽　　D. 医生
   【　　】

2. 下列各项中,两个音节都是由后响复韵母构成的是
   A. 结果　　B. 劳累　　C. 漂流　　D. 高楼
   【　　】

3. 下列各项中,有两个去声音节的是
   A. 齐心协力　　　　　　B. 铁面无私
   C. 众口难调　　　　　　D. 货真价实
   【　　】

4. 下列各项中,两个音节的韵母按四呼可以归为一类的是
   A. zhì zào　　　　　　B. yuè sè
   C. wàng shèng　　　　D. fēng fù
   【　　】

5. 下列各项中,两个音节都含有前高元音的是
   A. 服气　　B. 模糊　　C. 戏曲　　D. 沐浴
   【　　】

6. 下列各项中,拼写正确的是
   A. pì hù 庇护　　　　　B. zhān wū 玷污
   C. xù jiǔ 酗酒　　　　D. zào zhì 造诣
   【　　】

7. 下列各项中,两个音节的声母发音部位相同的是

A. 赞助　　B. 家乡　　C. 难免　　D. 报告

【　　】

8. 下列各项中,两个音节都属于零声母的是
   A. 落叶　　B. 温和　　C. 如意　　D. 安慰

【　　】

9. 下列各组中,两个都是单纯词的是
   A. 蜈蚣　可以　　　　　　B. 木头　香波
   C. 坎坷　吩咐　　　　　　D. 马虎　电脑

【　　】

10. 下列各组中,两个合成词的结构类型都属于支配式的是
    A. 破产　关心　　　　　　B. 出产　良心
    C. 生产　耐心　　　　　　D. 家产　粗心

【　　】

11. 下列各组中,每个成员都是成词语素的是
    A. 蚯　香　堤　　　　　　B. 呢　恢　法
    C. 第　艰　讷　　　　　　D. 江　也　胡

【　　】

12. 下列各组中,加点的字意义基本相同的是
    A. 故乡　故意　　　　　　B. 健忘　健康
    C. 等待　等级　　　　　　D. 请示　请假

【　　】

13. 下列各项中,属于惯用语的是
    A. 闹肚子　　　　　　　　B. 脑门子
    C. 挖墙脚　　　　　　　　D. 书生气

【　　】

14. 下列各组中,两个都是词的是
    A. 了不起　水龙头　　　　B. 铝合金　走得动
    C. 赔不是　花衬衣　　　　D. 苦差事　看不懂

【　　】

15. 下列各组中,两个词组的结构关系相同的是

A. 同意他去　派老王去　　B. 要他发言　督促孩子学习
C. 希望他来　叫小张去　　D. 把他骗了　请同事帮忙

【　　】

16. 下列各组中,两个词组都属于动宾关系的是
A. 感到快乐　联系工作　　B. 利用时间　准确答复
C. 讲究卫生　调查研究　　D. 寻找机会　审问清楚

【　　】

17. 下列各组中,两个词都是动词的是
A. 任性　珍惜　　　　　　B. 可能　可爱
C. 帮助　忽视　　　　　　D. 奉承　难看

【　　】

18. 下列各项中,属于同位词组的是
A. 什么办法　　　　　　　B. 我们大家
C. 这件事情　　　　　　　D. 自家兄弟

【　　】

19. 下列各组中,两个词组都属于偏正关系的是
A. 飞速发展　抓住不放　　B. 建设速度　控制人口
C. 经验丰富　刚刚拿走　　D. 极力推荐　热情接待

【　　】

20. 下列复句中,关联词语运用不当的是
A. 我是可以原谅他的,只要他认错。
B. 既然接受了任务,更要努力干好。
C. 无论谁来,都没关系。
D. 任凭怎么说,他也不还嘴。

【　　】

21. 下列各项中,多义的一项是
A. 甲方与乙方的辩论　　B. 读书与写作的关系
C. 货币与商品的流通　　D. 想象与艺术的构思

【　　】

22. 下列句子中,表示否定的程度有所加强的是

A. 他办事一点不考虑后果。

B. 这些内情他并非不知道。

C. 小张不大会说话。

D. 你不该不相信他。

【　　】

23. 下列句子中,属于转折复句的是

A. 不论成功与否,都可以先试试。

B. 他藏在一个你看不见他,他却看得见你的地方。

C. 尽管你说了那么多,他还是听不进去。

D. 即使是见多识广的人,也未必碰到过这种事。

【　　】

24. 下列句子中,表达不准确的一句是

A. 本届球赛中,甲队获得冠军,乙队主攻手染指单项奖牌。

B. 学习任务再重,也要坚持体育锻炼。

C. 近两年来,他们的业务能力有了很大的提高。

D. 修辞评改是将知识化为技能的一种实践活动。

【　　】

25. 下列各组中,两个词都是区别词的是

A. 国有　生动　　　　B. 微型　亲自

C. 民营　新颖　　　　D. 慢性　野生

【　　】

26. 下列各项中,属于动补关系的是

A. 推不上去　　　　　B. 总不出来

C. 乐得清净　　　　　D. 值得庆幸

【　　】

27. 下列各项中,修饰语属于递加关系的是

A. 他低着头慢慢地走过来

B. 他非常仔细地观察着周围的地形

C. 她终于轻轻地吐了一口气

D. 大家有说有笑地散步

28．"我们人穷志不穷"这个句子中，运用的修辞格是

    A．移就　　B．拈连　　C．比拟　　D．映衬

29．下列各组中，每个字都是象形字的是

    A．鱼　苗　灭　　　　　B．手　马　耳

    C．车　甘　立　　　　　D．寒　禾　斧

30．下列各组中，加点的两个字具有一音多义关系的是

    A．须发斑白　　结发夫妻

    B．青春年少　　少数民族

    C．大惊小怪　　怪不好意思

    D．广而告之　　大功告成

二、**多项选择题**(本大题共 5 小题，每小题 2 分，共 10 分)在每小题列出的五个选项中有二至五个选项是符合题目要求的，请将正确选项前的字母填在题后的括号内。多选、少选、错选均无分。

31．下列各项中，声母都是送气音的有

    A．开学　　　B．从前　　　C．碰头

    D．劝告　　　E．传说

32．下列各项中，属于多层结构的合成词有

    A．普通话　　B．糖葫芦　　C．哈密瓜

    D．小心眼　　E．自来水

33．下列各项中，属于"词根+词缀"的有

    A．不然　　　B．画儿　　　C．苦头

    D．茫然　　　E．娃娃

34．下列各项中，属于单句的有

A. 看样子,光这些衣服就得洗一上午。

B. 只要会,就不难。

C. 明天早点来,免得误了车。

D. 不管怎么说,事实总归是事实。

E. 这个好机会,我们当然要积极争取。

【　　】

35. 下列句子中,用词不当或搭配不当的有

A. 下一个世纪将出现一个学电脑、用电脑的热浪。

B. 我校经常跟临近学校联合开展活动。

C. 生活告诉人们,急躁的人往往容易转化为灰心丧气。

D. 哪一位老师都愿意自己教过的学生将来有所作为。

E. 难道你真会相信我这么不认真吗?

【　　】

## 第二部分　非选择题

### 三、分析题(30分)

36. 按下表所示,分析"求实作风"四个音节的结构成分,并说明各自按"四呼"划分的韵母类别。(4分)

| 音节 | 声母 | 韵母 | | | 声调 | | 按"四呼"划分的韵母类别 |
|---|---|---|---|---|---|---|---|
| | | 韵头 | 韵腹 | 韵尾 | 调类 | 调值 | |
| 求 qiú | | | | | | | |
| 实 shí | | | | | | | |
| 作 zuò | | | | | | | |
| 风 fēng | | | | | | | |

37. 按笔顺分解"肺"、"条"二字的笔画。(2分)

(用正楷把笔画写在字后。示例:采 ⌐ 丶 丶 丿 一 亅 丿 乀)

肺

条

38. 分析下面的句子所含的词和语素,在词与词之间用双竖线"‖"隔开,并把句中包含的语素的数目填写在括号内。(3分)

　　妹 妹 逮 住 了 一 只 蝴 蝶　　　　【　　】

39. 指出下列各词所属的词类。(4分)
（1）势必（　　）　　　（2）示意（　　）
（3）初级（　　）　　　（4）低级（　　）

40. 用层次分析法分析下列词组的构造层次,并指出其结构关系(要求分析到词)。(6分)
希 望 在 人 民 中 间 加 强 法 制 教 育
新 木 头 桌 子

41. 用画线加注法分析下列复句中分句间的层次和关系。(3分)
地区农科所的同志们无不称赞他工作出色,因为他不光本职工作好,而且能帮助别人,所以到评选先进工作者的时候,大家一致推荐他。

42. 用恰当的话语解释下面的多义词组,并指出造成多义的原因。(6分)
（1）比较了解中文系的学生
（2）研究资料
（3）盼的是爸爸

43. 指出下面的句子中运用了哪些辞格。(2分)
春天绿色的脚步悄悄地逼近了

**四、评改题**(16分)

44. 有人把"鱼翅"说成"鱼刺",把"没有权"说成"没有钱"。请分析他的发音错在哪里,并指出在发音方法、发音部位或舌位、唇形上应如何纠正。(6分)

45. 有人把"恭"字下面的部件写成"水",把"步"字下面的部件写

成"少",请从造字法的角度说明为什么不能这样写。(4分)

46.下面的句子存在修辞不当的现象,请用横线标出,并指出它们存在什么样的问题。(6分)

(1)中国的万里长城是举世闻名的,渴望游览长城的外国旅游者趋之若鹜。

(2)父母对他的爱简直像一场倾盆大雨,他要星星就不敢给他月亮。

(3)小王来找我的时候,我业已吃完早饭,正想出去玩儿呢。

**五、简答题**(9分)

47.汉语拼音方案规定ü行的韵母和j、q、x相拼时,ü上的两点省略,但是和n、l相拼时,ü上的两点不省略。请以声韵配合关系解释为什么这样规定。(5分)

48.下列各项中的"打",哪些属一词多义,哪些是同音词?为什么?(4分)

a.买了一打铅笔　　　b.在墙上打了一个洞

c.把孩子打了一顿　　　d.子弹打不出去

e.上次他打这儿路过　　f.打了一把菜刀

**六、论述题**(5分)

49.请简要论述下面两个句子为什么属于不同的句型。

① 这家工厂的技术力量很强。

② 这家工厂技术力量很强。

# 2001 年上半年试卷

## 第一部分 选 择 题

**一、单项选择题**(本大题共 30 小题,每小题 1 分,共 30 分)在每小题列出的四个选项中只有一个选项是符合题目要求的,请将正确选项前的字母填在题后的括号内。

1. 下列方言中属于北方方言的是
   A. 长沙话     B. 厦门话     C. 南京话     D. 上海话
   【     】

2. 造成"大意 dàyì"和"大衣 dàyī"中的"意"和"衣"读音不同的主要原因是
   A. 音高     B. 音强     C. 音长     D. 音色
   【     】

3. 下列说法中正确的是
   A. 普通话辅音声母都是清音
   B. 普通话辅音声母共有 6 个浊音
   C. 普通话辅音声母中 m、n、l、r 是浊音,其他是清音
   D. 普通话辅音声母中 m、n、l、r、ng 是浊音,其他是清音
   【     】

4. "鱼"和"衣"在韵母上的区别是
   A. 唇形的圆和不圆     B. 舌位的前和后
   C. 舌位的高和低     D. 舌面和舌尖
   【     】

5. 下列各项中,两个音节的韵母按四呼可以归为一类的是
   A. 志气     B. 云彩     C. 往常     D. 迟早
   【     】

6. 下列各组中,不都是阳平字的是
   A. 竹、急、媳、苴     B. 格、裸、俗、习

C. 级、崇、敌、责          D. 癌、祈、肥、勤

7. 下列各组中读音是"shīyán、shíyán、shìyàn"的是
   A. 失言、食盐、试验          B. 誓言、试演、失言
   C. 食言、实验、誓言          D. 失言、食言、实验

【　　】

8. "一张、一坛、一把"中的"一"都应该念
   A. 阴平          B. 阳平          C. 上声          D. 去声

【　　】

9. 下列各组中,都不能和声母 z 相拼合的韵母是
   A. uai、uang     B. en、uen      C. o、uo      D. ao、ia

【　　】

10. "可、苗、函"三个汉字的结构模式分别是
    A. 左右结构、上下结构、上下结构
    B. 包围结构、上下结构、上下结构
    C. 包围结构、上下结构、包围结构
    D. 左右结构、上下结构、包围结构

【　　】

11. 下列词语中"厉"字使用不当的是
    A. 厉行节约          B. 变本加厉
    C. 再接再厉          D. 厉经甘苦

【　　】

12. "灿烂的阳光"包含的语素和词分别是
    A. 4 个语素、3 个词     B. 4 个语素、4 个词
    C. 5 个语素、3 个词     D. 5 个语素、4 个词

【　　】

13. 下列各组中都属于单纯词的是
    A. 徘徊、猩猩          B. 咖啡、伯伯
    C. 突然、安培          D. 垃圾、面子

【　　】

14. 下列各组中都是不定位语素的是
    A. 民、了、阿、于　　　B. 空、者、子、自
    C. 团、呢、习、吧　　　D. 主、言、国、动

                                【　　】

15. 下列语言单位中不能看作"简称"的是
    A. 寒暑假　　　　　　　B. 中小学
    C. 黑白片　　　　　　　D. 老三届

                                【　　】

16. 下列各组中都是陈述式合成词的是
    A. 冰凉、笔直、民主　　B. 雪白、情感、将领
    C. 性急、冬至、年迈　　D. 革命、粉饰、函授

                                【　　】

17. "不遗余力"的"遗"字的意义是
    A. 赠给　　　B. 留下　　　C. 丢失　　　D. 遗失

                                【　　】

18. "高级"和"初级"分别是
    A. 形容词、形容词　　　B. 区别词、区别词
    C. 形容词、区别词　　　D. 区别词、形容词

                                【　　】

19. "电视老王向来是不会去看的"中的"向来"和"是"的词性是
    A. 副词、动词　　　　　B. 副词、形容词
    C. 形容词、副词　　　　D. 副词、副词

                                【　　】

20. "语法学和和语法学相关的学科"中的两个"和"分别是
    A. 连词、介词　　　　　B. 介词、连词
    C. 连词、连词　　　　　D. 介词、介词

                                【　　】

21. 下列句子中，疑问代词是实指用法（表示疑问）的是
    A. 最近我哪儿也没去过。
    B. 我不知道哪儿可以买到这本书。

C. 我才来的时候谁也不认识。

D. 你说什么就是什么。

【　　】

22. "刘小慧的漂亮在中文系是出名的"中的"刘小慧的漂亮"是

  A. 主谓短语　　　　　　B. 谓词性句法结构

  C. 体词性句法结构　　　D. 加词性句法结构

【　　】

23. "寄本书给她"和"打算去邮局寄书"这两个短语分别是

  A. 连动短语、连动短语　B. 述宾短语、连动短语

  C. 述宾短语、述宾短语　D. 连动短语、述宾短语

【　　】

24. 按"从大到小"的层次分析方法,"新买来的北京产的录像机"和
"北京产的录像机的功能"这两个复杂句法结构的第一层应该切分在

  A. ①③　　　B. ②③　　　C. ①④　　　D. ②④

【　　】

25. "学校里昨天来了两个外国朋友。"和"昨天学校里来了两个外国朋友。"两句中的主语分别是:

  A. ①③　　　B. ②④　　　C. ①④　　　D. ②③

【　　】

26. 下列各组中属于述宾短语的是

  A. 吃得很少　　　　　B. 觉得很饱

  C. 玩得很累　　　　　D. 做得很好

【　　】

27. 下列句子中没有插说语的是

  A. 他看样子是不会来了。

  B. 我想他肯定会来参加会议的。

  C. 这辆车几乎是八成新。

  D. 张老师说不定已经来了。

【　　】

28. 下列句子中属于兼语句的是
    A. 他救这个孩子差一点摔下沟去。
    B. 商店里有很多小商品出售。
    C. 他经常骑自行车逛街。
    D. 树上有只黄雀在唱歌。
                                                    【    】

29. 下列句子中正确的是
    A. 在他们积极工作下,工程进展很快。
    B. 由于他们的积极工作,工程进展很快。
    C. 在他们积极工作的情况下,工程进展很快。
    D. 由于他们积极工作下,工程进展很快。
                                                    【    】

30. "我娘家姓张,……出嫁了,把名字也嫁了,人家叫我阿陈家的。"这段话中运用的修辞格是
     A. 仿词    B. 顶真    C. 夸张    D. 拈连
                                                    【    】

二、多项选择题(本大题共 5 小题,每小题 2 分,共 10 分)在每小题列出的五个选项中有二至五个选项是符合题目要求的,请将正确选项前的字母填在题后的括号内。多选、少选、错选均无分。

31. 下列各项中,每个音节的韵母都有韵头、韵尾的是
    A. 优点                B. 威望
    C. 昂首                D. 烟台
    E. 流水
                                                    【    】

32. 下列各组中,完全属于译音词的是
    A. 卡车、苹果、拖拉机        B. 马达、扑克、麦当劳
    C. 民主、啤酒、好望角        D. T恤、戈壁、蒙太奇
    E. 冰岛、灵感、新德里
                                                    【    】

33. 下列成语中构造类型相同的是

A. 兵荒马乱　　　　　　　　B. 令人发指

C. 高朋满座　　　　　　　　D. 置之度外

E. 名列前茅

【　　】

34. 下列各组动词中,都可以带谓词性宾语的是

A. 进行、受到、喜欢　　　　B. 赞成、知道、给以

C. 讨论、觉得、同意　　　　D. 成为、修理、准备

E. 打击、感到、严加

【　　】

35. 下列疑问句中属于特指问的是

A. 小张还来不来呢?　　　　B. 小张哪儿都不去?

C. 这个班有几个同学姓张呢?

D. 你十五岁了,那么小张呢?

E. 小张呢?

【　　】

## 第二部分　非选择题

**三、分析题**(本大题共 8 小题,第 41 题 6 分,第 42 题、43 题各 2 分,其余每小题 4 分,共 30 分)

36. 按下表所示,分析声母"f、zh、x、l"跟四呼的配合关系(在相应的栏目中划上"+""-")(4 分)

| 声　母 | 四呼 | | | |
|---|---|---|---|---|
| | 开口呼 | 齐齿呼 | 合口呼 | 撮口呼 |
| f | | | | |
| zh | | | | |
| x | | | | |
| l | | | | |

37. 把下列形声字按声旁和形旁的配合方式填入下表。(4 分)

汞　龚　星　欣　病　裹　政　袋

| 上形下声 | |
|---|---|
| 下形上声 | |
| 右形左声 | |
| 外形内声 | |

38. 按下表所示,在空格中填上语素、词、字、音节的数目。(4分)

| | 语素 | 词 | 字 | 音节 |
|---|---|---|---|---|
| 例:参加 | 2 | 1 | 2 | 2 |
| 看书 | | | | |
| 理事会 | | | | |
| 沙发 | | | | |
| 玫瑰花儿 | | | | |

39. 按下表所示将下列词语填入表中。(4分)

呼吸、武断、埋头、接近、枪支、馒馒、地震、权衡

| 支配式合成词 | |
|---|---|
| 陈述式合成词 | |
| 补充式合成词 | |
| 并列式合成词 | |
| 偏正式合成词 | |
| 重叠式合成词 | |

40. 指出下列两句话中,加点词的词性。(4分)

(1)弟弟最近从美国所来的每一封信,都要说到所谓的文化差异问题。

最近_____ 所_____ 每_____ 所谓_____

(2)任何人要马上彻底解决这个问题都是不可能的。

任何_____ 马上_____ 彻底_____ 是_____

41. 用层次分析法(从大到小,分析到词)分析下列句法结构的构造层次,并指出其结构关系,是多义的请作不同分析。(6分)

（1）对这个问题有和你不同的看法

（2）他的哥哥和姐姐的三位朋友

42. 用画线加注法分析下列复句中分句间的层次和关系。（2分）

这个学校，虽然并不很有名气，甚至连像样的礼堂也没有，开大会只能到操场去，却有许多家长经常来找校长，想把孩子送来读书。

43. 指出下列句子中运用了哪些修辞格？（2分）

矮小而年高的垂柳，用慈母的手抚摸着快成熟的庄稼。

**四、改错题**(本大题共3小题，第44题3分，第45题2分，第46题4分，共9分)

44. 改正下列词语中的拼写错误，并说明理由。（3分）

　A. 波纹 pōuén　　B. 恩爱 ēngài　　C. 演员 iǎnyüán

45. 改正下列词语中的错别字。（2分）

　A. 调以轻心　B. 英雄倍出　C. 行踪鬼秘　D. 风彩动人

46. 修改下列病句，并说明理由。（4分）

　A. 在航天技展会上出展的这架飞机十分精致，操作起来也十分敏感。

　B. 这家电器商场今日展销世界各种品牌、价位的电器一应俱全。

**五、是非判断题，正确的在括号中打"√"，错误的打"×"，并说明理由。**(本大题共4小题，共4分)

47. 普通话中辅音"ng"只能作韵尾，不能作声母。　　　　【　　】

48. "我、你、他"分别表示第一、第二、第三人称，"这里、那里"分别指称处所，所以代词的语法功能相当于名词。　　　　　　【　　】

49. "江"原义指长江，现在泛指较大的河流，这种现象属于词义转移。　　　　　　　　　　　　　　　　　　　　　　　　【　　】

50. 明喻经常用"好像、如同"一类的喻词，下面这个句子"今天下午好像下过一会儿雨"中也有"好像"，所以用了比喻这种修辞方式。

　　　　　　　　　　　　　　　　　　　　　　　　　　【　　】

**六、简答题**(本题9分,每小题3分)

51. 在"他画了一张画儿"、"这片菜叶有个眼儿,看上去像个小虫儿的眼睛"等句中都使用了语音上的儿化韵,请说明这三句中儿化韵的作用是什么?(3分)

52. 下列句子中画线部分在结构上各充当了什么句法成分?它们在语义上和哪些部分相关联?(3分)

A. 今天哥儿几个总算喝了个<u>痛快</u>酒。

B. 客人一来,她就<u>酽酽</u>地沏上一杯茶端上来。

C. 老王酒量很大,一下子喝<u>倒</u>了好几个人。

53. 什么是同音词,下列各组词是不是同音词,为什么?(3分)

A. 乳汁——卤汁

B. 市镇——市政

C. 白花——百花

D. 战事——战士

**七、论述题**(本题8分)

54. 请指出下列句子所属的句式,并简要论述各句式的特点。

A. 这种简单的游戏程序,他在中学时就编过不少。

B. 女主人坐在水池前拣菜。

C. 远处传来了枪声。

D. 他把剩下的粮食都运走了。

# 二、研究生考试试题示例

1. 简述修辞与语音的关系。

2. 简述整句和散句、长句和短句的语形特点及语用效果。

3. 什么是夸张？夸张从语义上可分为几类？

4. 结合例句，简要说明借喻和借代的主要区别。

（1）亏我躲得快，要不，我这一百多斤就交代了。

（2）真看不出你这豆芽菜还真有把子劲。

（3）长腿的跑不过有轮子的，有轮子的赶不上安翅膀的。

5. A. 对偶分为哪些小类？各举一例，并且分析它的修辞作用。

B. 举一个排比的例子，并且分析它的修辞作用。

C. 用例句说明对偶与排比的区别。

6. 简要说明语体的主要类型及其特点。

7. 分析下面的句子所用的辞格及其修辞作用。

（1）你默默地吐着丝，吐着温暖，吐着爱。

（2）她们被幽闭在宫闱时，戴了花冠，穿着美丽的服装，可是陪伴着她们的只是七弦琴和寂寞的梧桐树。

（3）我娘家姓赵，我小名叫二鳗，出嫁了，把名字也嫁掉了，人家叫我阿洪家。

（4）不挣学问只挣钱，不爱识字喜钞票。

8. 标出下面一首律诗的平仄，并从语音的角度分析其修辞特色。

红军不怕远征难，万水千山只等闲。

五岭逶迤腾细浪，乌蒙磅礴走泥丸。

金沙水拍云崖暖，大渡桥横铁索寒。

更喜岷山千里雪，三军过后尽开颜。

9. 分析下面一段话的修辞特色。

威尼斯是一个别致的地方，出了火车站，你立即便会觉得，这儿没有汽车，要到哪儿，不是搭小火轮，就是雇"刚朵拉"。大运河穿过威尼斯像反写的S；这就是大街了。另有小河道418条，这就是小胡同。轮船像公共汽车,在街上走;"刚朵拉"是一种摇橹的小船,威尼斯所特有,它哪儿都去,威尼斯并非没有桥;378 座,有的是。只要不拐弯抹角,哪儿都走得到;用不着下河去。可是一艘轮船中人还是很多,"刚朵拉"的买卖也似乎并不坏。

(朱自清《威尼斯》)

# 三、考研试题参考答案

1.【答】修辞与语音之间有着复杂而又密切的关系。语音修辞是修辞研究的一个重要方面,但它们各有其研究对象。语音以声音、结构规律为研究对象,修辞是在特定的题旨情景中运用恰当的语言手段为研究对象的。而语音是语言的物质外壳,是修辞的手段和基础之一,也是修辞要调动、加工的语言材料之一。因此修辞在研究运用语言因素、语言规律、提高表达效果时,自然要注重对叠音、谐音、平仄、押韵、节奏等语音现象的研究,以达到音节整齐匀称、声调平仄相间、韵脚和谐自然等修辞效果。此外,不少修辞方式是利用语音条件来体现修辞效果的,如双关、对偶、拈连、歇后、借代等。总之,语音在增强音律美和突出语义方面为修辞提供条件,丰富了修辞方式的内容;修辞则通过积极调动语音因素扩大了语音的功用。

2.【答】整句是结构相同或相似,语气一致的一组句子。整句形式整齐,声音和谐,气势贯通,意义鲜明,具有形式上的整齐美,表意上的凝重深沉美。散句是结构不整齐、各式各样的句子交错运用、语气各异的一组句子。散句灵活自然,能取得生动活泼的艺术效果,具有变化美和飘逸美。

长句是指词语多、结构复杂、形体较长的句子,包括句长、层次复杂的复句。长句的语用效果是表意周密、严谨、精确、细致。短句是指词语少、结构简单、形体较短的句子。短句的语用效果是表意简洁、明快、灵活、有力。

3.【答】夸张是故意用"言过其实"的方法,有意对客观的人和事物作扩大、缩小或超前的描述的一种辞格。从语义上分,夸张可分为:扩大夸张、缩小夸张和超前夸张三类。

4.【答】第一,构成基础不同。"借代"着重于事物之间的相关性,即借体与本体之间存在着实实在在的依存关系,运用时离不开具体的语境。如例(1),"这一百多斤"是"我"的实际体重,用"这一百多斤"来代"身体";例(3)用"长腿的"、"有轮子的"、"安翅膀的"分别代替"动物"、

"车"、"飞机"等,借体与本体之间都存在着实实在在的联系。它们都是借代。而"借喻"着重于事物之间的相似性,二者的关系是虚的,没有必然性。如例(2)中"豆芽菜",豆芽菜的又细又长与"你"又高又瘦,在形状上具有相似之处,运用的时候自然会联想到"柔弱、没劲儿"的意思,但是二者并没有必然的联系,所以说这是借喻。第二,它们的作用不同。借代的作用重在"代",用借体来代本体,代而不喻;借喻的作用重在"喻",用喻体代本体,喻中有代。借喻一般可改为明喻或者暗喻,借代则不能。

5.【答】A. 从意义上分,对偶可分为正对、反对和串对三类。如:(1)"千朵莲花三尺水,一弯明月半亭风"就是正对,是从两个相近的角度来描写苏州闲吟亭四周的景色,使得其简练形象。(2)"少说空话,多做工作,扎扎实实,埋头苦干"是反对,用"少"和"多","空话"和"工作"说明党和个人应有的作风。(3)"一着不慎,满盘皆输"是串对。前面是因,后面是果。对偶的修辞效果是使语义凝集,起强调突出的作用。

B. 入夜,用眼望去,数十里烈焰飞腾,火龙翻滚,映得满天红,满山红,满江红。排比的修辞作用是重在加强语势,造成一种排山倒海一气呵成的气势。

C. 排比与对偶的区别是:排比是三项或三项以上的平行并列,可以出现相同的词语,每项的字数可以不完全相等,如"映得满天红,满山红,满江红";而对偶则是两两相对,对称并列,字数必须相等,力避字面重复。

6.【答】根据交际目的的不同,语体可以分为公文语体、科技语体、政论语体、文艺语体几类。(1)公文语体的主要特点是质朴、平实、简明。在篇章结构上,有严格的规格要求;在用词上,有一套自己专用的词语(固定的习惯用语),其中不少保留着文言词语;在句式上多使用陈述句和祈使句;较少用口语句式,有时选用对偶、排比和反复等辞格。(2)科技语体在语言运用上的特点包括:在用词上,专门科技语体大量运用术语,不断吸取外来词和国际通用词,以求表意的精确性和单一性;在句式上,要求完整和严密,常用陈述句,几乎不用感叹句和祈使句;在句型上多用主谓句,一般不用省略句和倒装句;很少使用比喻、映衬、反语、夸张、排比等辞格。(3)政论语体的主要特征是宣传鼓动性和严密的逻辑性。在用词方面,政论语体使用的词语具有广泛性,不仅较多地运用政治性词语,而且也可运用带有感情色彩的褒贬词语,还可以运用文言词语和熟语,亦不断吸收新词语。在句类上,较多运用陈述句、祈使句;从句型上,主要运用主谓句,还较多运用复句。在修辞上,经常运用谚语、歇后语、俚俗语等,在句式选择上,长句、短句并用,较多运用比喻、比拟、借代、设问、排比和对偶等。(4)文艺语体的语言特征是形象性和情感性。文艺创作运用的是形象思维,所以文艺作品的语言必须是形象的,带有描绘色彩。常常广泛运用各种表情手段,抒发感情,引人共鸣。

7.【答】例(1)、(3)和(4)用的都是拈连的修辞手法;(2)是移就。本来(1)中的"吐"字本只适用于"烟、丝"等具体的事物,但作者从上文将其顺势拈来,用于"温暖、爱"等抽象事物,充分表现出了作者对蚕的赞美之情。(3)中将上文"出嫁"的"嫁"顺势拈来,与"名字"连用,使得话语十分幽默。(4)是"倒拈",从下文拈来"挣"字连用于学问。而(2)的移就,将写人的词语"寂寞"移用到"梧桐树"上,这样就凸显了人物的寂寞。

8.【答】　红军不怕远征难，　万水千山只等闲。
　　　　　（平平仄仄平平，仄仄平平仄仄平）
　　　　　五岭逶迤腾细浪，　乌蒙磅礴走泥丸。
　　　　　（仄仄平平仄仄，平平仄仄平平平）
　　　　　金沙水拍云崖暖，　大渡桥横铁索寒。
　　　　　（平平仄仄平平仄，仄仄平平仄仄平）
　　　　　更喜岷山千里雪，　三军过后尽开颜。
　　　　　（仄仄平平平仄仄，平平仄仄平平平）

本诗平仄相间,对仗工整;韵脚和谐,抑扬顿挫,有着较强的节奏感和韵律美,读起来朗朗上口,悦耳动听。

9.【答】第一,巧用比喻,如"大运河穿过威尼斯像反写的 S,这就是大街了","另有小河道418条,这就是小胡同"等,这使得读者如同亲临其境,对威尼斯城中的水道交错的情况有了具体的了解。第二,多用"是"字句,"有"字句;大量运用短句。采用白描手法,使得平淡中显出神奇。第三,运用口语,风格平实。

(考研试题及答案摘自《现代汉语(增订四版)同步辅导》)

## 郑重声明

高等教育出版社依法对本书享有专有出版权。任何未经许可的复制、销售行为均违反《中华人民共和国著作权法》,其行为人将承担相应的民事责任和行政责任;构成犯罪的,将被依法追究刑事责任。为了维护市场秩序,保护读者的合法权益,避免读者误用盗版书造成不良后果,我社将配合行政执法部门和司法机关对违法犯罪的单位和个人进行严厉打击。社会各界人士如发现上述侵权行为,希望及时举报,我社将奖励举报有功人员。

反盗版举报电话　(010)58581999　58582371

反盗版举报邮箱　dd@hep.com.cn

通信地址　北京市西城区德外大街4号
　　　　　高等教育出版社法律事务部

邮政编码　100120